Christian Dickschen

Das Raumordnungsverfahren im Verhältnis zu den fachlichen Genehmigungs- und Planfeststellungsverfahren

In der Schriftenreihe Beiträge zum Siedlungs- und Wohnungswesen und zur Raumplanung werden Ergebnisse von wissenschaftlichen Untersuchungen des Instituts für Siedlungs- und Wohnungswesen der Westfälischen Wilhelms-Universität Münster und des Zentralinstituts für Raumplanung an der Westfälischen Wilhelms-Universität Münster veröffentlicht.

Schriftleitung: Dr. Paul-Helmuth Burberg und Martin Beckmann

Beiträge zum Siedlungs- und Wohnungswesen
und zur Raumplanung

Herausgeber:
Werner Ernst · Werner Hoppe · Rainer Thoss

Band 110

Das Raumordnungsverfahren im Verhältnis zu den fachlichen Genehmigungs- und Planfeststellungsverfahren

Christian Dickschen

Selbstverlag
des Instituts für Siedlungs- und Wohnungswesen
und des Zentralinstituts für Raumplanung der Universität Münster

CIP-Kurztitelaufnahme der Deutschen Bibliothek
Dickschen, Christian:
Das Raumordnungsverfahren im Verhältnis zu den fachlichen Genehmigungs- und Planfeststellungsverfahren / Christian Dickschen. Inst. für Siedlungs- u. Wohnungswesen; Zentralinst. für Raumplanung d. Univ. Münster. — Münster : Inst. für Siedlungs- u. Wohnungswesen; Münster : Zentralinst. für Raumplanung, 1987.

    (Beiträge zum Siedlungs- und Wohnungswesen und zur Raumplanung; Bd. 110)
    ISBN 3-88497-064-X
NE: GT

D 6

Alle Rechte vorbehalten.
© 1987 Selbstverlag des Instituts für Siedlungs- und Wohnungswesen und des Zentralinstituts für Raumplanung der Universität Münster.
Vertrieb: Institut für Siedlungs- und Wohnungswesen
         Am Stadtgraben 9, 4400 Münster
         Tel.: 0251-832969

Vorwort

Die mit dem Verhältnis des Raumordnungsverfahrens zu den fachlichen Genehmigungs- und Planfeststellungsverfahren einhergehenden Problemfelder haben mit der Verabschiedung der EG-Richtlinie über die Umweltverträglichkeitsprüfung bei bestimmten öffentlichen und privaten Projekten vom 27.06.1985 eine besonders aktuelle Bedeutung erlangt, da das Raumordnungsverfahren im Rahmen der Diskussion um die Umsetzung der Richtlinie in das nationale Recht dazu ausersehen ist, die Prüfung von Einzelvorhaben in bezug auf überörtlich raumbedeutsame Umweltbelange zu leisten. Damit diese Umsetzung gelingen kann, muß Klarheit bestehen über die landesgesetzlich unterschiedlichen Rechtswirkungen der das Raumordnungsverfahren abschließenden landesplanerischen Beurteilung sowie über die "Einbruchstellen" für Raumordnungsbelange in das Vorhabenzulassungsrecht.

Die vom Zentralinstitut für Raumordnung an der Westfälischen Wilhelms-Universität Münster vorgelegte Untersuchung nimmt sich dieser Fragen an. Sie steht im thematischen Zusammenhang mit der ebenfalls in diesem Institut entstandenen und als Band 96 dieser Schriftenreihe veröffentlichten Arbeit über Umweltverträglichkeitsprüfung und Raumordnungsverfahren.

Vor dem Hintergrund der nach wie vor gültigen, im Baurechtsgutachten des Bundesverfassungsgerichts aus dem Jahre 1954 vorgezeichneten Raumordnungssystematik werden anfangs Verfahren und Rechtswirkung des Raumordnungsverfahrens behandelt. Ausgehend von der Erkenntnis, daß maßgeblich für die Bodennutzung die von den Fachbehörden in jeweiligen Planfeststellungs- oder Genehmigungsverfahren zu treffenden Abwägungsentscheidungen sind, bilden den Schwerpunkt der Untersuchung einerseits die Fähigkeiten und Möglichkeiten der landesplanerischen Beurteilungen zu Vorabbindungen der fachbehördlichen Letztentscheidungen und andererseits die Offenheit der fachgesetzlichen Tatbestände für die Ergebnisse von Raumordnungsverfahren, insbesondere durch die Raumordnungs- und Allgemeinwohlklauseln.

Abschließend werden ausgewählte Probleme aus der laufenden Diskussion um den Einsatz des Raumordnungsverfahrens als Teilelement der EG-rechtlich geforderten Umweltverträglichkeitsprüfung im Wege des "vertikalen Splittings" erörtert und dabei der notwendige Novellierungsbedarf aufgezeigt.

Die vorliegende Arbeit will durch die Betonung des Raumordnungsverfahrens als einem Gelenk zwischen der hochstufigen Raumordnungs- und Umweltschutzplanung und den Vorhabenzulassungsverfahren sowie durch eine Hervorhebung der fachgesetzlichen Verknüpfungsregeln einen Beitrag dazu liefern, die beim jetzigen durch zahlreiche Spezialvorschriften gekennzeichneten Ausbaustand des Raumplanungs- und Umweltrechts als entscheidende Wirksamkeitshindernisse erkannten Abstimmungs- und Harmonisierungsschwierigkeiten aufzudecken und abzumildern.

Münster, im Februar 1987

                                Prof. Dr. W. H o p p e
                              Geschäftsführender Direktor
                    des Zentralinstituts für Raumplanung
                        an der Universität Münster

Inhaltsverzeichnis   Seite

Abkürzungsverzeichnis   XIV

§ 1 Einleitung   1
   A. Gegenstand der Untersuchung   1
   B. Gang der Darstellung   2

Erster Teil: Darstellung der Verfahren   3

§ 2 Raumordnungsverfahren   3
   A. Bundesrahmenrechtliche Vorgaben für ein ROV   3
   B. Das ROV als landesplanerisches Instrument   5
   C. Landesrechtilche Ausgestaltung des ROV   6
      I.   Gegenstand des ROV   6
           1. Raumbedeutsame Planungen   7
           2. Raumbedeutsame Maßnahmen   7
              a) Auslegung des Maßnahmebegriffs   7
                 aa) Entsprechend VwVfG und ROG   8
                 bb) Berücksichtigung von § 5 Abs. 4 ROG   9
              b) Landesrechtliche Besonderheiten   10
                 aa) Rheinland-Pfalz   11
                 bb) Schleswig-Holstein   12
      II. Raumbedeutsamkeit der Vorhaben   14
      III. Projekt (Einzelfall)Bezogenheit   17
      IV. Öffentliche und private Vorhabenträger   20
      V.   Aufgaben des ROV   22
           1. Prüfungs- und Feststellungsaufgabe   23
              a) Prüfungsmaßstab "Ziele der Raumordnung
                 und Landesplanung"   24
                 aa) Konkrete Ziele   26
                 bb) Allgemeine Ziele   27
              b) Grundsätze der Raumordnung und Landes-
                 planung   29
              c) Prüfungsmaßstab "sonstige Erfordernisse
                 der Raumordnung und Landesplanung   35

2. Abstimmungsaufgabe 37

D. Das ROV als Instrument der Raumordnung und Landesplanung 39

  I. Auswirkungen der Definitionsmerkmale der Raumordnung und Landesplanung auf den Prüfungsumfang im ROV 39

   1. Übergeordnetheit der Raumordnung und Landesplanung 40
      a) Überörtliche Planung 40
      b) Überfachliche Planung 43

   2. Zusammenfassende Planung 48

  II. Verbot des "landesplanerischen Durchgriffs" auch im ROV 48

E. Rechtswirkungen der das ROV abschließenden landesplanerischen Beurteilung 50

  I. Inhalt der landesplanerischen Beurteilung 50

  II. Bestimmung der Rechtswirkungen der landesplanerischen Beurteilung aufgrund der nach der gesetzlichen Form bestimmten Rechtsqualität 51

   1. Landesplanerische Beurteilung in der Form des Vorschlages 51

   2. Landesplanerische Beurteilung in der Form der Genehmigung 53

  III. Bestimmung der Rechtswirkungen der landesplanerischen Beurteilung anhand der Rechtsqualität, beurteilt nach dem Inhalt der Maßnahme 57

   1. Landesplanerische Beurteilung als Rechtssatz 57

   2. Landesplanerische Beurteilung als Regierungsakt 59

   3. Landesplanerische Beurteilung als Verwaltungsakt 59
      a) Unmittelbare Außenwirkung 60
        aa) Außenwirkung gegenüber Behörden 60
        bb) Außenwirkung gegenüber selbständigen Planungsträgern 61
        cc) Außenwirkung gegenüber Privaten 61
      b) Regelungswirkung 65
        aa) Baden-Württemberg 71

- III -

bb) Bayern	72
cc) Hessen	73
dd) Niedersachsen	73
ee) Rheinland-Pfalz	74
ff) Saarland	75
gg) Schleswig-Holstein	75

4. Landesplanerische Beurteilung als Akt sui generis ... 78
   a) Berücksichtigung der Verwaltungsrechtsdogmatik ... 78
      aa) Verfahren als verwaltungsrechtliche Kategorie ... 79
      bb) Erfüllung von Verwaltungsaufgaben im nicht gesetzesfreien Raum ... 81
      cc) Möglichkeiten der Kontrolle ... 81
   b) Berücksichtigung der Stellung des ROV im System der Raumordnung und Landesplanung ... 82
      aa) Erfüllung des Abstimmungsgebots nach § 4 Abs. 5 ROG ... 82
      bb) Verhältnis des ROV zu den Zielen der Raumordnung und Landesplanung ... 83
   c) Ergebnis ... 83

§ 3 Überblick über die Entscheidungsstrukturen der fachlichen Genehmigungs- und Planfeststellungsverfahren ... 84

A. Kontrollerlaubnisse ... 85

B. Planfeststellungsverfahren ... 86

   I. Antragsteller ... 86

   II. Zweck des Planfeststellungsverfahrens ... 88

   III. Planerische Gestaltungsfreiheit ... 88

      1. Raumordnungsbelange und Wesen der Planungsentscheidung ... 88
         a) Finalität der Planung ... 89
         b) Autonomie der Planungsentscheidung ... 89
         c) Planerisches Abwägen ... 90
         d) Interdependenz der planungsrelevanten Belange ... 91

      2. Raumordnungsbelange und Grenzen der planerischen Gestaltungsfreiheit ... 92

IV. Wirkungen der Planfeststellung	93
1. Genehmigungswirkung	93
2. Gestaltungswirkung	94
3. Bindungswirkung	94
4. Konzentrationswirkung	94
C. Mischformen zwischen Kontrollerlaubnis und Planfeststellungsverfahren	97
I. Genehmigungsentscheidungen mit behördlichem Ermessensspielraum	97
II. Kontrollentscheidungen ohne grundrechtilche Bindung	98

Zweiter Teil: Das Verhältnis der Verfahren zueinander   101

§ 4 Grundlagen der Berücksichtigung der ROV-Ergebnisse in den fachbehördlichen Abwägungsentscheidungen   101

A. Bindungswirkung der landesplanerischen Beurteilung und Abwägung in der Rechtsprechung	102
B. Landesplanerische Beurteilung im Abwägungsprozeß	104
I. Das Abwägen als Entscheidungsmodus	104
II. Die Einordnung der landesplanerischen Beurteilung in den Abwägungsprozeß	106
1. Die landesplanerische Beurteilung als der Abwägung entzogener Belang	106
2. Die landesplanerische Beurteilung als in die Abwägung einzustellender Belang	106
a) Die landesplanerische Beurteilung in der Ermittlungs- und Feststellungsphase	107
b) Die landesplanerische Beurteilung in der Bewertungsphase	109
c) Die landesplanerische Beurteilung in der eigentlichen Abwägungsphase	110

§ 5 Steuerung der außengerichteten Abwägungsentscheidung über die Bindungswirkung der landesplanerischen Beurteilung   113

    A. Eigenbindung der Raumordnungsbehörden   113

- V -

    I. Selbstbindung der Verwaltung   113
   II. Auswirkungen auf das ROV   114

      1. Auswirkungen auf Folgeverfahren   114

      2. Auswirkungen auf andere landesplanerische Verfahren   115

      3. Auswirkungen bei einer Veränderung der Sach- und Rechtslage   115

B. Bindung der landesunmittelbaren Verwaltung   116

    I. Begründungsansätze für eine Verbindlichkeit der landesplanerischen Beurteilung   117

      1. Bindungswirkung durch Selbstbindung der Verwaltung   117

      2. Bindungswirkung und Regelungswirkung   117

      3. Bindungswirkung über § 5 Abs. 4 sowie § 3 ROG   118

      4. Bindungswirkung durch eine abgeleitete Bindungswirkung   118

        a) Abgeleitete Bindungswirkung   118

        b) Kritik an der "abgeleiteten Bindungswirkung"   120

        c) Eigene Stellungnahme   122

      5. Bindungswirkung durch Raumordnungs- und Allgemeinwohlklauseln sowie unbestimmte Rechtsbegriffe   124

      6. Bindungswirkung über eine Interpretationskompetenz   125

      7. Bindungswirkung durch Kompetenz- oder Zuständigkeitsverteilung   126

      8. Bindungswirkung durch Einheit der Verwaltung   134

      9. Bindungswirkung über Verwaltungsvorschriften   135

      10. Bindungswirkung und sonstige Begründungsansätze   137

      11. Bindungswirkung durch faktische Bindung   138

   II. Auswirkungen der unterschiedlichen Prüfungsmaßstäbe und Verfahrensergebnisse auf die Bindung der landesunmittelbaren Verwaltung   140

1. Unterschiedliche Prüfungsmaßstäbe 140

2. Landesplanerische Feststellung und Abstimmungsvorschlag 142

III. Ausführung von Bundesgesetzen durch die Länder 142

    1. Ausführung von Bundesgesetzen als eigene Angelegenheit 142

    2. Ausführung von Bundesgesetzen in Bundesauftragsverwaltung 143

IV. Verbindlichkeit der landesplanerischen Beurteilung bei einem Handeln der landesunmittelbaren Verwaltung als Genehmigungsbehörde 146

C. Bindung selbständiger öffentlicher Planungsträger 146

    I. Rechtsfähige Verwaltungseinheiten des Landes als Bindungsadressaten 146

        1. Begründungsansätze 146

        2. Prüfungsmaßstäbe und Verfahrensergebnisse 147

    II. Maßnahmen in Bundeseigenverwaltung und in Trägerschaft des Bundes 149

        1. Begründungsansätze 149

        2. Selbstbindung des Bundes 150

            a) Ziele als Prüfungsmaßstab 151

            b) Grundsätze als Prüfungsmaßstab 153

            c) Sonstige Erfordernisse der Raumordnung 155

D. Bindung von Privatpersonen 155

    I. Bindung von Privaten, die öffentiche Aufgaben wahrnehmen 156

    II. Bindung von Privaten als Antragsteller einer Genehmigung oder privatnützigen Planfeststellung 156

    III. Bindung von juristischen Personen des Privatrechts, an denen die öffentlichen Hand beteiligt ist und die private Aufgaben erfüllen 157

§ 6 Steuerung der außengerichteten Abwägungsentscheidung über die Raumordnungs- und Allgemeinwohlklauseln in den fachgesetzlichen Genehmigungs- und Planfeststellungstatbeständen … 159

  A. Die Raumordnungs- und die Allgemeinwohlklauseln als gesetzliche Tatbestandsmerkmale … 159

    I. Maßgeblichkeit der gesetzlichen Tatbestände für die Steuerungsfähigkeit der landesplanerischen Beurteilung … 159

    II. Bedeutung der Raumordnungsklauseln in den Genehmigungs- und Planfeststellungstatbeständen … 161

    III. Stellung der Raumordnungsklauseln im Verhältnis zwischen Raumordnung und Fachplanung … 163

      1. Verhältnis von § 5 Abs. 4 ROG zu den fachgesetzlichen Raumordnungsklauseln … 163

      2. Zusammentreffen mehrerer Verknüpfungsregelungen … 165

  B. Raumordnungsklauseln als unverzichtbare Transformationsnormen … 166

§ 7 Einzelanalyse der Verknüpfungsregeln zwischen den Genehmigungs- und Planfeststellungstatbeständen … 170

  A. Kontrollerlaubnisse … 170

    I. Immissionsschutzrechtliche Genehmigungen nach §§ 4 ff. BImSchG … 171

      1. Berücksichtigung der landesplanerischen Beurteilung über § 50 BImSchG … 171

      2. Berücksichtigung der landesplanerischen Beurteilung über den planerischen Gehalt des Vorsorgegrundsatzes nach § 5 Nr. 2 BImSchG … 172

      3. Berücksichtigung der landesplanerischen Beurteilung über § 6 Nr. 2 BImSchG … 173

        a) RO-Ziele und landesplanerische Beurteilung als "andere öffentlich-rechtliche Vorschrift" … 174

        b) §§ 30 ff. BBauG als "andere öffentlich-rechtliche Vorschriften" i. S. d. § 6 Nr. 2 BImSchG … 176

aa) Vorhaben im Planungsbereich 176
bb) Nicht privilegierte Außenbereichsvorhaben 177
   (1) Die landesplanerische Beurteilung als Mittel zur Zielkonkretisierung 177
   (2) Die landesplanerische Beurteilung als selbständiger öffentlicher Belang i. S. d. § 35 Abs. 2 und 3 BBauG 179
cc) Privilegierte Außenbereichsvorhaben 181
   (1) Die landesplanerische Beurteilung als zielkonkretisierender öffentlicher Belang 183
   (2) Die landesplanerische Beurteilung als eigenständiger öffentlicher Belang 185
dd) Vorhaben im unbeplanten Innenbereich 187

II. Bergrechtliche Zulassungsverfahren 190

  1. Verleihung von Bergwerksberechtigungen 190

  2. Betriebsplanzulassungsverfahren 190

    a) Verstoß gegen die landesplanerische Beurteilung als "gemeinschädliche Einwirkung der Aufsuchung und Gewinnung" 190
    b) Berücksichtigung der landesplanerischen Beurteilung über die abfallrechtliche Raumordnungsklausel 191
    c) Berücksichtigung der landesplanerischen Beurteilung über das Rekultivierungsgebot 192
    d) Berücksichtigung der landesplanerischen Beurteilung über sonstige Genehmigungserfordernisse 194
    e) Die landesplanerische Beurteilung als "überwiegend öffentliches Interesse" in § 48 Abs. 2 BBergG 194

  3. Abgrabungsgenehmigung nach § 3 AbgrG NW 196

B. Genehmigungstatbestände mit behördlichem Ermessensspielraum 198

  I. Das atomrechtliche Genehmigungsverfahren nach § 7 Abs. 2 AtG 198

    1. Struktur der Genehmigungsentscheidung 198

	2.	Berücksichtigung der landesplanerischen Beurteilung über die "öffentlichen Interessen" in § 7 Abs. 2 Nr. 6 AtG	198
II.	Wasserrechtliche Erlaubnisse und Bewilligungen nach §§ 2 ff. WHG		204
	1.	Struktur der Genehmigungsentscheidung	205
	2.	Berücksichtigung der landesplanerischen Beurteilung über das Tatbestandsmerkmal "Wohl der Allgemeinheit" in § 6 WHG	205
		a) Ziele als Prüfungsmaßstab im ROV	206
		b) Grundsätze und sonstige Erfordernisse der Raumordnung als Prüfungsmaßstab im ROV	210
III.	Luftverkehrsrechtliche Genehmigungen gemäß § 6 Abs. 2 LuftVG		210
	1.	Struktur der Genehmigungsentscheidung	210
	2.	Berücksichtigung der landesplanerischen Beurteilung über die Raumordnungsklausel in § 6 Abs. 2 S. 1 LuftVG	211
	3.	Genehmigung nach § 6 LuftVG und anschließende Planfeststellung nach §§ 8 ff. LuftVG	211
IV.	Energieaufsichtliches Verfahren nach § 4 Abs. 2 EnWG		214
	1.	Struktur der behördlichen Entscheidung	214
	2.	Berücksichtigung der landesplanerischen Beurteilung über "Gründe des Gemeinwohls"	214

C. Einzelne Planfeststellungsverfahren ... 216

I.	Straßenrechtliche Planfeststellungen		216
	1.	Planung von Bundesfernstraßen	217
		a) Dreistufigkeit des Planungsverfahrens	217
		b) Allgemeine Raumordnungsbindung	217
		c) Berücksichtigung der landesplanerischen Beurteilung über § 16 Abs. 1 FStrG	217
	2.	Landesstraßenrechtliche Planfeststellungen	220
		a) Raumordnungsklauseln in den Landesstraßengesetzen	220
		b) Linienbestimmungsverfahren	220

II. Wasserstraßenrechtliche Planfeststellungen   222

  1. § 13 Abs. 2 WaStrG   222

    a) Berücksichtigung der landesplanerischen Beurteilung über die "Erfordernisse der Raumordnung" in § 13 Abs. 2 WaStrG   222

    b) Zielbindung und Bindung an ROV-Ergebnisse   223

    c) ROV und Linienbestimmungsverfahren   224

  2. § 18 WaStrG   224

III. Wasserhaushaltsrechtliche Planfeststellungen   226

  1. Gemeinnützige wasserhaushaltsrechtliche Planfeststellung   227

  2. Privatnützige wasserhaushaltsrechtliche Planfeststellung   227

    a) Landesplanerische Beurteilung als zwingender Versagungsgrund i. S. d. §§ 6 und 31 WHG   227

    b) Landesplanerische Beurteilungen in der fachplanerischen Abwägung   231

IV. Luftverkehrsrechtliche Planfeststellungen   231

V. Atomrechtliche Planfeststellungsverfahren   232

VI. Abfallrechtliche Planfeststellungen   232

VII. Planfeststellungen nach § 36 BBahnG   233

§ 8 Fortentwicklung der Verknüpfungsregelungen   235

  A. Bindungswirkung der landesplanerischen Beurteilung de lege ferenda   235

    I. Anwendung von §§ 5, 6 ROG auf das ROV-Ergebnis   235

    II. Allgemeine rahmenrechtliche Ermächtigung für den Landesgesetzgeber   238

    III. ROV mit Außenwirkung gegenüber Privaten   239

  B. Weiterentwicklung der Raumordnungsklauseln   246

Dritter Teil: Weiterentwicklung des ROV als Umweltverträglichkeitsprüfung (UVP)   252

§ 9 UVP und Raumordnungsverfahren   252

A. Umweltverträglichkeitsprüfung 252
   I. Entwicklung der UVP 252
   II. Die Richtlinie der EG zur Umweltverträglichkeitsprüfung 255
      1. Gang des Verfahrens 255
      2. Wesentliche Inhalte der EG-Richtlinie 255
         a) Aufbau der EG-Richtlinie 256
         b) Die EG-Richtlinie als Verfahrensregelung 256

B. Umsetzung der EG-Richtlinie in das Planungs- und Vorhabenszulassungsrecht der Bundesrepublik Deutschland 259
   I. Stand der Umsetzungsdiskussion 260
      1. UVP als eigenständiges Verfahren 260
      2. UVP und Planfeststellungsverfahren 261
      3. UVP und Genehmigungsverfahren 262
         a) Immissionsschutzrechtliche Genehmigung 262
         b) Parallele Genehmigungsverfahren 264
      4. UVP und Naturschutzrecht 265
      5. UVP und Raumordnungsverfahren 266
   II. EG-rechtliche Zulässigkeit des "vertikalen Splittings" 270
      1. Auslegung der EG-Richtlinie 270
      2. Überblick über die EG-rechtlichen Anforderungen an eine Verfahrensstufung 271
         a) ROV als Verfahren zur Genehmigung i. S. d. Art. 2 Abs. 2 der Richtlinie 272
         b) Ermittlung der EG-rechtlichen Anforderungen an die Verbindlichkeit der ersten Verfahrensstufe (ROV) für die zweite Verfahrensstufe (nachfolgende Verfahren) 275
         c) Notwendigkeit einer EG-UVP bei behördenverbindlichem ROV 276
   III. Funktionsäquivalenz von UVP und ROV 277
      1. Übereinstimmungen zwischen UVP und ROV 277
         a) Strukturelle Gemeinsamkeiten 277

aa) Umweltschutzfunktion der Raumordnungsinstrumentarien 278
bb) Projektbezogenheit 279
cc) Querschnittsprüfung 279
b) Verfahrenspraktische Gemeinsamkeiten 280
aa) Frühzeitigkeit des Verfahrens 280
bb) Objektivität des Verfahrens 281

2. Unterschiede zwischen UVP und ROV 283
a) Verfahrensgegenstand 283
aa) Raumbedeutsame Maßnahmen 283
bb) Private und öffentliche Vorhabenträger 285
cc) Änderungsvorhaben 286
b) Prüfungsmaßstab 287
aa) Erfordernisse der Raumordnung und Umweltbelange 287
bb) Erforderlicher Raumbezug der Umweltbelange und Detailliertheit der Prüfung 288
cc) Rechtssystematisches Verhältnis der raumbedeutsamen Umweltbelange zu den Prüfungsmaßstäben im ROV und Konsequenzen für die Novellierung 288
(1) Rechtssystematisches Verhältnis 288
(2) Bewertung der Novellierungsvorschläge 291
(a) Darstellung der Novellierungsvorschläge 291
(b) Rechtliche Würdigung 294
(c) Rahmenkompetenz für eine ROG-Änderung 295
(aa) Bedürfnisprüfung 295
(bb) Regelungsintensität 297
(cc) Gesetzgebungskompetenz des Bundes für eine Verknüpfung von ROV und UVP 298
(dd) Zulässigkeit der Transformation der EG-Richtlinie durch Rahmenvorschriften 299
c) UVP und fakultatives ROV 301
aa) ROV-Vorschriften als "Kann-"Bestimmung 301
bb) ROV in den Ländern Berlin, Bremen und Hamburg 302

cc)	UVP und subsidiäres ROV	303
dd)	UVP und paralleles ROV	303
d) UVP und Bürgerbeteiligung		304
aa)	Öffentlichkeitsbeteiligung im ROV	304
bb)	Öffentlichkeitsbeteiligung in der EG-UVP	305

§ 10 Zusammenfassung der Ergebnisse in Thesen   311

Literaturverzeichnis   322

Sachregister   347

Abkürzungsverzeichnis

a. A.	anderer Ansicht
a. a. O.	am angegebenen Ort
AbfG	Abfallgesetz
AbgrG NW	Abgrabungsgesetz Nordrhein-Westfalen
Abl.	Amtsblatt
Abs.	Absatz
a. E.	am Ende
a. F.	alte Fassung
AgrarR	Agrarrecht (Zeitschrift)
AllgVwR	Allgemeines Verwaltungsrecht
Anm.	Anmerkung
ARL	Akademie für Raumforschung und Landesplanung, Hannover
Art.	Artikel
AtG	Atomgesetz
AtomR	Atomrecht
AtVfV	Atomrechtliche Verfahrensordnung
Aufl.	Auflage
BauNVO	Baunutzungsverordnung
BauO	(Landes-)Bauordnung
BauR	Baurecht (Zeitschrift für das gesamte öffentliche und private Baurecht)
Ba-Wü, ba-wü	Baden-Württemberg, baden-württembergisch(er, es)
Bay, bay	Bayern, bayerisch (er, es)
BayVBl.	Bayerische Verwaltungsblätter (Zeitschrift)
BayVerfGH	Bayerischer Verfassungsgerichtshof
BayVGH	Bayerischer Verwaltungsgerichtshof
BBahnG	Bundesbahngesetz
BBauBl.	Bundesbaublatt (Zeitschrift)
BBergG	Bundesberggesetz
Bd.	Band
Beil.	Beilage
Bek.	Bekanntmachung
Beschl.	Beschluß
BGBl.	Bundesgesetzblatt
BGH	Bundesgerichtshof
BGHZ	Entscheidung des Bundesgerichtshofes in Zivilsachen
BImSchG	Bundes-Immissionsschutzgesetz
BlGBW	Blätter für das Grundstücks-, Bau- und Wohnungsrecht (Zeitschrift)
BMBau	Bundesminister für Raumordnung, Bauwesen und Städtebau
BMV	Bundesminister für Verkehr
BNatSchG	Bundesnaturschutzgesetz
BReg.	Bundesregierung
Brem.StGH	Bremischer Staatsgerichtshof
BRS	Baurechtssammlung, Rechtsprechung des Bundesverwaltungsgerichts, der Oberverwaltungsgerichte der Länder und anderer Gerichte zum Bau- und Bodenrecht, begründet von Thiel, weitergeführt von Gelzer
BT	Bundestag

BV	Verfassung des Freitstaates Bayern
BVerfG	Bundesverfassungsgericht
BVerfGE	Entscheidungen des Bundesverfassungsgerichts, amtliche Sammlung
BVerwG	Bundesverwaltungsgericht
BVerwGE	Entscheidungen des Bundesverwaltungsgerichts, amtliche Sammlung
DB	Der Betrieb (Zeitschrift)
ders.	derselbe
dies.	dieselben
DÖV	Die Öffentliche Verwaltung (Zeitschrift)
Dok.ENV	Abkürzung der EG für Dokumente zum Umweltrecht
Drs.	Drucksache
DVBl.	Deutsches Verwaltungsblatt (Zeitschrift)
EG	Europäische Gemeinschaft
EKrG	Eisenbahnkreuzungsgesetz
Entsch.	Entscheidung
Entw.	Entwurf
EnWG	Energiewirtschaftsgesetz
EnWR	Energiewirtschaftsrecht
ET	Energiewirtschaftliche Tagesfragen (Zeitschrift)
EVU	Energieversorgungsunternehmen
EW	Elektrizitätswirtschaft (Zeitschrift)
EWG	Europäische Wirtschaftsgemeinschaft
Fn.	Fußnote
ForstG	Forstgesetz
FS	Festschrift
FStrG	Bundesfernstraßengesetz
GABl.	Gemeinsames Amtsblatt
GBl.	Gesetzblatt
GG	Grundgesetz
GGO	Gemeinsame Geschäftsordnung der Bundesministerien
GMBl.	Gemeinsames Ministerialblatt
GVBl.	Gesetz- und Verordnungsblatt
Hess., hess.	Hessen, hessisch
HStGZ	Hessische Städte- und Gemeindezeitung (Zeitschrift)
h. M.	herrschende Meinung
Hrsg., hrsg.	Herausgeber, herausgegeben
i. d. F.	in der Fassung
i. e. S.	im engeren Sinne
IzR	Informationen zur Raumentwicklung (Zeitschrift)
JA	Juristische Arbeitsblätter (Zeitschrift)
JuS	Juristische Schulung (Zeitschrift)
JZ	Juristenzeitung (Zeitschrift)
LBG	Landbeschaffungsgesetz
LBV	Linienbestimmungsverfahren
LFG	Landesforstgesetz
lit.	litera (Buchstabe)
LÖLF	Landesanstalt für Ökologie, Landschaftsentwicklung und Forstplanung, Nordrhein Westfalen
LPlG	Landesplanungsgesetz
LT	Landtag

LuftVG	Luftverkehrsgesetz
LUMBl.	Amtsblatt des bayerischen Staatsministeriums für Landesentwicklung und Umweltfragen
LVerbO	Landschaftsverbandsordnung
LWG	Landeswassergesetz
MBl.	Ministerialblatt
MdB	Mitglied des Bundestages
MittDSt	Mitteilungen des Deutschen Städtetages (Zeitschrift)
MKRO	Ministerkonferenz für Raumordnung
m. w. N.	mit weiteren Nachweisen
Nds., nds.	Niedersachsen, niedersächsisch
NEPA	National Environmental Policy Act
NJW	Neue Juristische Wochenschrift (Zeitschrift)
NROG	Niedersächsisches Raumordnungsgesetz
NuR	Natur und Recht (Zeitschrift)
NVwZ	Neue Zeitschrift für Verwaltungsrecht
NW, nw	Nordrhein-Westfalen, nordrhein-westfälisch
ÖffBauBoR	Öffentliches Bau- und Bodenrecht, Raumordnungsrecht (Lehrbuch)
OVG	Oberverwaltungsgericht
PBefG	Personenbeförderungsgesetz
RdWWi	Recht der Wasserwirtschaft (Zeitschrift)
RGBl.	Reichsgesetzblatt
Rh-Pf., rh-pf	Rheinland-Pfalz, rheinland-pfälzisch
Rn.	Randnummer(n)
RO	Raumordnung
ROG	Raumordnungsgesetz des Bundes
ROLaPlaR	Raumordnungs- und Landesplanungsrecht (Lehrbuch)
ROV	Raumordnungsverfahren
RO-Ziele	Ziele der Raumordnung und Landesplanung
Rspr.	Rechtsprechung
RTW	Recht - Technik - Wirtschaft (Schriftenreihe)
RuL	Das Recht der Raumordnung und Landesplanung in Bund und Ländern (Lehrbuch)
RuR	Raumordnung und Raumforschung (Zeitschrift)
S.	Seite, Satz
Saarl., saarl.	Saarland, saarländisch
SchBG	Schutzbereichsgesetz
Schl-Ho, schl-ho	Schleswig-Holstein, schleswig-holsteinisch
Sp.	Spalte
StGR	Städte- und Gemeinderat (Zeitschrift)
StädteT	Der Städtetag (Zeitschrift)
StrG	Straßengesetz
StrWG	Straßen- und Wegegesetz
SWR	Beiträge zum Siedlungs- und Wohnungswesen und zur Raumplanung (Schriftenreihe)
Teilz.	Teilziffer
TOP	Tagesordnungspunkt
TWG	Telegraphenwegegesetz
UMK	Umweltministerkonferenz
UPR	Umwelt- und Planungsrecht (Zeitschrift)
Urt.	Urteil
UVP	Umweltverträglichkeitsprüfung

VBlBW	Verwaltungsblätter für Baden-Württemberg (Zeitschrift)
VerwArch.	Verwaltungsarchiv (Zeitschrift)
VG	Verwaltungsgericht
VGH	Verwaltungsgerichtshof
vgl.	vergleiche
VKBl.	Verkehrsblatt (Zeitschrift)
Vorbem.	Vorbemerkung
VR	Verwaltungsrundschau (Zeitschrift)
V. V.	Verwaltungsvorschriften
VVDStRL	Veröffentlichungen der Vereinigung der Deutschen Staatsrechtslehrer
VwVfG	Verwaltungsverfahrensgesetz
WaStrG	Bundeswasserstraßengesetz
WHG	Wasserhaushaltsgesetz
WiVerw	Wirtschaft und Verwaltung (Beilage zu Gewerbearchiv und Umwelt- und Planungsrecht)
WiVwR	Wirtschaftsverwaltungsrecht (Lehrbuch)
ZfB	Zeitschrift für Bergrecht
ZfBR	Zeitschrift für Deutsches und Internationales Baurecht
ZfU	Zeitschrift für Umweltpolitik
ZfW	Zeitschrift für Wasserrecht
Ziff.	Ziffer
ZIR	Zentralinstitut für Raumplanung an der Universität Münster
ZLW	Zeitschrift für Luft und Weltraumrecht
ZRP	Zeitschrift für Rechtspolitik

§ 1 Einleitung

A. Gegenstand der Untersuchung

Das Instrumentarium des Raumplanungs- und Umweltrechts hat heute einen Ausbaustand erreicht, in dem nicht das Fehlen rechtlicher Steuerungsmittel, sondern der Mangel ihrer gegenseitigen Abstimmung zum gravierenden Wirksamkeitshindernis geworden ist[1].

Gegenstand der vorliegenden Untersuchung sind nicht die unter dem Stichwort "Vollzugsdefizit" bekannt gewordenen Koordinationsschwächen des verwaltungspraktischen Vollzuges[2], sondern der Rechtsgrundlagen selbst. Es soll versucht werden, die sich hinter dem Verhältnis zwischen dem Raumordnungsverfahren (ROV) und den anschließenden fachlichen Genehmigungs- und Planfeststellungsverfahren verbergenden Abgrenzungs- und Harmonisierungsschwierigkeiten aufzuzeigen. Die hierbei behandelten Fragen stellen sich dabei als Teilausschnitt aus dem generellen Verhältnis des Raumplanungsrechts zum Fachplanungsrecht dar[3]. Es geht nicht um die Verbindungslinien zwischen den Raumordnungsplänen und den verschiedenen Fachplanungen einschließlich der Bauleitplanung, sondern um die Verknüpfung des ROV als einem Verwirklichungsinstrument der Raumordnung mit den die Bodennutzung durch Private und staatliche Stellen regelnden fachlichen Vorhabenzulassungsverfahren.

Abgrenzungsschwierigkeiten bereiten das ROV und die Fachverfahren als partiell konkurrierende Kontrollmechanismen bei der Bestimmung des Entscheidungsgehalts[4]. Erforderlich ist im Sinne einer vertikalen Verfahrensstufung eine sinnvolle Verteilung der Aufgaben auf die Landesplanungsbehörden und die Fachbehörden[5]. Harmonisierungs-

---

1) So wörtlich Schmidt-Aßmann, Umwandlungsgenehmigung, NuR 1986, 98.
2) Hoppe, Staatsaufgabe, S. 217 mit Fn. 9.
3) Vgl. Bielenberg/Erbguth/Söfker, ROLaPlaR, J 610.
4) Vgl. die Abgrenzungsversuche bei Jarass, Verhältnis, BayVBl. 1979, 65 ff.
5) Cupei, Umweltverträglichkeitsprüfung, DVBl. 1985, 813 (820).

schwierigkeiten bringen die Verkoppelungen und Übergänge zwischen dem der übergeordneten Raumplanung verpflichteten ROV und den Vollzugsinstrumenten. Schnittstellen, die es in diesem Zusammenhang zu beleuchten gilt, sind einerseits die Rechtswirkungen der ROV-Ergebnisse, die ohne Bestimmung der Wirkung der Ziele der Raumordnung und Landesplanung (RO-Ziele) und sonstige RO-Belange nicht feststellbar sind, und andererseits die in den Fachgesetzen anzutreffenden Raumordnungs-, Gemeinwohl- und Abwägungsklauseln in variantenreicher und nicht immer exakter Ausgestaltung.

Wenn es eine typische rechtswissenschaftliche Gegenwartsaufgabe der Raumordnungs- und Umweltpolitik gibt, dann ist es eine Harmonisierung der vorhandenen Rechtsgrundlagen, die durch eine dogmatische Präzisierung und Vereinheitlichung der einschlägigen Schlüsselbegriffe geleistet werden muß[1].

Daß dies eine langwierige, nur in Teilschritten aufzuarbeitende Problematik ist, die sowohl bei den Rechtswirkungen der jeweiligen Planungen - hier speziell des ROV als einem der Planung nachgeordneten Sicherungsinstrument - als auch bei den einzelnen Genehmigungstatbeständen und Planungsermächtigungen ansetzen muß, bedarf keiner näheren Erläuterung. Selbst ein längerer Beitrag kann hier nur einen kleinen Baustein bilden.

B. Gang der Darstellung

Der <u>Erste Teil</u> dient der Darstellung der hier behandelten Verfahren. In § 2 stehen Verfahrensgegenstand, Prüfungsmaßstäbe und Rechtswirkungen des ROV im Vordergrund. Gleichzeitig wird aus raumordnungssystematischer Sicht eine Abgrenzung zwischen dem landesplanerischen Verfahren und den Fachverfahren vorgenommen.
Die Darstellung der Genehmigungs- und Planfeststellungsverfahren in § 3 beschränkt sich im wesentlichen auf die Entscheidungsstruktur, da diese bereits Rückschlüsse auf die Offenheit für RO-Belange zuläßt.

---

[1] Schmidt-Aßmann, Umwandlungsgenehmigung, NuR 1986, 98 (99); grundlegend <u>Salzwedel</u>, Probleme, S. 33 ff.; <u>Jarass</u>, Konkurrenz, S. 17 ff.; dieses Anliegen verfolgt auch <u>Erbguth</u> mit seiner Habilitationsschrift "Raumbedeutsames Umweltrecht", wie der Untertitel "Systematisierung, Harmonisierung und sonstige Weiterentwicklung" belegt.

Im Zweiten Teil werden die Verknüpfungsregeln zwischen den Verfahren behandelt. Zunächst wird in § 4 das fachbehördliche Abwägungsgebot als Scharnier zwischen einer Verbindlichkeit der landesplanerischen Beurteilung und der Steuerung durch die Tatbestände der fachgesetzlichen Normen selbst dargestellt. § 5 dient der Erörterung, welche Verbindlichkeit die landesplanerische Beurteilung hat bzw. haben kann und differenziert dabei nach den verschiedenen Adressaten und Prüfungsmaßstäben. In § 6 wird die Bedeutung der Raumordnungsklauseln hervorgehoben, während § 7 die Einzelanalyse ausgewählter Genehmigungs- und Planfeststellungsverfahren hinsichtlich ihrer Verarbeitungsfähigkeit von ROV-Ergebnissen liefert. § 8 schließt den Zweiten Teil mit Weiterentwicklungsüberlegungen ab, die sowohl den landesplanerischen als auch den fachgesetzlichen Teil der Bindungswirkung der landesplanerischen Beurteilung betreffen.

Im Dritten Teil wird unter dem Blickwinkel der Rechtswirkungen des ROV und der behandelten Verknüpfungsregelungen die Geeignetheit des landesplanerischen Verfahrens für die EG-rechtlich geforderte Umweltverträglichkeitsprüfung untersucht[1].

Erster Teil: Darstellung der Verfahren

§ 2 Raumordnungsverfahren

Bei der Normierung des ROV als landesplanungsrechtliches Instrument der Raumordnung und Landesplanung hat der Landesgesetzgeber die sich aus dem ROG als Rahmengesetz ergebenden, in erster Linie raumordnungssystematischen Vorgaben zu beachten.

A. Bundesrahmenrechtliche Vorgaben für ein ROV

Das ROG enthält bisher keine ausdrückliche das ROV regelnde Be-

---

1) Richtlinie des Rates über die Umweltverträglichkeitsprüfung bei bestimmten öffentlichen und privaten Projekten v. 27.06.1985, ABl. EG Nr. L 175/40.

stimmung[1]. Allgemein wird daher die rechtliche Grundlage des ROV in § 4 Abs. 5 ROG gesehen[2]. Nach Satz 1 haben "die Behörden des Bundes und der Länder ... ihre Planungen und Maßnahmen aufeinander und untereinander abzustimmen". Das Abstimmungsgebot des Abs. 5 besitzt als "Grundsatznorm des Raumordnungsrechts"[3] eine materiell-rechtliche und eine verfahrensrechtliche Komponente[4].

Materiell werden alle (öffentlichen) Planungsträger und Fachbehörden zur weitgehenden Berücksichtigung der Maßnahmen und Planungen aller anderen Planungsträger und Fachbehörden verpflichtet; verfahrensrechtlich sind einerseits die Landesplanungsbehörden und alle anderen berührten Planungsträger raumrelevanter Vorhaben zu unterrichten und um Stellungnahmen zu bitten, andererseits dieselben Vorhabenträger gehalten, sich ihrerseits an den Abstimmungsvorgängen und -verfahren, sei es mit der Landesplanung, sei es mit anderen Fachbehörden oder Planungsträgern, zu beteiligen[5].

Die verfahrensrechtliche Seite des Abstimmungsgebotes wird von Satz 3 näher ausgestaltet und konkretisiert: "Die Länder regeln die Mitwirkung der für die Raumordnung zuständigen Landesbehörden bei der Abstimmung". Die Beteiligung der Landesplanungsbehörden regeln die

---

1) Vgl. dazu die Überlegungen zu einer rahmenrechtlichen Verankerung de lege ferenda in: Stellungnahme der Akademie für Raumforschung und Landesplanung zu den "Materialien zum Baugesetzbuch", DVBl. 1985, 433 (436); Stellungnahme der ARL zum Baugesetzbuch, ARL-Nachrichten Nr. 33, vom Januar 1985, S. 13; und unten S. 301 ff.
2) Ernst, in: Ernst/Hoppe, ÖffBauBoR, Rn. 84; Zoubek, Raumordnungsverfahren, S. 120 ff.; Brenken, Weiterentwicklung, S. 47; vgl. auch BVerwG, Urt. v. 12.07.1985 - 4 C 40.83 -, UPR 1985, 373 (374).
3) Cholewa/Dyong/von der Heide, ROG, Bd. I, § 4 Rn. 35.
4) Bielenberg/Erbguth/Söfker, ROLaPlaR, K § 4 Rn. 48; Zoubek, Raumordnungsverfahren, S. 127.
5) Schoeneberg, Umweltverträglichkeitsprüfung, S. 126.

Landesplanungsgesetze - mit Ausnahme von Nordrhein-Westfalen[1] - dergestalt, daß ein besonderes Abstimmungsverfahren, nämlich das ROV, von den Landesplanungsbehörden durchgeführt werden kann und nicht etwa, was auch denkbar wäre, ein "Benehmen" oder "Einvernehmen" mit den Trägern der Maßnahme herzustellen ist.

Unberührt von diesen Vorschriften über das ROV bleibt die Möglichkeit der Landesplanungsbehörden, die Belange der Raumordnung und Landesplanung in "einfachen Beteiligungsverfahren" - mit und ohne gesetzliche Anordnung[2] - im Rahmen der Fachverfahren unter Verfahrensleitung der zuständigen Fachbehörden geltend zu machen[3].

B. Das ROV als landesplanerisches Instrument

Das Verhältnis des ROV zu anschließenden fachlichen Genehmigungs- und Planfeststellungsverfahren läßt sich nur klären, wenn vorab die Stellung des ROV im Gesamtsystem der Raumordnung und Landesplanung analysiert wird. Denn das ROV hat, wie die weiteren Ausführungen zeigen werden, eine abgeleitete, dienende Hilfsfunktion[4]. Die Raumordnung und Landesplanung[5] erfüllt ihren Koordinationsauftrag, der sich aus ihrer Definition als übergeordneter, überörtlicher, überfachlicher und zusammenfassender Planung und Ordnung des Raumes ergibt, rechtssystematisch auf zwei Wegen. Zu unterscheiden ist zwi-

---

1) Vgl. zu den Forderungen, auch in Nordrhein-Westfalen ein ROV einzuführen: Erbguth/Zoubek, Umweltschutz, DVBl. 1982, 1172 (1174 f.); Landesentwicklungsbericht NW 1976, 128 f.; Mitteilungsblatt des Nordrhein-Westfälischen Landtags "Landtag intern" v. 31.01.1984, S. 10 ff.; kritisch Depenbrock/Reiners, Landesplanungsgesetz, Einf. 2.6, S. 85 ff.
2) Vgl. dazu Bielenberg/Erbguth/Söfker, ROLaPlaR, M 312 Rn. 17.
3) Bielenberg/Erbguth/Söfker, a. a. O.
4) Siehe unten S. 39 ff.
5) Diese Begriffe werden in der vorliegenden Arbeit synonym als Hendiadyoin gebraucht; vgl. Schmidt-Aßmann, Raumordnungsklauseln, S. 29 und allgemein zur Begrifflichkeit Ernst, in: Ernst/Hoppe, ÖffBauBoR, Rn. 1 - 3 a; Hoppe, RuL, Rn. 26.
6) Bielenberg/Erbguth/Söfker, ROLaPlaR, M 100 Rn. 8; vgl. auch BVerfG-Rechtsgutachten v. 16.06.1954 - 1 P B v V 2/52 -, BVerfGE 3, 407 ff.; Hoppe, RuL, Rn. 47.

schen planender und sichernder Tätigkeit der Raumordnung und Landesplanung.

Das planende Handeln der Landesplanung vollzieht sich im Aufstellen, Aufheben bzw. Ändern von Programmen und Plänen der hochstufigen wie der Regionalebene[1]. In ihnen werden - ggf. neben anderen Inhalten[2] - die Ziele der Raumordnung und Landesplanung festgelegt, die räumlich und sachlich zur Verwirklichung der Raumordnungsgrundsätze erforderlich sind[3].

Demgegenüber helfen die Sicherungsinstrumente bei der Verwirklichung und Durchsetzung der Ziele sowie bei der Ermittlung von sonstigen Erfordernissen der Raumordnung und Landesplanung. Dabei wird das Informationsbedürfnis der Landesplanungsstellen durch Mitteilungs- und Unterrichtungspflichten befriedigt; dem Schutz von in der Aufstellung befindlichen Raumordnungszielen (RO-Zielen) dient das Untersagungsverfahren in landesrechtlicher Ausgestaltung des § 7 ROG, teilweise, wie in § 11 Abs. 1 S. 2 hessLPlG und § 13 Abs. 5 saarlLPlG, mit dem ROV verknüpft; während das ROV sicherstellen soll, daß bestehende Ziele und sonstige Belange der Raumordnung und Landesplanung von den planenden Stellen berücksichtigt, d. h. Fehlplanungen möglichst verhindert werden[4].

C. Landesrechtliche Ausgestaltung des ROV

Das ROG als Rahmengesetz nach Art. 75 Nr. 4 GG erlaubt den Ländern eine variantenreiche Ausformung des ROV.

I. Gegenstand des ROV

Gegenstand des ROV sind - trotz teilweise unterschiedlicher Formulierungen in den Landesplanungsgesetzen - raumbedeutsame Planungen

---

1) Erbguth, ROLaPlaR, Rn. 244.
2) Vgl. zum möglichen Inhalt von Programmen und Plänen der Raumordnung und Landesplanung Paßlick, RO-Ziele, S. 24 ff.
3) Evers, Raumordnung, S. 66 ff.; Jarass, Verhältnis, BayVBl. 1979, 65.
4) Vgl. Erbguth, ROLaPlaR, Rn. 244; Zoubek, Sicherungsinstrumente, S. 55 ff.

und Maßnahmen öffentlicher und sonstiger Planungsträger. Dieser Begriff der raumbedeutsamen Planungen und Maßnahmen spielt im Recht der Raumordnung und Landesplanung eine zentrale Rolle[1].

Nach der Legaldefinition des § 3 Abs. 1 ROG gehören dazu alle Planungen und Maßnahmen, durch die Grund und Boden in Anspruch genommen oder die räumliche Entwicklung eines Gebietes beeinflußt wird.

1. Raumbedeutsame Planungen

Die Begriffe "Planung" und "Maßnahme" werden weder im ROG noch in den Landesplanungsgesetzen definiert.

"Planung" ist für die Raumordnung und Landesplanung zu definieren als "die systematische Vorbereitung und Festlegung rationalen Verhaltens, um unter gegebenen Umständen ein Ziel auf bestmögliche Weise zu erreichen[2]." Planung ist demnach eine bestimmte Maßnahme, nämlich die gebündelte und zielgerichtet ausgerichtete Zusammenfassung von (Einzel-)Maßnahmen[3].

2. Raumbedeutsame Maßnahmen

Im Rahmen der vorliegenden Untersuchung interessiert insbesondere, ob auch umweltrelevante Einzelmaßnahmen, wie die Errichtung eines Industriebetriebes oder die Durchführung einer Erstaufforstung, Verfahrensgegenstand sein können.

a) Auslegung des Maßnahmebegriffs

Bei der Auslegung des Maßnahmebegriffs kann einerseits auf das allgemeine Verwaltungsverfahrensrecht zurückgegriffen werden und muß andererseits die RO-Systematik beachtet werden.

---

1) Heigl/Hosch, Landesplanung, Art. 1 Rn. 47; Zoubek, Raumordnungsverfahren, S. 41 ff. u. S. 53 ff.
2) Wolff/Bachof I, § 18 I b 4 (S. 78); siehe auch Jochimsen, Grundfragen, S. 13; vgl. zu den zahlreichen Planungsdefinitionen aus anderen Wissenschaftsbereichen Heigl/Hosch, Landesplanung, vor Art. 1 Rn. 5 -7; vgl. umfassend zum Gegenstand der Raumordnung Hoppe, RuL, Rn. 156 ff.; ders., Hoppe, Festgabe BVerfG I., S. 663 ff.
3) Zoubek, Raumordnungsverfahren, S. 43 m. w. N.

aa) Entsprechend VwVfG und ROG

Der Begriff "Maßnahme" ist als Oberbegriff aufzufassen, der auch die Planungen mit einschließt. Das ergibt sich einerseits aus dem Wortlaut des § 3 Abs. 1 ROG ("und sonstige Maßnahmen"), andererseits auch aus § 35 VwVfG des Bundes und der Länder ("Verfügungen, Entscheidungen oder andere ... Maßnahmen"). Die Planung wird vom ROG und den Landesplanungsgesetzen jeweils besonders erwähnt, weil es sich dabei um für die Raumordnung und Landesplanung besonders bedeutsame Maßnahmen handelt[1].

Nach allgemeinem Verwaltungsrecht gehört, wie sich aus §§ 35 i. V. m. 37 Abs. 2 S. 1 VwVfG des Bundes und der Länder ergibt, neben den Entscheidungen und Verfügungen auch jedes andere zweckgerichtete und zurechenbare Verhalten, welches nicht nur durch Worte, sondern auch durch Zeichen und andere Mittel (konkludent) etwas zum Ausdruck bringt[2], zu den Maßnahmen.

Dieser Maßnahmebegriff erfährt für das Recht der Raumordnung und Landesplanung und damit für das ROV sowohl eine Erweiterung als auch eine Einschränkung. Während im allgemeinen Verwaltungsrecht Realakte nicht zu den Maßnahmen zählen, da sie auf einen tatsächlichen Erfolg gerichtet etwas bewirken[3], zählen im Raumordnungsrecht dazu auch die Errichtung eines Industriebetriebes[4]. Denn gerade auch diese Realakte erweisen sich als ausgesprochen raumbeanspruchend, so daß sie von der Raumordnung einschließlich ihrer Sicherungsmittel bei der leitbildgerechten Ausgestaltung des Raumes erfaßt werden müssen.

---

1) Jochimsen, Grundfragen, S. 13.
2) Erichsen/Martens, in: Erichsen/Martens, AllgVerwR, § 11 II 1, S. 162.
3) Stelkens/Bonk/Leonhardt, in: Stelkens/Bonk/Leonhardt, VwVfG, § 35 Rn. 61.
4) Heigl/Hosch, Landesplanung, Art. 1 Rn. 48; Hoppe, RuL, Rn. 158.

bb) Berücksichtigung von § 5 Abs. 4 ROG

Demgegenüber gehören zu den raumbedeutsamen Maßnahmen, die im ROV abzustimmen sind, nicht die Entscheidungen etwa in Form der atomrechtlichen, immissionsschutzrechtlichen, wasserrechtlichen oder luftverkehrsrechtlichen Genehmigung. Dies ergibt sich aus dem (unbestrittenen) Grundsatz des Raumordnungsrechts, daß die Landesplanung nicht unmittelbar die Nutzung von Grund und Boden regeln darf. Zwar ist die Zulassung eines Vorhabens eine behördliche Maßnahme, die eine raumordnerisch relevante Raumwirksamkeit entfalten kann. Zu den Maßnahmen im Sinne der Raumordnung und Landesplanung[1] gehören indes nicht die Entscheidungen, die eine Behörde gegenüber dem Bürger zu treffen hat[2]. Obgleich die raumordnerische Einbindung von Einzelmaßnahmen durch die dort angeordnete umfassende Zielbindung in § 5 Abs. 4 ROG angelegt ist, wird dadurch nicht jedes raumrelevante Verhalten von Privatpersonen unter einen direkten Raumordnungs- bzw. Planungsvorbehalt gestellt[3]. Da sich die Rechtmäßigkeit der fachgesetzlichen Genehmigung allein aus der Fassung des jeweiligen Fachgesetzes oder Genehmigungstatbestandes ergibt, landesplanerische Aussagen mithin nur mittelbar - mediatisiert - berücksichtigt werden können, soweit diese durch Raumordnungs- bzw. Abwägungsklauseln etc. auf die Ziele, Grundsätze und sonstigen Erfordernisse der Raumordnung Bezug nehmen, käme es, würden die vorgenannten Einzelfallentscheidungen als Maßnahmen im Sinne des ROG und der Landesplanungsgesetze eingestuft, zu einem unzulässigen unmittelbaren Wirken landesplanerischer Aussagen[4].

---

1) Zum Beispiel §§ 3 Abs. 1, 4 Abs. 5, 5 Abs. 4, 7 Abs. 1 ROG und sämtliche Landesplanungsgesetze.

2) Hoppe, Gelenkfunktion, UPR 1983, 105 (111 f.).

3) Schmidt-Aßmann, Raumordnungsklauseln, S. 38; Hoppe, Gelenkfunktion, UPR 1983, 105 (111 f.); Weidemann, Ziele, NVwZ 1983, 441 ff.; a. A. Zoubek, Sicherungsinstrumente, S. 79 und Hartwig, Rechtswirkungen, NVwZ 1985, 8 (10), der eine Einschränkung aus rechtsstaatlichen Gründen vornimmt; Knöpfle, Einvernehmen, S. 41 ff.; Schmidt-Aßmann, Fortentwicklung, S. 85.

4) Vgl. Hoppe, Gelenkfunktion, UPR 1983, 105 (112); ders., RuL, Rn. 836 f.; unten S. 48; ; Schoeneberg, Umweltverträglichkeitsprüfung, S. 185 f.; zu § 5 Abs. 4 ROG Schmidt-Aßmann, Fortentwicklung, S. 81; zu § 7 Abs. 1 ROG Bielenberg/Erbguth/Söfker, ROLaPlaR, K § 7 Rn. 17; Erbguth, ROLaPlaR, Rn. 285; ders., Raumordnungsverfahren, IzR 1979, 173 ff.; a. A. Zoubek, Sicherungsinstrumente, S. 77 f.

Deshalb ist der Begriff "raumbedeutsame Maßnahme" im ROG und damit auch in den das Rahmenrecht ausfüllenden Landesplanungsgesetzen, mithin auch den ROV-Vorschriften, so auszulegen, daß hierunter nicht Genehmigungs- und Aufsichtsentscheidungen sowie andere Kontrollvorgänge fallen. Zu den raumbedeutsamen Maßnahmen in diesem Sinne gehören nur originäre Entscheidungen[1].

Diese Auslegung des Begriffs der "raumbedeutsame Maßnahme" bedeutet aber nicht, daß das genehmigungsbedürftige Vorhaben selbst nicht Gegenstand des ROV wäre[2].

Vielmehr sind nur die isolierten Genehmigungsentscheidungen nicht Verfahrensgegenstand. Die ihr zugrunde liegenden Projekte Privater können sehr wohl im ROV auf ihre Vereinbarkeit mit den Zielen, ggf. den Grundsätzen und sonstigen Erfordernissen der Raumordnung und Landesplanung und mit anderen Vorhaben öffentlicher und privater Träger überprüft werden, sofern die Landesplanungsgesetze dies vorsehen[3]. Die teleologische Reduktion des Begriffs der "raumbedeutsamen Maßnahme" im § 5 Abs. 4 ROG und den ROV-Vorschriften verfolgt nur den Zweck, die Wirkung der RO-Ziele und der ROV-Ergebnisse aus rechtssystematischen Gründen zu beschränken, nicht aber zu bestimmen, welche Vorhaben Gegenstand eines landesplanerischen Verfahrens sein können.

b) Landesrechtliche Besonderheiten

Lediglich nach dem Wortlaut der ROV-Vorschriften von Rheinland-Pfalz und Schleswig-Holstein scheint zweifelhaft, ob Gegenstand des ROV neben Planungen auch die sonstigen raumbedeutsamen Maßnahmen sein können.

---

1) Hoppe, Gelenkfunktion, UPR 1983, 105 (111 ff.).
2) Vgl. dazu Bay. Bek. zum ROV, LUMBl. 1984, 29; Zoubek, Raumordnungsverfahren, S. 60; dies dürfte der Grund dafür sein, daß in sämtlichen Kommentaren zu den Landesplanungsgesetzen bei den im ROV zu überprüfenden Gegenständen von Projekten bzw. Vorhaben gesprochen wird.
3) Vgl. unten S. 20 ff.

aa) Rheinland-Pfalz

§ 18 Abs. 1 rh-pfLPlG ordnet an, daß das raumplanerische Verfahren bei Einzelplanungen und Maßnahmen durchgeführt werden kann, während Abs. 2 Nr. 1 und Nr. 2 nur zwischen Fach- und Einzelplanungen unterscheiden. Indem § 18 Abs. 2 rh-pfLPlG für die Maßnahmen keine ROV-regelung vorsieht, soll diese Vorschrift den Gegenstand der landesplanerischen Abstimmungspflicht unzulässig verengen und so gegen die rahmenrechtliche Legaldefinition des § 3 Abs. 1 ROG sowie den allgemeinen Verwirklichungsauftrag der Raumordnung aus § 4 Abs. 3 ROG verstoßen und das allgemeine Abstimmungsgebot des § 4 Abs. 5 S. 1 und 3 ROG verkürzen[1]. Zweifel scheinen bereits angebracht, ob überhaupt ein Verstoß gegen Rahmenrecht vorliegt, da die Länder bisher nicht gezwungen sind, ein ROV einzuführen, so daß es ihnen überlassen ist, den Rahmen des § 4 Abs. 5 ROG durch verfahrensrechtliche Vorschriften auszufüllen oder es bei der Geltung der rahmenrechtlichen Grundsatznorm zu belassen[2]. Teilweise wird § 18 Abs. 1 und § 18 Abs. 2 rh-pfLPlG zusammengefaßt, und ohne zu differenzieren von raumbedeutsamen Planungen und sonstigen Maßnahmen als Gegenstand des raumplanerischen Verfahrens gesprochen[3]. Andere betonen, daß bereits vor Inkrafttreten des Landesplanungsgesetzes im Jahre 1966 raumbedeutsame Maßnahmen und Planungen untersucht und mit Zielen der Raumordnung und Landesplanung abgestimmt wurden[4]. Mit dieser historischen Praxis habe auch das Landesplanungsgesetz nicht brechen wollen[5]. Dementsprechend erwähnt § 18 Abs. 1 rh-pfLPlG neben den (Einzel)Planungen auch die Maßnahmen. Eine entsprechende Anwendung des auf die Fach- und Einzelplanungen abstellenden § 18 Abs. 2 rh-pfLPlG auf die Maßnahmen des § 18 Abs. 1 rh-pfLPlG ist möglich, weil die für eine Analogie erforderliche Lücke in der Form, daß der Ge-

---

[1] Zoubek, Raumordnungsverfahren, S. 58.
[2] Heigl/Hosch, Landesplanung, Art. 23 Rn. 5.
[3] Bielenberg/Erbguth/Söfker, ROLaPlaR, M 450, Rn. 61; vgl. auch § 19 rh-pfLPlG (Maßnahmen).
[4] Brenken/Schefer, Landesplanungsgesetz, § 18 Anm. 2 (S. 91); vgl. auch Schefer, Raumplanerisches Verfahren, IzR 1979, 157.
[5] Vgl. zum Gang des Gesetzgebungsverfahrens Brenken/Schefer, Landesplanungsgesetz, Einf., Anm. 3 (S. 10), § 18 Anm. 2 (S. 92).

setzgeber einen offensichtlich regelungsbedürftigen Sachverhalt irrtümlich nicht geregelt hat[1], vorhanden ist. Die analoge Anwendung von § 18 Abs. 2 rh-pfLPlG auf sonstige Maßnahmen wird nahegelegt durch die doppelte Verwendung des Begriffs "raumplanerisches Verfahren". Während § 18 Abs. 1 die möglichen Verfahrensgegenstände aufzählt, gibt Abs. 2 Hinweise für die Art des Abstimmungsverfahrens und die Prüfungsmaßstäbe (Nr. 2) bzw. beschreibt das Verfahren der Koordination (Nr. 1). Es wäre gesetzgebungstechnisch wenig sinnvoll, nach einer Aufzählung der Verfahrensgegenstände bei der Verknüpfungsnorm noch zusätzliche Gegenstände (Fachplanung) einzuführen bzw. vorab zugeordnete Gegenstände von dem materiellen Prüfungsumfang wieder auszunehmen. Daher ist davon auszugehen, daß die Reduzierung in § 18 Abs. 2 Nr. 1 und 2 auf Fach- und Einzelplanungen irrtümlich erfolgte[2]. Folglich ist eine analoge Anwendung dieses Absatzes auf nach § 18 Abs. 1 rh-pfLPlG dem raumplanerischen Verfahren unterfallende sonstige Maßnahmen möglich.

bb) Schleswig-Holstein

Auch das schleswig-holsteinische Landesplanungsgesetz soll den Gegenstand des ROV unzulässig auf Planungen beschränken[3]. Nach § 14 Abs. 1 schl-hoLPlG bezieht sich das landesplanerische Abstimmungsverfahren auf "Planungen eines Planungsträgers". Sonstige Maßnahmen seien nicht Verfahrensgegenstand des ROV. Das ergebe sich zunächst daraus, daß der Landesgesetzgeber das vor dem Inkrafttreten des ROG geschaffene Landesplanungsgesetz in diesem Punkt trotz mehrfacher anderweitiger Änderung nach Schaffung des ROG mit seiner Unterscheidung zwischen raumbedeutsamen Planungen und Maßnahmen nicht geändert habe[4]. Auch könne "Planung" nicht als die sonstigen Maßnahmen einschließender Oberbegriff verstanden werden. Das verbiete § 1 Abs. 1 schl-hoLPlG, der unter lit. a die Aufgabe, übergeordnete, überfachliche, überörtliche und zusammenfassende Planung auf- und festzustellen und sie fortlaufend der Entwicklung anzupassen, den

---

1) Larenz, Methodenlehre, S. 354 ff.
2) So im Ergebnis auch Menke, in: Hoppe/Menke, RuL (Rh-Pf), Rn. 1222.
3) Zoubek, Raumordnungsverfahren, S. 58.
4) Zoubek, Raumordnungsverfahren, S. 59; zum Gang des Gesetzgebungsverfahrens vgl. Schaetzell, Landesplanung, S. 3 ff.

Landesplanungsbehörden zuweist, während lit. b sich zwangsläufig auf nichtumfassende Teil-, Fach- und Sonderplanungen - im Gegensatz zur Landesplanung - beziehe[1]. Für eine Ausdehnung auf sonstige Maßnahmen sei daher kein Raum. Demgegenüber wird teilweise unter Hinweis auf § 15 schl-hoLPlG vorausgesetzt, daß unter "Planung" alle raumbedeutsamen Planungen und sonstigen Maßnahmen zu verstehen seien[2]. § 15 schl-hoLPlG läßt sich allerdings nicht als Indiz für eine Erstreckung der "Planung" aus § 14 schl-hoLPlG auf sonstige Maßnahmen heranziehen, denn diese Vorschrift bezieht sich ersichtlich ausschließlich auf das Untersagungsverfahren entsprechend § 7 ROG. Insoweit konnte der Landesgesetzgeber auch nicht von der zwingenden Erstreckung der Untersagungsmöglichkeit auf raumbedeutsame Planungen und Maßnahmen abweichen, da das ROG den Rahmen eindeutig festlegt[3]. Ohne auf das Tatbestandsmerkmal "Planungen von Planungsträgern" aus § 14 Abs. 1 schl-hoLPlG einzugehen, differenzieren andere nicht zwischen Planungen und sonstigen Maßnahmen. Die insoweit aufgeführten möglichen Verfahrensgegenstände eines ROV (Fernversorgungsleitungen, Industrieanlagen mit komplexer Standortanforderung, Verteidigungsanlagen)[4] können sowohl Planungen als auch sonstige Maßnahmen sein.

Durch die Kombination von Planungen von Planungsträgern mit dem "Einzelfall" in § 14 Abs. 1 schl-hoLPlG wird deutlich, daß Gegenstand eines ROV nicht nur allgemeine, großräumige, alle Belange berücksichtigende Gesamtplanungen öffentlicher Planungsträger sein sollen, sondern auch die als sonstige Maßnahmen einzustellenden Planungen von Unternehmen für die Errichtung von Vorhaben, die einer atomrechtlichen, immissionsschutzrechtlichen oder sonstigen fachlichen Genehmigung bedürfen. Folglich können auch in Schleswig-Holstein neben den Planungen sonstige Maßnahmen Verfahrensgegenstand sein.

---

1) <u>Zoubek</u>, Raumordnungsverfahren, S. 59.
2) <u>Bielenberg/Erbguth/Söfker</u>, ROLaPlaR, M 450 Rn. 78.
3) Vgl. im Gegensatz dazu den größeren Gestaltungsspielraum beim ROV. <u>Bielenberg/Erbguth/Söfker,</u> ROLaPlaR, M 445 Rn. 15 ff.
4) <u>Koch/Menke</u>, Raumordnungsverfahren, IzR 1979, 169.

II. Raumbedeutsamkeit der Vorhaben

Gegenstand der ROV nach allen Landesplanungsgesetzen können nur raumbedeutsame Planungen und Maßnahmen (Vorhaben) sein. Die meisten Landesplanungsgesetze übernehmen den Begriff "raumbedeutsame Planungen und Maßnahmen" aus § 3 Abs. 1 ROG mehr oder weniger stark modifiziert[1]. Wiederum weisen die ROV-Vorschriften der Länder Rheinland-Pfalz und Schleswig-Holstein erhebliche Abweichungen auf.

§ 18 Abs. 1 rh-pfLPlG spricht von "Einzelplanungen und Maßnahmen, deren Bedeutung sich über größere Gebiete erstreckt" bzw. in Abs. 2 Nr. 1 und 2 von "Fach- und Einzelplanungen von überörtlicher Bedeutung". "Größere Gebiete" und "überörtliche Bedeutung" lassen sich nicht mit "raumbedeutsam" gleichsetzen, da ohnehin nur Planungen von überörtlicher Bedeutung in den Aufgabenbereich von Raumordnung und Landesplanung als übergeordnete, überörtliche und zusammenfassende Planung fallen[2]. Jedoch ergibt sich das Erfordernis der Raumbedeutsamkeit der Vorhaben, die Verfahrensgegenstand eines raumplanerischen Verfahrens sein sollen, aus dem Zusammenspiel von § 19 Abs. 1 und 2 mit § 18 rh-pfLPlG. Nach § 19 Abs. 2 gilt die Einlegung des landesplanerischen Einspruchs als Einleitung des raumplanerischen Verfahrens i. S. d. § 18. Der Einspruch selbst aber richtet sich nach § 19 Abs. 1 gegen raumbedeutsame Maßnahmen von Behörden, Planungsträgern, usw.[3]. § 14 schl-hoLPlG enthält keine Hinweise darauf, daß die im ROV abzustimmenden bzw. zu überprüfenden Planungen raumbedeutsam sein müssen. Insoweit ist auf die Regelung des allgemeinen landesplanerischen Abstimmungsauftrags in § 1 Abs. 1 b schl-hoLPlG zurückzugreifen. Dem Wortlaut der Vorschrift "... und aller anderen Planungsträger, denen öffentliche raumbedeutsame Planungsaufgaben

---

1) § 13 Abs. 1 ba-wüLPlG: Raumbedeutsame Planungen oder Maßnahmen; Art. 23 Abs. 1 bayLPlG: Raumbedeutsame Planungen und Maßnahmen; § 11 Abs. 1 hessLPlG: Raumbedeutsame Planungen und sonstige Maßnahmen; § 14 Abs. 1 NROG: Raumbeanspruchende oder raumbeeinflussende Planungen oder Maßnahmen; § 13 saarLPlG: Raumbedeutsame Planungen, Maßnahmen und Vorhaben.
2) Zoubek, Raumordnungsverfahren, S. 53; Heigl/Hosch, Landesplanung, Art. 1 Rn. 41, 49.
3) So auch Zoubek, Raumordnungsverfahren, S. 54.

obliegen" ist zu entnehmen, daß sämtliche landesplanerisch abzustimmende Planungen der Ministerien (Fachplanungen) raumbedeutsam sein müssen. Damit sind auch nur solche Planungen mögliche Verfahrensgegenstände des ROV gem. § 14 Abs. 1 schl-hoLPlG[1]. Mit der Feststellung, daß nach allen Landesplanungsgesetzen nur raumbedeutsame Planungen bzw. Maßnahmen Gegenstand eines ROV sein können, ist noch nicht der Inhalt des Begriffs der "Raumbedeutsamkeit" geklärt.

Dieses Tatbestandsmerkmal setzt sich aus zwei Elementen zusammen. "Raum" bezeichnet das Gebiet als abgegrenzten Teil der Erd(ober)fläche, in dem sich eine Maßnahme auswirken kann oder muß. Entsprechend den unterschiedlichen Aufgaben der Raumordnung und Landesplanung kann dies das Bundesgebiet, das Landesgebiet, eine Region, ggf. auch nur ein Kreis (vgl. Schleswig-Holstein) sein. Diese Gliederung der Raumordnung und Landesplanung muß bei der Auslegung des Begriffs "raumbedeutsam" berücksichtigt werden. Je nach dem Normzweck, den die raumordnerische Vorschrift verfolgt, ist "Raum" damit ein größeres oder kleineres Gebiet[2]. Durch einen Rückgriff auf die Legaldefinition des § 3 Abs. 1 ROG ergibt sich, daß unter raum"bedeutsam" sowohl das raumbeanspruchende als auch das raumbeeinflussende Handeln zu verstehen ist[3]. Das Merkmal der Raumbeanspruchung ist Ausfluß der seit langem vertretenen sog. Bodennutzungstheorie, nach der nur besonders flächenintensive Maßnahmen wie Straßenplanungen, Leitungstrassen und Flußregulierungen als raumbedeutsam angesehen werden[4]. Darüber hinaus erstreckt jedoch § 3 Abs. 1 ROG die Raumbedeutsamkeit weitergehend auch auf raumbeeinflussende Vorhaben, zu denen z. B. auch die räumlichen Aspekte des Steuersystems, von Subventionen, der Vergabe öffentlicher Aufträge sowie des Finanzausgleichs gezählt werden[5].

---

1) So auch Zoubek, Raumordnungsverfahren, S. 58; im Ergebnis ebenso, wenn auch ohne Begründung, Bielenberg/Erbguth/Söfker, ROLaPlaR, M 450 Rn. 78.

2) Vgl. zu einem ähnlichen Ansatz Zoubek, Raumordnungsverfahren, S. 51.

3) Auch ausführlich Zoubek, Raumordnungsverfahren, S. 41 ff.; Timmer, Räumliche Wirkungen, S. 6 ff.; Bielenberg/Erbguth/Söfker, ROLaPlaR, K § 3 Rn. 7 ff.

4) Timmer, Räumliche Wirkungen, S. 6.

5) Erbguth, Umweltrecht, S. 51 im Anschluß an das SARO-Gutachten, S. 27 ff.

Beim raumbeeinflussenden Handeln wird unterschieden zwischen unmittelbarer und mittelbarer Raumbeeinflussung, wobei trotz der Abgrenzungsschwierigkeiten bei der zuletzt genannten Kategorie Einigkeit dahingehend besteht, den Begriff der mittelbaren Raumbeeinflussung weit auszulegen[1]. Die überwiegende Zahl der im ROV untersuchten Vorhaben ist raumbeanspruchend, weil das ROV als Vorstufe zur tatsächlichen Verwirklichung des mit einer Bodeninanspruchnahme einhergehenden Projektes im Raum eingesetzt wird[2]. Hieraus zieht Zoubek die Schlußfolgerung, Gegenstände eines ROV könnten nur zumindest auch raumbeanspruchende Planungen und Maßnahmen sein[3]. Zur Begründung führt er aus, dies ergebe sich aus der nachträglichen Prüfungs- und Abstimmungsfunktion des ROV, die den Vollzug der landesplanerischen Pläne und Programme sichere. Da sich Planrealisierung im Raum auswirke und mit den einzelnen Vollzugsmaßnahmen regelmäßig eine neue Form der Bodennutzung einhergehe, stehe bei den Vollzugsmaßnahmen die Bodennutzung (Raumbeanspruchung) im Vordergrund, so daß der Bodennutzungseffekt ausschlaggebendes Kriterium für den ROV-Gegenstand sei[4]. Dieser Einschränkung kann nur gefolgt werden, wenn gleichzeitig ein erweiterter Begriff der Bodennutzung (=Raumbeanspruchung) zugrunde gelegt wird. Nach Ihmels/Köppl sind etwa (Landschafts)Schutzgebietsausweisungen mangels Inspruchnahme von Grund und Boden keine raumbeanspruchenden, sondern raumbeeinflussende Maßnahmen[5]. Bei der Qualifizierung der Schutzgebietsausweisungen (Naturschutz- und Landschaftsschutzgebiet, Wasserschutzgebiet, militärisches Schutzgebiet), die nicht der aktiven Planung und Erstellung von Neuem dienen, sondern passiv, abwehrend dem Verhindern von für das zu schützende Gut schädlichen Nutzungen[6], als nicht raum-

---

1) Bielenberg/Erbguth/Söfker, ROLaPlaR, K § 3 Rn. 8.
2) Vgl. Ihmels/Köppl, Landesplanung, Vorbem. vor § 1 Rn. 37.
3) Zoubek, Raumordnungsverfahren, S. 65 f.
4) Zoubek, Raumordnungsverfahren, S. 65 f.
5) Landesplanung, Vorbem. vor § 1 Rn. 37.
6) Breuer, Planung, S. 156.

beanspruchend kann auf das Merkmal der Raumbeeinflussung zur Bestimmung des ROV-Gegenstandes nicht verzichtet werden, wenn sie Verfahrensgegenstand bleiben sollen.

Dieser Verzicht ist dagegen möglich, wenn mit Zoubek zur Bestimmung der Raumbedeutsamkeit einer Maßnahme nach Effekten und damit zwischen dem Bodennutzungs-, dem Einkommens-, dem Bevölkerungs-, dem Versorgungs- und dem Anreizeffekt unterschieden wird[1], wobei der Bodennutzungseffekt die Raumbeanspruchung kennzeichnet. Bei diesem Effekt wird differenziert zwischen dem Bodennutzungsniveau-, dem Bodennutzungsintensitäts- und dem Bodennutzungsstruktureffekt[2]. Letzterer liegt vor, wenn eine Veränderung der Relation zwischen den für einzelne Nutzungsarten zur Verfügung stehenden Flächen erfolgt. Durch die hier infrage stehende Schutzgebietsausweisung wird eine bestimmte Nutzungsart bevorzugt, indem andere Nutzungen verboten oder erschwert werden, so daß ein Bodennutzungsstruktureffekt anzunehmen ist.

Wird der Auffassung gefolgt, daß Raumbeanspruchung nicht mit Flächenverbrauch einhergehen muß, sondern auch durch den Bodennutzungseffekt begründet werden kann, dann ist eine Reduzierung der raumbedeutsamen Vorhaben auf die raumbeanspruchenden als ROV-Gegenstand zulässig, so daß im Endeffekt die aufgeworfene Streitfrage nicht entschieden werden muß.

III. Projekt (Einzelfall)Bezogenheit

Raumbedeutsame Planungen und sonstige Maßnahmen sind Verfahrensgegenstand im ROV ausschließlich im Einzelfall. Diese für das ROV charakteristische Projektbezogenheit kommt in den einzelnen Landesplanungsgesetzen teils unmittelbar, teils mittelbar zum Ausdruck[3].

---

1) Raumordnungsverfahren, S. 46 ff. im Anschluß an Jochimsen, Grundfragen, S. 72 ff.
2) Zoubek, Raumordnungsverfahren, S. 47.
3) § 13 Abs. 2 ba-wüLPlG: Auf Kosten des Trägers der Planung oder Maßnahme, § 13 Abs. 4, 5 S. 1 und 2: Vorhaben; Art. 23 i. V. m. 24 Abs. 1 S. 1 und Abs. 4 bayLPlG; § 11 i. V. m. § 12 hessLPlG; RdErl. zum § 14 NROG v. 04.01.1978, Nds.MBl. S. 47, 1.1; § 18 Abs. 1 und Abs. 2 rh-pfLPlG: Einzelplanung; § 13 Abs. 5 saarlLPlG; § 14 Abs. 1 S. 1 schl-hoLPlG: im Einzelfall.

Projektbezogenheit bedeutet, daß Verfahrensgegenstand eines ROV nur ein bestimmtes, einzelnes Vorhaben, ein hinreichend klar umrissenes Objekt sein kann[1].

Diese doppelte Beschränkung auf konkrete Einzelprojekte ist eine Folge des Sicherungszwecks des ROV. Er wird im wesentlichen durch die nachträgliche Abstimmung mit den Zielen der Raumordnung und Landesplanung, ggf. auch mit den Grundsätzen und sonstigen Erfordernissen der Raumordnung und Landesplanung erreicht[2], kommt aber auch darin zum Ausdruck, daß die Erfordernisse der Raumordnung im weiteren Sinne auch dadurch verwirklicht werden, daß sie den Maßstab bzw. den Rahmen für die Koordinierung der Fachvorhaben im Rahmen der Abstimmungsaufgabe bilden[3]. "Konkret" bedeutet in diesem Zusammenhang, daß der Vorhabenträger ernsthaft beabsichtigt, das Projekt durchzuführen. Ungefähre Vorstellungen von Art und Umfang der geplanten Anlage oder beabsichtigten Planung genügen nicht. So bestimmt z. B. die Verwaltungsvorschrift zum ROV in Baden-Württemberg: "Gegenstände eines Beurteilungsverfahrens können nur solche Vorhaben sein, die räumlich hinreichend konkretisiert sind und deren Realisierung der Planungsträger ernsthaft erwägt; hierzu gehören z. B. nicht bloße Voruntersuchungen"[4].

Jedoch können die Voruntersuchungen ein Ausmaß annehmen, daß sie selbst als raumbedeutsame Planung oder Maßnahme erscheinen läßt. So könnte z. B. die Errichtung des Untersuchungsbergwerks zur Erforschung des Salzstocks in Gorleben zum Zwecke der Endlagerung radioaktiven Abfalls Gegenstand eines ROV sein, nicht zuletzt wegen seines Investitionsvolumens von 1.5 Milliarden DM allein für diese Unter-

---

1) Zoubek, Raumordnungsverfahren, S. 68; Heigl/Hosch, Landesplanung, Art. 23, Rn. 12; Mayer/Engelhardt/Helbig, Landesplanungsrecht, Art. 23 Rn. 2.
2) Zoubek, Sicherungsinstrumente, S. 55.
3) Siehe dazu unten S. 37.
4) Ba-wüVVROV v. 31.07.78, GABl. S. 1082, 4.2.

suchung[1]. Darüber hinaus ist das Erkundungsbergwerk wegen des Umfangs der Arbeiten und der typischen bergrechtlichen Gefahren als Errichtungsmaßnahme i. S. d. § 126 Abs. 3 BBergG anzusehen[2].

Aus der Projektbezogenheit des ROV ergibt sich, daß Gegenstand der landesplanerischen Beurteilung grundsätzlich das Vorhaben in der Form ist, wie es sich aus den vom Träger eingereichten Unterlagen ergibt[3]. Nur dann ist eine Überprüfung anhand der Erfordernisse der Raumordnung und Landesplanung und eine Abstimmung mit anderen raumbedeutsamen Planungen und Maßnahmen möglich.

"Einzelfallbezogenheit" bedeutet weiter, daß das ROV nicht für Planungen, insbesondere Standortplanungen, benutzt werden kann. Aufgrund des Charakters als raumordnerische Belange sicherndes landesplanerisches Abstimmungsmittel hat das ROV keine unmittelbar planende Funktion; Standortvorsorge, Standortsuche und Standortwahl aber werden zu den Planaufgaben gezählt[4].

Die Suche nach Standorten obliegt den privaten und öffentlichen Vorhaben- bzw. Planungsträgern. Sie verfügen insoweit über unternehmerische Entscheidungsfreiheit bzw. Fachkompetenz und tragen dementsprechend auch das Risiko einer Fehlentscheidung.

Von der Standortwahl bzw. -planung zu unterscheiden sind sogenannte "vergleichende Standortuntersuchungen". Diese sind im ROV möglich und für das Verhältnis zu den nachfolgenden Fachvorhaben von besonderem Interesse. Voraussetzung für eine vergleichende Standortunter-

---

1) Vgl. insgesamt zur Problematik des Endlagerbergwerks bezüglich des Zusammentreffens von bergrechtlichen Genehmigungen und atomrechtlichen Planfeststellungsverfahren Breuer, Rechtsgutachten; Rengeling, Planfeststellung, mit einer Projektbeschreibung, S. 15 ff.; Hoppe/Bunse, Endlagerung, DVBl. 1984, 1033 ff.
2) Hoppe/Bunse, Endlagerung, DVBl. 1984, 1033 (1038).
3) Heigl/Hosch, Landesplanung, Art. 23 Rn. 12.
4) Badura, Standortentscheidung, BayVBl. 1976, 515 (517); zur bedenklichen Praxis in Bayern, keine bzw. grobmaschige Pläne aufzustellen und sofort für mehrere Standorte ROV einzuleiten, vgl. Blümel, Standortvorsorgeplanung, DVBl. 1977, 301 (311).

suchung ist, daß der Projektträger selbst von sich aus oder aufgrund einer Anregung seitens der Landesplanungsbehörde detaillierte Projektunterlagen für mehrere Standorte vorlegt[1]. Der Sache nach handelt es sich dann jedoch um mehrere einzelne ROV. Lediglich die landesplanerischen Beurteilungen werden in der Untersuchung zusammengefaßt. Feststellungsergebnisse bzw. Abstimmungsvorschläge werden in einem zusätzlichen Arbeitsgang miteinander verglichen und unter dem Gesichtspunkt der optimalen Raumverträglichkeit bewertet. Die letzte Entscheidung steht aber dem Planungsträger zu. "Standortpräferenz" nennt Zoubek diese Art von landesplanerischen Standortentscheidungen[2]. Die zulässige Grenze der vergleichenden Standortuntersuchung im ROV dürfte überschritten sein, wenn zur Findung des Standortes für eine Müllverbrennungsanlage im Raum München elf ROV eingeleitet werden. Unabhängig von dem immensen Arbeitsaufwand für die Landesplanungsbehörde und den Fachplanungsträger (falls er bereits detaillierte Unterlagen beibringt), liegt hier ein Fall von Standortsuche vor, die als Gegenstand der planenden Tätigkeit von der Landesplanungsbehörde im Zusammenwirken mit den Fachplanungsträgern ausschließlich im Rahmen des Aufstellens von Programmen und Plänen der Raumordnung und Landesplanung geleistet werden darf[3]. Die Einzelfallbezogenheit verhindert indes nicht, daß mehrere raumbedeutsame Planungen oder Maßnahmen im Rahmen der Abstimmungsaufgabe Gegenstand eines ROV sein können, um Unvereinbarkeiten zu vermeiden bzw. einen landesplanerischen Ausgleich herzustellen[4].

IV. Öffentliche und private Vorhabenträger

Den meisten landesplanerischen ROV-Vorschriften ist zu entnehmen, daß neben raumbedeutsamen Planungen und Maßnahmen in öffentlicher Trägerschaft auch solche von Privaten überprüft bzw. abgestimmt

---

1) Heigl/Hosch, Landesplanung, Art. 23 Rn. 13.
2) Zoubek, Raumordnungsverfahren, S. 77.
3) Vgl. dazu Zoubek, Raumordnungsverfahren, S. 77, m. w. N.; Wahl, Wirkungen, S. 57.
4) Bielenberg/Erbguth/Söfker, ROLaPlaR, M 440 Rn. 5; vgl. zur Abstimmungsaufgabe auch unten S. 37 ff.

werden können[1]. Demgegenüber stellt § 18 rh-pfLPlG nicht auf öffentliche und private Planungsträger ab, sondern unterscheidet zwischen raumplanerischen Verfahren von Amts wegen für Einzelplanungen und Maßnahmen mit Bedeutung für größere Räume und solchen auf Antrag. Da keine weitere Regelung über den Kreis der Antragsberechtigten getroffen wurde, ist davon auszugehen, daß nicht nur öffentliche, sondern auch private Vorhabenträger ihr Projekt im ROV überprüfen lassen können[2].

Bestätigt wird diese Auslegung durch die Verwaltungsvorschriften, die festlegten, daß Einzelhandelsgroßprojekte mit einer Geschoßfläche von mehr als 6 000 m^2 in der Regel ein raumplanerisches Verfahren erfordern[3].

Außerdem geht die Planungspraxis in Rheinland-Pfalz ersichtlich davon aus, daß auch Vorhaben privater Anlagenbetreiber einer Abstimmung im ROV zugänglich sind; dies gilt besonders für Energieversorgungsunternehmen[4]. Somit bleibt als Ergebnis festzuhalten, daß auch in Rheinland-Pfalz trotz des nicht ganz eindeutigen Wortlauts des § 18 Abs. 1 rh-pfLPlG Vorhaben Privater im raumplanerischen Verfahren förmlich landesplanerisch beurteilt werden können[5].

---

1) § 13 Abs. 2 ba-wüLPlG: Träger, Abs. 3 S. 1 Nr. 3: Andere öffentliche Planungsträger, Abs. 3 S. 2: sonstige Planungsträger; Art. 23 Abs. 1 a bayLPlG: Öffentliche und sonstige Planungsträger; § 11 Abs. 1 hessLPlG: Andere Planungsträger; § 14 Abs. 2 NROG: Allen ... berührten Behörden und Planungsträgern; § 13 Abs. 1 a saarlLPlG: Planungsträger.

2) So im Ergebnis wohl auch Menke, in: Hoppe/Menke, RuL (Rh-Pf), Rn. 1230.

3) Vgl. gemeinsames Rundschreiben der Staatskanzlei v. 05.11.1978, Ministerialblatt S. 589 und Rundschreiben der Staatskanzlei v. 29.12.1982, Ministerialblatt S. 46; abgedr. bei Brenken/Schefer, Landesplanungsgesetz, Anhang 4.6 und 4.6.1.

4) Brenken/Schefer, Landesplanungsgesetz, § 18 Anm. 3 (S. 93); Schefer, Raumordnerisches Verfahren, IzR 1979, 157 (Große Fischteiche).

5) So im Ergebnis auch Zoubek, Raumordnungsverfahren, S. 78 ff.; kritisch Erbguth, Raumordnungsverfahren, IzR 1979, 173 (179).

In Schleswig-Holstein ist dem Zusammenspiel der allgemeinen landesplanerischen Abstimmungsnorm des § 1 Abs. 1 lit. b schl-hoLPlG (... Planungen ... aller anderen Planungsträger, denen öffentliche, raumbedeutsame Planungsaufgaben obliegen ...) und der Vorschrift des § 14 Abs. 1 schl-hoLPlG für das ROV (... die Interessen anderer öffentlicher Planungsträger ...) zu entnehmen, daß in diesem Bundesland raumbedeutsame Planungen privater Planungsträger nicht Gegenstand eines ROV sein können. Abzustellen ist jedoch auf die Rechtsnatur der Aufgabe, nicht auf deren Erfüllung in privater Form[1]. Danach wären Planungen von Unternehmen, die der Daseinsvorsorge dienen (Energieversorgungsunternehmen, Wasserwerke), als öffentliche Aufgaben im ROV landesplanerisch abzustimmen bzw. zu überprüfen. Dem entspricht auch die Praxis in Schleswig-Holstein[2].

Mit der Feststellung, daß Vorhaben Privater Verfahrensgegenstand eines ROV sein können, ist jedoch noch keine Aussage darüber getroffen, ob und ggf. welche Rechtswirkungen das Verfahrensergebnis für die natürlichen und juristischen Personen des Privatrechts als Vorhabenträger hat[3].

V. Aufgaben des ROV

Während die meisten Landesplanungsgesetze ausdrücklich zwischen "Abstimmen" und "Feststellen" differenzieren, heißt es in § 14 Abs. 1 schl-hoLPlG "Abstimmung der Interessen und Ausrichtung auf die Ziele der Landesplanung" und ist nach § 13 Abs. 1 ba-wüLPlG neben dem "Feststellen" die "raumordnerisch günstigste Lösung"

---

1) Bielenberg/Erbguth/Söfker, ROLaPlaR, M 450 Rn. 78.
2) Nach Koch/Menke, Raumordnungsverfahren, IzR 1979, 169, werden ROV durchgeführt für unter anderem Fernversorgungsleitungen (Strom, Gas, Wasser, Öl), Industrieanlagen mit komplexen Standortanforderungen, Antennenträger; vgl. zum Begriff der "öffentlichen Aufgaben" Wesener, Energieversorgung, S. 99, 102 und zur Abgrenzung der öffentlichen von den hoheitlichen Aufgaben unten S. 61 ff.
3) Schmidt-Aßmann, Entwicklungstendenzen, VBlBW 1986, 2 (3); vgl. zur Regelungs- und Außenwirkung unten S. 60 ff. und zur Bindungswirkung allgemein unten S. 113 ff.

aufzuzeigen. Während nach § 14 Abs. 1 schl-hoLPlG Abstimmungs- und Feststellungsaufgabe zusammenfallen, ist fraglich, ob § 13 Abs. 1 ba-wüLPlG noch den landesplanerischen Abstimmungsauftrag enthält, da die in § 31 a Abs. 1 Nr. 1 ba-wüLPlG a. F. ausdrücklich erwähnte Abstimmungsaufgabe aufgegeben wurde. Dies ist jedoch zu bejahen, da das Aufzeigen der "raumordnerisch günstigsten Lösung" beinhaltet, daß genau wie bei dem Abstimmungsvorschlag nach bayerischem Landesplanungsrecht eine gedankliche Koordination zu erfolgen hat[1].

1. Prüfungs- und Feststellungsaufgabe

Im Rahmen der Feststellungsaufgabe soll festgestellt werden, ob die raumbedeutsame Planung oder Maßnahme mit den Erfordernissen der Raumordnung i. w. S. übereinstimmt[2], mithin, ob sich der Vorhabenträger mit seinem Projekt an die landesplanerischen Vorgaben hält. Diese Prüfung wird auch als "Raumverträglichkeitsprüfung" bezeichnet[3].

Im Rahmen der Abstimmungsaufgabe soll teils ein Vorschlag, teils eine endgültige Lösung erarbeitet werden, wie raumbedeutsame Projekte untereinander unter Berücksichtigung landesplanerischer Gesichtspunkte abgestimmt werden können.

Entgegen der landesrechtlichen Systematik - nur § 13 Abs. 1 ba-wüLPlG setzt die Feststellungsaufgabe an den Anfang, die übrigen ROV-Vorschriften beginnen mit der Abstimmungsaufgabe - steht in der Planungspraxis die Feststellung am Anfang der Prüfung, da sich eine Abstimmung erübrigt, wenn das geplante Vorhaben bereits den Zielen, ggf. den Grundsätzen oder auch den sonstigen Erfordernissen der Raumordnung und Landesplanung widerspricht[4].

---

1) Vgl. die ähnliche Argumentation bei Schoeneberg, Umweltverträglichkeitsprüfung, S. 181, Fn. 2.
2) Vgl. zu dem Begriff der "sonstigen Erfordernisse der Raumordnung und Landesplanung" unten S. 35 ff. und zu den landesgesetzlich unterschiedlichen Prüfungsmaßstäben unten S. 24 ff.
3) Zur Raumverträglichkeitsprüfung in Nordrhein-Westfalen vgl. Depenbrock/Reiners, Landesplanungsgesetz, E 2.7.
4) Zoubek, Raumordnungsverfahren, S. 112 f.

a) Prüfungsmaßstab "Ziele der Raumordnung und Landesplanung"

In allen Landesplanungsgesetzen ist die Prüfungs- und Feststellungsaufgabe des ROV gerichtet auf die Überprüfung der Vereinbarkeit des konkreten Vorhabens mit den Zielen der Raumordnung und Landesplanung. Während die überwiegende Zahl der ROV-Vorschriften dies ausdrücklich anordnet, verlangt Art. 23 Abs. 1 lit. b bayLPlG eine Ausrichtung anhand der Erfordernisse der Raumordnung und Landesplanung, während § 11 Abs. 1 hessLPlG die Belange der Landesplanung als Prüfungsmaßstab vorsieht.

Der Begriff "Erfordernisse der Raumordnung und Landesplanung" in Art. 23 Abs. 1 b bayLPlG und Art. 1 Abs. 1 Nr. 2 bayLPlG ist weit auszulegen[1]. Er umfaßt als Oberbegriff

- Grundsätze der Raumordnung
- Ziele der Raumordnung und Landesplanung
- sonstige Erfordernisse der Raumordnung und Landesplanung.

Diese weite Auslegung ist geboten, weil zum Zeitpunkt des Erlasses des bayerischen Landesplanungsgesetzes im Jahre 1957 das erst 1965 in Kraft getretene ROG mit seiner deutlichen systematischen Trennung von Grundsätzen und Zielen der Raumordnung und Landesplanung noch nicht vorlag[2]. Ebenso beinhalten die "Belange der Landesplanung" nach § 11 Abs. 1 hessLPlG neben den Zielen auch die Grundsätze und sonstigen RO-Erfordernisse[3]. Ziele der Raumordnung und Landesplanung sind in Plänen und Programmen niedergelegte landesplanerische Letztentscheidungen einer Abwägung, die dem rechtsstaatlichen Bestimmtheitsgebot genügen, d. h. sich hier geographisch auf einen bestimmten Raum beziehen und sachlich eine konkrete raumordnerische Entscheidung treffen müssen, um auf diese Weise die Raumordnungs-

---

1) Heigl/Hosch, Landesplanung, Art. 1 Rn. 54; Forsthoff/Blümel, Fachplanungsrecht, S. 118 ff.; Bielenberg, Fachplanungsgesetze, IzR 1967, 173 (183), der im Rahmen von § 16 FStrG "Belange" mit Erfordernissen gleichsetzt.
2) Vgl. Schmidt-Aßmann, Raumordnungsklauseln, S. 36.
3) Ihmels/Köppl, Landesplanung, § 11 Rn. 17; Zoubek, Raumordnungsverfahren, S. 90; auch Bielenberg, Fachplanungsgesetze, IzR 1967, 173 (183); Koppe, Regionale Raumordnungspläne, S. 143 ff.

grundsätze des Bundes (und der Länder) ausformen zu können[1]. Enthalten die Pläne und Programme ausreichend konkret formulierte Ziele der Raumordnung und Landesplanung, so stellt sich die Frage, welcher Anwendungsbereich für das ROV bleibt; denn die Planungsträger und sonstigen nach § 5 Abs. 4 ROG Bindungsunterworfenen können die raumordnerische Aussage selbst unmittelbar z. B. dem Landesentwicklungsprogramm oder dem Gebietsentwicklungsplan entnehmen. Teilweise wird dementsprechend die Auffassung vertreten, ein ROV könne in solchen Fällen häufig entfallen[2]. Dem ist entgegenzuhalten, daß es beim ROV gerade um die "Anwendung" der Ziele auf das konkrete Projekt geht. Aufgabe des landesplanerischen Abstimmungsinstrumentes ist es, die in den jeweiligen Plänen bzw. Programmen der verschiedenen Planungsstufen vorhandenen Entscheidungsspielräume mit einer raumordnerischen Einzelfallentscheidung auszufüllen[3]. Aufgrund des regelmäßig finalen Charakters der förmlichen Ziele verbleibt den Landesplanungsbehörden der nötige Ermessensspielraum für eine eigenständige Beurteilung der Raumverträglichkeit des Vorhabens[4]. Zur Steuerung der gesamträumlichen Entwicklung schreiben die Ziele zwar räumlich und sachlich konkret die anzustrebende Zielrichtung vor, nicht jedoch in starrer Form den Grad oder die Mittel der notwendigen Zielerfüllung. In den Programmen und Plänen anzutreffende Formulierungen wie "nach Möglichkeit", "soweit geeignet", das Vorhandensein von Alternativen sowie landesplanerische Standortfestlegungen lediglich bezüglich des Raumes, nicht aber hinsichtlich des Ortes, belegen dies hinreichend. Insoweit bleibt dem ROV die nähere Ausformulierung des Aussagegehalts und der Tragweite der Ziele für das betreffende Projekt vorbehalten. Dies gilt um so mehr, wenn die Ziele der Raumordnung und Landesplanung abstrakt und allgemein ausfallen[5], so daß über eine Interpretation hinaus eine ausdeutende Konkretisierung der landesplanerischen Aus-

---

1) Vgl. zum Zielbegriff Paßlick, RO-Ziele, S. 10 ff.; Hoppe, RuL, Rn. 140; StGH Bremen, E. v. 22.08.1983 - St 1/82 -, DÖV 1983, 976 (977) = NuR 1984, 235 ff.
2) Bielenberg/Erbguth/Söfker, ROLaPlaR, M 440 Rn. 7; Depenbrock/Reiners, Landesplanungsgesetz, E 2.5, S. 83 ff.
3) Schoeneberg, Umweltverträglichkeitsprüfung, S. 134.
4) Lehnis, Raumordnungsverfahren, S. 181.
5) Vgl. zu den "allgemeinen Zielen" unten S. 27.

sagen erforderlich wird, um ihre Relevanz für das im ROV zu überprüfende und abzustimmende Projekt zu ermitteln[1]. Diese Konkretisierung als Rechtsanwendung auf den Einzelfall bedeutet allerdings nicht, daß sich die landesplanerische Überprüfung des Vorhabens im ROV auf einen reinen Nachvollzug der Programm- und Planinhalte im Sinne eines "Subsumtionsvorganges" oder auf das Durchlaufen einer Checkliste landesplanerischer Vorgaben reduziert[2]. Denn der Landesplanungsbehörde verbleibt - wie sich aus dem Vorstehenden ergibt - in jedem Fall ein eigener Ausgestaltungsspielraum der Prüfungsmaßstäbe[3]. Dieser variiert je nach der Konkretheit des anzuwendenden Prüfungsmaßstabes[4]. Bei den RO-Zielen wird zwischen konkreten und allgemeinen Zielen unterschieden.

aa) Konkrete Ziele

Konkrete Ziele sind landesplanerische "Letztentscheidungen", die dem nach § 5 Abs. 4 ROG Bindungsunterworfenen keinen Handlungsspielraum z. B. hinsichtlich des Obs einer Maßnahme oder hinsichtlich der Nutzung bestimmter Flächen überlassen, oder die sachlich konkrete Ziele bestimmen[5]. Solche raumordnerischen Letztentscheidungen liegen vor, wenn alle relevanten Belange in den landesplanerischen Abwägungsvorgang der Zielaufstellung eingegangen sind und über sie unter Beachtung des rechtsstaatlichen Bestimmtheitsgebotes abschließend entschieden wurde[6]. Konkrete Ziele als Abwägungsprodukt einer

---

1) Schoeneberg, Umweltverträglichkeitsprüfung, S. 135.

2) Erbguth, Verträglichkeitsprüfung, IzR 1979, 90; Schoeneberg, Umweltverträglichkeitsprüfung, S. 135; Bielenberg/Erbguth/Söfker, ROLaPlaR, M 440 Rn. 10.

3) Erbguth, Verträglichkeitsprüfung, IzR 1979, 90 f; Bielenberg/Erbguth/Söfker, ROLaPlaR, M 440, Rn. 11.

4) Vgl. dazu unten S. 39 ff.

5) Schoeneberg, Umweltverträglichkeitsprüfung, S. 138; Ernst, in: Ernst/Hoppe, ÖffBauBoR, Rn. 73.

6) Vgl. Paßlick, RO-Ziele, S. 114 ff.

raumordnerischen (Gesamt-)abwägung binden insoweit die RO-Behörden strikt und überlassen ihnen nur noch eine Abwägungs-, Gestaltungs- und Entscheidungsfreiheit hinsichtlich der ganz konkreten Ausgestaltung des Vorhabens, etwa bezüglich des Zeitpunktes, der Art oder des Umfangs[1].

bb) <u>Allgemeine Ziele</u>

Im Gegensatz zu den konkreten RO-Zielen handelt es sich bei den allgemeinen Zielen fast immer nur um raumpolitische Grundsätze und Richtlinien staatlicher Raumordnungspolitik[2]. Sie beinhalten entweder grundlegende Aussagen für einen ganzen Planungsraum (Land, Region) oder sind fachlichen "Unterzielen" vorangestellt[3]. Allgemeine Ziele finden sich vor allem in den Programmen und Plänen der Landesplanung oberster Stufe. Sie enthalten lediglich grobe Vorgaben, die noch einer teilräumlichen Konkretisierung durch nachfolgende Stufen der überörtlichen Planung bedürfen[4].

Wegen ihrer Unbestimmtheit, die erkennen lasse, daß keine planerische Abwägung aller Raumansprüche stattgefunden habe, wird ihnen von der überwiegenden Auffassung in der Literatur nur die Bedeutung von abstrakten, räumlich nicht konkretisierten Aussagen, mithin von RO-Grundsätzen, zuerkannt[5].

Konsequenz dieser Meinung wäre, daß im ROV keine verbindlichen Zielvorgaben vorlägen und die allgemeinen Ziele wie die RO-Grundsätze als Prüfungsmaßstab zu behandeln wären.

---

1) <u>Ernst</u>, in: Ernst/Hoppe, ÖffBauBoR, Rn. 73; <u>Schoeneberg</u>, Umweltverträglichkeitsprüfung, S. 138, der allerdings unzutreffend davon ausgeht, im Rahmen der Feststellungsaufgabe des ROV würde das Vorhaben den RO-Zielen angepaßt (S. 137); dies ist jedoch der Abstimmungsaufgabe vorbehalten; vgl. dazu unten S. 37.

2) <u>Bielenberg</u>, Bindung, DÖV 1969, 382; <u>Schoeneberg</u>, Umweltverträglichkeitsprüfung, S. 138; <u>Hoppe</u>, RuL, Rn. 152.

3) <u>Schoeneberg</u>, Umweltverträglichkeitsprüfung, S. 139; vgl. dort auch Fn. 1 und 2.

4) <u>Paßlick</u>, RO-Ziele, S. 127.

5) <u>Bielenberg/Erbguth/Söfker</u>, ROLaPlaR, M 313 Rn. 7, M 323 Rn. 13; <u>Wahl</u>, Rechtsfragen I, S. 210; <u>Weidemann</u>, Staatsaufsicht, S. 213; <u>Grooterhorst</u>, Wirkung der Ziele, S. 65.

Die Gegenauffassung erkennt die allgemeinen Ziele als RO-Ziele mit Bindungswirkung i. S. d. § 5 Abs. 4 ROG, § 1 Abs. 4 BBauG an und lehnt eine Gleichsetzung mit den RO-Grundsätzen wegen der unterschiedlichen Rechtswirkungen beider Planungsinstrumente ab[1]. Dabei wird in Kauf genommen, daß wegen inhaltlicher Weite der allgemeinen Ziele im konkreten Einzelfall auch einmal keine Bindung für ein bestimmtes Vorhaben eintreten kann[2].

Im ROV lägen nach dieser Ansicht Ziele als Prüfungsmaßstab vor, wobei ein weiter Konkretisierungsspielraum für die Landesplanungsbehörden eröffnet wäre und auch die Feststellung, daß ggf. keine bindenden Ziele vorliegen, dort zu treffen wäre.

Eine dritte Auffassung stellt den Inhalt der betreffenden Plan- oder Programmaussagen in den Vordergrund. Sofern bestimmt genug zum Ausdruck gebracht werde, was gewollt sei, hätten die allgemeinen Ziele Zielcharakter mit der damit verbundenen Anpassungspflicht[3]. Im ROV wäre nach dieser Meinung zu prüfen, ob ausreichend bestimmte Zielvorgaben bestehen, die im Wege der Zielinterpretation und räumlichen Zielkonkretisierung ausgefüllt werden können, oder ob eine Überprüfung des Vorhabens anhand von RO-Zielen infolge ihrer Unbestimmtheit nicht erfolgen kann.

Der zuletzt genannten Auffassung ist zuzustimmen, sie erkennt einerseits zu Recht, daß die vom Gesetzgeber gewollten Rechtswirkungen nicht entscheidend sind[4], folglich, daß es nicht auf die Form, sondern den Inhalt ankommt, und widerspricht andererseits der pauschalen Aberkennung der Zielqualität der allgemeinen Ziele[5].

---

1) Depenbrock/Reiners, Landesplanungsgesetz, § 12 Rn. 40; Hosch, Rezension, BayVBl. 1984, 544.
2) Hosch, Rezension, BayVBl. 1984, 544.
3) Henrich, Beteiligung I, S. 155; Zoubek, Ziele, S. 4; Klein, Ziele, S. 169 ff.
4) Paßlick, RO-Ziele, S. 128.
5) Paßlick, RO-Ziele, S. 128.

Für die Feststellungsaufgabe im ROV ergibt sich hieraus, daß vor
Überprüfung des Vorhabens anhand der RO-Ziele zunächst die Feststellung
zu treffen ist, ob ein als allgemeines RO-Ziel eingestuftes
Ziel einen zulässigen Prüfungsmaßstab "RO-Ziel" bildet, oder
ob diese Kategorie von Prüfungsmaßstab im konkreten Einzelfall mangels
Bestimmtheit nicht zur Verfügung steht.

b) <u>Grundsätze der Raumordnung und Landesplanung</u>

Die Mehrzahl der Landesplanungsgesetze schreibt vor, daß die raumbedeutsamen
Planungen oder Maßnahmen im ROV neben den Zielen auch
an den Grundsätzen der Raumordnung und Landesplanung zu messen sind[1].
Dagegen sehen die Landesplanungsgesetze von Rheinland-Pfalz, Schleswig-Holstein
und dem Saarland lediglich die Ziele als Prüfungsmaßstab
im ROV vor[2].

Ob dennoch auch in diesen Ländern vor einer Zielaufstellung ROV anhand
der RO-Grundsätze durchgeführt werden können und ob die RO-Grundsätze
als Prüfraster insgesamt zulässig sind, wird unterschiedlich
beurteilt.

Generell wird gegen eine Erweiterung des Prüfrahmens eingewandt, infolge
der zunehmend flächendeckenden Überplanung der Landesgebiete
fehle hierfür das Bedürfnis[3]. Außerdem wird befürchtet, daß - im
Rahmen der Ausfüllung der von den Grundsätzen naturgemäß belassenen
großzügigen behördlichen Handlungsspielräume - Ziele in systemwidriger
Weise aufgestellt würden[4]. Der Einwand, die vom ROV vor Planaufstellung
gewonnenen Erkenntnisse flössen in den Erarbeitungsprozeß der
Programme und Pläne ein, beseitige diese Gefahr nicht, da nach Landesrecht
für das ROV zurückhaltendere Beteiligungsmöglichkeiten vor-

---

1) Vgl. zur Auslegung von Art. 23 Abs. 1 b bayLPlG und § 11
   Abs. 1 hessLPlG oben S. 26 f.; zu den Besonderheiten in Ba-Wü
   siehe unten S. 33.
2) Vgl. dazu die Ausführungen von <u>Papier</u>, Möglichkeiten, S. 41.
3) <u>Bielenberg/Erbguth/Söfker</u>, ROLaPlaR, M 440 Rn. 17.
4) <u>Erbguth</u>, Verträglichkeitsprüfung, IzR 1979, 90 (92 f.); <u>ders.</u>,
   in Bielenberg/Erbguth/Söfker, ROLaPlaR, M 440 Rn. 8.

gesehen seien als für das förmliche Planaufstellungsverfahren[1]. Ferner könne es in den Fällen, in denen die landesplanerische Beurteilung insbesondere gegenüber selbständigen Planungsträgern als Verwaltungsakt mit untersagungsähnlichen Wirkungen ausgestaltet sei, zu einer Umgehung der zwingenden bundesrechtlichen Maßgaben des § 7 ROG für die Sicherung noch nicht endgültig aufgestellter Raumordnungsziele kommen[2]. Weder werde für das ROV als Mindestvoraussetzung die Einleitung eines Zielaufstellungsverfahrens verlangt[3], noch existiere in Anlehnung an die Höchstfrist von zwei Jahren des § 7 Abs. 3 ROG eine zeitliche Beschränkung der Geltungsdauer der landesplanerischen Beurteilung[4].

Jedoch belegen rahmenrechtliche Vorgaben, die Systematik der Landesplanungsgesetze, die die RO-Grundsätze als Prüfungsmaßstab nicht ausdrücklich anerkennen, und das Verhältnis zwischen Feststellungs- und Abstimmungsaufgabe, daß diese Prüfungsmaßstäbe nicht nur grundsätzlich zulässig, sondern auch in den betroffenen Ländern anzuwenden sind.

Zunächst schreibt § 4 Abs. 5 ROG die Anwendung der RO-Grundsätze als Prüfungsmaßstab vor, was auch für das Abstimmungsinstrument ROV zu gelten hat. Dies wird zwar nicht ausdrücklich geregelt, doch ergibt es sich aus der Stellung des § 4 Abs. 5 ROG in § 4 ROG. Die Feststellung aber ist der Abstimmung vorgelagert[5].

Nicht eine Beschränkung auf die Raumordnungsziele als Prüfungsmaßstab, sondern im Gegenteil eine Erweiterung noch auf die Grundsätze, erfordert § 4 Abs. 3 ROG. Danach sind die Raumordnungsgrundsätze insbesondere durch die Aufstellung von Programmen und Plänen zu

---

1) Erbguth, Verträglichkeitsprüfung, IzR 1979, 90 (92 f.).
2) Erbguth, ROLaPlaR, Rn. 263 ff.; ders., Verträglichkeitsprüfung, IzR 1979, S. 93; ders., in: Bielenberg/Erbguth/Söfker, ROLaPlaR, M 440 Rn. 18.
3) Vgl. insoweit auch § 15 BBauG.
4) Erbguth, ROLaPlaR, Rn. 263 ff.; ders., Verträglichkeitsprüfung, IzR 1979, S. 93; ders., in: Bielenberg/Erbguth/Söfker, ROLaPlaR, M 440 Rn. 18.
5) Zoubek, Raumordnungsverfahren, S. 90.

sichern. Die Aufstellung der Programme und Pläne wird dabei nur beispielhaft erwähnt. Da die Landesplanung eine Vielzahl von Aufgaben erfüllt, nimmt die Vorschrift Bezug auf das gesamte landesplanerische Instrumentarium[1].

Schließlich ist die Anordnung der unmittelbaren Geltung der Raumordnungsgrundsätze (des Bundes) für die Landesplanung aus § 3 Abs. 2 S. 1 ROG zu beachten. Diese Vorschrift erfaßt jede landesplanerische Tätigkeit. Die Landesplanung würde sich von diesem umfassenden Geltungsanspruch freizeichnen, wollte sie die Raumordnungsgrundsätze bei der Feststellungsaufgabe des ROV unberücksichtigt lassen[2]. Die allgemeinen landesplanerischen Aufgabenbestimmungen sehen in § 4 Abs. 1 rh-pflPlG mit "raumordnerischen Gesichtspunkten", in § 1 Abs. 1 a und b schl-hoLPlG mit "Erfordernissen der Raumordnung" und § 1 Abs. 4 saarlLPlG mit einem Generalverweis "auf das Raumordnungsgesetz nach Maßgabe" einen umfassenden Prüfungsmaßstab vor, der auch für das ROV zu gelten hat. Hinzu kommt, daß im Rahmen der Abstimmungsaufgabe des ROV eine Begrenzung auf die in den Raumordnungsplänen und -programmen konkretisierten Ziele nicht erfolgt, sondern die Abstimmung regelmäßig auch im Hinblick auf die (sonstigen) Erfordernisse der Raumordnung und Landesplanung erfolgt[3]. Die Feststellung aber ist der Abstimmung vorgelagert. Auch wäre es aus verfahrensökonomischer Sicht unpraktikabel, auf das Instrument des ROV zu verzichten, wenn Großprojekte von hoher raumordnerischer Bedeutung anstehen und die Landesplanungsbehörde infolge des Fehlens von RO-Zielen nicht im Wege der Überprüfung anhand der RO-Grundsätze sonstige RO-Erfordernisse entwickeln und im weiteren Verfahren zur Geltung bringen könnte[4]. Zusammenfassend läßt sich daher sagen, daß bereits das ROG - aber bei systemgerechter Anwendung auch die Landes-

---

1) Schoeneberg, Umweltverträglichkeitsprüfung, S. 134; Bielenberg/Erbguth/Söfker, ROLaPlaR, K § 4 Rn. 31; Papier, Möglichkeiten, S. 43; Zoubek, Raumordnungsverfahren, S. 90 f.
2) Schmidt-Aßmann, Raumordnungsklauseln, S. 35; ders., Entwicklungstendenzen, VBlBW 1986, 2 (8).
3) Schoeneberg, Umweltverträglichkeitsprüfung, S. 134; Papier, Möglichkeiten, S. 44 m. w. N.
4) Vgl. dazu unten S. 35; Zoubek, Raumordnungsverfahren, S. 93.

planungsgesetze von Schleswig-Holstein, Rheinland-Pfalz und dem Saarland - die Raumordnungsgrundsätze als Prüfungsmaßstab im ROV fordern und voraussetzen. Die Landesplanungsgesetzgeber sollten dem durch entsprechende Formulierung Rechnung tragen. Dabei empfiehlt es sich, die sonstigen Erfordernisse mit einzubeziehen und daher "Erfordernisse der Raumordnung und Landesplanung" als Oberbegriff zu verwenden[1]. Auch läßt sich selbst bei flächendeckenden RO-Plänen nicht grundsätzlich ein Bedürfnis für die Überprüfung der Vorhaben hinsichtlich der RO-Grundsätze verneinen. Denn einerseits können die Zielaussagen unvollständig sein und andererseits können (ältere) RO-Pläne neuere Raumnutzungsansprüche nicht berücksichtigt haben. Sollten zudem die RO-Grundsätze um materielle Umweltbelange ergänzt werden, müßte nicht zuletzt im Rahmen der UVP-Diskussion insoweit eine verfahrensmäßige Umsetzung im ROV gewährleistet sein[2]. Die Überschneidungen zum Untersagungsverfahren gem. § 7 ROG bzw. den entsprechenden landesrechtlichen Bestimmungen sind unschädlich. § 7 ROG verlangt die Einleitung des Zielaufstellungsverfahrens und eine Befristung, weil die Zielbindung nach § 5 Abs. 4 ROG herbeigeführt werden soll, während sich eine auf den RO-Grundsätzen basierende landesplanerische Beurteilung mit einem weit schwächeren Bindungsumfang als Abwägungsposten begnügen muß.

Dies gilt selbst dann, wenn das ROV-Ergebnis landesrechtlich als Verwaltungsakt ausgestaltet ist, denn auch in einem solchen Fall beschränken die rechtssystematischen Unterschiede zwischen den Zielen und den Grundsätzen den Regelungsgehalt des verfahrensbeendenden Aktes[3].

---

1) Vgl. dazu auch Zoubek, Raumordnungsverfahren, S. 91.
2) Vgl. dazu unten S. 288 f.
3) Vgl. unten S. 146 ff.; ebenso differenziert Schmidt-Aßmann, Entwicklungstendenzen, VBlBW 1986, 2 (8), zwischen dem Eigenabwägungsrecht der RO-Behörde und der Bindungswirkung der Verfahrensergebnisse.

Eine Variante bezüglich der Feststellungsaufgabe des ROV weist das ba-wüLPlG auf. Nach § 13 Abs. 1 S. 1 ba-wüLPlG ist neben der Überprüfung der Vereinbarkeit mit den Zielen der Raumordnung und Landesplanung im ROV festzustellen, ob (vom Träger der raumbedeutsamen Planung oder Maßnahme) die Grundsätze der Raumordnung ordnungsgemäß gegeneinander und untereinander abgewogen worden sind. Das bedeutet offensichtlich, daß die Landesplanungsbehörde nicht selbst gem. §§ 2 Abs. 2 und 3 Abs. 2 S. 1 ROG die Raumordnungsgrundsätze zur Ermittlung des Prüfungsrasters abwägt, sondern nur nachträglich kontrolliert, ob vom Adressaten der Grundsätze eine ordnungsgemäße Abwägung vorgenommen worden ist[1]. Dennoch indiziert § 13 Abs. 1 S. 2 ba-wüLPlG, wonach in der raumordnerischen Beurteilung die raumordnerisch günstigste Lösung aufgezeigt werden soll, daß ein Eigenabwägungsrecht der RO-Behörde anzunehmen ist[2]. Auch ergibt sich aus der unmittelbaren Anwendung der vorab erörterten rahmenrechtlichen Bestimmungen, hinter denen der Landesgesetzgeber zulässigerweise zurückbleiben darf, daß ebenfalls in Baden-Württemberg eine landesplanerische Beurteilung anhand der RO-Grundsätze erstellt werden kann[3]. Nachdem geklärt wurde, in welchem Umfang Raumordnungsgrundsätze Prüfungsmaßstab im ROV sein können, gilt es nunmehr, den Gehalt der Raumordnungsgrundsätze selbst zu bestimmen.

§ 2 Abs. 1 ROG enthält einen Katalog der Raumordnungsgrundsätze. Diese raumordnungspolitischen Grundsatzentscheidungen gelten über §§ 2 Abs. 2 und 3 Abs. 2 S. 1 ROG unmittelbar für die Landesplanung der Länder. Diese können nach § 2 Abs. 3 ROG weitere Grundsätze aufstellen.

---

1) Auf das Ergebnis dieser Kontrolle beschränkt Zoubek, Raumordnungsverfahren, S. 182 die Verbindlichkeit des ROV, soweit Grundsätze den Prüfungsmaßstab bilden und sieht insoweit in § 31 a. F. = § 13 ba-wüLPlG die Ausprägung eines allgemeinen Gedankens; vgl. dazu auch Bielenberg/Erbguth/Söfker, ROLaPlaR, M 440 Rn. 22.

2) Schmidt-Aßmann, Entwicklungstendenzen, VBlBW 1986, 2 (8).

3) So im Ergebnis auch Schmidt-Aßmann, Entwicklungstendenzen, VBlBW 1986, 2 (8); Scheurer, Raumordnungsverfahren, IzR 1979, 111 ff.; vgl. auch Bielenberg/Erbguth/Söfker, ROLaPlaR, M 450 Rn. 9; Zoubek, Raumordnungsverfahren, S. 97 f.; Angst/Kröner/Traulsen, Landesplanungsrecht, § 13 Rn. 9 unter Bezugnahme auf die "raumordnerischen Gesichtspunkte" in § 31 a Abs. 1 Nr. 1 a. F.

Der entscheidende Unterschied zwischen Raumordnungsgrundsätzen sowie den ihnen partiell gleichzustellenden allgemeinen Raumordnungszielen und den konkreten Raumordnungszielen besteht in folgendem: Die konkreten Raumordnungsziele sind das Abwägungsergebnis des landesplanerischen Abwägungsvorgangs "Zielaufstellungsverfahren"[1]. Diese Abwägung hat bei den Raumordnungsgrundsätzen und den allgemeinen Zielen, soweit ihnen die Zielqualität mangels Bestimmtheit fehlt, noch nicht stattgefunden. Sie muß von ihren Adressaten, insbesondere der Landesplanung, nach § 2 Abs. 2 ROG bzw. den entsprechenden landesrechtlichen Bestimmungen noch geleistet werden, indem sie gegeneinander und untereinander abgewogen werden[2].

Dadurch wird den zuständigen Landesplanungsbehörden jedoch kein planerischer Gestaltungsspielraum eröffnet. Nur bei der Aufstellung der Programme und Pläne findet der typisch planerisch-abwägende, gesamträumliche Zielfindungsprozeß statt[3]. Das Überprüfen der Vorhaben anhand der abwägend zu konkretisierenden RO-Grundsätze ist dagegen kein originär schöpferischer Akt. Die vom Bund bzw. den Ländern als raumordnerische Grundentscheidungen konzipierten RO-Grundsätze werden nur einzelfallbezogen nachvollzogen, so daß eine der sog. nachvollziehenden Abwägung vergleichbare Situation entsteht[4]. Für den Abwägungsvorgang selbst sowie für das Abwägungsergebnis gelten die von Wissenschaft und Rechtsprechung für die Abwägung im Bauplanungsrecht entwickelten allgemeinen Grundsätze in entsprechender Anwendung[5].

---

1) Vgl. StGH Bremen, Entscheidung v. 22.08.1983 - St 1/82 -, NuR 1984, 235 ff. = DÖV 1983, 976 (977).

2) Ob den Begriffen "gegeneinander" und "untereinander" unterschiedliche Inhalte zukommen, ist fraglich. Vgl. Cholewa/Dyong/ von der Heide, ROG, Bd. I, § 2 Rn. 32, wonach "untereinander" mit "gegeneinander" gleichzusetzen ist; andererseits Heigl/Hosch, Landesplanung, Art. 3 Rn. 9 f., wonach "gegeneinander" solche Grundsätze abzuwägen sind, die eine tendenziell entgegengesetzte Richtung aufzeigen, "untereinander" abzuwägen seien dagegen die Grundsätze, die tendenziell in die gleiche Richtung weisen, aber nicht in gleicher Weise zur Geltung gebracht werden können.

3) Bielenberg/Erbguth/Söfker, ROLaPlaR, M 440 Rn. 6.

4) Bielenberg/Erbguth/Söfker, ROLaPlaR, M 440 Rn. 6; vgl. zu dem Begriff Wahl, Genehmigung, DVBl. 1982, 51 ff. und unten S. 89 ff., 104 f.

5) Losch, Raumordnungsverfahren, IzR 1979, S. 98 (100); Heigl/Hosch, Landesplanung, vor Art. 3/4 Rn. 15; Bielenberg/Erbguth/Söfker, ROLaPlaR, M 440 Rn. 12; umfassend zur Abwägung Hoppe, in: Ernst/ Hoppe, ÖffBauBoR, Rn. 232 ff. m. w. N.; ders., RuL, Rn. 497 ff.

c) Prüfungsmaßstab "sonstige Erfordernisse der Raumordnung und Landesplanung"

Nur in Bayern und Hessen bilden die sonstigen Erfordernisse der Raumordnung und Landesplanung einen Prüfungsmaßstab im Raumordnungsverfahren[1]. Das ROG kennt den Begriff "sonstige Erfordernisse der Raumordnung und Landesplanung" nicht; soweit die Landesplanungsgesetze ihn verwenden, wird er nicht definiert. Er umfaßt diejenigen verschiedenartigsten landesplanerischen Erfordernisse, die nicht als RO-Ziele oder -Grundsätze dargestellt werden, gleichwohl aber eine bedeutende Funktion im Rahmen der Abstimmungs- und Lenkungsprozesse der Landesplanung wahrnehmen[2]. Zunächst zählen hierzu landesplanerische Erkenntnisse, die in Anwendung der RO-Grundsätze aus in Aufstellung befindlichen RO-Zielen, solchen RO-Zielen, die nicht den Anforderungen des § 5 Abs. 4 ROG hinsichtlich der Konkretheit genügen, aus nicht verbindlichen konkreten RO-Zielen und sonstigen landesplanerischen Vorstellungen, etwa den sog. Schubladenplänen, abzuleiten sind[3]. Wichtigste Quelle sonstiger Erfordernisse der Raumordnung und Landesplanung sind auf der Grundlage der RO-Grundsätze gewonnene Ergebnisse landesplanerischer Beurteilungen und Stellungnahmen in Einzelfällen oder die Ergebnisse einer landesplanerischen Abstimmung von raumbedeutsamen Planungen und Maßnahmen. Dabei spielt es keine Rolle, ob die gesamträumlichen Vorstellungen der Landesplanung in den von den RO-Behörden durchgeführten ROV, anläßlich nicht förmlich durchgeführter landesplanerischer Feststellungen und Abstimmungen oder im Rahmen der Beteiligung als Träger öffentlicher Belange im von den Genehmigungs- oder Planfeststellungsbehörden durchgeführten Verfahren entwickelt oder zur Geltung gebracht werden[4]. Die rechtlichen Wirkungen der sonstigen RO-Er-

---

1) Zur Auslegung der "Erfordernisse der Raumordnung" in Art. 23 bayLPlG vgl. oben S. 24 ; zu "Belangen" in § 11 Abs. 1 hessLPlG vgl. oben S. 24.
2) Paßlick, RO-Ziele, S. 21.
3) Paßlick, RO-Ziele, S. 21; Bielenberg/Erbguth/Söfker, ROLaPlaR, M 310 Rn. 4 ff.; Weidemann, Staatsaufsicht, S. 79 f. und S. 222 f.; Heigl/Hosch, Landesplanung, Art. 1 Rn. 57; Hoppe, RuL, Rn. 155; Schmidt-Aßmann, Umweltschutz, S. 155; Zoubek, Raumordnungsverfahren, S. 92.
4) Bielenberg/Erbguth/Söfker, ROLaPlaR, 310 Rn. 4 ff.; M 312 Rn. 21 ff.; K § 5 Rn. 74 b.

fordernisse lassen sich in Abgrenzung zu den RO-Zielen und -Grundsätzen beschreiben. Da die Zielwirkungen eindeutig und abschließend bestimmt sind, steht zwangsläufig fest, daß die Belangkategorie sonstige RO-Erfordernisse solche rechtlichen Wirkungen nicht haben kann[1]. Dennoch sind sie nicht etwa rechtlich bedeutungslos. Auch ohne ausdrückliche gesetzliche Regelung sind die öffentlichen Planungsträger aufgrund rechtsstaatlicher Prinzipien gehalten, die durch die sonstigen Erfordernisse vermittelten RO-Belange zu berücksichtigen, indem sie sie in die Abwägung einstellen[2]. Insoweit wirken sie wie die RO-Grundsätze als Abwägungsdirektiven. Ihre Durchschlagskraft ist gleichwohl häufig stärker als die der RO-Grundsätze. Dies ist regelmäßig dann der Fall, wenn die sonstigen RO-Erfordernisse erst mit der landesplanerischen Beurteilung von Einzelplanungen oder -maßnahmen entwickelt werden und ihnen daher verglichen mit den RO-Grundsätzen eine weitaus größere Konkretheit zukommt. So kann z. B. die im Wege der ebenenspezifischen Abwägung gewonnene landesplanerische Stellungnahme der RO-Behörde zu einer raumbedeutsamen Maßnahme ein solches Gewicht haben, daß ihre Zurücksetzung zugunsten anderer Belange bei der sich anschließenden fachplanerischen Abwägung nicht sachgerecht wäre[3], wodurch gleichsam eine Reduzierung des Abwägungsspielraums auf "Null" bewirkt würde[4] und dadurch die außengerichtete bodennutzungsorientierte Schlußentscheidung ausnahmsweise auch ohne Zielvorgaben landesplanerisch determiniert und präjudiziert erscheint. Insbesondere mit Hilfe des ROV erhalten so die sonstigen Erfordernisse der Raumordnung und Landesplanung genügend scharfe Konturen, die aus rechtsstaatlichen Gründen, insbesondere der Rechtssicherheit und der Möglichkeit der gerichtlichen Nachprüfung, für eine Berücksichtigungsfähigkeit im anschließenden Fachverfahren über Raumordnungs- und Allgemeinwohlklauseln, Abwägungsspielräume und unbestimmte Rechtsbegriffe erforderlich sind[5]. Während nach Art. 23

---

1) Paßlick, RO-Ziele, S. 21.
2) Bielenberg/Erbguth/Söfker, ROLaPlaR, M 310 Rn. 7; K § 5 Rn. 74 b.
3) Bielenberg/Erbguth/Söfker, ROLaPlaR, M 312 Rn. 19.
4) Paßlick, RO-Ziele, S. 22.
5) Vgl. unten S. 159 ff.; Ernst, in: Ernst/Hoppe, öffBauBoR, Rn. 101; Schmidt-Aßmann, Raumordnungsklauseln, S. 36; Bielenberg/Erbguth/Söfker, ROLaPlaR, § 5 Rn. 74; kritisch Wahl, Wirkungen, S. 48 ff.

Abs. 1 lit. b bayLPlG und § 11 Abs. 1 S. 1 hessLPlG im ROV die zu überprüfenden Vorhaben an den von den Landesplanungsbehörden vorgefundenen und entwickelten sonstigen RO-Erfordernissen zusätzlich zu messen sind, haben in den übrigen Ländern die RO-Behörden diese RO-Belange nur bei der im Rahmen der landesplanerischen Beurteilung vorzunehmenden Abwägung angemessen zu berücksichtigen[1].

2. Abstimmungsaufgabe

Ähnlich vielfältig wie die Regelungen der Feststellungsaufgabe sind die landesplanungsrechtlichen Vorschriften für die Abstimmungsaufgabe[2]. Nach Art. 23 Abs. 1 lit. a bayLPlG und § 13 Abs. 1 lit. a saarlLPlG schlagen die RO-Behörden vor, wie raumbedeutsame Planungen und Maßnahmen aufeinander abgestimmt werden können. § 31 a Abs. 1 Nr. 1 ba-wüLPlG a. F. enthielt ebenfalls die Möglichkeit eines solchen Abstimmungsvorschlages. Nunmehr ordnet § 13 Abs. 1 S. 2 ba-wüLPlG an, daß die raumordnerisch günstigste Lösung aufgezeigt werden soll. Da diese Lösung nicht immer durchgesetzt werden kann, hat das Aufzeigen der günstigsten raumordnerischen Lösung auch nur die Qualität eines Abstimmungsvorschlages. Demgegenüber ordnen § 11 Abs. 1 S. 1 hessLPlG, 14 Abs. 1 S. 1 NROG und § 18 Abs. 2 Nr. 1 rh-pflPlG an, daß im ROV Planungen und Maßnahmen untereinander abgestimmt werden sollen bzw. können und § 14 Abs. 1 S. 2 schl-hoLPlG bestimmt, daß das Verfahren der Abstimmung der Interessen dient. Damit stellt sich die Frage, ob in den Ländern mit eindeutigem Abstimmungsauftrag den RO-Behörden eine weitergehende vorhabenbezogene planerische Gestaltungsfreiheit mit Entscheidungsbefugnissen bezüglich des das ROV auslösende Vorhabens eingeräumt ist, als dies bei den bloßen Abstimmungsvorschlägen der Fall ist. Zur Beantwortung dieser Frage ist auf den allgemeinen Abstimmungsauftrag der Raumordnung zurückzugreifen. Inhaltlich bedeutet "Abstimmen" i. S. d. § 4 Abs. 5 ROG zweierlei, nämlich daß sich die Planungsträger frühzeitig von ihren beabsichtigten Vorhaben unterrichten, sich wechselseitig beteiligen und als materiell-rechtliche Komponente versuchen, unter Berücksichtigung aller planungsrelevanten Gesichtspunkte möglichst

---
1) Zoubek, Raumordnungsverfahren, S. 92; Bielenberg/Erbguth/Söfker, ROLaPlaR, M 310 Rn. 4.
2) Zoubek, Raumordnungsverfahren, S. 21 f.

zu einer "Abgleichung" unter Vor- und Zurücksetzung eigener oder anderer Ziele, Absichten und Belange zu gelangen und auf diese Weise einen möglichst weitgehenden Ausgleich zu erreichen[1]. Nicht notwendig verbunden mit der Abstimmung ist das Erreichen eines für alle Beteiligten verbindlichen Ergebnisses[2]. Für diesen Abstimmungsvorgang bietet das ROV den verfahrensmäßigen Rahmen. Damit kann der Abstimmungsauftrag an die Landesplanungsbehörden im ROV für alle Länder unabhängig davon, ob sie einen Abstimmungsvorschlag oder eine Abstimmung vorsehen, einheitlich dahingehend umschrieben werden, daß die zuständige Stelle zunächst im Wege der Einigung bzw. des Kompromisses eine Lösung der anstehenden Planungskollisionen durch von ihr erarbeitete Vorschläge zu finden versucht[3]. Die Abstimmung der Vorhaben der Fachplanungsträger erfolgt nicht ohne Maßstab. Diesen Maßstab für die materielle Komponente der Abstimmungsaufgabe bilden die Erfordernisse der Raumordnung. Die in den Fachplanungen zum Ausdruck kommenden Zielsetzungen sind unter Berücksichtigung der Erfordernisse der Raumordnung und Landesplanung, die abwägend und leitbildgerecht zur Geltung zu bringen sind, zu koordinieren[4].

Einen zweiten Aspekt besitzt der Abstimmungsauftrag, in dem auch das einzelne Vorhaben selbst mit den Vorgaben der Landesplanung abzustimmen ist[5].

---

1) Bielenberg/Erbguth/Söfker, ROLaPlaR, K § 4 Rn. 46.
2) Bielenberg/Erbguth/Söfker, ROLaPlaR, K § 4 Rn. 47.
3) Erbguth, Probleme, S. 72; Schoeneberg, Umweltverträglichkeitsprüfung, S. 142; Hosch, Aktuelle Fragen, BayVBl. 1974, 331.
4) Zoubek, Raumordnungsverfahren, S. 106 ff.; Schoeneberg, Umweltverträglichkeitsprüfung, S. 142; Bielenberg/Erbguth/Söfker, ROLaPlaR, K § 4 Rn. 48.
5) Zoubek, Raumordnungsverfahren, S. 107; Erbguth, Probleme, S. 68 ff.; Jarass, Verhältnis, BayVBl. 1979, 65 f.; Koppe, Regionale Raumordnungspläne, S. 165; Leidig, Raumplanung, S. 409.

D. Das ROV als Instrument der Raumordnung und Landesplanung

Als abgeleitetes akzessorisches Sicherungsinstrument darf das ROV nicht die allgemein bestehenden Grenzen der Raumordnung und Landesplanung überschreiten[1]. Eine - vollständig - auf innergemeindliche Gebiete oder fachliche Detailfragen bezogene Abstimmung im ROV überschreitet diese Grenzen genau wie eine auf parzellen- oder funktionsscharfe Ausweisung angelegte Planung[2]. M. a. W.: Die Grenzen der Raumordnung und Landesplanung gelten ebenso für das ROV. Das bedeutet, daß sich Feststellungs- und Abstimmungsaufgaben in dem von der Raumordnung und Landesplanung vorgegebenen Rahmen zu halten haben. Der Detailliertheit und Parzellenschärfe bei der Überprüfung anhand der möglichen Prüfungsmaßstäbe sind Grenzen gesetzt.

I. Auswirkungen der Definitionsmerkmale der Raumordnung und Landesplanung auf den Prüfungsumfang im ROV

Die Begriffe der "Überörtlichkeit", der "Übergeordnetheit" und der "Zusammenfassung" beschreiben die Stellung der Raumordnung und Landesplanung im Gesamtsystem des Raumordnungsrechts und ihre Abgrenzung von und Verknüpfung mit der Bauleitplanung sowie der Fachplanung[3]. Sie gehen auf das Bundesverfassungsgerichts-Gutachten vom 16.06.1954 zurück. Darin heißt es: "Die überörtliche Planung fällt unter den Begriff der Raumordnung i. S. d. Art. 75 Nr. 4 GG. Diese ist zusammenfassende, übergeordnete Planung und Ordnung des Raumes. Sie ist übergeordnet, weil sie überörtliche Planung ist und weil sie vielfältige Fachplanungen zusammenfaßt und aufeinander abstimmt"[4].

---

1) Bielenberg/Erbguth/Söfker, ROLaPlaR, M 440 Rn. 5; Erbguth, Braunkohlenplanung, DVBl. 1982, 1 (8).
2) Bielenberg/Erbguth/Söfker, ROLaPlaR, K § 5 Rn. 114 b.
3) Hoppe, RuL, Rn. 47.
4) BVerfG, Rechtsgutachten v. 16.06.1954 - 1 PBv 2/52 -, BVerfGE 3, 407 (425).

1. Übergeordnetheit der Raumordnung und Landesplanung

Das Merkmal der Übergeordnetheit verdeutlicht zum einen den rechtlichen Vorrang der Raumordnung und Landesplanung gegenüber der Bauleitplanung und Fachplanung, zum anderen eine rechtliche Beschränkung gegenüber diesen beiden Planungen[1]. Der Vorrang gegenüber der Bauleitplanung besteht darin, für die Ortsentwicklung einen verbindlichen Rahmen setzen zu können (§ 1 Abs. 4 BBauG). Der Vorrang der Raumordnung und Landesplanung gegenüber der Fachplanung kommt darin zum Ausdruck, für die Fachressorts mit ihren Fachplanungen verbindliche räumliche Entwicklungsziele aufstellen zu können[2]. Die rechtssystematische Beschränkung der Raumordnung und Landesplanung zeigt sich in der Reduzierung auf überörtliche und überfachliche Planungen.

a) Überörtliche Planung

Das Merkmal der "Überörtlichkeit" dient der Abgrenzung zwischen Raumordnung und Landesplanung und der Bauleitplanung. Es besagt, daß die Raumordnung nicht örtlich planen, d. h. weder die Ortsplanung völlig ersetzen noch einschränken darf[3]. Da regelmäßig Standortgemeinden oder Nachbargemeinden flächenbeanspruchender Punkt- oder Linienprojekte vom ROV in der Weise betroffen sein können[4], daß sie die Ergebnisse einer landesplanerischen Beurteilung bei der Erfüllung ihrer Anpassungspflicht nach § 1 Abs. 4 BBauG oder ihrer Entscheidung über die Erteilung des Einvernehmens nach § 36 BBauG berücksichtigen müssen[5], beschränken die für das Verhältnis Bauleitplanung - Landesplanung entwickelten Grundsätze auch die Prüfungsintensität im ROV.

---

1) <u>Hoppe</u>, RuL, Rn. 50 m. w. N.
2) <u>Hoppe</u>, RuL, Rn. 50.
3) <u>Hoppe</u>, RuL, Rn. 52.
4) Siehe zu den Adressaten der landesplanerischen Beurteilung unten S. 60 ff., 113 ff.
5) Vgl. zu den Rechtswirkungen einer landesplanerischen Beurteilung unten S. 50 ff.; zu § 36 BBauG <u>Knöpfle</u>, Einvernehmen, S. 53 ff.

In der Diskussion um die Zulässigkeit landesplanerischer Bestimmungen für die innergebietliche räumliche Gliederung von Gemeinden sind die vier Stufen landesplanerischer Aussagen - übergemeindlich, gemeindescharf, gebietsscharf und parzellenscharf - zur Abgrenzung zwischen Raumordnung und Bauleitplanung entwickelt worden. Dabei besteht Einigkeit darüber, daß übergemeindliche und gemeindescharfe landesplanerische Festsetzungen problemlos zulässig sind, während parzellenscharfe landesplanerische Aussagen ausnahmslos unzulässig sind, weil solche Planungsentscheidungen so starke Bodennutzungsbezüge aufweisen, daß sie nur in Bebauungsplänen getroffen werden können[1]. Die facettenreiche Erörterung des landesplanerischen Durchgriffs auf Gemeindeteile durch gebietsscharfe Festsetzungen läßt sich wie folgt zusammenfassen: Grundsätzlich hat sich die Landesplanung auf Rahmensetzungen zu beschränken; ausnahmsweise sind gebietsscharfe Aussagen möglich, wenn hierfür zur Wahrung wichtiger landesplanerischer Belange ein Bedürfnis besteht, der Kernbestand gemeindlicher Entscheidungskompetenzen gewahrt bleibt bzw. durch qualifizierte Begründungs- und Beteiligungsformen kompensiert wird und insgesamt dem Verhältnismäßigkeitsprinzip entsprochen wird[2]. Für das ROV bedeutet dies, daß die Prüfungsmaßstäbe einzelfallbezogen nur dann gebietsscharf konkretisiert und zur Geltung gebracht werden dürfen, wenn die vorgenannten engen Voraussetzungen erfüllt sind. Ein landesplanerisches Bedürfnis läßt sich etwa dann bejahen, wenn die gemeindlichen Planungsvorstellungen und die Planungen des potentiellen Vorhabenbetreibers oder Maßnahmeträgers bereits so konkret und detailliert sind, daß nur eine gebietsscharfe Aussage im ROV den Betroffenen die nötigen Anhaltspunkte für eine raumordnungsgerechte Weiterentwicklung ihrer Planungen in Richtung auf ein abgestimmtes Gesamtkonzept geben kann.

---

1) Schmidt-Aßmann, Fortentwicklung, S. 62; Hoppe, RuL, Rn. 463 ff.; Hoppe/Bunse, Gebietsentwicklungspläne, StädteT 1984, 468 (470); Goppel, Rechtswirkungen, BayVBl. 1984, 229 ff.; vgl. ausführlich zum zulässigen Konkretheitsgrad landesplanerischer Aussagen Paßlick, RO-Ziele, S. 42, 74 ff.; Grooterhorst, Wirkung der Ziele, S. 55 ff.; Book, Bodenschutz, S. 32 ff.; jeweils m.w.N.

2) Vgl. zum Streitstand Holzhauser, Standortvorsorge, S. 53 ff.; Hoppe, RuL, Rn. 463 ff., Hoppe/Bunse, Gebietsentwicklungspläne, StädteT 1984, 468 (470); Hendler, Grenzen, S. 22 ff.; Suderow, Raumordnerische Festlegung, S. 38 ff.; Brohm, Verwirklichung, DVBl. 1980, 653 (654); a. A. Schultze, Raumordnungspläne, S. 44.

Die verfahrensrechtliche Ausgestaltung des ROV erfüllt regelmäßig die vorgenannten strengen Anforderungen für gebietsscharfe Aussagen. Denn das ROV ist als förmliches Verwaltungsverfahren mit umfassenden Beteiligungsmöglichkeiten für die von dem Vorhaben berührten Behörden, Gemeinden und (öffentlichen) Planungsträger ausgestaltet[1]. In der Begründung der landesplanerischen Feststellung muß sich die Landesplanungsbehörde dezidiert mit den eingegangenen Stellungnahmen - hier denen der Gemeinde - auseinandersetzen und eine umfassende Abwägung aus gesamträumlicher Sicht vornehmen[2].

Die so bestimmte Detailliertheit und Konkretheit der ROV-Ergebnisse bedarf einer kurzen Überprüfung anhand der von Art. 28 Abs. 2 GG gewährleisteten gemeindlichen Planungshoheit. Die zahlreichen Stellungnahmen in Literatur und Rechtsprechung zum Verhältnis der Raumordnung zur gemeindlichen Planungshoheit lassen sich wie folgt zusammenfassen: Die Landesplanung muß, will sie nicht die den Gemeinden als Aufgabe der örtlichen Selbstverwaltung i. S. d. Art. 28 Abs. 2 GG übertragene Planungszuständigkeit verletzen, den Gemeinden einen Raum eigener Gestaltung im städtebaulichen Bereich belassen[3]. Ob die gemeindliche Eigenständigkeit durch die landesplanerischen Aussagen gewahrt bleibt, beurteilt sich in erster Linie nach dem Verhältnismäßigkeitsprinzip[4]. Nach diesem aus dem Rechtsstaatsprinzip entwickelten und zur Bestimmung der Grenzen der Selbstverwaltung allgemein anerkannten Prinzip[5] bedarf es zunächst nach dem Grundsatz der sachlichen Legitimation eines Bedürfnisses zum Eingriff in die

---

1) Vgl. unten S. 78 ff.
2) Vgl. zum Ablauf des ROV ausführlich Erbguth, Raumordnungsverfahren, IzR 1979, 173 ff. und für Bayern Bek. ROV v. 27.03.1984, LUMBl., S. 29 ff., insbes. IV.
3) Paßlick, RO-Ziele, S. 72 f. m. w. N.; Koppe, Regionale Raumordnungspläne, S. 211; Bielenberg/Erbguth/Söfker, ROLaPlaR, K § 5 Rn. 114 b.
4) BVerwG, Urt. v. 04.08.1983 - 7 C 2.81 -, DVBl. 1983, 1152 (1153); OVG Münster, Urt. v. 27.01.1984 - 15 A 375/81 -, UPR 1984, 387 (389); BayVGH, Urt. v. 30.03.1982 - Nr. 20 N. 909/79 und Nr. 20 N. 81 A. 2146 -, BayVBl. 1982, 726 (728) und Urt. v. 07.07.1983 - Nr. 22 N. 82 A. 772, DVBl. 1983, 1157 (1160); Schmidt-Aßmann, Fortentwicklung, S. 62; Weidemann, Staatsaufsicht, S. 28 f.; Grooterhorst, Wirkung der Ziele, S. 56.
5) Paßlick, RO-Ziele, S. 72 f. m. w. N.

kommunale Planungshoheit, das nur gegeben ist, wenn sachlich gerechtfertigte, insbesondere überörtliche Gründe der Landesplanung dies erfordern[1]. Gemeindegebietsscharfe Aussagen in der landesplanerischen Beurteilung sind darüber hinaus nur zulässig, wenn sie geeignet, erforderlich und angemessen sind, den angestrebten Zweck einer vorhabenbezogenen Konkretisierung der RO-Erfordernisse zu erreichen.

Damit decken sich im Ergebnis die von Art. 28 Abs. 2 GG aufgestellten Anforderungen an die Detailliertheit und Konkretheit der landesplanerischen Beurteilung mit den oben aus kompetenzrechtlichen Gründen aufgezeigten Grenzen[2].

b) Überfachliche Planung

Obwohl im Bundesverfassungsgerichts-Gutachten nicht erwähnt[3], bildet die "Überfachlichkeit" das zweite Standbein bei der Beschreibung der Übergeordnetheit bezüglich des Verhältnisses von Raumordnung und Landesplanung zur Fachplanung[4]. Das Merkmal der "überfachlichen Planung" bedeutet, daß die Raumordnung und Landesplanung gegenüber der Fachplanung nur Rahmensetzungen und Koordinationen vornehmen darf; den Fachplanungsträgern verbleibt in fachlicher und politischer Sicht die letzte Entscheidung[5]. Das Merkmal der Überfachlichkeit besitzt eine räumliche und eine fachliche Komponente. Die räumliche Komponente gibt an, wie räumlich konkret die Zielaussagen - oder hier ROV-Ergebnisse - gegenüber den Fachplanungsträgern sein dürfen, während die fachliche Komponente beschreibt, wie sachlich detailliert landesplanerische Aussagen sein dürfen.

---

1) Hoppe, RuL, Rn. 479.
2) Vgl. oben S. 40.
3) Die Entscheidung betraf die Abgrenzung Baurecht-Raumordnungsrecht.
4) Erbguth, Regionale Energieversorgungskonzepte, DVBl. 1983, 305 (308).
5) Suderow, Fachplanungen, S. 16; Scharpf, Steuerungsinstrumente, RuR 1976, 289 (291); Hoppe, RuL, Rn. 53 m. w. N.

Im Schrifttum besteht Übereinstimmung darüber, daß die Regelung der unmittelbaren Bodennutzung jeweils für ein einzelnes Projekt der Fachplanung vorbehalten ist, während die Landesplanung rahmensetzend tätig wird und sich auf die Konzipierung gesamträumlicher Entwicklungsziele zu beschränken hat[1], wobei ihr wegen des Bodennutzungscharakters Einzelprojektplanungen untersagt sind[2]. Fachliche Maßnahmen dürfen daher von der Landesplanung nicht selbst vorgenommen bzw. ersetzt werden. Den zuständigen Behörden darf weder die originäre Planungszuständigkeit noch die Umsetzung und Durchführung ihrer - raumordnerisch lediglich abgestimmten - Pläne genommen werden[3]; damit ist der Landesplanung ein Übergreifen in fachgesetzliche Erlaubnis- und Planfeststellungstatbestände als Durchsetzungsmittel sektoraler Aufgabenerfüllung verwehrt[4]. Weil es die Aufgabe der Landesplanung ist, im Fachplanungsbereich eine Gesamtplanung für das Landesgebiet oder Teile davon zu erstellen, treffen bei ihren Festlegungen nicht wie im Verhältnis Fachplanung-Bauleitplanung konkurrierende Bodennutzungsregelungsbefugnisse zusammen, sondern bestehen gestufte Planungskompetenzen. Gegenüber gemeindlichen oder gemeindescharfen Aussagen in Raumordnungsplänen bestehen daher keine Bedenken[5]. Dasselbe gilt folglich auch für die landesplanerische Beurteilung.

Gebietsscharfe Festlegungen - oder Prüfungen im ROV - sind dann möglich, wenn ein überörtliches Interesse daran besteht.

Umstritten ist, ob im Verhältnis Raumordnung - Fachplanung, im Gegensatz zur Bauleitplanung, parzellenscharfe Festsetzungen - und damit im ROV eine fachlich detaillierte Prüfung - zulässig sind.

---

1) Zoubek, Sektoralisierte Landesplanung, S. 157 f.; Schlarmann, Fachplanung, S. 282; Bielenberg/Erbguth/Söfker, ROLaPlaR, § 5 Rn. 24.
2) Zoubek, Sektoralisierte Landesplanung, S. 157 f.; Schmidt-Aßmann, Rechtsstaatliche Anforderung, DÖV 1981, 237 (239 f.).
3) Uechtritz, Naßauskiesung, VBlBW 1984, 5 (9).
4) Hoppe, RuL, Rn. 468; Schoeneberg, Umweltverträglichkeitsprüfung, S. 186.
5) Hoppe/Bunse, Gebietsentwicklungspläne, StädteT 1984, 468 (470).

Parzellenscharfe Festlegungen sollen als "Knotenpunkt der Planung" dort zulässig sein, wo die Landesplanung über § 38 BBauG mit Vorrang versehene Planfeststellungsplanungen vorformuliert[1]. Jedoch läßt sich der Regelungsgehalt des § 38 BBauG nicht sinngemäß auf das Verhältnis Landesplanung-Fachplanung übertragen. Andernfalls würde die bloße Zielbindung des § 5 Abs. 4 ROG unterlaufen, indem der dem Bindungsadressaten notwendigerweise verbleibende Raum zur Ausfüllung der Ziele von der Landesplanung aufgesogen würde[2].

Fachplanungen sind darüber hinaus im Raumordnungsrecht gleichrangig, so daß ein Bedürfnis für Kompetenzregelungen für den Ausgleich der konkurrierenden bodennutzungsorientierten Bauleitplanung und Fachplanung nicht besteht; "Kollisionsregelung" ist insoweit der von den Landesplanungsgesetzen vorgesehene Ableitungszusammenhang zwischen Plänen unterschiedlicher Stufen und die Zuweisung der Durchführung in den Zuständigkeitsbereich der Fachbehörde[3].

Zahlreiche Raumordnungspläne enthalten statt oder neben räumlichen Konkretisierungen Ausweisungen bestimmter Funktionen. Dabei steht eine bestimmte Funktionszuweisung (Industriegebiet, Kraftwerk) im Vordergrund vor der gezielten räumlichen Ausweisung. Insoweit wird von funktionsscharfen Festlegungen gesprochen, die ihrerseits mit unterschiedlichen Graden räumlicher Konkretisierung von bereichsscharf bis parzellenscharf kombiniert werden können[4]. Wird z. B. in einem Regionalplan für einen Bereich eine bestimmte Nutzung vorgegeben oder untersagt, so kann anläßlich der Überprüfung des Vor-

---

1) Hendler, Grenzen, S. 18; Schmidt-Aßmann, Fortentwicklung, S. 62, bezeichnet diese Fallgruppe im Verhältnis Bauplanungsrecht-Raumordnungsrecht als unechte Ausnahme, denn das Konkurrenzverhältnis zwischen Bebauungsplanung und parzellenscharfer Planfeststellung habe seine Wurzel nicht im Landesplanungs-, sondern im Fachplanungsrecht.
2) Wahl, Probleme, DÖV 1981, 597 ff.,"ebenenspezifische Abwägung".
3) Vgl. insoweit Zoubek, Sektoralisierte Landesplanung, S. 157 f.
4) Brohm, Verwirklichung, DVBl. 1980, 653 (654); Uechtritz, Naßauskiesung, VBlBW 1984, 5 (9 f.).

habens im ROV, dessen Funktionen vom Vorhabenträger detailliert festgelegt sind, mangels eines Interpretations- und Konkretisierungsspielraumes nur überprüft werden, ob die beabsichtigte Nutzung die vorgesehene Nutzung beeinträchtigt oder zu den untersagten Nutzungen zählt[1]. Wird in Verbindung mit einer räumlich mehr oder weniger konkreten Festsetzung eine Nutzung nur global und generalisierend dargestellt, etwa als Gebiete von besonderer Bedeutung für die Wasserwirtschaft oder für die Erholung, so ist die RO-Behörde nicht in der Lage, im ROV in funktioneller Hinisicht eine Konkretisierung vorzunehmen. Denn die Bestimmung der endgültigen Bodennutzung auf der durch die Raumordnung freigehaltenen Fläche obliegt den zuständigen Fach(planungs)behörden[2]. Der so bestimmte zulässige Detailliertheits- und Konkretisierungsgrad der landesplanerischen Beurteilung mit gebiets- und funktionsscharfen Aussagen zum Standort und zur Ausführung des geplanten Projekts durch öffentliche Planungsträger muß vor dem Hintergrund des Ressortprinzips aus Art. 65 GG bzw. den entsprechenden Verfassungsbestimmungen der Länder zulässig sein. Das Ressortprinzip "garantiert" die Eigenverantwortlichkeit der Fachminister und der ihnen nachgeordneten Behörden im Verhältnis zum Kanzler oder Regierungschef und zu den Nachbarressorts[3]. Soweit die Raumordnung und das Ressortprinzip zueinander in Beziehung gesetzt werden, stehen die sich aus der an der Fachaufgabe orientierten Organisationsstruktur ergebenden praktischen Behinderungen der Durchführung der Querschnittsaufgabe Raumordnung im Vordergrund[4]. Lediglich Wahl versucht, den Gehalt des Art. 65 GG sowie der Vorschriften der Landesverfassungen als Schranke der Raumordnung und Landesplanung näher zu bestimmen[5]. Da sich die

---

1) Vgl. unten S. 125.
2) Vgl. unten S. 106 und Uechtritz, Naßauskiesung, VBlBW 1984, 5 (9 f.).
3) Die verfassungsrechtliche Literatur betrachtet das Ressortprinzip im Hinblick auf die Gewaltenteilung Minister, Kabinett, Kanzler; vgl. Kölble, Ressortprinzip, DÖV 1973, 1 ff.; Liesegang, in: v. Münch, GG, Art. 65 Rn. 13 ff.; Wahl, Rechtsfragen II, S. 153; Schöler, Stellung des Raumordnungsministers, S. 49 ff.
4) Kölble, Ressortprinzip, DÖV 1973, 1 ff.; Timmer/Erbguth, Ressortierung, RuR 1980, 143 ff.; Schöler, Stellung des Raumordnungsministers, S. 49 ff.
5) Wahl, Rechtsfragen II, S. 153 ff.

Raumordnung in der traditionellen horizontalen Aufteilung nach Sachgebieten nicht erfassen lasse, müsse das vertikale Gliederungsschema Rahmen-Ausfüllung auf die Ressort-Ressort-Beziehungen angewandt werden. Dabei setze die rahmenartige Raumordnung mit ihren räumlichen Festlegungen nur einen Ausschnitt der von den Fachplanungen zu berücksichtigenden inhaltlichen Vorgaben, der diesen einen weiten Spielraum zur Lokalisierung und Dimensionierung der geplanten Einrichtungen belasse. Diese vertikale Art der Aufgabenverteilung sei mit Art. 65 GG vereinbar, da der Geschäftsbereich der einzelnen Minister nicht verfassungsfest festgeschrieben sei, sondern sich aus den jeweils einschlägigen Gesetzen, Verordnungen und Erlassen - hier denen der Raumordnung und Landesplanung - ergebe[1].

Jedoch ist auch mit diesen zutreffenden Ausführungen eine exakte Grenzbestimmung dessen, was an räumlicher und sachlicher Konkretheit in RO-Zielen oder landesplanerischen Beurteilungen unter Berücksichtigung von Art. 65 GG zulässig ist, noch nicht geleistet. Hier hilft eine Anleihe bei Art. 28 Abs. 2 GG weiter. Auch wenn die Ressorts keine dem gemeindlichen Selbstverwaltungsrecht vergleichbare geschützte Position auf autonome Durchführung der Fachplanungen innehaben[2], so ergibt sich doch aus der Existenz des Art. 65 GG, daß für den jeweiligen Fachbereich zumindest ein Kernbereich an Eigenverantwortlichkeit erhalten bleiben muß. Dieser Kernbereich ist deckungsgleich mit der soeben aufgezeigten kompetenzrechtlichen Abgrenzung zwischen der Raumplanung und der Fachplanung, die letzterer die Letztentscheidung über Ob und Wie des Vorhabens zuweist. Inwieweit darüber hinaus gebiets-, parzellen- und funktionsscharfe Aussagen in den RO-Zielen oder im ROV zu Standort oder Linienführung eines geplanten Vorhabens zulässig sind, beurteilt sich auch hier nach dem Verhältnismäßigkeitsprinzip[3].

---

1) Wahl, Rechtsfragen II, S. 152 ff.
2) Paßlick, RO-Ziele, S. 95; Bunse, Planungsinstrumentarium, S. 130.
3) So im Ergebnis auch Paßlick, RO-Ziele, wenn auch nicht unter Bezugnahme auf Art. 65 GG.

2. Zusammenfassende Planung

Das Merkmal der "zusammenfassenden Planung" umschreibt den Koordinationsauftrag der Raumordnung und Landesplanung, der durch die raumordnerische Abwägung erfüllt wird[1]. Erforderlich ist eine planerische Abwägung aller konkurrierenden und konfligierenden Raumansprüche und die Beteiligung aller Planungsträger, um dem raumordnerisch abgewogenen Planungsergebnis Verbindlichkeit verleihen zu können.

Die das Merkmal der zusammenfassenden Planung ausmachenden Koordinierungs- und Abwägungspflichten beziehen sich - wie bei jeder Planung - sowohl auf den Abwägungsvorgang, d. h. regelmäßig das Aufstellen der Pläne und Programme, als auch auf das Abwägungsprodukt, die in Kraft gesetzte raumordnerische Letztentscheidung[2]. Deutlich spiegelt sich der Charakter der zusammenfassenden Planung bei dem landesplanerischen Instrument ROV in der Ausprägung als Abstimmungsaufgabe wieder.

II. Verbot des "landesplanerischen Durchgriffs" auch im ROV

Das "Verbot des landesplanerischen Durchgriffs" besagt, daß die Landesplanung nicht in einer die Bodennutzung regelnden Weise tätig werden darf. Diese ist der Bauleitplanung, den Fachplanungen auf unterster Stufe und den fachgesetzlichen Genehmigungstatbeständen vorbehalten. Das Durchgriffsverbot ist Ausfluß der grundgesetzlichen Kompetenzverteilung zwischen Art. 75 Nr. 4 GG einerseits sowie Art. 74 Nr. 18 GG und den weiteren Fachmaterien in Art. 73 f. GG andererseits. Auch trägt es den Anforderungen an Art. 28 Abs. 2 und Art. 65 GG Rechnung[3].

---

1) Hoppe, RuL, Rn. 54.
2) Bielenberg/Erbguth/Söfker, ROLaPlaR, M 100, Rn. 20; vgl. zum Abwägen insgesamt Hoppe, in: Ernst/Hoppe, ÖffBauBoR, Rn. 293.
3) BGH, Urt. v. 30.06.1983 - III ZR 73/82 -, BGHZ 88, 50 (55); Bielenberg/Erbguth/Söfker, ROLaPlaR, K § 5 Rn. 71; J 610 Erbguth, ROLaPlaR, Rn. 343 ff.; Hoppe, RuL, Rn. 71; a. A. Depenbrock/Reiners, Landesplanungsgesetz, § 22 Rn. 2.2 ff. mit Hinweisen auf § 3 Abs. 2 AbgrG NW und § 24 Abs. 5 LPlG NW; vgl. aber zu § 3 Abs. 2 AbgrG NW BVerwG, Urt. v. 18.03.83 - 4 C 17.81 -, DVBl. 1983, 893 und zu § 24 Abs. 5 LPlG NW Erbguth, Braunkohlenplanung, DVBl. 1982, 1 (8).

Mittelbare Wirkungen der Landesplanung auf die Bodennutzung werden neben den Bauleitplänen durch fachgesetzliche bürgergerichtete RO-Klauseln wie § 35 Abs. 3 BBauG, § 34 Abs. 1 und 3 BBauG i. V. m. § 11 Abs. 3 BauNVO, §§ 9 Abs. 2 LWaldG BW und 12 Abs. 2 hessForstG erreicht. Auch kommt eine vermittelte Wirkung im Wege der Konkretisierung unbestimmter Rechtsbegriffe wie "öffentliches Wohl" oder "öffentliche Belange" in Betracht[1]. Für die ROV-Ergebnisse bedeutet das Durchgriffsverbot, das gleichzeitig eine Quintessenz der Definitionsmerkmale der Raumordnung darstellt, daß sie trotz ihrer Konkretheit und Vorhabenbezogenheit die fachbehördlichen Entscheidungen nicht verdrängen oder ersetzen dürfen[2]. Auch bei gebiets- und funktionsscharfen Prüfungsmaßstäben sowie detaillierten Vorgaben seitens des Projektbetreibers, etwa wenn das Grundstück für sein Vorhaben infolge der Eigentumsverhältnisse oder infolge der nur dort vorhandenen Bodenschätze bereits feststeht, muß gewährleistet sein, daß die Beurteilung des konkreten Standortes nur anhand der überörtlichen und überfachlichen Maßstäbe erfolgt und nicht etwa aus der fachspezifischen Sicht des Gewerbeaufsichtsamtes oder der Wasser- bzw. Luftfahrtbehörde[3]. So liegt ein unzulässiger Durchgriff des ROV auf die fachliche Ebene vor, wenn in diesem Verfahren bestimmt werden kann, daß aus Gründen der Entwicklung flußabwärts gelegener Gemeinden bei der Ansiedlung des überprüften Industriebetriebes eine bestimmte Belastung des Vorfluters mit Abwassereinleitungen nicht überschritten werden darf[4].

---

1) Vgl. dazu unten S. 159 ff. ; Grooterhorst, Wirkung der Ziele, S. 42; Hoppe, Gelenkfunktion, UPR 1983, 105 (112); ders., RuL, Rn. 806 f.; Hartwig, Rechtswirkungen, NVwZ 1985, 8 (10); Heigl/Hosch, Landesplanung, Art. 4 Rn. 27; Koppe, Regionale Raumordnungspläne, S. 138 m. w. N,; Schmidt-Aßmann, Fortentwicklung, S. 84; zurückhaltender ders., Raumordnungsklauseln, S. 39 und zum "mittelbaren Durchgriff" insgesamt Depenbrock/Reiners, Landesplanungsgesetz, § 22 Rn. 2.

2) Schoeneberg, Umweltverträglichkeitsprüfung, S. 186 f.; Depenbrock, Stellenwert, S. 99 ff.; Buchner, Stellenwert, S. 85 ff.; Hosch, Verhältnis, BayVBl. 1979, 398 (399).

3) So jüngst Schmidt-Aßmann, Entwicklungstendenzen, VBlBW 1986, 2 (7).

4) Beispiel nach Hosch, Verhältnis, BayVBl. 1979, 398 (399).

E. Rechtswirkungen der das ROV abschließenden landesplanerischen Beurteilung

Eine zentrale Frage des Verhältnisses des ROV zu den anschließenden fachlichen Genehmigungs- und Planfeststellungsverfahren ist neben den noch zu behandelnden Verknüpfungsregelungen, welche Rechtswirkungen die landesplanerische Feststellung oder Abstimmung als Abschluß des ROV hat.

I. Inhalt der landesplanerischen Beurteilung

Der Begriff der "landesplanerischen Beurteilung" wird von den Landesplanungsgesetzen nicht benutzt, wohl aber in den Verwaltungsvorschriften[1]. In Wissenschaft und Praxis besteht Einigkeit darüber, daß in allen Ländern, die das ROV eingeführt haben, der das ROV beendende Abschlußbericht mit "landesplanerischer Beurteilung" bezeichnet wird.

Da die Frage der Rechtswirkungen des ROV-Ergebnisses äußerst kontrovers diskutiert wird, sollte die Bezeichnung Abschlußbescheid vermieden werden. Denn dies indiziert eine außenwirksame Regelung, die jedoch durchgängig nicht vorliegt, sondern allenfalls bezüglich von Teilinhalten bzw. gegenüber einigen Adressaten anzunehmen ist[2].

Die landesplanerische Beurteilung enthält in allen Flächenstaaten, die ein ROV kennen, mehr oder weniger einheitlich:

---

1) Verwaltungsvorschriften des baden-württembergischen Innenministeriums über die Durchführung von Raumordnungsverfahren vom 31.07.1978 Nr. VII 1544/30.6, GABl., S. 1082; Bekanntmachung des Bayerischen Staatsministeriums für Landesentwicklung und Umweltfragen über die Durchführung von Raumordnungsverfahren vom 27.03.1984, Nr. 5011 - 521 - 12239, V, VI, LUMBl. S. 29; Raumordnungsverfahren nach § 14 NROG, RdErl. des Innenministeriums von Niedersachsen vom 04.01.1978 - 36.4 - 20 002/4, 9, 10, Nds MBl S. 47, wobei der ROV-Abschluß in erster Linie als "landesplanerische Feststellung" bezeichnet wird, unter 10.3 aber auch der Begriff "landesplanerische Beurteilung" verwandt wird.

2) Vgl. dazu unten S. 59 ff. für "Bescheid" aber Brenken, Weiterentwicklung, S. 47 ff.; Brenken/Schefer, Landesplanungsgesetz, § 18 Anm. 2 (S. 91) sprechen von einem Abschlußentscheid.

- das Ergebnis des ROV (als Tenor)
- die Darstellung des Verfahrensgegenstandes
- die Benennung der am Verfahren beteiligten Planungsträger und sonstigen Stellen bzw. Personen
- die Mitteilung der wesentlichen Verfahrensschritte
- die Aufstellung der abgegebenen Stellungnahmen
- die Ergebnisse des Erörterungstermins
- die Gesamtbeurteilung aus raumordnerischer Sicht mit ausführlicher Begründung[1].

II. Bestimmung der Rechtswirkungen der landesplanerischen Beurteilung aufgrund der nach der gesetzlichen Form bestimmten Rechtsqualität

Während keine landesgesetzliche ROV-Vorschrift ausdrücklich Form und Rechtswirkungen der landesplanerischen Feststellung bestimmt, lassen einerseits die Bezeichnung "Abstimmungsvorschlag" und andererseits die Ausgestaltung des ROV als Genehmigungsverfahren Rückschlüsse auf die angestrebten Rechtswirkungen zu.

1. Landesplanerische Beurteilung in der Form des Vorschlages

Umstritten ist die rechtliche Einordnung der Abstimmungsvorschläge. Nach Zoubek ist Raum für einen Vorschlag als ROV-Ergebnis nur bei positivem Verlauf der landesplanerischen Feststellung. Auch wenn nur die Landesplanungsgesetze von Bayern (Art. 23 Abs. 1 a: vorzuschlagen, wie ... abgestimmt werden können) und Baden-Württemberg (§ 31 a Abs. 1 Nr. 1 a. F.: vorzuschlagen = § 13 Abs. 1 S. 2 n. F.: raumordnerisch günstigste Lösung aufzeigen - in dem "Aufzeigen" ist der Vorschlagscharakter enthalten -) in ihrem Wortlaut eindeutig auf einen Abstimmungsvorschlag hinweisen[2], so soll doch in allen anderen Ländern das ROV neben der landesplanerischen Feststellung zusätzlich mit einem Vorschlag enden können[3].

---

1) Brenken/Schefer, Landesplanungsgesetz, § 18 Anm. 5 (S. 95); VVROV ba-wü v. 31.07.1978, GABl., 1082 ff.; bay. Bek. ROV v. 27.03.1984, LUMBl., 29 ff.; RdErl. ROV Nds v. 04.01.1978, MBl. 47 ff.
2) Vgl. nunmehr auch § 13 Abs. 1 a saarlLPlG.
3) Zoubek, Raumordnungsverfahren, S. 207 ff.

Nach Bielenberg/Erbguth/Söfker kommt ein landesplanerischer Abstimmungsvorschlag in Baden-Württemberg, Bayern und im Saarland nur in Betracht, wenn erstens mehrere gleichzeitig anstehende geplante Projekte zur Entscheidung gestellt und Gegenstand des ROV waren, nicht aber nur ein einzelnes Vorhaben, für das es bei der landesplanerischen Feststellung verbleibt[1], und zweitens, wenn neben Zielen und sonstigen Erfordernissen der Raumordnung sonstige Erwägungen aus landesplanerischer Sicht, etwa allgemeine raum- und entwicklungspolitische Überlegungen, im ROV angestellt werden; dabei könne es sich dann nur um unverbindliche Hinweise und Empfehlungen, eben unverbindliche Vorschläge, handeln[2].

Diese Auffassung findet im Gesetzeswortlaut keine Stütze. Oben wurde bereits dargelegt, daß eine landesplanerische Abstimmung mit den Erfordernissen der Raumordnung und Landesplanung auch für ein Einzelprojekt möglich ist[3].

Darüber hinaus umfassen die "Gesichtspunkte der Raumordnung" aus Art. 23 Abs. 1 a bayLPlG und § 13 1 a saarlLPlG sowie die "raumordnerischen Gesichtspunkte" des § 31 a Abs. 1 a. F. ba-wüLPlG und die "raumordnerisch günstigste Lösung" nach § 13 Abs. 1 S. 2 ba-wüLPlG die mit den Raumordnungszielen, -grundsätzen und sonstigen Erfordernissen umschriebenen Erfordernisse der Raumordnung und Landesplanung[4].

Unabhängig von der Beantwortung der Frage, ob das ROV auch in den Ländern, die gesetzlich keinen Abstimmungsvorschlag vorsehen, mit einem Vorschlag enden kann, ergibt die Auslegung des Begriffs "Vorschlag", daß ein Vorschlag seiner Natur nach keinen verbindlichen Charakter haben kann, sondern regelmäßig unverbindlich ist[5].

---

1) Vgl. dazu Scheurer, Raumordnungsverfahren, IzR 1979, 105 (110).
2) Bielenberg, in: Bielenberg/Erbguth/Söfker, ROLaPlaR, M 445 Rn. 22.
3) Siehe oben S. 38 ; vgl. auch Börner, Energieanlagen, S. 21.
4) Bielenberg/Erbguth/Söfker, ROLaPlaR, M 450 Rn. 9; 22; Zoubek, Raumordnungsverfahren, S. 206.
5) Mayer/Engelhardt/Helbig, Landesplanungsrecht, Art. 23 Anm. 2; Zoubek, Raumordnungsverfahren, S. 208.

Durch die Verwendung des Begriffs "Vorschlag" geben die Landesplanungsgesetze zu erkennen, daß aus eigenem, landesplanerischen Recht eine Verbindlichkeit nicht gewünscht wird. Ob aus anderen Gründen - etwa aus der Kompetenzverteilung[1] oder aufgrund interministerieller Zuständigkeitsverteilung, begründet durch das Einvernehmen der übrigen Minister zu den Verwaltungsvorschriften - für das ROV[2] eine Bindung besteht, ist unabhängig von der gesetzlichen Form der landesplanerischen Beurteilung zu prüfen[3]. Aus der gesetzlich angeordneten Form "Vorschlag" jedenfalls läßt sie sich nicht herleiten.

2. Landesplanerische Beurteilung in der Form der Genehmigung

In dem "besonderen" ROV für Freileitungen nach § 14 ba-wüLPlG tritt an die Stelle der landesplanerischen Beurteilung, die das ROV nach § 13 ba-wüLPlG abschließt, eine Genehmigung der Errichtung oder wesentlichen Änderung einer Freileitung von mehr als 30.000 Volt Nennspannung. Diese Genehmigung ist zu erteilen, wenn das Vorhaben mit den raumbedeutsamen Planungen und Maßnahmen anderer Planungsträger unter raumordnerischen Gesichtspunkten abgestimmt ist, mit den Zielen der Raumordnung und Landesplanung übereinstimmt und die Grundsätze der Raumordnung sachgemäß gegen- und untereinander abgewogen sind sowie sonstige öffentlich-rechtliche Vorschriften nicht entgegenstehen. Auf die Erteilung der Genehmigung besteht bei Vorliegen der vorgenannten Voraussetzungen ein Anspruch. Die Genehmigung bindet den Antragsteller, Drittbetroffene und die am Verfahren beteiligten öffentlichen Planungsträger (vgl. § 14 Abs. 1 S. 3 ba-wüLPlG).

Mit der Einführung des Trassengenehmigungsverfahrens als ROV macht das baden-württembergische Landesplanungsgesetz eine eindeutige Aussage zur Rechtsnatur und zu den Rechtswirkungen dieses Verfahrens: Es handelt sich dabei um einen Verwaltungsakt. Bezüglich der Tatbe-

---

1) Heigl/Hosch, Landesplanung, Art. 23 Rn. 50, 53; Hosch, Aktuelle Fragen, BayVBl. 1974, 331 (335); Suderow, Fachplanungen, S. 50 f.
2) So Zoubek, Raumordnungsverfahren, S. 210.
3) Siehe dazu unten S. 116 ff.

stands- und Feststellungswirkung sowie der Rechtsschutzmöglichkeiten (Anfechtungsklage für Drittbetroffene, Verpflichtungsklage für den Vorhabenträger) sind dabei keine Besonderheiten zu verzeichnen[1].

Im Gegensatz zu Planfeststellungsverfahren wird dem ROV nach § 14 ba-wüLPlG keine Konzentrationswirkung beigemessen. Der Meinung von Bielenberg, § 31 b a. F. ba-wüLPlG komme eine Quasi-Konzentrations- und Planfeststellungswirkung zu[2], kann spätestens nach der Neufassung des § 14 ba-wüLPlG nicht mehr gefolgt werden; denn nach § 14 Abs. 5 S. 1 ba-wüLPlG ergeht die Genehmigung unbeschadet der Rechte Dritter, bleiben nach § 14 Abs. 4 i. V. m. § 13 Abs. 4 andere Zulässigkeitsvorschriften unberührt und ist von einer begrenzten Geltungsdauer der Genehmigung (§ 14 Abs. 5 S. 2) auszugehen[3].

Die Rechtmäßigkeit dieses raumordnungsrechtlichen Genehmigungstatbestandes ist allerdings äußerst umstritten. Es wird geltend gemacht, dem Landesgesetzgeber fehle eine entsprechende Regelungskompetenz. Weder als Gegenstand der Landesplanung noch als Gegenstand der Energiewirtschaft bestehe eine Gesetzgebungsbefugnis. Der Bund habe von seiner Rahmenkompetenz des Art. 75 Nr. 4 GG durch Erlaß des ROG Gebrauch gemacht. Die Landesgesetzgebungskompetenz für die Landesplanung nach Art. 70 GG beschränke sich - auch im Verhältnis zur Fachplanung - im Anschluß an das Bundesverfassungsgerichtsgutachten[4] auf Maßnahmen einer vorausliegenden Planungsstufe, die ohne unmittelbare Außenwirkung nicht "das rechtliche Schicksal des Grund und Bodens" regeln dürfe. Das ROV könne daher nur solange der Raumordnung zugerechnet und als landesplanerisches Verfahren anerkannt werden, wie es der Klärung der landesplanerischen Unbedenklichkeit von Einzelvorhaben im Vorfeld außerrechtlicher Verwaltungsentscheidungen diene. Ein Abschlußbescheid mit außengerichteten Genehmigungs- und Konzentrationswirkungen könne danach kein Akt der Landesplanung i. S. d.

---

1) So im Ergebnis auch <u>Zoubek</u>, Raumordnungsverfahren, S. 212.
2) <u>Bielenberg</u>, in: Bielenberg/Erbguth/Söfker, ROLaPlaR, M 450 <u>Rn. 20</u>; a. M. <u>Zoubek</u>, Raumordnungsverfahren, S. 212.
3) <u>Zoubek</u>, Sicherungsinstrumente, S. 70 f.
4) <u>BVerfG</u>, Rechtsgutachten v. 16.06.1954 - 1 PBvV 2/52 - BVerfGE 3, <u>407</u> (424 f.).

grundgesetzlichen Kompetenzordnung sein[1].

Auch über den Kompetenztitel "Energiewirtschaft" nach Art. 75 Nr. 11 GG habe der Landesgesetzgeber keine Gesetzgebungszuständigkeit (vgl. Art. 72 Abs. 1 GG), da der Bund über Art. 74 Nr. 11 GG von der ihm zustehenden konkurrierenden Kompetenz der Energiewirtschaft, die i. V. m. Art. 84 Abs. 1 GG auch die Kompetenz zur Regelung des Verfahrens umfasse, durch "Erlaß" von § 4 EnWG Gebrauch gemacht habe. Durch die in dieser Norm niedergelegten Anzeige-, Beanstandungs- und Untersagungsverfahren sowie durch enteignungsrechtliche Regelungen (§ 11 Abs. 2 EnWG) komme zum Ausdruck, daß eine bundesrechtliche Regelung des Verfahrens angestrebt sei, die daneben keinen Raum für eine landesrechtliche Einführung eines Genehmigungsverfahrens lasse[2]. Demgegenüber wird die Gesetzgebungszuständigkeit des Landesgesetzgebers vielfältig und unterschiedlich begründet. Eine - raumordnungsrechtliche - Zuständigkeit sei gegeben, weil das ROV im ROG nicht normiert sei und Harmonisierungsdefizite zwischen dem bundesrechtlichen Energiewirtschaftsgesetz und dem Raumordnungsgesetz bestünden[3]. Ein noch so dringendes Bedürfnis kann indes keine Kompetenzen begründen. Auch die fehlende Regelung des ROV im ROG läßt keine Schlüsse auf die Reichweite von Kompetenzen zu; der über Art. 70 GG zu gewinnende Kompetenztitel "Landesplanung" erlaubt gerade keine Durchgriffsregelungen. Sollte demnächst eine rahmenrechtliche Verankerung des ROV erfolgen, so ist davon auszugehen, daß der Landesgesetzgeber eine Ausgestaltung des ROV als landesplanerisches Feststellungs- und Abstimmungsverfahren bei fakultativer oder zwingender Geltung der §§ 5 Abs. 4 und 6 ROG ermöglichen wird[4]. Eine solche Rahmenvorschrift ließe keinen Raum für raumordnungsrechtliche Genehmigungsverfahren mit bodennutzungsorientiertem Inhalt.

---

[1] Papier, Möglichkeiten, S. 50 ff.; im Ergebnis ebenso Börner, Energieanlagen, S. 21 f.; Erbguth, ROLaPlaR, Rn. 267; ders., in: Bielenberg/Erbguth/Söfker, ROLaPlaR, M 450 Rn. 21.

[2] Papier, Möglichkeiten, S. 51; im Ergebnis auch Erbguth, in: Bielenberg/Erbguth/Söfker, ROLaPlaR, M 450 Rn. 21.

[3] Bielenberg, in: Bielenberg/Erbguth/Söfker, ROLaPlaR, M 450 Rn. 21; Zoubek, Sicherungsinstrumente, S. 73.

[4] Vgl. ARL-Vorschlag für § 6 a ROG, in: Stellungnahme, DVBl. 1985, 433 (436 f.); dies., in: ARL-Nachrichten Nr. 33, 1/85.

Die Gesetzgebungskompetenz des Landes Baden-Württemberg soll sich für den Genehmigungstatbestand ferner aus der Zuständigkeit für landesplanerische Abstimmungsverfahren einerseits und das Baugenehmigungsverfahren andererseits ergeben[1]. Das ist der Sache nach eine Kombination von Kompetenztiteln. Diese ist grundsätzlich zulässig, soweit nicht etwas völlig Neues geschaffen wird. Durch Kompetenzkombination darf die grundgesetzliche Kompetenzordnung nicht dergestalt unterlaufen werden, daß neue Sachmaterien geschaffen und zugeordnet werden[2].

Das gilt nicht nur für die Bundes-, sondern auch für die Landesebene, allerdings nur in dem Sinne, daß die über Art. 70 Abs. 1 und 2 GG verliehene, zunächst umfassende Landesgesetzgebungskompetenz zur Ausfüllung des bundesgesetzlichen Rahmens - für die Kompetenzkombinationen gar nicht nötig wären - durch Kombinationen nicht über die Grenzen der Art. 70 Abs. 2 GG und 72 Abs. 1 GG ausgedehnt wird. Der auf einer möglichen Kompetenzkombination beruhende Mischtatbestand aus baurechtlicher Genehmigung und landesplanerischer Abstimmungsvorschrift in § 14 ba-wüLPlG stellt aber eine solche neue Sachmaterie dar. Durch die Anbindung der landesplanerischen Beurteilung an einen baupolizei- oder ordnungsrechtlichen Tatbestand wird die "Raumverträglichkeit" Genehmigungsvoraussetzung. Damit wird ein unzulässiger Durchgriff landesplanerischer Aussagen auf außenrechtliche Genehmigungstatbestände erreicht[3]. Der Einwand, die bundesrechtliche Normierung der Errichtung von Energieanlagen schließe über Art. 72 Abs. 1 GG deshalb eine landesrechtliche Genehmigungsbefugnis nicht aus, weil diese allenfalls Punktobjekte beträfe, nicht aber eine landesrechtliche Trassengenehmigung für Linienobjekte tangiere[4], ver-

---

1) Zoubek, Sicherungsinstrumente, S. 73; vgl. zur Ersetzung der einzelnen Baugenehmigungen für Masten durch die Genehmigung als ROV-Abschluß ba-wüVV über die Durchführung von ROV v. 31.07.1978, II 1.1 und 5, GABl., S. 1082; Hornig, Fachplanung, IzR 1985, 683 (684).

2) Bielenberg/Erbguth/Söfker, ROLaPlaR, S. 610 Rn. 32 f.; vgl. zur Kompetenzkombination für Entwicklungsplanungen Schmidt-Aßmann, Maßnahmen, S. 135 ff.; Henneke, Raumplanerische Verfahren, S. 164 f. und für eine atomrechtliche Standortplanung Holzhauser, Standortvorsorge, S. 42.

3) Vgl. zur Verfassungswidrigkeit von § 3 Abs. 2 nwAbgrG unten S. 196.

4) So Zoubek, Sicherungsinstrumente, S. 73.

mag nicht zu überzeugen. Der von dem das Verfahren regelnden § 4 EnWG benutzte Begriff der Energieanlagen ist in § 2 Abs. 1 EnWG definiert. Zu den Energieanlagen gehören danach nicht nur Anlagen, die der Erzeugung, sondern auch der Fortleitung und Abgabe von Elektrizität und Gas dienen.

Insgesamt läßt sich daher festhalten, daß der Landesgesetzgeber von Baden-Württemberg die Gesetzgebungskompetenz für das landes(planungs)rechtliche Trassengenehmigungsverfahren nach § 14 ba-wüLPlG nicht besitzt.

III. Bestimmung der Rechtswirkungen der landesplanerischen Beurteilung anhand der Rechtsqualität, beurteilt nach dem Inhalt der Maßnahme

Da die Landesplanungsgesetze keine weitergehenden Aussagen über Rechtsnatur und Rechtswirkungen der landesplanerischen Beurteilung treffen, können diese nur nach dem materiellen Inhalt der landesplanerischen Abschlußentscheidung beurteilt werden[1]. Dabei können die vielfältigen landesrechtlichen Ausgestaltungen des ROV durchaus zu unterschiedlichen Ergebnissen führen.

1. Landesplanerische Beurteilung als Rechtssatz

Diskutiert wird, die Qualifizierung von einzelnen RO-Zielen als Rechtsnorm auf das ROV-Ergebnis entsprechend anzuwenden[2]. Der Bayerische Verwaltungsgerichtshof hat ausgehend vom Regelungsgehalt des Hoheitsaktes entschieden, daß die bis zur Verbindlichkeitserklärung von Regionalplänen statthafte verbindliche Festlegung von einzelnen Zielen der Raumordnung und Landesplanung, die Inhalt eines Regionalplans sein können, nach Art. 26 bayLPlG Rechtsnormcharakter hat, soweit sie generelle und abstrakte Regelungen mit Bindungswirkung zum Gegenstand hat. Weder habe sich der Gesetzgeber zur Rechtsnatur der "einzelnen Ziele" nach Art. 26 bayLPlG geäußert, noch ließe das Ver-

---
1) Knöpfle, Einvernehmen, S. 53; Schefer, Rechtsqualität, IzR 1979, 95 (96).
2) Knöpfle, Einvernehmen, S. 54.

fahren Rückschlüsse zu. Aus dem Inhalt der Ziele, auf die folglich zurückzugreifen sei, ergebe sich, daß es sich bei ihnen um generell abstrakte Regelungen mit Bindungswirkung handele[1]. Die Übertragbarkeit dieser Rechtsprechung auf festzustellende landesplanerische Beurteilungen liegt nahe, soweit das ROV zu einem Zielaufstellungsverfahren fortentwickelt wird[2]. Sollte rahmen- bzw. landesrechtlich eine entsprechende Anwendung von §§ 5 Abs. 4 und 6 ROG auf die landesplanerische Beurteilung vorgeschrieben werden[3], so kommt eine Einordnung als Rechtssatz ebenfalls in Betracht. Jedoch kann aus der Anordnung der entsprechenden Geltung von einer für Raumordnungsziele konzipierten Bindungswirkung nicht geschlossen werden, die landesplanerische Einzelfallentscheidung teile automatisch auch die Rechts-(norm)qualität der Raumordnungsziele[4]. Soweit die Verwaltungspraxis es befürwortet, daß landesplanerische Beurteilungen in Regionalpläne aufgenommen werden[5], erhält das ROV-Ergebnis erst durch den Transformationsakt die Rechtsqualität der Pläne.

Auf das "normale" ROV ohne Modifikationen indes läßt sich die VGH-Rechtsprechung zu Art. 26 bayLPlG nicht übertragen. Die einzelnen Ziele sind vorweggenommene Teile eines Regionalplans und können mit der vom Landesplanungsgesetz intendierten inter-omnes-Wirkung der landesplanerischen Ziele Rechtsnormqualität erhalten[6]. Demgegenüber ist die landesplanerische Beurteilung im Regelfall die konkret-individuelle Überprüfung der "Raumverträglichkeit" eines Einzelfallprojekts. Ein solcher Regelungsgehalt erfüllt aber nicht die Voraussetzungen der verwaltungsrechtlichen Dogmatik für die Annahme eines Rechtssatzes als abstrakt genereller Regelung[7].

---

1) BayVGH, Normenkontroll-Urt. v. 30.03.82, Nr. 20. N - 909/79 - und Nr. 20. N 81 A 2146, BayVBl. 1982, 726 f.
2) Zu Weiterentwicklungsmöglichkeiten siehe Zoubek, Sicherungsinstrumente, 163 ff. (166 f.); Brenken, Weiterentwicklung, S. 56.
3) Vgl. dazu unten S. 235.
4) Zu den möglichen Rechtsformen von Zielen vgl. Paßlick, RO-Ziele, S. 43 ff und Hoppe, RuL, Rn. 310 ff.
5) Zoubek, Sicherungsinstrumente, S. 120 ff. zu Rh-Pf; Schefer, Raumplanerisches Verfahren, IzR 1979, 157 ff.; Brenken, Weiterentwicklung, S. 56.
6) Knöpfle, Einvernehmen, S. 54 m. w. N.
7) Knöpfle, Einvernehmen, S. 54 f.; Erichsen/Martens, in: Erichsen/Martens, AllgVwR, § 11 6, S. 179; Maurer, AllgVwR, § 4 Rn. 3 und § 9 Rn. 14; Hoppe, RuL, Rn. 343; Bielenberg/Erbguth/Söfker, ROLaPlaR, M 445 Rn. 20 und M 500 Rn. 39.

2. Landesplanerische Beurteilung als Regierungsakt

Die Landesplanungsgesetze von Rheinland-Pfalz und Schleswig-Holstein sehen eine Letztentscheidung der Landesregierung im ROV vor. § 18 Abs. 4 rh-pfLPlG weist ihr gleichsam im Instanzenweg die Entscheidungskompetenz im Streitfall zwischen oberster Landes(fach)behörde und oberster Landesplanungsbehörde zu, während sie nach § 14 Abs. 3 schl-hoLPlG über den von der Landesplanungsbehörde im ROV formulierten Widerspruch gegen eine beabsichtigte Planung entscheidet. Daher wurde vertreten, bei der landesplanerischen Beurteilung handele es sich um einen Regierungsakt[1]. Dieser Auffassung ist nicht zu folgen. Denn Regierungsakte stellen allgemeine politische Entscheidungen auf oberster Stufe der Verwaltung dar, während sich das ROV mit konkreten Einzelprojekten befaßt und eine Abstimmung zwischen zu überprüfenden Planungen und Maßnahmen und dem unmittelbar betroffenen Raum herbeiführt[2]. Die davor liegenden politischen Entscheidungen sind durch das Aufstellen der hochstufigen Pläne und Programme bereits gefallen.

Soweit in anderen Bundesländern - ohne gesetzliche Normierung - eine Streitentscheidung zwischen beteiligten Landesplanungsbehörden und Fachressorts im Kabinett herbeigeführt wird, hat diese ohnehin nur politische und keine unmittelbar rechtliche Wirkung[3].

3. Landesplanerische Beurteilung als Verwaltungsakt

Ließe sich die landesplanerische Beurteilung als Verwaltungsakt charakterisieren, so stünden seitens der Verwaltungsrechtsdogmatik präzise Aussagen bezüglich der Rechtsnatur, der Rechtswirkung und einer Bindungswirkung, insbesondere unter dem Aspekt von Tatbestands- und Feststellungswirkung, zur Verfügung.

---

1) <u>Hohberg</u>, Landesplanung, S. 141 für Schleswig-Holstein.
2) <u>Bielenberg/Erbguth/Söfker</u>, ROLaPlaR, M 445 Rn. 18; vgl. zur Problematik der Hochzonung von Verwaltungsaufgaben auf Regierungsebene allgemein <u>Köstering</u>, Einzelfälle, StGR 1985, 151 ff.
3) <u>Hosch</u>, Verhältnis, BayVBl. 1979, 398 (400) für Art. 51, Abs. 1 BV.

Die Einordnung des das ROV beendenden Aktes als Verwaltungsakt oder als verwaltungsinterne Maßnahme hängt im wesentlichen von der Erfüllung der Merkmale "unmittelbare Außenwirkung" und "Regelung" des § 35 der Landesverwaltungsverfahrensgesetze ab.

Soweit der Verwaltungsaktscharakter für die landesplanerische Beurteilung abgelehnt wird, wird vielfach nicht zwischen diesen VA-Merkmalen differenziert. Vielmehr wird generell eine "unmittelbare Rechtswirkung nach außen" verneint und auf diese Weise die Rechtsnatur der landesplanerischen Beurteilung negativ bestimmt[1]. Eine zwischen den Tatbestandsmerkmalen differenzierende Betrachtungsweise ist nötig, um der variantenreichen Ausgestaltung des ROV in den einzelnen Ländern gerecht zu werden. So kann etwa beim Vorliegen von Regelungs- und Außenwirkung der VA-Charakter zu bejahen sein, während bei Fehlen der Regelungswirkung und gegebener Außenwirkung schlicht-hoheitliches Handeln anzunehmen ist, bei fehlender Außenwirkung und vorhandenem oder fehlendem Regelungscharakter dagegen ein Verwaltungsinternum[2].

a) <u>Unmittelbare Außenwirkung</u>

Eine Maßnahme hat unmittelbare Außenwirkung, wenn sie sich an Stellen außerhalb der öffentlichen Verwaltung richtet[3]. Das ist der Fall, wenn der Adressat nicht mit der Staatsverwaltung identisch ist.

aa) <u>Außenwirkung gegenüber Behörden</u>

Keine Außenwirkung besteht daher für landesplanerische Beurteilungen gegenüber den Behörden des Bundes und der Länder. Das gilt sowohl

---

1) Zu Art. 23 bayLPlG vgl. Heigl/Hosch, Landesplanung, Art. 23 Rn. 50 ff.; BayVerfGH, Beschl. v. 16.07.1976 - VF. 65 - VI - 75, BayVBl. 1976, 653 f.; BayVGH, Urt. v. 20.11.1972 - Nr. 51 II 72 -, VGH n. F. 28, S. 8 (14) = BayVBl. 1974, 43 (45); allgemein Suderow, Fachplanungen, S. 53; differenzierend Erbguth, Probleme, S. 74 und Hoppe, RuL, Rn. 344 f. sowie Ihmels/Köppl, Landesplanung, § 11 Rn. 80 f. für Hessen.
2) Vgl. Hoppe, RuL, Rn. 344 f.
3) Erichsen/Martens, in: Erichsen/Martens, AllgVwR, § 11 II 5, S. 173; Erbguth, ROLaPlaR, Rn. 274.

für die Fachbehörden auf Bundes- und Landesebene als auch für die Landesplanungsbehörden.

bb) Außenwirkung gegenüber selbständigen Planungsträgern

Außenwirkung ist demgegenüber anzunehmen gegenüber solchen Stellen, die im Verhältnis zur staatlichen Verwaltung verselbständigt sind und mit Selbstverwaltungsrechten ausgestattet sind[1]. Dazu gehören die kommunalen Träger der Bauleitplanung sowie die sogenannte funktionale Selbstverwaltung. Das sind insbesondere die Gemeinden, ihre Planungsverbände nach § 4 BBauG, nach § 147 BBauG bestimmte Gebietskörperschaften sowie zusätzlich die gemeindlichen Zusammenschlüsse nach dem Zweckverbandrecht, sei es auf dem Gebiet der Abfallbeseitigung oder dem des Wasserrechts.

cc) Außenwirkung gegenüber Privaten

Private können, sei es als private Vorhabenträger oder als betroffene Grundstückseigentümer bzw. Nutzungsberechtigte, aus raumordnungsrechtssystematischen Gründen regelmäßig nicht Adressat der teilweise in Bescheidform ergehenden landesplanerischen Beurteilung sein.

Das "Verbot des landesplanerischen Durchgriffs" verhindert eine unmittelbare Außenwirkung der landesplanerischen Beurteilung gegenüber Privaten[2]. Das gilt selbstverständlich auch für Drittbetroffene, die von den Vorhaben berührt und in ihren Rechten verletzt werden können[3]. Gegenüber Umweltverbänden und sonstigen Vereinigungen, etwa Bürgerinitiativen, scheidet eine Außenwirkung ebenfalls aus.

Eine Sonderstellung nehmen in gewissem Umfang private Planungsträger ein. Jedenfalls soweit sie staatliche oder öffentliche Aufgaben wahrnehmen - das gilt insbesondere für öffentliche Verkehrs- und Versor-

---

1) Erbguth, ROLaPlaR, Rn. 274.
2) Vgl. dazu oben S.48 und Bielenberg/Erbguth/Söfker, ROLaPlaR, M 445 Rn. 12 und 20; vgl. zur selben Problematik der landesplanerischen Untersagung Bielenberg/Erbguth/Söfker, ROLaPlaR, § 7 Rn. 13.
3) Knöpfle, Einvernehmen, S. 54.

gungsunternehmen (Gas, Wasser, Elektrizität) - ist ihre Beteiligtenstellung im ROV von den meisten Landesplanungsgesetzen vorgesehen. Dies rechtfertigt sich durch die erhebliche Raumrelevanz ihrer Vorhaben [1]. Aus der Beteiligtenstellung als privater Planungs- und Maßnahmeträger läßt sich jedoch nicht ohne weiteres auf die Adressateneigenschaft der landesplanerischen Beurteilung schließen. Diese richtet sich vielmehr ausschließlich nach Rechtsnatur und Rechtswirkung des Verfahrensabschlusses.

Fraglich ist, ob dennoch in diesen Fällen eine Außenwirkung anzunehmen ist [2]. Unter Umständen läßt sich eine Lockerung des Durchgriffsverbots mit der Folge einer Außenwirkung jedenfalls für solche juristische Personen annehmen, die ein wirtschaftliches Unternehmen betreiben und die im Eigentum der öffentlichen Hand stehen oder an denen Bund, Länder oder kommunale Körperschaften wesentlcih beteiligt sind. Soweit der Staat erwerbswirtschaftlich tätig wird, läßt sich aus den sehr schwach formulierten Raumordnungsbindungen des § 4 Abs. 2 ROG, Art. 25 bayLPlG und § 4 Abs. 2 schl-hoLPlG nicht auf eine Durchbrechung des "Verbots des landesplanerischen Durchgriffs" mit Adressateneigenschaft für die betroffenen Planungs- und Maßnahmeträger schließen [3]. Die vorgenannten Vorschriften gelten nur für die erwerbswirtschaftliche staatliche Betätigung [4]; denn für die Erfüllung öffentlicher Aufgaben in der Form des Privatrechts gelten die Raumordnungs-Bindungsvorschriften und damit die Adressateneigenschaft nach §§ 3 Abs. 1, 4 Abs. 5 und 5 Abs. 4 ROG sowie die entsprechenden Landesvorschriften unmittelbar [5]. Soweit die Zielgeltung und RO-Bindung reicht, sind diese juristischen Personen des Privat-

---

1) Bielenberg/Erbguth/Söfker, ROLaPlaR, M 445 Rn. 12.
2) So wohl Ronellenfitsch, Energieversorgung, WiVerW 1985, 168 (183) für EVU.
3) Vgl. Schmidt-Aßmann, Raumordnungsklauseln, S. 39; unentschieden David, Raumbedeutsamkeit, S. 47, dort auch Fn. 7; vgl. zur staatlichen Erwerbswirtschaft und zum Verwaltungsprivatrecht Erichsen/Martens, in: Erichsen/Martens, AllgVwR, § 32 f.; Maurer, AllgVwR, § 3 Rn. 8 f.; siehe zu § 8 Abs. 2 hessLPlG Ihmels/Köppl, § 8 Rn. 25 ff., der insoweit wegen des "Beachtens" eine Sonderstellung einnimmt.
4) Bielenberg/Erbguth/Söfker, ROLaPlaR, § 4 Rn. 29 f.
5) Bielenberg/Erbguth/Söfker, ROLaPlaR, K § 3 Rn. 2.

rechts als außerhalb der staatlichen Verwaltung stehend Adressaten der landesplanerischen Beurteilung, die ihnen gegenüber dann Außenwirkung entfaltet[1].

Schwierigkeiten bereitet es, zu bestimmen, wann Private Träger öffentlicher Aufgaben sind. Nach der Definition des BGH zählen zu den öffentlichen Aufgaben die der Daseinsvorsorge, etwa die Versorgung mit Gas, Wasser und Elektrizität und die Entsorgung durch Müllabfuhr und Entwässerung[2]. Die daseinsvorsorgende Tätigkeit des Staates soll abgegrenzt werden von der erwerbswirtschaftlichen und bedarfsdeckenden Staatstätigkeit und die Anwendung der Grundsätze des Verwaltungsprivatrechts rechtfertigen, weil es dabei um die unmittelbare Erfüllung von Verwaltungsaufgaben oder öffentlich-rechtlich gesetzter Aufgaben gehe[3]. Gerade die öffentlichen Aufgaben der Daseinsvorsorge belegen, wie die Diskussion um die Privatisierung kommunaler Aufgaben und die Wahlmöglichkeit der Kommunen, ob sie etwa die Abfallbeseitigung hoheitlich oder privat-erwerbswirtschaftlich durchführen wollen, daß es im Bereich nicht obrigkeitsstaatlicher Tätigkeit keine geborenen öffentlichen Aufgaben oder Verwaltungszwecke gibt[4]. Gleichzeitig ist anerkannt, daß die öffentlichen Hände durch die Beteiligung an Energieversorgungsunternehmen erwerbswirtschaftlich handeln[5]. Das wiederum bedeutet, daß die Aussage von Bielenberg/Erbguth/Söfker, Außenwirkung komme Maßnahmen der Landesplanung gegenüber Privaten zu, die öffentliche Aufgaben wahrnehmen und damit direkt der Raumordnungsbindung der §§ 3 Abs. 1, 4 Abs. 5 und 5 Abs. 4 ROG unterliegen[6], nur in dem Sinne verstanden werden kann,

---

1) Bielenberg/Erbguth/Söfker, ROLaPlaR, M 445 Rn. 17.
2) Urt. v. 23.09.1969 - VI ZR 19/86 -, BGHZ 52, 325 (327); vgl. zum Begriff der Daseinsvorsorge v. Münch, in: Erichsen/Martens, AllgVwR, § 2 I.
3) Wolff/Bachof I, § 23 II B.
4) Erichsen/Martens, in: Erichsen/Martens, AllgVwR, § 32; zu den Schwierigkeiten einer klaren Abgrenzung öffentlicher und privater Aufgaben auch Schuppert, Öffentliche Aufgabe, VerwArch., Bd. 71 (1980), S. 309 ff.; zu neueren Definitionsversuchen vgl. jüngst Wesener, Energieversorgung, S. 102 ff.
5) v. Münch, in: Erichsen/Martens, AllgVwR, § 2 III 2; Bielenberg/Erbguth/Söfker, ROLaPlaR, M 445 Rn. 12.
6) Bielenberg/Erbguth/Söfker, ROLaPlaR, M 445 Rn. 17, M 400 Rn. 37; K § 4 Rn. 29 f.; K § 3 Rn. 2.

daß mit "öffentliche Aufgaben in Trägerschaft der Privaten" lediglich die materielle Verwaltung hoheitlicher Art, als obrigkeitsstaatliches Handeln in der Form der schlicht-verwaltenden Tätigkeit in privatrechtlichen Organisations- und Handlungsformen oder durch Beliehene, gemeint sein kann[1]. Andernfalls würde das Verbot des landesplanerischen Durchgriffs auf natürliche und juristische Personen des Privatrechts unterlaufen.

§ 11 Abs. 1 hessLPlG weist die Besonderheit auf, daß aufgrund der Inbezugnahme des § 8 Abs. 2 hessLPlG auch juristische Personen des privaten Rechts, deren Kapital sich ganz oder überwiegend in öffentlicher Hand befindet, in den Adressatenkreis des ROV-Abschlusses einbezogen werden, so daß ihnen gegenüber eine Außenwirkung der landesplanerischen Beurteilung möglich erscheint. Soweit private Gesellschaften öffentliche Aufgaben im vorbezeichneten Sinne wahrnehmen, bestehen aus bundesrechtlicher Sicht keine Bedenken dagegen, sie durch § 11 Abs. 1 hessLPlG als Adressaten des Verfahrensergebnisses anzusehen[2]. Denn insoweit haben sowohl § 8 Abs. 2 als auch § 11 Abs. 1 hessLPlG in Bezug auf das durch §§ 3 Abs. 1, 4 Abs. 5 und 5 Abs. 4 ROG vorgezeichnete Ergebnis lediglich eine bestätigende Wirkung.

Ersichtlich erstrecken sich Wortlaut und Anwendungsbereich der §§ 8 Abs. 2 und 11 Abs. 1 hessLPlG darüber hinaus auch auf juristische Personen des Privatrechts, die (regelmäßig erwerbswirtschaftlich) nicht öffentliche Aufgaben i. S. d. vorgenommenen Eingrenzung durchführen[3]; denn anderenfalls wäre eine solche Regelung wegen des insoweit nur deklaratorischen Charakters überflüssig[4].

---

1) Vgl. Bielenberg/Erbguth/Söfker, ROLaPlaR, K § 4 Rn 30; auch Wesener, Energieversorgung, S. 106 ff.
2) Bielenberg/Erbguth/Söfker, ROLaPlaR, M 400 Rn. 37.
3) Bielenberg/Erbguth/Söfker, ROLaPlaR, M 400 Rn. 37; M 450 Rn. 30.
4) So im Ergebnis auch Mache/Müller, Elektrizitätsfreileitungen, VR 1985, 216 (217) für die Zielgeltung gegenüber Gemeinden, die privatrechtlich tätig werden.

In diesem Umfang verstoßen §§ 8 Abs. 2, 11 Abs. 1 und auch die Untersagungsvorschrift des § 12 Abs. 1 hessLPlG gegen Bundesrecht. Für Gesellschaften des Privatrechts, die private Aufgaben im bodenrechtlich relevanten Bereich erfüllen, kann der Landesgesetzgeber die bundesrechtliche Sperre für Zielaussagen und Sicherungsmittel gegenüber Privaten selbst dann nicht beseitigen, wenn sich die juristische Person des Privatrechts überwiegend oder vollkommen in öffentlicher Hand befindet[1].

Als Ergebnis der Untersuchung zur Außenwirkung der landesplanerischen Beurteilung bleibt festzuhalten, daß diese lediglich gegenüber außerhalb der staatlichen Verwaltung stehenden Selbstverwaltungskörperschaften und Dritten, die materielle Verwaltungsaufgaben wahrnehmen, angenommen werden kann.

b) Regelungswirkung

Regelungswirkung i. S. d. § 35 VwVfG ist gegeben, wenn die Behörde eine rechtsverbindliche Anordnung trifft, die auf das Herbeiführen einer Rechtsfolge, sei sie gestaltender oder feststellender Art, gerichtet ist[2].

Außenwirkung besagt demgegenüber, daß die so umschriebene Rechtserheblichkeit nach außen wirken muß[3].

Generell eine Regelung als Inhalt der landesplanerischen Beurteilung verneint Niemeier unter Hinweis auf den allgemein geltenden Grundsatz, nach Fachgesetzen erforderliche Genehmigungen oder Planfeststellungen würden durch die landesplanerische Beurteilung nicht ersetzt[4].

---

1) Bielenberg/Erbguth/Söfker, ROLaPlaR, M 400 Rn. 37; M 450 Rn. 30; zu weitgehend daher Niemeier, Untersagung, RuR 1979, 121 (126); zu eng Erbguth, Probleme, S. 82, der die Gesellschaft mit öffentlichen Aufgaben nicht erwähnt; vgl. zur Bindungswirkung gegenüber Privaten unten S. 155 ff.
2) Maurer, AllgVwR, § 9 Rn. 6; Kopp, VwVfG, § 35 Rn. 32 mit Nachw. der Rspr.; Meyer/Borgs, VwVfG, § 35 Rn. 33; Erichsen/Martens, in: Erichsen/Martens, AllgVwR, § 11 II 4.
3) Kopp, VwVfG, § 35 Rn. 41.
4) Niemeier, Landesplanung, S. 73.

§§ 13 Abs. 4 ba-wüLPlG, 11 Abs. 2 hessLPlG und 13 Abs. 4 saarlLPlG sowie die Verwaltungsvorschriften zum ROV in Bayern, Baden-Württemberg und Niedersachsen ordnen an, daß die für die Zulassung raumbedeutsamer Vorhaben erforderlichen Erlaubnisse, Genehmigungen, Bewilligungen und sonstige Entscheidungen, etwa Planfeststellungen, durch das ROV nicht ersetzt werden[1]. Das schließt jedoch eine landesplanerische Teilregelung nicht aus. Auch wenn im ROV naturgemäß die Standortfrage nicht abschließend beurteilt werden kann[2], so kann doch die landesplanerische Beurteilung auf der den Fachplanungs- und Planfeststellungsverfahren vorgelagerten Entscheidungsebene verbindlich die Übereinstimmung mit den Vorgaben der Raumordnung feststellen und insoweit eine Regelung treffen[3].

Aus dem Zweck des ROV, die Öffentlichkeit und die anderen Planungsträger frühzeitig von den Vorhaben zu unterrichten, folgert Suderow, die landesplanerische Beurteilung könne kein Verwaltungsakt sein[4]. Diese allgemeine Begründung zum fehlenden Regelungsgehalt vermag ebenfalls nicht zu überzeugen; denn die frühzeitige Information der Betroffenen ist lediglich ein Mittel des ROV, seine Sicherungs- und Abstimmungsaufgaben auf breiter Datenbasis erfüllen zu können. Nach Schmidt-Aßmann kann die landesplanerische Beurteilung in ihrem feststellenden Teil zwar durchaus Entscheidungscharakter tragen, doch sei sie insgesamt kein Verwaltungsakt, weil ihr Entscheidungsgehalt nicht einem im Ober- und Unterordnungsverhältnis angesiedelten Regelungsmandat entspringe und die dem Verwaltungsakt typische Bestandskraft zu diesem Institut nicht passe[5].

---

1) Ba-Wü VVROV v. 31.07.1978, I 8.1, GABl. 1082; bayBekROV v. 27.03.1984, I 3 u. VI 2.8 mit der Anordnung eines diesbezüglichen Hinweises für die Betroffenen im Abschlußbericht, LÜMBl. S. 29 nds.RdErl ROV v. 04.01.1978, 1.2, MBl. S. 47.
2) Lau, Rechtsschutz, S. 93 ff.; Ihmels/Köppl, Landesplanung, § 11 Rn. 80.
3) Zoubek, Raumordnungsverfahren, S. 198; wohl auch Lau, Rechtsschutz, S. 93 ff. der - im Anschluß an Scholz, Verwaltungsverantwortung, VVDStRL 34, S. 145 (191 - 197) - für den verwaltungsgerichtlichen Rechtsschutz eine Beschwer durch die Regelung fordert, die bei vorhandener Außenwirkung der landesplanerischen Beurteilung durch Präfixierung der Genehmigung gegeben sei.
4) Suderow, Fachplanungen, S. 53.
5) Schmidt-Aßmann, Umweltschutz, S. 163.

Dem kann nicht gefolgt werden, da zur Definition der Regelung nicht gehört, daß sie im Über-Unterordnungsverhältnis ergehen muß und da sich die Frage, ob eine Bestandskraft wünschenswert ist, nur dann stellt, wenn ihre Anordnung diskutiert wird, nicht aber dann, wenn der Gesetzgeber seine Entscheidung zugunsten einer Regelung getroffen hat.

Entsprechend obiger Definition des Regelungsbegriffs ist Kernstück der Regelung die angestrebte unmittelbare Verbindlichkeit der inhaltlichen Aussage[1], die nach Möglichkeit der Bestandskraft fähig ist[2].

Ob eine Maßnahme als Regelung einzustufen ist, beurteilt sich zunächst nach dem Inhalt der zu ihr ermächtigenden Norm[3]. Darüber hinaus muß der Erklärungsgehalt der behördlichen Anordnung auf das Herbeiführen einer Rechtsfolge gerichtet sein[4]. Inwieweit das der Fall ist, muß durch am Wortlaut der Erklärung und dem Behördenwillen orientierter Auslegung der regelnden hoheitlichen Anordnung als einer (Willens)Erklärung ermittelt werden[5]. Die Beantwortung der Frage, ob die landesplanerische Beurteilung als Regelung anzusehen ist, richtet sich demnach sowohl danach, ob die jeweiligen Landesplanungsgesetze eine Regelung vorsehen, als auch danach, wie die ROV-Abschlußentscheidung insgesamt formuliert ist[6]. Da allerdings die

---

1) BVerwG, Urt. v. 25.09.1969 - I C 65.67 -, BVerwGE 31, 301 (306); Urt. v. 21.11.1980 - 7 C 18.79 -, BVerwGE 61, 164 (168).

2) BayVGH, Urt. v. 21.05.1980 - Nr. 9 B - 2007/79 -, BayVBl. 1980, 241 f. mit Anm. Paal; vgl. zu den Folgen einer Bestandskraft der landesplanerischen Beurteilung unten S. 243 ff.

3) BayVGH, a. a. O.; Paal, Urteilsanmerkung, a. a. O.; BVerwG, Urt. v. 07.09.1984 - 4 C 16/81 -, NVwZ 1985, 39; Tiemann, Schutzbereichsanordnung, NVwZ 1984, 759 (761).

4) Erichsen/Martens, in: Erichsen/Martens, AllgVwR, § 11 II 4.

5) Zum Regelungsgehalt als Auslegungsproblem Meyer/Borgs, AllgVwR, § 35 Rn. 42; Erichsen/Martens, a. a. O.; Weidemann, Rechtsnatur der Aufrechnung, DVBl. 1981, 113 (116); Ehlers, Rechtsnatur der Aufrechnung, NVwZ 1983, 446 (450); VGH Ba-Wü, Urt. v. 03.04.1982 5 S 2334/81 - DÖV 1982, 703 f.

6) Schefer, Rechtsqualität, IzR 1979, 95 (96); Ihmels/Küppl, Landesplanung, § 11 Rn. 80.

Raumordnungsbehörden eine Regelung i. S. d. § 35 VwVfG treffen könnten, obwohl die Landesplanungsgesetze dies nicht zulassen, die Maßnahme folglich wegen der unzulässigen Handlungsform "Verwaltungsakt" fehlerhaft wäre[1], beurteilt sich der ROV-Abschluß als rechtmäßige Regelung i. S. d. § 35 VwVfG letztlich nur nach der Fassung der einzelnen ROV-Vorschriften.

Eine Einzelanalyse der Landesplanungsgesetze wäre indes für den Prüfungsmaßstab RO-Ziele nicht erforderlich, wenn sich bei Anerkennung einer aus § 5 Abs. 4 ROG "abgeleiteten" Bindungswirkung der auf die RO-Ziele bezogenen landesplanerischen Beurteilung bereits durch diese RO-Klausel eine für alle Bundesländer einheitliche Regelungswirkung für diese Verfahrensabschlüsse ergäbe[2], und die Landesgesetzgeber nicht bezüglich dieser ROV-Wirkungen hinter § 5 Abs. 4 ROG zurückbleiben dürfen. Ausgehend von der "abgeleiteten" Bindungswirkung wirke sich - so Zoubek - die landesplanerische Beurteilung auf die planerischen Möglichkeiten bezüglich eines bestimmten Grundstücks aus, indem sie dessen Planbarkeit verändere, und müsse daher als intransitive Zustandsregelung im Sinne eines dinglichen Verwaltungsaktes nach § 35 S. 2 VwVfG angesehen werden[3]. Auf diese Weise führe der positive Abschluß eines ROV dazu, daß das überprüfte Projekt im nachfolgenden Genehmigungsverfahren nicht mehr aus raumordnerischen Gründen abgelehnt werden dürfe. Die Adressaten seien gehalten, bei ihren Abwägungsentscheidungen die Ziele "in der durch die landesplanerische Beurteilung vorgegebenen Form" einzustellen.

Diese Rechtswirkungen der landesplanerischen Beurteilung werden jedoch nur unter Zuhilfenahme der RO-Klausel des § 5 Abs. 4 ROG erreicht. Wie dargelegt, richtet sich der Regelungsgehalt nach dem

---

1) Vgl. Weidemann, Rechtsnatur der Aufrechnung, DVBl. 1981, 113 (117); Ehlers, Rechtsnatur der Aufrechnung, NVwZ 1983, 446 (450).
2) Vgl. zur Kritik an der "abgeleiteten" Bindungswirkung unten S. 120 ff.
3) Zoubek, Raumordnungsverfahren, S. 199.

Inhalt der Maßnahme und vor allem nach der sie gestattenden Norm. Eine Regelungswirkung über in anderen Vorschriften angeordnete Beachtenspflichten ist nicht vorgesehen.

Kennzeichnend für eine Regelung ist, daß die Behörde kraft ihrer Hoheitsbefugnisse eine Rechtsfolge anordnet. Ist die Anordnung einmal getroffen, so wirkt sie kraft ihrer regelnden Wirkung aus sich selbst heraus[1]. Insoweit ist zwischen der Tätigkeit, den Verwaltungsakt zu erlassen (= Regelung) und dem Regelungsprodukt (= Regelung) Verwaltungsakt zu unterscheiden[2]. Weil der Verwaltungsakt aufgrund der ihm innewohnenden Regelungswirkung selbständig wirkt, ist er als Rechtsquelle des Verwaltungsrechts anzusehen[3]. Diese eo-ipso-Wirkung eignet der landesplanerischen Beurteilung gerade nicht[4]. Dadurch unterscheidet sie sich z. B. von Verkehrszeichen oder Schutzbereichsanordnungen nach § 2 SchBG, die deshalb Zustandsregelungen und damit dingliche Verwaltungsakte i. S. d. § 35 S. 2 VwVfG sind, weil ihnen eine unmittelbare Rechtswirkung gegenüber jedermann aus sich selbst heraus zukommt[5]. Bestätigt wird dieses Ergebnis, daß sich die regelnde Wirkung der landesplanerischen Beurteilung nur aus sich selbst heraus und über eine Auslegung der sie umschreibenden ROV-Vorschriften herleiten läßt, durch einen Blick auf die feststellenden Verwaltungsakte. Umstritten ist, ob die feststellenden Verwaltungsakte überhaupt Regelungsqualität haben, weil sich die Rechtsfolgen unmittelbar aus dem Gesetz er-

---

1) <u>Wallerath</u>, AllgVwR, § 7 I 3: Eigene Rechtswirkungen.
2) <u>Maurer</u>, AllgVwR, § 9 Rn. 7.
3) <u>Meyer/Borgs</u>, AllgVwR, § 35 Rn. 5, 33.
4) <u>Knöpfle</u>, Einvernehmen, S. 55; im Ergebnis auch <u>Ihmels/Köppl</u>, Landesplanung, § 11 Rn. 72 für Hessen; <u>Angst/Kröner/Traulsen</u>, Landesplanungsrecht, § 13 Rn. 22 für Baden-Württemberg; so auch <u>Hoppe</u>, RuL, Rn. 343 f., wenn er den Landesgesetzgeber zu Recht für befugt hält, dem ROV-Abschluß eine regelnde Wirkung anzutrauen und ansonsten schlicht hoheitliches Handeln annimmt.
5) <u>Knöpfle</u>, Einvernehmen, S. 55; vgl. zur Schutzbereichsanordnung <u>BVerwG</u>, Urt. v. 07.09.1984 - 4 C 16/81 -, NVwZ 1985, 39 in Abkehr vom Urt. v. 23.10.1968 - IV C 101.67 -, BVerwGE 30, 287 (290), das eine Rechtsverordnung annahm; <u>Tiemann</u>, Schutzbereichsanordnung, NVwZ 1984, 759 (761 ff.); <u>dies.</u>, Verteidigungsanlagen, NVwZ 1985, 26 f.

gäben[1]. Mit der h. M. ist demgegenüber davon auszugehen, daß die Regelung beim feststellenden Verwaltungsakt darin besteht, für den Einzelfall verbindlich konkretisierend und norminterpretierend festzulegen, was Rechtens sein soll[2]. Ob eine feststellende Regelung vorliegt, richtet sich dabei ebenfalls nach Inhalt und Rechtswirkungen der Maßnahme[3]. Nicht zurückgegriffen wird dabei allerdings auf die jeweilige Vorschrift, die der Maßnahme bereits aufgrund des Gesetzes Rechtswirkung verleiht[4].

Vielmehr wird im Wege der Auslegung der behördlichen Erklärung und der die Maßnahme gestattenden Vorschriften ermittelt, ob eine Regelung vorliegt[5]. § 5 Abs. 4 ROG wäre jedoch eine solche Vorschrift, die die Rechtswirkungen der landesplanerischen Beurteilung bereits kraft Gesetzes festschriebe, so daß zur Herleitung einer Regelungswirkung auf die vorgenannten Kriterien zurückgegriffen werden müßte.

Um eine Regelungswirkung i. S. d. § 35 S. 2 VwVfG annehmen zu können, muß, wie bereits dargelegt, für jedes Landesplanungsgesetz nachgewiesen werden, daß nach § 35 S. 2 VwVfG die "öffentlich-rechtliche Eigenschaft" des von der landesplanerischen Beurteilung erfaßten Raums oder seine "Benutzung durch die Allgemeinheit" in der landesplanerischen Beurteilung mit rechtlicher Außenwirkung, deren Verbindlichkeitsgrundlage eben diese landesplanerische Beurteilung ist, geregelt wird[6]. Wie insgesamt die über § 5 Abs. 4 ROG abgeleitete Bindungswirkung zu beurteilen ist und welche Schranken sich aus § 5 Abs. 4 ROG für den Landesgesetzgeber bei der Regelung der ROV-Ergebnisse ergeben, muß daher in diesem Zusammenhang nicht erörtert werden[7].

---

1) Hoffmann-Becking, Feststellender Verwaltungsakt, DÖV 1972, 196 (198); Mayer, AllgVwR, S. 147.
2) BVerwG, Urt. v. 25.04.1979 - 8 C 52.77 -, BVerwGE 58, 37 (38 f.); VGH Ba-Wü, Urt. v. 03.04.1982 - 5 S 2334/81 -, DÖV 1982, 703; Kopp, VwVfG, § 35 Rn. 36; Erichsen/Martens, in: Erichsen/Martens, AllgVwR, § 11 II 4; Martens, Verwaltungsverfahrensrecht, NVwZ 1982, 480 (483) m. w. N. d. Rspr.
3) BVerwG, Urt. v. 25.04.1979 - 8 C 52.77 -, BVerwGE 58, 37 (38 f.).
4) BVerwG, Urt. v. 25.04.1979 - 8 C 52.77 -, BVerwGE 58, 37 (38 f.) zu § 9 Wehrpflichtgesetz; VGH Ba-Wü, Urt. v. 03.04.1982 - 5 S 2334/81 -, DÖV 1982, 703 zu § 2 DSchG; Ehlers, Rechtsnatur der Aufrechnung, DVBl. 1981, 113 (117); Weidemann, Rechtsnatur der Aufrechnung, NVwZ 1983, 446 (450) beide für die behördliche Aufrechnungserklärung.
5) Paal, Urteilsanmerkung, BayVBl. 1980, 242 (243).
6) Knöpfle, Einvernehmen, S. 55.
7) Vgl. unten S. 140 ff.

aa) Baden-Württemberg

Während das Verfahren nach § 14 ba-wüLPlG als Trassengenehmigungsverfahren VA-Charakter hat[1], fehlt es der landesplanerischen Beurteilung nach § 13 ba-wüLPlG an einem Regelungsgehalt; denn während in der von § 13 Abs. 1 angeordneten Feststellung, ob das Vorhaben mit raumordnerischen Vorgaben übereinstimmt, noch eine Regelungswirkung gesehen werden könnte, fehlt diese bei dem Feststellen, "unter welchen Voraussetzungen ... übereinstimmen ..." und bei der Aufforderung an die Landesplanungsbehörde, vorschlagsartig "die raumordnerisch günstigste Lösung" aufzuzeigen, so daß im Zusammenspiel der in § 13 Abs. 1 vorgesehenen unterschiedlichen Aussagen einer landesplanerischen Beurteilung dieser keine Regelungswirkung beigemessen werden kann[2]. Demgegenüber gelangt Schmidt-Aßmann mit der historischen Auslegungsmethode zu dem Ergebnis, der baden-württembergische Landesgesetzgeber habe sich in § 13 Abs. 1 ba-wüLPlG eindeutig für eine (regelnde) Behördenverbindlichkeit der zielbezogenen landesplanerischen Beurteilung entschieden[3]. In der Begründung zu § 31 a a. F. ba-wüLPlG hieß es zur rechtlichen Bedeutung der Feststellung, bei positivem Ergebnis könne das Vorhaben nicht aus raumordnerischen Gründen abgelehnt werden, bei negativem Ausgang müsse das Vorhaben öffentlicher Planungsträger dagegen immer und das von Privaten dann abgelehnt werden, wenn RO-Klauseln den Durchgriff der RO-Ziele und -Grundsätze vorsähen[4]. Allerdings lautete eine zuvor vom Umweltminister im Einvernehmen mit dem Innenminister abgegebene Stellungnahme noch, aus Rechtsgründen könne die landesplanerische Beurteilung nur eine gutachtliche Äußerung zu raumordnerischen Gesichtspunkten, nicht dagegen eine den öffentlichen oder privaten Planungsträger bindende behördliche Entscheidung darstellen[5].

---

1) Vgl. dazu oben S. 53.
2) Im Ergebnis auch Hoppe, RuL, Rn. 344; Bielenberg/Erbguth/Söfker, ROLaPlaR, M 450 Rn. 15, M 500 Rn. 40; Scheurer, Raumordnungsverfahren, IzR 1979, 105 (111) und Schefer, Rechtsqualität, IzR 1979, 95 ff., die allerdings auf § 13 Abs. 4 ba-wüLPlG abstellen.
3) Schmidt-Aßmann, Entwicklungstendenzen, VBlBW 1986, 2 (8).
4) LT-Drucks. 6/4550, S. 19.
5) LT-Drucks. 6/1517, S. 5.

Hierdurch wird die Aussage des historischen Gesetzgebers bereits stark relativiert. Außerdem werden von der Rechtsprechung die Normvorstellungen der an der Vorbereitung und Abfassung des Gesetzes beteiligten Personen regelmäßig in Verbindung mit anderen Auslegungskriterien, insbesondere dem Gesetzeszweck, verwertet[1]. Anhaltspunkte dafür, daß der Gesetzeszweck der ROV-Vorschrift ohne eine Verbindlichkeit nicht erfüllt werden könne, liegen schon im Hinblick auf die Regelungen in anderen Bundesländern nicht vor. Auch wäre eine Anordnung der Bindungswirkung über die Verwaltungsvorschriften unter Zustimmung der übrigen Ressorts nicht erforderlich gewesen[2]. Spätestens im Rahmen der Neufassung des § 13 ba-wüLPlG im Jahre 1983 hätte der Gesetzgeber angesichts der ihm bekannten Auslegung zur fehlenden Verbindlichkeit eine Klarstellung vornehmen müssen[3]. Diese ist jedoch mit einer Ersetzung der ausdrücklichen Verknüpfung von Feststellung und Vorschlag in § 31 a Abs. 1 a. F. ba-wüLPlG durch eine Kombination der landesplanerischen Feststellung mit dem "Aufzeigen der raumordnerisch günstigsten Lösung" nicht erfolgt, da auch in dieser Fassung der unverbindliche Vorschlagscharakter einer landesplanerischen Abstimmung erhalten bleibt[4].

bb) Bayern

Die landesplanerische Beurteilung nach Art. 23 Abs. 1 bayLPlG hat keine Regelungswirkung. Aus der Verbindung von (unverbindlichem) Abstimmungsvorschlag (Art. 23 Abs. 1 a)[5] und der Feststellung (Art. 23 Abs. 1 b) sowie der Möglichkeit, beide Entscheidungsformen in einer landesplanerischen Beurteilung zusammenzufassen[6], ergibt

---

1) Larenz, Methodenlehre, S. 315.
2) Vgl. dazu unten S. 136.
3) Neufassung des rh-pfLPlG vom 10.10.1983 (GBl. S. 621).
4) Vgl. oben S. 51.
5) Siehe oben S. 51.
6) Erbguth, Probleme, S. 74.

sich, daß der landesplanerischen Beurteilung insgesamt keine Regelungswirkung zukommen soll[1].

cc) Hessen

Im Gegensatz zu den Landesplanungsgesetzen von Bayern und dem Saarland endet die landesplanerische Beurteilung nach § 11 Abs. 1 hessLPlG nicht ausdrücklich mit einem Abstimmungsvorschlag, so daß den Feststellungen und Abstimmungen in Hessen durchaus Regelungswirkung beigemessen werden könnte. Das Fehlen einer Regelung läßt sich auch nicht mit § 11 Abs. 1 S. 2 hessLPlG begründen, da die befristete Untersagung mit Regelungs- und Außenwirkung von dem Ergebnis der landesplanerischen Beurteilung zu trennen ist[2]. Eine Regelungswirkung der landesplanerischen Beurteilung nach § 11 Abs. 1 hessLPlG ist dennoch zu verneinen, da sie weder gewährleistet noch verhindert, daß das überprüfte Vorhaben rechtlich genehmigt wird. Die Aussagen im ROV sind projektbezogen allein aus landesplanerischer Sicht, die im nachfolgenden Genehmigungsverfahren gleichberechtigt neben anderen Belangen zu beachten ist. Für eine von den meisten übrigen Bundesländern abweichende Rechtsgestaltung gibt es daher keine Anhaltspunkte, so daß auch die landesplanerische Beurteilung in Hessen nicht mit Regelungswirkung ausgestattet ist[3].

dd) Niedersachsen

Die Verwaltungsvorschrift zu § 14 NROG bestimmt ausdrücklich, bei der landesplanerischen Beurteilung handele es sich um keinen Ver-

---

1) So im Ergebnis die ganz herrschende Meinung, allerdings regelmäßig bezogen auf eine fehlende Außenwirkung, an der der VA-Charakter scheitern soll: Buchner, Raumordnungsverfahren, IzR 1979, 115 (123); Goppel, Raumordnungsverfahren, BayVBl. 1982, 716 (717) und Heigl/Hosch, Landesplanung, Art. 23 Rn. 50 ff.; zu den Nachweisen der Rechtsprechung vgl. oben S. 60 : wie hier aber Körting, Instrumentarium, S. 119 und - ebenfalls abstellend auf die Regelungswirkung - Hoppe, RuL, Rn. 345.
2) Bielenberg/Erbguth/Söfker, ROLaPlaR, M 450 Rn. 40; M 500 Rn. 40; Erbguth, Probleme, S. 74.
3) Lautner, Städtebaurecht, S. 28 f.; Ihmels/Köppl, Landesplanung, § 11 Rn. 80; im Ergebnis ebenso Bielenberg/Erbguth/Söfker, ROLaPlaR, M 450 Rn. 40 und Frommhold, Raumordnungsverfahren, IzR 1979, 127 (136), der allerdings auf § 11 Abs. 2 hessLPlG abstellt.

waltungsakt, sondern ein Abstimmungsverfahren eigener Art[1]. Im Abschlußbericht selbst wird ausdrücklich darauf hingewiesen, daß es sich um keinen VA handelt[2]. Da sich Regelungs- und Verwaltungsaktscharakter auch nach dem objektiven Sinngehalt der Anordnung richten[3], wird für den Adressaten deutlich, daß keine Regelung beabsichtigt ist, wenn ausdrücklich im "Bescheid" der VA-Charakter verneint wird.

ee) Rheinland-Pfalz

Umstritten ist der Regelungsgehalt der landesplanerischen Beurteilung als Abschluß des raumplanerischen Verfahrens nach § 18 rh-pfLPlG. Nicht eindeutig ist der Wortlaut mit "Abstimmen", "Bestätigen" und "Herbeiführen"[4]. Als Ausgangspunkt für die Bestimmung des Regelungscharakters der landesplanerischen Beurteilung dient § 18 Abs. 4 rh-pfLPlG, der die Entscheidungsfindung näher regelt. Aus der Einführung eines Instanzenweges, der entweder mit der Entscheidung der obersten Landesplanungsbehörde im Einvernehmen mit den betroffenen obersten Landesbehörden oder einer Regierungsentscheidung endet, wird der Schluß gezogen, die landesplanerische Beurteilung solle verbindliche Regelungen treffen können und - bei Außenwirkung - folglich als Verwaltungsakt einzustufen sein[5]. In einem Teil des Schrifttums wird diese Schlußfolgerung nicht für zwingend gehalten[6],

---

1) RdErl. d. MI vom 04.01.1978, NdsMBl. S. 47, Pkt. 1.2.
2) Schnitker, Raumordnungsverfahren, IzR 1979, 141 (146).
3) Kopp, VwVfG, § 35 Rn. 6, 33.
4) Für einen Regelungsgehalt des "Herbeiführens" wohl Erbguth, Probleme, S. 74.
5) Hoppe, RuL, Rn. 345; Bielenberg/Erbguth/Söfker, ROLaPlaR, M 500 Rn. 40; Brenken, Weiterentwicklung, S. 47 (54 f.); für eine Regelungswirkung (= bindende Entscheidung) auch Schefer, Raumplanerisches Verfahren, IzR 1979, 157 (159); vgl. auch Brenken/Schefer, Landesplanungsgesetz, § 18 Anm. 2 (S. 91 f.); Körting, Instrumentarium, S. 120 betont zutreffend den Regelungscharakter der Entscheidung nach § 18 Abs. 4 rh-pfLPlG.
6) Bielenberg/Erbguth/Söfker, ROLaPlaR, M 450 Rn. 73.

auch werden darüber hinausgehende Regelungen gefordert, die eine Verbindlichkeit speziell anordnen[1]. Soweit die Verbindlichkeit vermittelnde Normen verlangt werden, ist dies abzulehnen, da sich der Regelungsgehalt einer Maßnahme nach ihrem Inhalt und den sie umschreibenden Vorschriften richtet[2]. Für die Berechtigung der Schlußfolgerung spricht folgendes: Jedenfalls soweit die Landesregierung entscheidet, aber wohl auch, soweit die Entscheidung im Einvernehmen der Ministerien fällt, läßt sich der Entscheidungscharakter und damit der Regelungsgehalt dieser Entscheidung nicht leugnen[3]. Es ist aber nicht einzusehen, warum eine Maßnahme durch Hochzonung auf die Ministeriums- bzw. Regierungsebene Regelungscharakter erhalten soll, den sie vorher nicht gehabt hat. Dieser Regelungsgehalt wohnt vielmehr der landesplanerischen Beurteilung von Anfang an inne, d. h. auch wenn das ROV von der unteren oder oberen Landesplanungsbehörde abgeschlossen wurde. Damit hat in Rheinland-Pfalz die landesplanerische Beurteilung unabhängig von der Entscheidungsebene Regelungscharakter.

ff) <u>Saarland</u>

Wegen des übereinstimmenden Wortlauts zwischen Art. 23 Abs. 1 bayLPlG und § 13 Abs. 1 saarLPlG kann auf die Ausführungen zu Bayern verwiesen werden[4]. Auch dem ROV im Saarland fehlt es an der regelnden Wirkung der landesplanerischen Beurteilung[5].

gg) <u>Schleswig-Holstein</u>

Weniger eindeutig ist die Rechtslage in Schleswig-Holstein. Im älteren Schrifttum wurde überwiegend die Auffassung vertreten, die Regierungsentscheidung über den Widerspruch nach § 14 Abs. 3 schl-hoLPlG (= § 8 Abs. 2 a. F. schl-hoLPlG) sei ein VA, da zumindest gegenüber

---

1) <u>Menke</u>, in: Hoppe/Menke, RuL (Rh-Pf) Rn. 1244 f.
2) Siehe oben S. 67 ff.
3) Vgl. auch <u>Körting</u>, Instrumentarium, S. 120.
4) Siehe oben S. 72.
5) <u>Bielenberg/Erbguth/Söfker</u>, ROLaPlaR, M 450 Rn. 76.

den Gemeinden eine Einzelfallregelung getroffen werde[1]; vereinzelt wird sie auch als Regierungsakt[2] oder als Verwaltungsinternum aufgefaßt[3]. Der Regelungsgehalt der Regierungsentscheidung über den Widerspruch der Landesplanungsbehörde läßt sich nicht ohne Bestimmung des Rechtscharakters und der Rechtswirkungen des landesplanerischen Widerspruchs nach § 14 Abs. 3 schl-hoLPlG ermitteln.

Aus der Anordnung der aufschiebenden Wirkung des Widerspruchs in § 14 Abs. 3 S. 2 schl-hoLPlG - die terminologische Nähe zur aufschiebenden Wirkung eines Widerspruchs des Adressaten eines Verwaltungsakts nach § 80 Abs. 1 VwGO sollte nicht verwirren - läßt sich entnehmen, daß dem Widerspruch eine untersagungsähnliche Wirkung, mithin Regelungscharakter und bei Außenwirkung VA-Qualität zukommt[4]. Dieser Regelungsgehalt des landesplanerischen Widerspruchs nach § 14 Abs. 3 S. 1 - 3 schl-hoLPlG hat zur Folge, daß auch der Regierungsentscheidung nach § 14 Abs. 3 S. 3 Regelungswirkung zukommt. Denn die im Widerspruch getroffene Regelung "vorläufige Untersagung wegen des Verstoßes gegen landesplanerische Vorgaben" wird in der Entscheidung nach § 14 Abs. 3 S. 3 entweder bestätigt oder aufgehoben, je nachdem, ob im Wege der Änderung bzw. der anderen Beurteilung der raumordnerischen Belange oder durch Änderungen der Vorhabenplanung ein Interessenausgleich erlangt werden kann oder nicht. Die Beseitigung oder Bestätigung einer früheren Regelung ist aber ihrerseits selbst wieder eine Regelung[5] und, da von der höheren Instanz nach erneuter Sachprüfung getroffen, nicht etwa nur eine "wiederholende Verfügung", soweit es sich um eine Bestätigung handelt. Insoweit paßt die Terminologie vom "Zweitbescheid"[6].

---

1) Körting, Instrumentarium, S. 120; Kühl, Landesplanung, S. 87 f.; Niemeier/Müller, Verwaltungsaufgabe, S. 47; wohl auch Erbguth, Probleme, S. 75 f.
2) Hohberg, Landesplanung, S. 141; siehe auch oben S. 59.
3) Schaetzell, Landesplanung, § 8 Anm. 26 (S. 36 f.).
4) Bielenberg/Erbguth/Söfker, ROLaPlaR, M 450 Rn. 83; Körting, Instrumentarium, S. 129.
5) Vgl. zum sog. actus contrarius; Schink, Zentralisierung, DVBl. 1983 1165 (1168).
6) Vgl. dazu Kopp, VwVfG, § 35 Rn. 38.

Der Regelungsgehalt von Widerspruch und Regierungsentscheidung ergibt sich aus der Einordnung als "zwei selbständig und zwingend aufeinanderfolgende Entscheidungen", wobei dem Widerspruch nur die Rolle einer Zwischenentscheidung zukommt[1]. Mit dem Regelungscharakter und - bei gegebener Außenwirkung - der Einordnung als Verwaltungsakt der beiden Entscheidungen nach § 14 Abs. 3 schl-hoLPlG ist allerdings noch keine Aussage über Rechtsnatur und -wirkung einer positiven landesplanerischen Beurteilung durch die Landesplanungsbehörde getroffen; in diesen Fällen kommt es nicht mehr zum Verfahren nach § 14 Abs. 3. Denkbar erscheint insoweit, einen Regelungsgehalt zu verneinen. Jedoch ist zu berücksichtigen, daß mit Widerspruch und Regierungsentscheidung gleichzeitig eine Regelung bezüglich der Vereinbarkeit mit den Zielen der Raumordnung und Landesplanung getroffen wird[2]; beim Widerspruch allerdings nur negativ. Denn die Nichtvereinbarkeit mit den Zielen ist materielle Rechtmäßigkeitsvoraussetzung für den landesplanerischen Widerspruch bzw. die Regierungsentscheidung. Fließen aber diese materiellen Überlegungen in die Entscheidung nach § 14 Abs. 3 schl-hoLPlG ein, so kann es für den Regelungsgehalt der zugrunde liegenden landesplanerischen Beurteilung keine Rolle spielen, ob das Ergebnis positiv oder negativ ist. Daher ist im Ergebnis auch der positiven landesplanerischen Beurteilung nach § 14 Abs. 1 schl-hoLPlG Regelungswirkung beizumessen.

Als Ergebnis der Untersuchungen zum Regelungsgehalt der landesplanerischen Beurteilungen läßt sich daher festhalten, daß das Raumordnungsverfahren nach § 14 ba-wüLPlG, nach § 18 rh-pfLPlG und nach § 14 schl-hoLPlG (unabhängig von der jeweiligen Entscheidungsebene bzw. -art) mit einer Entscheidung abschließt, die Regelungswirkung hat. Wegen der Außenwirkung gegenüber selbständigen Planungsträgern ist ihnen gegenüber daher in diesen Fällen die Verwaltungsaktsqualität zu bejahen[3].

---

1) Zoubek, Sicherungsinstrumente, S. 134; ders., Raumordnungsverfahren, S. 199 ff.; Körting, Instrumentarium, S. 128 f.
2) Vgl. Zoubek, Raumordnungsverfahren, S. 199 ff. (203).
3) Vgl. oben S. 61.

4. Landesplanerische Beurteilung als Akt sui generis

Da für die ROV in der Mehrzahl der Länder der Regelungsgehalt der landesplanerischen Beurteilung verneint wurde, stellt sich in besonderer Weise die Frage nach der Rechtsqualität, Rechtsnatur und den Rechtswirkungen dieser verfahrensbeendenden Akte.

Unproblematisch ist sicherlich die Einordnung als schlicht hoheitliche Tätigkeit[1]. Solche Verwaltungs-Realakte sind dadurch gekennzeichnet, daß sie nicht - wie Verwaltungsakt und Willenserklärungen - auf das unmittelbare Herbeiführen einer Rechtsfolge gerichtet sind (= Regelung), sondern unmittelbar (nur) einen tatsächlichen Erfolg herbeiführen. Dabei wird zwischen Verrichtungen und Wissenserklärungen unterschieden, wobei Wesensmerkmal des schlicht-hoheitlichen Verwaltungshandelns seine hier insbesondere gegenüber den Gemeinden gegebene Außenwirkung ist[2]. Damit ist allerdings noch keine abschließende Aussage über Rechtsqualität und -wirkung des ROV-Abschlusses z. B. gegenüber Bundes- oder Landesbehörden getroffen.

Nicht gefolgt werden kann der Ansicht, aufgrund völliger rechtlicher Unverbindlichkeit fehle es der landesplanerischen Beurteilung an einer Rechtsqualität und Rechtserheblichkeit[3]. Denn die teils gesetzlich, teils in den Verwaltungsvorschriften angeordnete Förmlichkeit des ROV zeigt, daß es durchaus auf Rechtswirkungen angelegt ist.

a) Berücksichtigung der Verwaltungsrechtsdogmatik

Mit der Verneinung des Regelungsgehalts der überwiegenden Zahl der landesplanerischen Beurteilungen im Rahmen einer Subsumtion unter § 35 VwVfG ist noch keine positive Aussage über die Rechtsnatur und die Rechtswirkung der landesplanerischen Beurteilung getroffen.

---

1) Hoppe, RuL, Rn. 344.
2) Erichsen/Martens, in: Erichsen/Martens, AllgVwR, § 33, 34; Maurer, AllgVwR, § 15 Rn. 1 ff.; Bielenberg/Erbguth/Söfker, ROLaPlaR, M 500 Rn. 40.
3) So aber Mayer/Engelhardt/Helbig, Landesplanungsrecht, Art. 23 Rn. 2.

Eine positive Bestimmung wird erschwert durch fehlende verwaltungsrechtsdogmatische Vorgaben für unterschiedliche Erscheinungsformen hoheitlicher Akte mit beschränkter rechtlicher, aber teils erheblicher faktischer Bindungswirkung, wozu etwa Empfehlungen, Stellungnahmen, Hinweise, Gutachten sowie affirmative und influenzierende Planungen der verschiedensten Arten und Stufen gehören[1]. Die Unsicherheiten bei der rechtlichen Bewertung der landesplanerischen Beurteilung werden deutlich, wenn ihr lediglich eine vorbereitende, unverbindliche Natur zugestanden wird[2], sie als "institutionalisierte, bindende Entscheidungshilfe" angesehen[3] oder als Akt mit "gutachterlichem Charakter" ohne Bindungswirkung[4] bzw. als "vorklärendes und die nachfolgenden Verwaltungsentscheidungen vorbereitendes Gutachten"[5] bezeichnet wird.

Der landesplanerischen Beurteilung wird nur eine Betrachtungsweise gerecht, die ihre Eigenarten als Instrument auf der Nahtstelle Innenrecht-Außenrecht, als Abschluß eines förmlichen Verfahrens zur Erfüllung gesetzlich umschriebener Verwaltungsaufgaben bei gegebenen Kontrollmöglichkeiten sowie die raumordnungssystematische Stellung des ROV einschließlich des Verhältnisses zu den Raumordnungszielen berücksichtigt.

aa) <u>Verfahren als verwaltungsrechtliche Kategorie</u>

In der neueren Verwaltungsrechtsdogmatik wird versucht, die starren Gegensatzpaare Norm-Einzelakt, öffentliches und privates Recht sowie Innen- und Außenrecht zugunsten von die Überschneidungs- und Übergangsbereiche besser erfassenden Handlungskategorien der Staatstätig-

---

1) Knöpfle, Einvernehmen, S. 56; vgl. zur Einordnung von Plänen auch Maurer, AllgVwR, § 16 Rn. 13 ff.
2) BayVerfGH, Entsch. v. 26.02.1971, Vf 69 - VI - 70, VerfGH, 24, S. 48 (53) u. Beschl. v. 16.07.1976 Vf. 65 - VI - 75, BayVBl. 1976, 653.
3) VG Regensburg, Urt. v. 02.02.1982 Nr. RO 6 K 81 A.0335, S. 5 f. der Ausfertigung.
4) Coppel, Raumordnungsverfahren, BayVBl. 1982, 716 f.
5) Höhnberg, Rechtsprechung, S. 166; ders., Rechtsschutz, BayVBl. 1982, 722 (724).

keit aufzulösen[1]. Besondere Bedeutung kommt dabei neuerdings auch der Verfahrensgestaltung zu. Das ROV und die landesplanerischen Beurteilungen sind solchen neuen Lösungsansätzen besonders zugänglich, da sie sich im Spannungsfeld von "innen", soweit es um die Verhaltenssteuerung der staatlichen (Fach)Behörden, und "außen", soweit außerhalb stehende Planungsträger beeinflußt werden sollen, bewegen.

Ansatzpunkte bietet die "Rechtsverhältnistheorie". Danach ist der Dualismus von "außen" und "innen" in einer Abfolge von Teilrechtsordnungen zu relativieren und das Zwischenfeld auszufüllen. Dies hat in drei Schritten zu erfolgen:

1. Die Entwicklung eigener Systemelemente für die jeweilige Teilrechtsordnung (Beteiligte, Verhaltensnormen, bereichsinterne Fehlerfolgen und sonstige Reaktionen);
2. die Fixierung der Verknüpfungen zu den benachbarten Teilrechtsordnungen;
3. Entwicklung eines Systems der externen Steuerungswirkungen und sonstigen Folgen, mit denen die in einer Teilrechtsordnung getroffenen Entscheidungen das Gesamtgefüge beeinflussen sollen[2].

Diesen Schritten folgt im wesentlichen die weitere Untersuchung, wenn nach der Skizzierung des ROV und der Fachverfahren die Verknüpfungen zu den Fachverfahren aufgezeigt werden und im Anschluß daran die Steuerungsmechanismen für die außengerichteten Abwägungsentscheidungen untersucht werden.

Soweit das ROV als Innenrecht der Abstimmung zwischen den Behörden dient, wird der Bereich der unverbindlichen, rechtlichen Kategorien nicht zugänglichen Interna verlassen. Bei einer Entwicklung weg von der "Einheit der Staatsgewalt" hin zu einem kompromißartigen Aushandeln gegenläufiger Interessen staatlicher Stellen zum Zwecke der Gemeinwohlkonkretisierung erhalten die Abklärungsverfahren Rechts-

---

1) Schmidt-Aßmann, Verfahrensgedanke, S. 20 ff.; vgl. insgesamt Achterberg, Rechtsordnung; ders., Rechtstheorie 1978, S. 385 ff., bes. S. 398 ff.; vgl. zur rechtlichen Einordnung der Pläne als Handlungsform der Verwaltung Maurer, AllgVwR, § 16 Rn. 13 ff.
2) Schmidt-Aßmann, Verfahrensgedanke, S. 21.

qualität[1].

bb) Erfüllung von Verwaltungsaufgaben im nicht gesetzesfreien Raum

Die Durchführung des ROV stellt sich nicht als Verwaltungstätigkeit im gesetzesfreien Raum dar. Solche Staatstätigkeit ist gekennzeichnet durch große Handlungs- und Gestaltungsfreiheit bei Beachtung verfassungsrechtlicher Grenzen, etwa im Bereich der Leistungsverwaltung[2]. Die Landesplanungsgesetze weisen vielmehr den Landesplanungsbehörden die Erfüllung landesplanerischer Koordinationsaufgaben mit Hilfe des verfahrensrechtlichen Instrumentariums ROV ausdrücklich zu. Insoweit werden die Landesplanungsbehörden im sog. gesetzesakzessorischen Aufgabenbereich tätig[3].

cc) Möglichkeiten der Kontrolle

Das ROV ist auch in den Ländern, die, nicht wie Rheinland-Pfalz und Schleswig-Holstein, keinen "Instanzenzug" angeordnet haben, als Verwaltungsaufgabe so exakt umschrieben, daß ihre gesetzmäßige Erfüllung vollkommen kontrolliert werden kann; dies kann durch die vorgesetzte Behörde mit Aufsichtsmitteln oder aufgrund von Beschwerden seitens der Betroffenen geschehen; möglich bleibt auch das gesamte Spektrum der parlamentarischen Kontrollmöglichkeiten der Exekutive wie Zitierungsrechte, das Einsetzen von Untersuchungsausschüssen sowie das Mittel der parlamentarischen Anfrage[4].

dd) ROV als förmliches Verfahren

Auch wenn nur Art. 23 Abs. 1 bayLPlG und § 11 Abs. 1 saarLPlG ausdrücklich ein förmliches Verfahren anordnen, so findet das ROV doch in allen Fällen als förmliches Verwaltungsverfahren statt. Die Anordnung des förmlichen Verwaltungsverfahrens in Bayern und im Saar-

---

1) Schmidt-Aßmann, Verfahrensgedanke, S. 21 f.; vgl. auch BVerfG, Beschl. v. 22.11.1979 - 4 B 162/79 -, NJW 1980, 1406 und Henseler, Kompetenzkonflikte, DVBl. 1982, 390 ff.
2) Erichsen/Martens, in: Erichsen/Martens, AllgVwR, § 12 II 3, 196 f.
3) Knöpfle, Einvernehmen, S. 56.
4) Vgl. für Bayern Knöpfle, Einvernehmen, S. 56.

land besagt aber nicht, daß es sich dabei um ein förmliches Verfahren i. S. d. §§ 63 ff. VwVfG handelt. Art. 23 bayLPlG kann bereits deshalb keine entsprechende Anordnung treffen, weil § 63 bayVwVfG jüngeren Datums ist als Art. 23 bayLPlG. Wortlaut und Sinnzusammenhang von § 63 bayVwVfG ergeben, daß die Anordnung zeitlich nach Inkrafttreten des VwVfG ergangen sein muß[1]. Außerdem setzt § 63 VwVfG voraus, daß in der Anordnung des förmlichen Verfahrens auf die §§ 63 ff. VwVfG ausdrücklich Bezug genommen wird, was weder in Art. 23 bayLPlG noch in § 13 saarlLPlG geschehen ist. Auf diese Voraussetzung kann nur verzichtet werden, wenn neben der Anordnung des förmlichen Verfahrens nicht gleichzeitig detaillierte Regelungen des Verfahrens vorgenommen werden. Denn nur dann kann die Anordnung ohne ausdrückliche Verweisung auf §§ 63 ff. VwVfG so interpretiert werden, daß diese allgemeine Verfahrensvorschriften gelten sollen[2]. Weil Art. 23 bayLPlG und § 13 saarlPlG den Ablauf des ROV selbst regeln, ist daher für §§ 63 ff. VwVfG kein Raum[3]. Dennoch geben die Landesplanungsgesetze durch die Anordnung eines förmlichen Verfahrens bzw. durch die Ausgestaltung, insbesondere bezogen auf die Beteiligung aller von den raumbedeutsamen Planungen oder Maßnahmen betroffenen Planungsträger, zu erkennen, daß dem Abstimmungsverfahren ROV für die Raumordnung und Landesplanung ein erhebliches Gewicht zukommen soll.

b) <u>Berücksichtigung der Stellung des ROV im System der Raumordnung und Landesplanung</u>

aa) <u>Erfüllung des Abstimmungsgebots nach § 4 Abs. 5 ROG</u>

Bei dem Versuch, die landesplanerische Beurteilung als hoheitlichen Akt sui generis zu beschreiben, spielt der Zweck des ROV eine bedeutende Rolle. Es dient vor allem dem Zweck, die nach § 4 Abs. 5 ROG

---

1) Vgl. zu § 63 VwVfG des Bundes <u>Knack</u>, VwVfG, § 63 Rn. 3.1; amtliche Begründung zu § 49 EVwVerfG 1963, S. 207; amtliche Begründung zu § 59 Reg. Entwurf; zu § 63 bayVwVfG <u>Knöpfle</u>, Einvernehmen, S. 56.
2) <u>Kopp</u>, VwVfG, § 63 Rn. 4.
3) Gegen eine Geltung der §§ 63 ff. VwVfG, allerdings ohne Begründung auch <u>Bielenberg/Erbguth/Söfker</u>, ROLaPlaR, M 440 Rn. 5.

gebotene Abstimmung der Planungen und Maßnahmen öffentlicher Planungsträger sicherzustellen und ihre Vereinbarkeit mit den raumordnerischen Vorgaben abzuklären. Es trägt zur Beachtung der Belange der Raumordnung und Landesplanung bei den verschiedenen Planungen bei und wird so zu ihrem Komplement[1].

bb) <u>Verhältnis des ROV zu den Zielen der Raumordnung und Landesplanung</u>

Schließlich ist bei der Charakterisierung der landesplanerischen Beurteilung als Akt sui generis zu beachten, daß aus raumordnungsrechtlichen Gründen das ROV nicht der Zielaufstellung dient, mithin die landesplanerische Beurteilung kein Ziel darstellt, und somit das landesplanerische Verfahren einschließlich der Schlußbeurteilung über eine abgeleitete, akzessorische, sichernde, dienende "Hilfsfunktion" nicht hinauskommt.

c) <u>Ergebnis</u>

Die möglichen Rechtswirkungen einer landesplanerischen Beurteilung sind je nach Landesrecht, Adressat und Prüfungsmaßstab so unterschiedlich, daß sich eine einheitliche Qualifizierung von selbst verbietet. Soweit Außenwirkung gegeben ist, stehen bei bejahter Regelungswirkung mit dem Verwaltungsakt eindeutige und bei fehlender Regelungswirkung mit dem schlicht hoheitlichen Handeln relativ bestimmte Kategorien des Verwaltungshandelns zur Verfügung. Für den behördeninternen Feststellungs- und Abstimmungsprozeß bleibt nur die Qualifizierung als Akt sui generis. Nicht bestritten werden kann die Rechtsqualität des Verfahrensergebnisses. Auch bleibt festzuhalten, daß dem ROV-Abschluß neben den jeweiligen Prüfungsmaßstäben ein eigenständiger Entscheidungsgehalt zukommt[2]. Dieser ist selbst dann gegeben, wenn keine Regelung vorliegt. Das folgt aus den Aufgaben und der Ausgestaltung des ROV als förmliches Verfahren. Insoweit

---

1) Siehe oben S. 39 ff.; Knöpfle, Einvernehmen, S. 56; Jarass, Verhältnis, BayVBl. 1979, 65 (66); Erbguth, Koordination, BayVBl. 1981, 577 (578).
2) Vgl. dazu oben S. 35 ff.

kann mit Knöpfle auch von einem partiellen Regelungsgehalt gesprochen werden[1]. Weitergehende Schlußfolgerungen können aus der Einordnung der landesplanerischen Beurteilung als Akt sui generis mit partiellem Regelungsgehalt jedoch nicht gezogen werden. Ob andere Behörden an das Verfahrensergebnis gebunden sind, beurteilt sich nicht nach dieser Qualifizierung, sondern danach, ob eine ausdrückliche spezialgesetzliche Anordnung besteht[2], ob der RO-Behörde eine Letztentscheidungskompetenz eingeräumt ist[3] oder aber auch danach, welchen Bindungsumfang die einzelnen Prüfungsmaßstäbe zulassen[4].

§ 3 Überblick über die Entscheidungsstrukturen der fachlichen Genehmigungs- und Planfeststellungsverfahren

Alle landesplanerischen Aussagen, selbst in ihrer konkretesten Form, der landesplanerischen Beurteilung, bedürfen der Umsetzung durch die bodennutzungsorientierten und außengerichteten fachlichen Genehmigungsverfahren und Planfeststellungsverfahren. Zur Bestimmung der Verknüpfungsregelungen zwischen den Ebenen der Landesplanung und der - nicht nachgeordneten - Verwirklichungsebene und ihrer Wirkungsweise sind zunächst jeweils die Grundstrukturen der verschiedenen behördlichen Entscheidungsverfahren aufzuzeigen, da sich bereits daraus Rückschlüsse auf die "Offenheit" für landesplanerische Aussagen in der Form des ROV ziehen lassen.

Bei der Beschreibung der Verfahren läßt sich zwischen den Grundformen der Kontrollerlaubnis und der Planfeststellung sowie Mischformen, die teils dem einen, teils dem anderen Grundmodell angenähert sind, differenzieren.

---

1) Knöpfle, Einvernehmen, S. 58.
2) Vgl. § 4 rh-pfLStraG.
3) Vgl. dazu ausführlich unten S. 117 ff.
4) Vgl. dazu unten S. 140 ff., 147 ff., 151 ff.

A. Kontrollerlaubnisse

Der Begriff "Kontrollerlaubnis" geht auf Maurer zurück[1]. Bevor ein (umweltrelevantes) Vorhaben zugelassen wird, wird es einer behördlichen Kontrolle unterzogen. Die Tätigkeit wird - im Gegensatz zu einem generellen Verbot, von dem Ausnahmebewilligungen möglich sind (repressives Verbot mit Befreiungsvorbehalt) - nicht grundsätzlich verboten, sondern (nur) vorab auf ihre Gemeinverträglichkeit hin untersucht (präventives Verbot mit Erlaubnisvorbehalt). Eine solche Erlaubnis führt mithin nicht zur Rechtskreiserweiterung, sondern beseitigt nur die Sperren der Ausübung vorhandener Grundrechtspositionen[2]. Der Genehmigungsvorbehalt wird erhoben, um die von privaten Unternehmen beabsichtigten Vorhaben einer Kontrolle unterziehen zu können. Diese können sich dabei regelmäßig auf Grundrechtspositionen aus Art. 2 Abs. 1, 12 und 14 GG berufen[3].

Im Rahmen der Kontrollerlaubnis erfolgt eine Überprüfung des Vorhabens im Hinblick auf die möglichen von ihm ausgehenden Gefahren, folglich eine Überprüfung oberhalb der Gefahrenschwelle.

Im Normalfall ist daher davon auszugehen, daß die Kontrollerlaubnis als Unternehmergenehmigung eine gebundene Entscheidung ist[4]. Gehen von der Anlage Gefahren für die Allgemeinheit oder einzelne Bürger aus, so ist die Genehmigung zu versagen, andernfalls wegen der Grundrechte der Antragsteller zu erteilen.

---

1) Maurer, AllgVwR, § 9 Rn. 51 f.
2) Maurer, AllgVwR, § 9 Rn. 52.
3) Wahl, Genehmigung, DVBl. 1982, 51 (52 f.); Erbguth, Umweltverträglichkeitsprüfungen, BayVBl. 1983, 129 (134); BVerwG, Urt. v. 07.07.1978 - 4 C 79.76 u. a. -, BVerwGE 56, 110 (135); vgl. zu den Ausnahmen unten S. 98 ff.
4) Wahl, Genehmigung, DVBl. 1982, 51 (52 f.); Erbguth, Umweltrecht, S. 153; Erbguth/Schoeneberg, Umsetzung, WiVerw 1985, 102 (113); Schmidt-Aßmann, Umwandlungsgenehmigung, NuR 1986, 98 (99 f.).

B. Planfeststellungsverfahren

Das Planfeststellungsverfahren dient als förmliches Verwaltungsverfahren dazu, raumbezogene Vorhaben mit Hilfe des "Plans", d. h. der Art, Beschaffenheit, Lage und Ausführung des Vorhabens, unter Abwägung und Ausgleichung des "Anspruchs" des Unternehmers ("Trägers") des Vorhabens, der öffentlichen Belange sowie der rechtlich geschützten Interessen Drittbetroffener in die räumliche Umgebung einzubetten[1].

Es endet regelmäßig mit einem Planfeststellungsbeschluß oder seiner Versagung. Der Planfeststellungsbeschluß enthält die gegenüber jedermann wirkende Ermächtigung zur Ausführung des "Plans" und regelt auf diese Weise die mit der Plandurchführung verbundenen öffentlich rechtlichen Wechselbeziehungen zwischen dem Träger des Unternehmens und den Planbetroffenen[2].

I. Antragsteller

Während die Kontrollerlaubnisse regelmäßig von privaten Personen als Träger von Grundrechten beantragt werden, bietet sich bei den Planfeststellungsverfahren ein völlig anderes Bild.

Privatnützige Planfeststellungen gibt es lediglich im Wasserrecht (Naßauskiesung, Wasserstraßenausbau) und vereinzelt im Luftverkehrsrecht (kleinere Flugplätze)[3].

---

1) Badura, in: Erichsen/Martens, AllgVwR, § 42 I; Wahl, Genehmigung, DVBl. 1982, 51 (53 f.): bundesrechtliche Planfeststellungsverfahren sind §§ 7 ff. TWG, 36 BBahnG, 9 EKrg, 17 ff. FStrG, 28 ff. PBefG, 8 ff. LuftVG, 31 WHG, 14 ff. WaStrG, 7, 8, 20 ff. AbfG, 9 b AtG; landesrechtlich geregelte Planfeststellungsverfahren finden sich vor allem im Straßen-, Wasser- und Eisenbahnrecht.
2) Hoppe/Schlarmann, Rechtsschutz, Rn. 28 ff.; Korbmacher, Bauleitplanung, DÖV 1978, 589 (594); Kügel, Planfeststellungsbeschluß, S. 38 ff.
3) Wahl, Genehmigung, DVBl. 1982, 51 (57); BVerwG, Urt. v. 07.07.1978 - 4 C 79.76 -, BVerwGE 56, 110 (119); VG Frankfurt, Urt. v. 27.12.1983 - VI/V E 3183/82 -, HStGZ 1985, 337 f.

Die Kennzeichnung der privatnützigen Planfeststellung besteht grundsätzlich darin, daß ein Grundrechtsträger einen Anspruch geltend macht, der unter Planungsvorbehalt gestellt wird[1]. Dabei ist allerdings zu beachten, daß das Recht der Wasserbenutzung in verfassungsrechtlich zulässiger Weise aus dem Eigentum ausgeklammert wurde[2]. Bezogen auf private Antragsteller ist es zutreffend, dem Planfeststellungsbeschluß auch den Charakter einer Unternehmergenehmigung zuzusprechen[3].

Zahlenmäßig weit häufiger sind die gemeinnützigen Planfeststellungsverfahren. Dabei lassen sich drei Fallgruppen unterscheiden.

In einer geringen Zahl, etwa bei Planfeststellungen für Kreis- und Gemeindestraßen, kommunale Abfallbeseitigungsanlagen oder Straßenbahnen, stehen sich mit der Kommune als Unternehmer und der Planfeststellungsbehörde des Landes zwei rechtlich selbständige Rechtsträger gegenüber. Zwar kann hier der Vorhabenträger eigene Rechte geltend machen, doch stehen diese unter Planungsvorbehalt und können somit in die Schlußabwägung eingeschmolzen werden. Dennoch kann in diesem Zusammenhang von einer Unternehmergenehmigung gesprochen werden[4].

Charakteristisch für die gemeinnützige Planfeststellung sind die Verfahren, in denen der Antragsteller als Träger öffentlicher Verwaltung derselben juristischen Person angehört wie die Planfeststellungsbehörde oder aber, wie bei der Bundesauftragsverwaltung, ein direkter Weisungszusammenhang besteht[5]. Im Verhältnis

---

1) Wahl, Genehmigung, DVBl. 1982, 51 (57).
2) BVerfG, Beschl. v. 15.07.1981 - 1 BvL 77/78 -, BVerfGE 58, 300 (338 ff.); vgl. auch § 1 a Abs. 3 WHG.
3) BVerwG, Urt. v. 07.07.1978 - 4 C 79.76 -, BVerwGE 56, 110 (119); weitergehend Jarass, WiVwR, S. 108, der jede Planfeststellung als Unternehmergenehmigung qualifizieren will; vermittelnd demgegenüber Badura, Standortentscheidung, BayVBl. 1976, 515 ff. und Wahl, Genehmigung, DVBl. 1982, 51 (54), die einen Genehmigungscharakter der Planfeststellung dann annehmen wollen, wenn Verwaltungsträger und Unternehmensträger nicht identisch sind.
4) Wahl, Genehmigung, DVBl. 1982, 51 (54); Badura, in: Erichsen/Martens, AllgVwR, § 42 I, III.
5) Vgl. zum Verhältnis Weisung, Raumordnungsbindung und § 6 ROG unten S. 152.

dieser Verwaltungsträger zueinander geht es nicht um Rechte oder Ansprüche auf eine Planfeststellung, sondern um Kompetenzabgrenzungen. Dabei kommt der Planfeststellungsbehörde der der Planung notwendig innewohnende Abwägungs- und Gestaltungsspielraum zu, nicht aber den den Plan ausarbeitenden Trägern des Vorhabens[1].

Die dritte Kategorie gemeinnütziger Planfeststellungsverfahren bilden die Fälle, in denen der Rechtsträger durch eigene Behörden das Planfeststellungsverfahren selbst durchführt (§§ 36 BBahnG 17 WaStrG).

II. Zweck des Planfeststellungsverfahrens

Das Planfeststellungsverfahren hat zum Ziel, das beabsichtigte Vorhaben unter Abwägung aller öffentlichen und privaten Belange in den vorhandenen Raum einzupassen. Obwohl für diese Abwägungsentscheidungen die Kompensation typisch ist, d. h. Nachteile für betroffene private oder öffentliche Belange können durch Vorteile für öffentliche oder private Belange ausgeglichen werden, ist anerkannt, daß dies erst jenseits der Gefahrenschwelle geschehen darf; m. a. W. der planerische Abwägungsvorbehalt legitimiert nicht dazu, einen fachgesetzlichen Belang so gering zu bewerten, daß eine durch das jeweilige Fachgesetz gerade zu bekämpfende Gefahr hervortritt[2].

III. Planerische Gestaltungsfreiheit

Die Art der Entscheidungsfindung im Planfeststellungsverfahren gibt bereits Aufschluß über die Art und Weise, wie Ziele, Grundsätze und sonstige Erfordernisse der Raumordnung und Landesplanung in den Entscheidungsprozeß eingebracht werden.

1. Raumordnungsbelange und Wesen der Planungsentscheidung

Als Planungsentscheidung auf örtlicher Ebene muß die Planfeststellung die überörtlichen Planungen der Raumordnung und Landesplanung in der durch das ROV konkretisierten Form in sich aufnehmen.

---

1) Korbmacher, Bauleitplanung, DÖV 1978, 589 (595 f.); Kodal/Krämer, Straßenrecht, S. 746, 749; Wahl, Genehmigung, DVBl. 1982, 51 (53);a. A. Stortz, Anm., ZfW 1979, 47 (51 ff.).
2) Wahl, Genehmigung, DVBl. 1982, 51 (56).

a) Finalität der Planung

Während die Genehmigungsvorschriften mit und ohne Ermessensspielraum auf Normvollzug dergestalt angelegt sind, daß nach dem Wenn-Dann-Schema aufgrund der konditionalen Programmierung unter unbestimmte Rechtsbegriffe und ggf. Ermessensvorschriften subsumiert wird, sind die Planfeststellungsverfahren Ausdruck der finalen Programmierung der Fachplanungsgesetze[1]. Ausgehend vom Zweck-Mittel-Schema setzen die Fachplanungsgesetze Ziele und bezeichnen die Mittel zu ihrer Verwirklichung. Deshalb hat die nach außen entscheidende Fachbehörde erheblich mehr Entscheidungsalternativen als bei der Anwendung von konditional strukturierten Normen[2].

Für die Berücksichtigung landesplanerischer Erfordernisse hat dies zur Konsequenz, daß sich die (nachvollziehende) Prüfung der Fachbehörden nicht darauf beschränkt, festzustellen, inwieweit dem geplanten Vorhaben Raumordnungsbelange entgegenstehen und ggf. zwingend zu einer Versagung der Genehmigung führen, sondern vielmehr durch aktives Planen und Einbetten des Vorhabens in die Landschaft insbesondere den Zielen der Raumordnung und Landesplanung möglichst weitgehend zu entsprechen. Dies ist allerdings häufig nicht nur mit einem Standort oder einer Trasse möglich. Zur Klärung der raumordnerischen Vorfragen bietet sich dann hier die sog. vergleichende Standortuntersuchung im ROV an[3].

b) Autonomie der Planungsentscheidung

Innerhalb des durch die fachplanerische Zielsetzung und die Ermessensdirektiven gesteckten Rahmens setzt die Ermittlung und Bewertung aller relevanten Entscheidungsfaktoren - etwa auf der Ebene

---

1) Kügel, Planfeststellungsbeschluß, S. 120 f.; Hoppe, in: Ernst/Hoppe, ÖffBauBoR, Rn. 312 a; Wahl, Rechtsfragen I, S. 48, 86; Badura, Planungsermessen, FS BayVGH, S. 157 (165).
2) Hoppe, in: Ernst/Hoppe, ÖffBauBoR, Rn. 186, 312 a; Manner, Grundlagen, S. 76 f.; Kügel, Planfeststellungsbeschluß, S. 76 m. w. N.; Hoppe, Struktur, DVBl. 1974, 641 (643 f.).
3) Vgl. dazu oben S. 19.

des Abwägungsmaterials - eine Auswahl voraus, die die Planfeststellungsbehörde in Wahrnehmung einer autonomen Entscheidungskompetenz vornimmt[1]. Soweit Belange der Raumordnung und Landesplanung - etwa Grundsätze und sonstige Erfordernisse, wozu auch die ROV-Ergebnisse zählen[2] - einer Abwägung zugänglich sind[3], ergibt sich unmittelbar aus dieser Autonomie, die größere Freiräume beinhaltet als die der Tatbestands-, Rechtsfolgeautomatik verhaftete Subsumtion[4], daß einer Verbindlichkeit der landesplanerischen Beurteilungen für die Planfeststellungsbehörde von vornherein durch die Struktur der Entscheidungsfindung Grenzen gesetzt sind[5].

c) Planerisches Abwägen

Der Entscheidungsprozeß im fachlichen Genehmigungsverfahren mit behördlichen Ermessensspielräumen vollzieht sich regelmäßig dadurch, daß die Behörde nachvollziehend zwischen abstrakt vorgegebenen Einzelrechtsfolgen abwägt und dabei regelmäßig unter Heranziehung des Zweckmäßigkeitsmaßstabes einen Ausgleich zwischen einem öffentlichen und einem privaten Einzelinteresse vornimmt[6]. Dagegen ist für die fachplanerische Entscheidung in Planfeststellungsverfahren typisch, daß eine Vielzahl miteinander kollidierender öffentlicher und privater Belange nicht nur bezogen auf eine Einzelrechtsfolge, sondern unter Gestaltung aller berührten Rechtsbeziehungen gestaltend abge-

---

1) Hoppe/Schlarmann, Rechtsschutz, Rn. 155 f.; Hoppe, Abwägungsmaterial, DVBl. 1977,(143); Kügel, Planfeststellungsbeschluß, S. 121 f.
2) Vgl. dazu oben S. 35.
3) Paßlick, RO-Ziele, S. 23 ff.; oben S. 24 ff; Ziele unterliegen als raumordnerische Letztentscheidung keiner weiteren Abwägung durch die Fach- und Landesplanungsbehörde; vgl. allgemein zum Verhältnis Abwägen - Raumordnungsbindung David, Raumordnungsbindung, S. 73 f.
4) Hoppe/Schlarmann, Rechtsschutz, Rn. 156; Kügel, Planfeststellungsbeschluß, S. 122.
5) BayVGH, Beschl. v. 16.04.1981 - Nr. 20 CS 80 D. 61, S. 131 f.; Urt. v. 29.10.1969 - Nr. 133 IV 69; VGH n. F. 23, S. 56 (58 f.), Beschl. v. 19.03.1981 - Nr. 9 CS 80 A 1590, S. 16; Höhnberg, Rechtsprechung, S. 166.
6) Kügel, Planfeststellungsbeschluß, S. 122 f.; Schröder, Richterliche Kontrolle, DöV 1975, 308 (310); Weyreuther, Rechtliche Bindung, BauR 1977, 293 (298).

wogen und zum Ausgleich gebracht werden muß[1]. Diese Art der Entscheidungsfindung gestattet es, unter Beachtung der bestehenden Raumordnungsbindungen durch die RO-Klauseln[2] die einer Abwägung zugänglichen RO-Belange - regelmäßig in der Form sonstiger RO-Erfordernisse - ohne eine über die gesetzliche Planungsermächtigung hinausgehende spezielle Anordnung mit dem ihnen zukommenden Gewicht als überörtliche und überfachliche Belange in der planerischen Abwägungsentscheidung zu berücksichtigen[3].

d) Interdependenz der planungsrelevanten Belange

Während sich in herkömmlichen Verwaltungsrechtsbeziehungen - etwa der Erteilung einer wasserhaushaltsrechtlichen Erlaubnis - in zweipersonalen Rechtsverhältnissen einzelne Interessen wechselbezüglich gegenüberstehen[4], ist mit Hilfe der Planfeststellung rechtsgestaltend ein Interessengeflecht komplexer, miteinander verknüpfter öffentlicher und privater Belange zum Ausgleich zu bringen[5]. Wesen dieser Planung ist die eigenverantwortliche Entscheidung über die Vorzugswürdigkeit, das Setzen von Prioritäten sowie das Zurückstellen einzelner Belange durch die Planungsbehörde. Das bedeutet, daß sich eine im ROV ermittelte raumordnerische günstigste Lösung aufgrund entgegenstehender fiskalischer, fachlicher oder eigentumsrechtlicher Belange nicht notwendig durchsetzen muß[6].

---

1) Wahl, Genehmigung, DVBl. 1982, 51 (55); Weyreuther, Rechtliche Bindung, BauR 1977, 293 (298); ders., Bedeutung, DÖV 1977, 419 (421); Schröder, Richterliche Kontrolle, DÖV 1975, 308 (310); Kügel, Planfeststellungsbeschluß, S. 123.
2) Vgl. dazu unten S. 159 ff.
3) Vgl. dazu unten S. 106.
4) BVerwG, Urt. v. 20.08.1982 - 4 C 81/79 -, NJW 1983, 296 (296).
5) Kügel, Planfeststellungsbeschluß, S. 123 m. w. N.
6) Heigl/Hosch, Landesplanung, Art. 23 Rn. 54.

2. Raumordnungsbelange und Grenzen der planerischen Gestaltungsfreiheit

Die planerische Gestaltungsfreiheit ist nicht schrankenlos. Im Rahmen der vorliegenden Untersuchung ist dabei die Raumordnungsbindung von besonderer Bedeutung. Als originäre Behördenentscheidungen stellen die Planfeststellungen raumbedeutsame Planungen und Maßnahmen i. S. d. § 5 Abs. 4, § 3 Abs. 1 ROG dar[1]. Dies trifft sowohl dann zu, wenn der Antragsteller als Träger öffentlicher Verwaltung derselben juristischen Person des öffentlichen Rechts angehört wie die Planfeststellungsbehörde oder insoweit ein direkter Weisungszusammenhang zu verzeichnen ist bzw. wenn der Rechtsträger das Planfeststellungsverfahren durch eigene Behörden selbst durchführt (§§ 36 BBahnG, 17 WaStrG), als auch wenn die Vorhabenträger Kommunen sind (beispielsweise Planfeststellungen für kommunale Abfallbeseitigungsanlagen, Straßenbahnen, Kreis- oder Gemeindestraßen). Letzterenfalls stehen dem kommunalen Antragsteller zwar eigene Rechte gegenüber der staatlichen Planfeststellungsbehörde zu, so daß teilweise auch von einer Unternehmergenehmigung gesprochen wird[2], doch ändert dies nichts daran, daß sowohl die kommunalen wie die staatlichen Stellen der Zielbindung des § 5 Abs. 4 ROG unterworfen sind[3]. Nicht dieser RO-Bindung unterliegen jedoch die privatnützigen Planfeststellungen. Wegen ihres Genehmigungscharakters sind sie gegenüber dem privaten Antragsteller vom Anwendungsbereich der §§ 5 Abs. 4, 3 Abs. 1 ROG auszunehmen[4]. Denn bei den privatnützigen Planfeststellungen steht nicht die beantragte Bodennutzung unter einem totalen raumordnungsrechtlichen Planungsvorbehalt. Wegen ihres Genehmigungscharakters richtet sich die Relevanz der RO-Belange gegenüber Privatpersonen vielmehr nach den für die Genehmigungen geltenden Regeln[5].

---

1) Vgl. dazu oben S. 9.
2) Wahl, Genehmigung, DVBl. 1982, 51 (54).
3) Vgl. oben S. 9.; Bielenberg/Erbguth/Söfker, ROLaPlaR, R 100 Rn. 37.
4) Vgl. dazu oben S. 86.
5) Vgl. dazu unten S. 170 ff.; Bielenberg/Erbguth/Söfker, ROLaPlaR, R 100 Rn. 40; siehe auch Bender, Normative Tragweite, NVwZ 1984, 9; Uechtritz, Naßauskiesung, VBlBW 1984, 5 (9).

- 93 -

Neben der RO-Bindung wird die planerische Gestaltungsfreiheit der Planfeststellungsbehörden eingeschränkt durch behördeninterne Bindungen an vorbereitende Planungsentscheidungen[1], an eigene Teilregelungen[2] und ergeben sich Schranken aus dem Erfordernis einer der fachgesetzlichen Zielsetzung entsprechenden Rechtfertigung des konkreten Planvorhabens[3], aus den gesetzlichen Planungsleitsätzen[4] und aus dem Abwägungsgebot selbst[5]. Über §§ 5 Abs. 4 und 3 Abs. 1 ROG hinausgehende Möglichkeiten zur Berücksichtigung von Erfordernissen der Raumordnung und Landesplanung als Grenze der planerischen Gestaltungsfreiheit bieten auf der vorbereitenden Planungsebene z. B. die Raumordnungsklauseln nach §§ 16 FStrG, 13 Abs. 2 WaStrG sowie § 6 LuftVG[6].

IV. Wirkungen der Planfeststellung

Auch die Rechtswirkungen eines Planfeststellungsbeschlusses werden von den zu berücksichtigenden landesplanerischen Aussagen beeinflußt[7].

1. Genehmigungswirkung

Mit der Feststellung der Zulässigkeit des Planvorhabens wird dem Träger des Vorhabens die gegenüber jedermann wirkende öffentlich

---

1) Planungsentscheidungen des BMV nach §§ 16 FStrG und 13 Abs. 2 WaStrG; vgl. auch § 6 LuftVG.
2) Kügel, Planfeststellungsbeschluß, S. 135.
3) Korbmacher, Bauleitplanung, DÖV 1978, 589 (595); BVerwG, Urt. v. 12.07.1985 - 4 C 40.83 -, UPR 1985, 373 (374); Urt. v. 12.03.1985 - 4 C 15.83 -, DVBl. 1985, 899 ff.; vgl. zur umgekehrten Prüfung bei den gemeinnützigen Planfeststellungen, ob dem Vorhaben vor Eintritt in die Abwägung zwingende Rechtsgründe entgegenstehen BVerwG, Urt. v. 10.02.1978 - 4 C 25.75 -, BVerwGE 55, 220 (227).
4) BVerwG, Urt. v. 22.03.1985 - 4 C 73.82 -, DVBl. 1985, 899 (900).
5) BVerwG, Urt. v. 12.07.1985 - 4 C 40.83 -, UPR 1985, 373 (374); Korbmacher, Bauleitplanung, DÖV 1978, 589 (595); Kügel, Planfeststellungsbeschluß, S. 141.
6) Vgl. unten S. 216 ff.
7) Vgl. umfassend zu den Wirkungen Hoppe, Planfeststellung, S. 403 ff.

rechtliche Befugnis verliehen, das Vorhaben ins Werk setzen zu können[1]. Sind die Vorhabenträger und Träger der Planfeststellungsbehörde nicht identisch, entsteht ein materielles subjektives öffentliches Recht auf Errichtung des Vorhabens entsprechend dem "Plan".

2. Gestaltungswirkung

Durch die Planfeststellung werden alle öffentlich rechtlichen Beziehungen zwischen dem Träger des Vorhabens und den Planbetroffenen rechtsgestaltend geregelt. Dadurch wird der durch die Raumbeanspruchung des Vorhabens hervorgerufene Interessenkonflikt mit bindender Wirkung für die Allgemeinheit beigelegt.

3. Bindungswirkung

Als Verwaltungsakt bindet der Planfeststellungsbeschluß den Träger des Vorhabens sowie die Planbetroffenen. Über die Selbstbindung ist die Planfeststellungsbehörde gebunden, während über Tatbestands- und Feststellungswirkung sowohl die Enteignungsbehörde als auch die sonstigen Behörden und Gerichte gebunden sind.

4. Konzentrationswirkung

Die beschriebenen umfassenden Rechtswirkungen des Planfeststellungsbeschlusses erhält er aus seiner materiellen und formellen Konzentrationswirkung. Durch sie werden alle nach anderen Gesetzen erforderlichen öffentlich rechtlichen Genehmigungen, Erlaubnisse, Bewilligungen und Zustimmungen ersetzt und eine Konzentration der Entscheidungszuständigkeit auf die Planfeststellungsbehörde erreicht[2]. Bei einer Ausgestaltung des ROV als bürgergerichtetes Genehmigungsverfahren[3] wäre darauf zu achten, daß es nicht unter die Konzentra-

---

1) Badura, in: Erichsen/Martens, AllgVwR, § 42 3.
2) Kügel, Planfeststellungsbeschluß, S. 48 ff. m. w. N.; Korbmacher, Bauleitplanung, DöV 1978, 589 (594).
3) Vgl. dazu unten S. 239 ff.

tionswirkung der Planfeststellung fiele, da andernfalls sein spezifisch raumordnungsrechtlicher Abstimmungsauftrag nicht mehr erfüllt werden könnte.

Konsequenz der Konzentrationswirkung für die Berücksichtigung der landesplanerischen Beurteilung könnte sein, daß die in den verdrängten Gesetzen vorhandenen spezialgesetzlichen RO-Klauseln, die teilweise die Berücksichtigung dergestalt gewährleisten, daß bei entgegenstehenden RO-Erfordernissen die Genehmigung zu versagen ist, verloren ginge.

Dies wäre der Fall, wenn mit der "Theorie der uneingeschränkten materiellen Konzentration" jede Bindung an das materielle Recht der von der Planfeststellungsbehörde verdrängten Behörde entfiele[1]. Es träfe auch zu, wenn sich mit der "Theorie der eingeschränkten materiellen Konzentration" die Planfeststellungsbehörde über das materielle Recht der ersetzten Behördenentscheidung hinwegsetzen könnte und dieses lediglich als Faktor bei der Abwägung des Planes zu berücksichtigen hätte, denn dann entfiele die besonders angeordnete RO-Bindung an sonstige RO-Erfordernisse[2]. Demgegenüber träte bei einem formellen oder verfahrensrechtlichen Verständnis der Konzentrationswirkung, bei dem mehrere Verwaltungsverfahren zu einem einzigen zusammengefaßt werden, der aufgezeigte Verlust an RO-Bindung nicht ein, da die Bindung an das von der verdrängten Behörde anzuwendende materielle Recht erhalten bliebe[3]. Mit der neueren Rechtsprechung des Bundesverwaltungsgerichts ist die Konzentrationswirkung lediglich verfahrensrechtlich zu verstehen[4].

---

1) Vgl. zu dieser Theorie Manner, Grundlagen, S. 47 ff.; Nachweise bei Kopp, VwVfG, § 35 Rn. 3 und bei Breuer, Rechtsgutachten, S. 46 f.

2) Vgl. zu dieser in der Literatur vorherrschenden Meinung Meyer/Borgs, VwVfG, § 74 Rn. 13; Stelkens/Bonk/Leonhardt, VwVfG, § 75 Rn. 12; vgl. auch Erbguth, Umweltrecht, S. 163 f.; Bender, Normative Tragweite, NVwZ 1984, 9; BVerwG, Urt. v. 14.02.1969 - IV C 215.65 -, BVerwGE 31, 263 (267 f.).

3) Vgl. zu den verschiedenen formellen Theorien Hoppe/Schlarmann, Rechtsschutz, Rn. 30; Schlarmann, Fachplanung, S. 53 ff.

4) BVerwG, Urt. v. 09.11.1984 - 7 C 15/83 -, NVwZ 1985, 414 = BVerwGE 70, 242; Urt. v. 22.03.1985 - 4 C 73.82 -, BVerwGE 71, 163 (164).

Im Planfeststellungsverfahren werden mehrere Verwaltungsverfahren zu einem einzigen zusammengefaßt, in dem alle die Anlage materiell betreffenden Vorschriften anzuwenden sind[1]. Die Kompetenz der entscheidenden Behörde erweitert sich um die im Wege der Konzentration verdrängte Sachentscheidungskompetenz der zunächst zuständigen Fachbehörde. Dagegen verdrängt die Konzentrationsvorschrift weder materiellrechtliche Anforderungen noch mindert sie deren Geltungsanspruch[2]. Die "Theorien der materiellen Konzentration" trennen nicht hinreichend zwischen den Verfahrens- und Zuständigkeitsregelungen auf der einen und den materiellrechtlichen Anforderungen auf der anderen Seite. Nur das materielle Recht selbst kann einen materiellrechtlichen Dispens in dem Sinne erteilen, daß bestimmte Anforderungen für einzelne Anlagen nicht gelten sollen[3]. So nimmt z. B. § 38 BBauG einige planfeststellungsbedürftige Vorhaben von bauplanungsrechtlichen Anforderungen aus[4], so daß eine Berücksichtigung der landesplanerischen Beurteilung als entgegenstehender oder beeinträchtigter öffentlicher Belang i. S. d. §§ 34, 35 BBauG ausscheidet[5]. Dies schließt indes eine Berücksichtigung als Abwägungsbelang in der Planfeststellung nicht aus[6].

Die materielle Konzentrationswirkung läßt sich auch nicht mit einem Hinweis auf die planerische Gestaltungsfreiheit rechtfertigen, die als finale Rechtsanwendung keine strikte Bindung vertrage[7].

---

1) <u>Laubinger</u>, Konzentrationswirkung, VerwArch. 77 (1986), 77 (91).
2) <u>Gaentzsch</u>, Konkurrenz, NJW 1986, 2787 (2789); BVerwG, Urt. v. 22.03.1985 - 4 C 73.82 -, BVerwGE 71, 163 (164).
3) <u>Gaentzsch</u>, Konkurrenz, NJW 1986, 2787 (2789).
4) BVerwG, Urt. v. 09.11.1984 - 7 C 15/83 -, BVerwGE 70, 242; Urt. v. 21.02.1986 - 4 C 4.84 -, BauR 1986, 314 f.
5) Vgl. zu §§ 34, 35 BBauG unten S. 177 ff.
6) Vgl. dazu oben S. 35 und unten S. 106.
7) So aber <u>Kügel</u>, Planfeststellungsbeschluß, S. 51 ff.

Sie erlaubt nicht, Gesetze weniger strikt anzuwenden, als der Gesetzgeber es angeordnet hat[1]. Soweit die frühere Bundesverwaltungsgerichtsrechtsprechung Überlegungen einer materiellrechtlichen Konzentration, die den Geltungsanspruch von Gesetzen einschränkt, nahelegte[2], erfolgte mit den neueren Entscheidungen eine Klarstellung dahingehend, daß die Konzentrationswirkung verfahrensrechtlich zu verstehen ist[3].

C. Mischformen zwischen Kontrollerlaubnis und Planfeststellungsverfahren

I. Genehmigungsentscheidungen mit behördlichem Ermessensspielraum

Während die als reine Kontrollerlaubnisse ausgestatteten gebundenen Genehmigungsentscheidungen ihrer Funktion und Struktur entsprechend wenig bzw. keine "Einbruchstellen" für Belange der Raumordnung und Landesplanung aufweisen, besteht u. U. bei Genehmigungstatbeständen, die zusätzlich zu Elementen der Gefahrenabwehr eine behördliche Ermessensentscheidung vorsehen, eine weitergehende Möglichkeit, gesamträumliche planerische Aspekte zu berücksichtigen.

Hat der Antragsteller als Inhaber von Grundrechten bei der Kontrollerlaubnis beim Vorliegen der Tatbestandsvoraussetzungen einen Anspruch auf Erteilung der Genehmigung, so erfolgt bei den Genehmigungsentscheidungen mit behördlichem Ermessensspielraum ein zweiter Prüfungsschritt, ob in Ausübung pflichtgemäßen Ermessens die mög-

---

1) Laubinger, Konzentrationswirkung, VerwArch. 77 (1986), 77 (89 ff.); Gaentzsch, Konkurrenz, NJW 1986, 2787 (2789).
2) BVerwG, Urt. v. 14.02.969 - IV C 215.65 -, BVerwGE 31, 263 (267 f.),
3) BVerwG, Urt. v. 09.11.1984 - 7 C 15/83 -, BVerwGE 70, 242; Urt. v. 22.03.1985 - 4 C 73.82 -, BVerwGE 71, 163 (164); Laubinger, Konzentrationswirkung, VerwArch. 77 (1986), 77 ff.; Gaentzsch, Konkurrenz, NJW 1986, 2787 (2789).

liche Zulassung auch erteilt wird[1]. Je nachdem, ob auch die behördliche Ermessensentscheidung mit planerischen Komponenten ausgestattet ist[2], können Erfordernisse der Raumordnung und Landesplanung nicht nur auf der Tatbestandsseite zu berücksichtigen sein, sondern auch die darüber hinausgehende Abwägungsentscheidung steuern oder zumindest beeinflussen[3].

II. Kontrollentscheidungen ohne grundrechtliche Bindung

Das Unterscheidungskriterium zwischen Planfeststellungstatbeständen und Kontrollerlaubnissen, daß sich der private Vorhabenträger auf Grundrechtspositionen berufen kann, wird fragwürdig, sofern infolge der Organisation der Antragsteller als privatrechtliche Gesellschaft in öffentlicher Hand die Grundrechtsfähigkeit entfällt[4].

Gerade die besonders raumbedeutsamen und umweltrelevanten Großprojekte wie Flughäfen, Staudämme oder Anlagen der Energieversorgung werden von Unternehmen betrieben, die ganz oder überwiegend in staatlicher Hand als Anteilseigner stehen[5].

---

1) Henseler, Kompetenzkonflikte, DVBl. 1982, 390 (396); zu § 7 Abs. 2 AtG: BVerwG, Urt. v. 04.08.1975 - VI C 30.72 -, BVerwGE 49, 89 (140 ff.); Fischerhof, AtG, § 7 Rn. 24; zu § 6 WHG: Salzwedel, Beurteilungsspielraum, RdWWi 15, 48 ff.; Sieder/Zeitler/Dahme, WHG, § 6 Rn. 2 ff.; und unten S. 205 zu § 6 Abs. 2 LuftVG, vgl. Giemulla/Lau/Baton, LuftVG, § 6 Rn. 69; und unten S. 210.
2) Henseler, Kompetenzkonflikte, DVBl. 1982, 390 (396); Wahl, Genehmigungen, DVBl. 1982, 51 (61 m. Fn. 77).
3) Zur Stellung des Ermessens in §§ 7 Abs. 2 AtG, 6 Abs. 2 LuftVG und 6 WHG zwischen Ermessen auf der Rechtsfolgenseite bei Vorliegen der Tatbestandsvoraussetzungen und dem freigestaltenden Planungsermessen als sog. tatbestandslosem Ermessen vgl. Henseler, Kompetenzkonflikte, DVBl. 1982, 390 (397); zur verfassungsrechtlichen Zulässigkeit einer solchen Normstruktur BVerwG, Urt. v. 04.08.1975 - VI C 30.72 -, BVerwGE 49, 89 (146) zu § 7 Abs. 2 AtG und zu § 6 WHG BVerfG, Beschl. v. 15.07.1981 - 1 BvL 77/78 -, BVerfGE 58, 300; vgl. insgesamt Börger, Rechtssystematisches Verhältnis, S. 108 ff.
4) Erbguth, Umweltrecht, S. 155.
5) Erbguth, Umweltrecht, S. 156 m. Fn. 4.

Neuere Untersuchungen zum Bereich der Energieversorgung haben gezeigt, daß die Stromversorgung überwiegend durch sogenannte öffentliche Unternehmen erfolgt[1] bzw. durch Unternehmen, in denen der öffentlichen Hand durch Mehrstimmrechtsaktien eine beherrschende Stellung eingeräumt wurde[2]. Die Versorgung mit Gas- und Fernwärme wird neben den kommunalen Eigenbetrieben vorwiegend von kommunalen Eigengesellschaften betrieben[3]. Die Grundrechtsfähigkeit staatlicher Stellen kann nicht dadurch erreicht werden, daß diese sich privatrechtlicher Organisations- und Handlungsformen bedienen, denn der Staat kann nicht Träger der abwehrend gegen ihn selbst gerichteten Grundrechte sein[4]. Anderenfalls hätte er es durch die Formenwahl in der Hand, ob ihm Grundrechte zuständen oder nicht. Ein Betrieb, der der öffentlichen Daseinsvorsorge gewidmet ist und sich in der Hand eines Trägers öffentlicher Verwaltung befindet, ist jedoch nur eine besondere Erscheinungsform öffentlicher Verwaltung[5].

Für die Beantwortung der Frage, ob die Grundrechtsträgereigenschaft zu bejahen ist, kommt es demnach auf die Funktion als Verwaltungshandeln, nicht aber auf dessen äußere Form an[6]. Die Gleichsetzung von der Funktion "Aufgaben der Daseinsvorsorge" mit öffentlichen Aufgaben[7], die den Verlust der Grundrechtsfähigkeit begründen könnte, wurde oben bereits abgelehnt[8].

---

1) Juristische Personen des Privatrechts, deren Anteile zu über 95 % in staatlicher Hand liegen oder sogenannte gemischtwirtschaftliche Unternehmen, bei denen die öffentliche Anteilseignerschaft weniger als 95 % und die der privaten weniger als 75 % beträgt; vgl. Büdenbender, Energierecht, S. 117; Wesener, Energieversorgung, S. 68.
2) Wesener, Energieversorgung, S. 68.
3) Wesener, Energieversorgung, S. 68.
4) Vgl. zu den Einzelheiten und zum Meinungsstand Maunz, in: Maunz/Dürig/Herzog/Scholz, GG, Art. 19 Abs. 3 Rn. 33 ff., dort auch zu den Ausnahmen für mit Selbstverwaltungsrechten ausgestattete Körperschaften.
5) BVerfG, Beschl. v. 07.06.1977 2 BvF 1/68 u. a., BVerfGE 45, 63, 79 f. (Hameln)-Beschluß.
6) Ipsen, Stadtstaaten, S. 265, 279; Burmeister, Kommunale Wirtschaftsbetätigung, S. 623, 630, 641; Erbguth, Umweltrecht, S. 158.
7) BGH, Urt. v. 23.09.1969 - 6 ZR 19/86 -, BGHZ 52, 325 (327).
8) Vgl. oben S. 62 f.

Im Ergebnis ist dennoch eine Grundrechtsfähigkeit zu verneinen, da eine Grundrechtsbindung der privatrechtlich handelnden staatlichen Stellen besteht. Auch diese Staatstätigkeit ist nämlich Ausübung der vollziehenden Gewalt i. S. d. Art. 1 Abs. 3 GG, denn diese Vorschrift will die Ausübung von Staatsgewalt umfassend disziplinieren[1].

Kehrseite der bestehenden Grundrechtsbindung aber ist, daß nicht gleichzeitig eine Grundrechtsfähigkeit bestehen kann[2]. Damit entfällt die verfassungsrechtliche Grundlage für eine Gebundenheit der Entscheidung bei Kontrollerlaubnissen[3].

Folglich scheidet das Verfassungsrecht auch aus, eine Auslegungsgrenze für die das ROV-Ergebnis auf die Bodennutzungsebene transformierenden RO- und Allgemeinwohlklauseln zu bilden[4].

Das Fehlen einer Grundrechtsposition für Unternehmen in öffentlicher Trägerschaft beeinflußt zudem die Auslegung der einfachgesetzlichen Vorschriften, die - wie § 6 BImSchG - einen einfachgesetzlichen Genehmigungsanspruch unabhängig von der Grundrechtsträgerschaft einräumen. Das Hauptargument, der Vorsorgegrundsatz in § 5 Nr. 2 BImSchG umfasse keine planungsrechtliche Elemente, die eine Berücksichtigung von ROV- und UVP-Ergebnissen zuließen[5], weil es sich um eine gebundene Entscheidung handele[6], entfällt.

---

1) Erichsen/Martens, in: Erichsen/Martens, AllgVwR, § 32 m. w. N.
2) Erbguth, Umweltrecht, S. 159; vgl. auch BGH, Urt. v. 05.04.1984 - III ZR 12/83 -, DVBl. 1984, 1118 f.
3) Vgl. Erbguth, Umweltrecht, S. 160; die Grundrechte privater Anteilseigner sollen vernachlässigt werden, da ihre Position bei den hier erörterten Unternehmen nicht ins Gewicht fällt; vgl. dazu ausführlich Wesener, Energieversorgung, S. 156.
4) Vgl. etwa zu Art. 14 GG und § 34 BBauG Grooterhorst, Wirkung der Ziele, S. 120 ff.; zu § 35 BBauG Paßlick, RO-Ziele, S. 233 ff. und unten S. 177 ff.
5) Vgl. dazu unten S. 172 und unten S. 331 f.
6) Breuer, Umweltschutzrecht, S. 721.

Zweiter Teil: Das Verhältnis der Verfahren zueinander

Die zentrale Frage der vorliegenden Untersuchung ist, welche Rechtswirkungen die ROV-Ergebnisse für die nachfolgenden fachbehördlichen Verfahren entfalten.

Die Bedeutung der landesplanerischen Beurteilung für die bodennutzungsorientierte, bürgergerichtete Planfeststellungs- oder Genehmigungsentscheidung der Fachbehörde richtet sich nach ihrer Stellung im Abwägungsprozeß. Dabei geht es um die Fragen, ob die landesplanerische Beurteilung im Wege einer bindenden Vorwegfestlegung den Abwägungsprozeß gleichsam von außen determinieren kann, ob sie ggf. in der Abwägung als Abwägungsbelang überhaupt berücksichtigungsfähig ist und mit welchem Gewicht sie u. U. in die Abwägungsentscheidung eingeht. Der Umfang der Vorwegfestlegung bemißt sich nach den Rechtswirkungen der ROV-Ergebnisse[1]. Ob und mit welchem Gewicht die landesplanerische Beurteilung in der Abwägung zu berücksichtigen ist, richtet sich demgegenüber in erster Linie nach der Fassung der jeweiligen Tatbestände, wenn z. B. angeordnet wird, daß RO-Belange nicht entgegenstehen dürfen oder sie begünstigende bzw. zurückdrängende Gewichtungsregeln aufgestellt werden[2]. Erst eine Gesamtschau dieser aufgeworfenen und noch zu beantwortenden Teilfragen ergibt am Ende die Antwort darauf, wie erfolgreich im konkreten Einzelfall die landesplanerische Beurteilung die außenverbindliche Entscheidung der zuständigen Fachbehörde zu steuern vermag.

§ 4 Grundlagen der Berücksichtigung der ROV-Ergebnisse in den fachbehördlichen Abwägungsentscheidungen

Die Beachtlichkeit der landesplanerischen Beurteilung im jeweiligen Fachverfahren bildet einen Teilausschnitt der allgemeinen Problematik des Verhältnisses zwischen Abwägungsentscheidung und Raumordnungsbindung[3].

---
1) Vgl. dazu oben S. 50 ff. und unten S. 116 ff.
2) Vgl. dazu unten S. 159 ff.; Schmidt-Aßmann, Umwandlungsgenehmigung, NuR 1986, 98 (99).
3) Vgl. David, Raumordnungsbindung, S. 73 ff.

A. Bindungswirkung der landesplanerischen Beurteilung und Abwägung in der Rechtsprechung

Die Frage der Verbindlichkeit der landesplanerischen Beurteilung selbst stellt sich in zwei Richtungen: Einerseits geht es darum, ob und inwieweit die Genehmigungs- oder Planfeststellungsbehörden neben einem durchgeführten ROV noch eine eigenständige Ermittlungs- und/oder Entscheidungskompetenz bezüglich der Belange der Raumordnung haben, oder ob sie die landesplanerische Beurteilung ohne eigenen Abwägungsspielraum ihren Entscheidungen zugrunde legen müssen. Davon zu trennen ist andererseits die Problematik, inwieweit sich die landesplanerische Beurteilung im fachbehördlichen Abwägungsprozeß durchsetzen kann oder muß, in welchem Umfang also bei negativem Verfahrensausgang ROV-widrige Entscheidungen ergehen können oder müssen und bei positiver landesplanerischer Beurteilung das Vorhaben dennoch versagt werden kann oder muß.

Beide Aspekte einer eventuellen Bindungswirkung der landesplanerischen Beurteilung werden von der Rechtsprechung allenfalls am Rande behandelt. Die wenigen Entscheidungen zu Art. 23 bayLPlG bezeichnen das Ergebnis des ROV teils als "institutionalisierte, bindende Entscheidungshilfe"[1], teils billigen sie ihm nur die Wirkung einer "bloß tendenziellen Festlegung" zu, da das für die Fachbehörden geltende Abwägungsgebot eine echte Bindung nicht zulasse[2]. Die nach außen entscheidende Fachbehörde sei aufgrund dieses Abwägungsgebots verpflichtet, alle für die Entscheidung wesentlichen Fragen - einschließlich der Gesichtspunkte der Raumordnung - selbst zu prüfen und in der Begründung zu erörtern[3].

Im Zusammenhang mit dem ROV stellt das Bundesverwaltungsgericht fest, es sei grundsätzlich Aufgabe der Planfeststellungsbehörde selbst, alle für die Planung bedeutsamen Belange in angemessener Weise abzuwägen[4].

1) VG Regensburg, Urt. v. 02.02.1978, Nr. RO 6 K 81 A. 0335 -, S. 5 f.
2) BayVGH, Beschl. v. 16.04.1981 - Nr. 20 CS 80 D. 61 - S. 131, 133; Urt. v. 29.10.1969 - Nr. 133 IV 69, - VGHnF, 23, 56 (58 f.); Beschl. v. 19.03.1981 - Nr. 9 CS 80 -, A 1590, S. 16 ff.; VG München, Beschl. v. 17.11.1980 - Nr M. 4538 XI 80, S.16; Höhnberg, Rechtsprechung, S. 166.
3) BayVGH, Urt. v. 29.10.1969, a. a. O.
4) Urt. v. 12.07.1985 - 4 C 40.83 -, UPR 1985, 373.

Ähnlich argumentiert das VG Frankfurt, wenn es im Rahmen von
§ 6 Abs. 2 LuftVG eine vorgreifliche Wirkung des ROV ablehnt, weil
die Genehmigungsbehörde zu prüfen habe, ob die geplante Maßnahme
die Erfordernisse der Raumordnung und Landesplanung angemessen berücksichtige, und es trotz der vorgeschriebenen Beteiligung der Landesplanungsbehörde bei der eigenverantwortlichen Entscheidung der
luftverkehrsrechtlichen Genehmigungsbehörde bleibe[1].

Weder die Charakterisierung als bindende Entscheidungshilfe noch
die Feststellung einer tendenziellen Festlegung sind bei gleichzeitiger Betonung des fachbehördlichen Abwägungsspielraums geeignet, die Grenze zwischen der Freiheit der behördlichen Entscheidung
und ihrer raumordnerischen Gebundenheit zu bestimmen. Diese Grenzbestimmung ist aber notwendig, um die gerichtliche Überprüfung der
fachbehördlichen Planfeststellungs- oder Genehmigungsentscheidung
unter den Gesichtspunkten des Abwägungsausfalls oder -defizits durchführen zu können[2].

Die Umschreibung der landesplanerischen Beurteilung als "bloß tendenzielle Festlegung" wird aus dem Delog/Detag-Urteil des Bundesverwaltungsgerichts hergeleitet[3] und dient der Abgrenzung zu rechtlichen Bindungen und faktischen Bindungen (echte Bindungen). Umfang
und Intensität der Bindung gibt sie indes nicht an.

Während "Entscheidungshilfe" den dienenden und unterstützenden Charakter des ROV aufnehmend[4] die Letztentscheidungsbefugnis der jeweiligen Fachbehörde anzudeuten scheint, wird dies durch die nähere
Kennzeichnung als "bindend" so stark relativiert, daß von einer zu-

---

1) Urt. v. 27.12.1983 - VI/V E 3183/82 -, HStGZ 1985, 337.
2) BayVGH, Beschl. v. 19.03.1981 - Nr. 9 CS 80 A.1590 -, S. 16
   ("..., daß sich das Landratsamt ... durch die landesplanerische
   Beurteilung gem. Art. 23 bayLPlG gebunden fühlte und deshalb
   zu eigenständigen Erwägungen nicht mehr berechtigt hielt"); vgl.
   zu diesen Abwägungsfehlern allgemein Hoppe, in: Ernst/Hoppe,
   ÖffBauBoR Rn. 290; Hoppe/Schlarmann, Rechtsschutz, Rn. 186 a.
3) Urt. v. 05.07.1974 - IV C 50.72 -, BVerwGE 45, 309 (316 ff.);
   vgl. BayVGH, Beschl. v. 16.04.1981 - 20 CS 80 D 61 -, S. 130 ff.
4) Vgl. dazu oben S. 39.

mindest partiellen Vorwegfestlegung durch die Raumordnungsbehörde auszugehen ist, ohne daß hierfür allerdings eine über die bloße Beschreibung der Wirkungsweise der landesplanerischen Beurteilung hinausgehende Begründung geliefert wird.

B. Landesplanerische Beurteilung im Abwägungsprozeß

Unter Vorwegnahme der Ergebnisse der weiteren Untersuchung kann bereits hier festgehalten werden, daß de lege lata eine Vorabbindung der Planfeststellungs- und Genehmigungsbehörden durch die landesplanerische Beurteilung nur vereinzelt, unsystematisch und eher zufällig vorhanden ist, je nach landesrechtlicher Ausgestaltung der ROV-Vorschriften und der zum Teil willkürlich formuliert erscheinenden RO-Klauseln[1]. Deshalb erscheint es gerechtfertigt, zunächst die Wirkung der landesplanerischen Beurteilung als "einfacher" Abwägungsposten "sonstige RO-Erfordernisse" zu untersuchen, bevor sich weitergehenden und u. U. effektiveren Bindungsformen zugewandt wird.

I. Das Abwägen als Entscheidungsmodus

Bei dieser Untersuchung muß nicht differenziert werden zwischen den vom freien Planungsermessen gekennzeichneten Planfeststellungsentscheidungen und den gebundenen Kontrollerlaubnissen[2]. Denn auch bei den gebundenen Entscheidungen ist inzwischen anerkannt, daß es sich bezogen auf den Entscheidungsmodus letztlich um Abwägungsentscheidungen handelt. Die neuere Entwicklung der raumbezogenen Zulassungsverfahren hat gezeigt, daß Sache und Begriff des Abwägens nicht mehr allein den Planungsentscheidungen im engeren Sinne vorbehalten bleiben können, sondern vielmehr gemeinsamer Nenner einer generellen Neuorientierung des öffentlichen Rechts geworden sind, als daß sie für einen Rechtsbereich allein reklamiert werden könnten[3].

---

1) Vgl. dazu unten S. 159 ff. und zur uneinheitlichen Formulierung der RO-Klauseln Schmidt-Aßmann, RO-Klauseln, S. 27 ff.

2) Vgl. zu den Unterschieden zwischen diesen Verfahren oben S. 84 ff.

3) Wahl, Genehmigung, DVBl. 1982, 51 (55); Erbguth/Schoeneberg, Umsetzung, WiVerw 1985, 102 (117); Weyreuther, Rechtliche Bindung, BauR 1977, 293 (297); "Das Wort 'Abwägen' ist Bestandteil der juristischen Alltagsterminologie."

Die bestehenden sachlichen Unterschiede zwischen einer Planungsentscheidung im engeren Sinne und der "Unternehmergenehmigung mit planungsrechtlichem Einschlag"[1] lassen sich dadurch beschreiben, daß im Anschluß an Weyreuther zwischen einer nachvollziehenden und einer gestaltenden Abwägung unterschieden wird[2].

Das nachvollziehende Abwägen ist dadurch gekennzeichnet, daß eine Kompensation zwischen unterschiedlichen öffentlichen Interessen dergestalt, daß Nachteile für einen Belang durch Vorteile für einen anderen ausgeglichen werden können, nicht zulässig ist[3], wohingegen bei der gestaltenden Abwägung des Planens die einzelnen öffentlichen und privaten Belange in einer umfassenden Bewertung "eingeschmolzen" werden[4].

Während bei den Planungsentscheidungen im engeren Sinne grundsätzlich alle betroffenen privaten und öffentlichen Belange zu berücksichtigen sind, beschränken die der Gefahrenabwehr dienenden gesetzesgebundenen grundrechtsgestützten Kontrollerlaubnisse sowie die Genehmigungsentscheidungen mit Ermessensspielräumen durch die Formulierung der Tatbestände (zunächst) die berücksichtigungsfähigen Belange. Durch die Raumordnungs- und Allgemeinwohlklauseln tritt jedoch eine Öffnung der Tatbestände ein. Ferner belegen die Mischformen und Annäherungserscheinungen zwischen den Grundformen der Genehmigung und der Planung - privatnützige Planfeststellungen einerseits, Aufspaltung der komplexen Genehmigungsentscheidungen nach dem Atomgesetz und dem Bundes-Immissionsschutzgesetz in Vorbescheide und Teilgenehmigungen andererseits[5] -, daß sowohl bezogen auf die zu berücksichtigenden Belange als auch auf die Art der Entscheidungsfindung - von der Möglichkeit der Kompensation bei der Planfeststellung einmal abgesehen - zwischen nachvollziehender und gestaltender Abwägung kein Unterschied zu machen ist.

---

1) Vgl. dazu Badura, Standortentscheidung, BayVBl. 1976, 515 ff. und oben S. 86 f.
2) Weyreuther, Rechtliche Bindung, BauR 1977, 293 (297); ders., Bedeutung, DÖV 1977, 419 ff.; ders., Bauen im Außenbereich, S. 18, 282.
3) Wahl, Genehmigung, DVBl. 1982, 51 (55).
4) Wahl, a. a. O.
5) Erbguth/Schoeneberg, Umsetzung, WiVerw 1985, 102 (118).

II. Die Einordnung der landesplanerischen Beurteilung in den Abwägungsprozeß

Hinsichtlich der Stellung der landesplanerischen Beurteilung als Abwägungsbelang "sonstige RO-Erfordernisse" gelten die allgemeinen Abwägungsgrundsätze[1].

1. Die landesplanerische Beurteilung als der Abwägung entzogener Belang

Sind konkrete Ziele der Raumordnung als Beurteilungsgrundlage vorhanden[2], so ergibt sich aus der Beachtenspflicht des § 5 Abs. 4 ROG für die öffentlichen Verwaltungsträger bei ihren eigenen raumrelevanten Maßnahmen, daß die Ziele nicht lediglich in die Abwägung eingestellt werden dürfen. Denn Ziele sind bereits das Ergebnis einer umfassenden Abwägung. Ihre Vorgaben sind für die gebundenen Verwaltungsträger verbindlich und stehen nicht erneut zur Diskussion. Damit sind sie auch einer eigenständigen Gewichtung durch die Fachbehörde entzogen. Mit Ausnahme der bereits angesprochenen Ausnahmen tritt eine solche Vorwegfestlegung durch ROV-Ergebnisse nicht ein. Dies gilt unabhängig davon, ob im ROV aus den RO-Grundsätzen sonstige RO-Erfordernisse entwickelt oder ob Ziele interpretiert und konkretisisiert werden[3].

2. Die landesplanerische Beurteilung als in die Abwägung einzustellender Belang

Für die Grundsätze der Raumordnung und Landesplanung des Bundes und der Länder und die sonstigen Erfordernisse der Raumordnung und Landesplanung gibt es keine vergleichbare gesetzliche Vorwegfestlegung, die die Ziele der Raumordnung und Landesplanung gleichsam vor die Klammer der Abwägung zieht[4]. Soweit diese RO-Belange in die Abwägung

---

1) Vgl. umfassend zur Abwägung Hoppe, in: Ernst/Hoppe, ÖffBauBoR, Rn. 282 ff.; ders., RuL, Rn. 481 ff.
2) Vgl. zu den Anforderungen an konkrete Ziele Paßlick, RO-Ziele, S. 109 ff.
3) Bielenberg/Erbguth/Söfker, ROLaPlaR, R 100 Rn. 28; unten S. 117 ff.
4) Für die Bauleitplanung David, Raumordnungsbindung, S. 79; BVerwG, Urt. v. 05.07.1974 - 4 C 50.72 -, BVerwGE 45, 309 (319).

eingehen, gelten sowohl für diese als auch für die auf ihnen beruhenden landesplanerischen Beurteilungen die allgemeinen Abwägungsregeln.

Die von den Genehmigungs- und Planfeststellungsbehörden vorzunehmende Abwägung läßt sich in Anlehnung an Hoppe in die drei Phasen des Ermittlungs- und Feststellungsvorgangs, des Bewertungsvorgangs und des eigentlichen Abwägungsvorgangs untergliedern[1]. Im folgenden ist zu untersuchen, welche Bedeutung dem ROV und seinen Ergebnissen in den einzelnen Phasen der Abwägung zukommt.

a) Die landesplanerische Beurteilung in der Ermittlungs- und Feststellungsphase

In der ersten als "Zusammenstellung des Abwägungsmaterials" zu bezeichnenden Stufe[2] hat die Planfeststellungsbehörde alle erkennbaren öffentlichen und privaten Belange zu berücksichtigen, die durch die beabsichtigte Planfeststellung möglicherweise betroffen sein werden, während die Genehmigungsbehörde bei gebundenen Entscheidungen die vom Tatbestand vorgegebenen Belange zusammenstellen muß und bei Ermessensentscheidungen zusätzlich die in ihrem Rahmen berücksichtigungsfähigen Gesichtspunkte[3]. Die für die Abwägung relevanten Gesichtspunkte der Raumordnung ergeben sich aus ihren Zielen sowie den Bundes- und Ländergrundsätzen und den sonstigen Erfordernissen der Raumordnung. Im Idealfall erfolgt diese Zusammenstellung des Abwägungsmaterials im ROV. Dann könnte die Fachbehörde diese Materialsammlung einfach übernehmen. Erleichtert wird dies, sofern die landesplanerische Beurteilung den Verwaltungsvorschriften entsprechend

---

[1] Hoppe, in: Ernst/Hoppe, ÖffBauBoR, Rn. 284 ff.; ders., RuL, Rn. 131 ff.; Hoppe/Schlarmann, Rechtsschutz, Rn. 179; speziell zur Raumordnung in diesen Verfahrensabschnitten VG Trier, Urt. v. 27.09.1984 - 2 K 257/83 -, AgrarR 1986, 88.

[2] Vgl. BVerwG, Urt. v. 05.07.1974 - IV C 50.72 -, BVerwGE 45, 309 (322); Urt. v. 14.02.1975 - IV C 21.74 -, BVerwGE 48, 56 (64); Hoppe, in: Ernst/Hoppe, ÖffBauBoR, Rn. 285; ders., Abwägungsmaterial, DVBl. 1974, 136 ff.

[3] Schmidt-Aßmann, Umwandlungsgenehmigung, NuR 1986, 98 (100); "... zahlreiche Mischformen abwägungsbestimmter Entscheidungen existieren, für die die Genauigkeit der Rechtsgebundenheit eigenständig zu ermitteln ist."

zunächst die betroffenen Raumordnungsbelange aufzählt[1]. In der Literatur ist umstritten, wie die Ermittlungszuständigkeit bezüglich der sonstigen Erfordernisse der Raumordnung zwischen den Landesplanungsbehörden und den Fachbehörden aufzuteilen ist. Nach Forsthoff/Blümel verstehe es sich von selbst, daß die für die einzelnen Fachplanungen zuständigen Behörden diese konkreten Erfordernisse der Raumordnung und Landesplanung nicht ausschließlich selbst ermitteln können[2]. Deshalb und weil die Landesplanungsbehörden ausschließlich zur Ermittlung der und Abstimmung mit den Erfordernissen der Raumordnung zuständig seien, seien sie von den Fachbehörden unabhängig davon zu beteiligen, ob die Raumordnungsklauseln oder Beteiligungsregelungen in den Genehmigungs- und Planfeststellungsvorschriften dies vorschrieben[3]. Demgegenüber wird die Auffassung vertreten, aus der Verpflichtung der Fachbehörden, die sonstigen Erfordernisse der Raumordnung und Landesplanung angemessen zu berücksichtigen, folge, daß diese bei ihrer Ermittlung grundsätzlich frei seien, sie auch selbst zu ermitteln hätten, sich dabei allerdings der Hilfe der Landesplanungsbehörden und damit auch des ROV bedienen könnten[4]. Zu trennen sind die Ermittlungszuständigkeit und die Beteiligungspflichten. Die Ermittlungszuständigkeit folgt aus der fachbehördlichen Kompetenz zur Abwägungsentscheidung. Davon unabhängig ist die Frage, ob aufgrund gesetzlicher Anordnung oder infolge eigener fehlender Fachkenntnis die einschlägigen Spezialbehörden zu beteiligen sind, um auf diese Weise die Abwägungsfehler "Ermittlungsausfall" oder "-defizit" zu vermeiden[5]. Die Frage der notwendigen Beteiligung anderer Fachbehörden stellt sich nicht nur im Verhältnis Raumordnungsrecht - Fachrecht, sondern immer dann, wenn die zur Entscheidung berufene

---

1) Ba-WüVV des Innenministeriums über die Durchführung von ROV vom 31.07.1978, GABl. 1082, 7.5; Durchführung von ROV, Bek. des Bayerischen Staatsministeriums für Landesentwicklung und Umweltfragen v. 27.03.1984, LUMBl. S. 29, VI 2.6.1; ROV nach § 14 NROG, RdErl. d. MI v. 04.01.1978, MBl. S. 47, 9. 2.1.
2) Forsthoff/Blümel, Fachplanungsrecht, S. 133 f.; noch weitergehend Heigl/Hosch, Landesplanung, Art. 21 Nr. 59, für alle Erfordernisse der Raumordnung.
3) Badura, Standortentscheidung, BayVBl. 1976, 515 (517); Hosch, Aktuelle Fragen, BayVBl. 1974, 331 ff.; vgl. zur verfahrensrechtlichen Dimension der Raumordnungsklauseln unten S. 217.
4) Zoubek, Raumordnungsverfahren, S. 187 f.
5) Vgl. insgesamt zur Abwägungsfehlerlehre Hoppe, in: Ernst/Hoppe, ÖffBauBoR, Rn. 284 ff.

Behörde andere Sach- und Rechtsbereiche mit zu erledigen hat. Deshalb ist die aufgeworfene Frage dahingehend zu entscheiden, daß die Fachbehörde aufgrund ihrer Ermittlungszuständigkeit für die sonstigen RO-Erfordernisse die Landesplanungsbehörde zwar nicht beteiligen muß, ihre Beteiligung infolge der besseren raumordnerischen Erkenntnismöglichkeiten im ROV jedoch regelmäßig geboten erscheint.

b) Die landesplanerische Beurteilung in der Bewertungsphase

Dem Vorgang der Ermittlung schließt sich die Phase der Bewertung der nach Lage der Dinge in die Abwägung einzustellenden Belange an. Dabei geht es um die Bestimmung des Gewichts und des objektiven Inhalts der Belange und - insbesondere bei der Planungsentscheidung - um das Erkennen der Konsequenzen, die sich bei Bevorzugung oder Zurücksetzung einzelner Belange ergeben würden[1]. Die Frage, welches Gewicht den einer Abwägung zugänglichen Belangen der Raumordnung in der konkreten außengerichteten Abwägungsentscheidung zukommt, beantwortet sich zum einen danach, inwieweit durch das Recht der Raumordnung und Landesplanung zulässige Vorwegfestlegungen erfolgt sind, welche Direktiven das Fachgesetz bereithält, und danach, welche Bewertungsmaßstäbe, die jede Bewertung voraussetzt, vorhanden sind[2]. Durch die Überprüfung des konkreten Vorhabens anhand der Grundsätze und ggf. der sonstigen Erfordernisse vermittelt die Landesplanungsbehörde Gewicht und objektiven Gehalt der betroffenen Belange der Raumordnung und Landesplanung. Die Fachbehörden müssen diese Bewertung übernehmen, wenn und soweit sie an die landesplanerische Beurteilung gebunden sind[3]. Teilweise haben sie dabei zusätzlich eigene gesetzliche Gewichtungsregeln zu beachten, etwa wenn ihr durch die Raumordnungsklauseln nach §§ 1 Abs. 3 SchBG, 1 Abs. 2 LBG und 30 Abs. 3 LuftVG die angemessene Berücksichtigung der RO-Erfordernisse aufgegeben wird und gleichzeitig durch ein "insbesondere" festgelegt wird,

---

1) Hoppe, in: Ernst/Hoppe, ÖffBauBoR, Rn. 86; ders., RuL, Rn. 133.
2) Vgl. zum Erfordernis von Bewertungsmaßstäben Book, Bodenschutz, S. 45 ff.
3) Vgl. dazu unten S. 113 ff.

welche RO-Belange besonderen Vorrang genießen sollen[1].

Soweit die Bewertung der Grundsätze und sonstigen Erfordernisse der Raumordnung nicht durch Vorwegfestlegungen oder Gewichtungsregeln vorgegeben ist, muß sie anhand von Bewertungsmaßstäben ermittelt werden. Bewertungsmaßstäbe bilden zunächst naturwissenschaftliche, wirtschaftswissenschaftliche und sonstige Kenntnisse über die im konkreten Fall tatsächlich berücksichtigten Belange. Darüber hinaus läßt sich die Wertigkeit der einzelnen Belange dadurch ermitteln, daß die konkrete Schutzwürdigkeit und die konkrete Schutzbedürftigkeit einander gegenübergestellt werden[2].

Dabei ist die Schutzwürdigkeit abhängig von dem Wert und der Bedeutung, die den einzelnen betroffenen Raumordnungsbelangen bei der jeweiligen (Planungs)Entscheidung zukommt, während sich die Schutzbedürftigkeit danach bemißt, in welchem Ausmaß der einzelne Belang der Raumordnung betroffen ist.

c) Die landesplanerische Beurteilung in der eigentlichen Abwägungsphase

Der eigentliche Abwägungsvorgang der Planung ist dadurch gekennzeichnet, daß dort der Ausgleich zwischen den verschiedenen teils harmonisierenden, teils konfligierenden Belangen hergestellt und so die planerische Entscheidung getroffen wird, welche Belange vorgezogen und welche zurückgestellt werden sollen[3]. Für das nachvollziehende Abwägen reduziert sich dieser dritte Verfahrensschritt darauf, zu vergleichen, ob die gesetzlichen Vorgaben eingehalten oder

---

1) Zur Bedeutung von Gewichtungsregeln Schmidt-Aßmann, Umwandlungsgenehmigung, NuR 1986, 98 (99, 101); §§ 1 Abs. 3 SchBG und 1 Abs. 2 LBG: "insbesondere eine Berücksichtigung der Interessen des Städtebaus und des Naturschutzes sowie der landwirtschaftlichen und wirtschaftlichen Interessen"; vgl. dazu auch Suderow, Fachplanungen, S. 67 und Forsthoff/Blümel, Fachplanungsrecht, S. 119.

2) Vgl. zu dieser Differenzierung für die Ermittlung der Gefährdung von Grundwasser Hoppe, Staatsaufgabe, VVDStRL 38 (1980), 273 (Fn. 135); für die Berücksichtigung von Bodenschutzbelangen in der Raumordnung Book, Bodenschutz, S. 46; vgl. zur Abwägung von Gewässerschutzbelangen Thurn, Schutz natürlicher Gewässerfunktionen, S. 47 und allgemein Erbguth, ROLaPlaR, Rn. 366.

3) Hoppe, in: Ernst/Hoppe, ÖffBauBoR, Rn. 287; ders., RuL, Rn. 134.

überschritten werden und ob bei Ermessensentscheidungen die grundrechtsbewehrten privaten Interessen im Einzelfall die öffentlichen überwiegen. Während bei den räumlichen Gesamtplanungen und den Planfeststellungen alle Belange gleichwertig sind, ist bei den Genehmigungsentscheidungen die Abwägungsdimension begrenzt. Der mögliche Anspruch des Betreibers auf Durchführung des Vorhabens und das fachspezifische Interesse an der Reinhaltung der Luft, des Gewässers oder der Erhaltung des Waldes stehen im Mittelpunkt und lassen wie konzentrisch sich erweiternde Kreise andere öffentliche und private Belange mit einem Gewicht, das mit ihrer sachlichen Entfernung vom Zentrum abnimmt, in die Abwägung einfließen[1]. Diese Zentrierung wird durch fachliche Gewichtungsregeln angezeigt. Je zentraler die durch das Fachgesetz zu schützenden Belange sind, desto höhere Anforderungen sind an die dennoch eine Genehmigung rechtfertigenden privaten Interessen zu stellen[2]. Aufgrund der Gleichwertigkeit aller Abwägungsbelange bei Planungsentscheidungen können sich die Erfordernisse der Raumordnung in der Entscheidung durchsetzen, sie müssen es aber nicht. So ist es z. B. denkbar, daß aufgrund fiskalischer Interessen, fachlicher Detailfragen oder einer starken Eigentümerposition eine im ROV abgelehnte Lösung dennoch verwirklicht werden muß oder kann[3]. Die freie Abwägungsentscheidung wird begrenzt durch den Grundsatz der Verhältnismäßigkeit[4]. Danach darf die Zurückstellung oder Bevorzugung eines Belanges nicht im Widerspruch zu seiner objektiven Gewichtung erfolgen[5]. Eine ROV-widrige gemeinnützige Planfeststellungsentscheidung ist demnach unverhältnismäßig[6], wenn sie die dort zusammengestellten Erfordernisse der Raumordnung nicht mit dem ihnen gebührenden Gewicht in der Abwägung berücksichtigt. Aufgrund der Weite dieser Belange der Raumordnung wird dies bei fehlenden Zielen der Raumordnung allerdings nur ausnahmsweise der Fall sein.

---

1) So Schmidt-Aßmann, Umwandlungsgenehmigung, NuR 1986, 98 (105) zu § 9 BWaldG.

2) Schmidt-Aßmann, Umwandlungsgenehmigung, NuR 1986, 98 (105).

3) Heigl/Hosch, Landesplanung, Art. 23 Rn. 54; Bielenberg/Erbguth/Söfker, ROLaPlaR, M 312 Rn. 17.

4) Hoppe, in: Ernst/Hoppe, ÖffBauBoR, Rn. 268; ders., Bauplanungsrechtliche Grundsätze, Jura 1979, 133 f.

5) BVerwG, Urt. v. 05.07.1974 - IV C 50.72 -, BVerwGE, 45, 309 (315).

6) Zu den privatnützigen Planfeststellungen vgl. oben S. 86 und unten S. 227 ff.

Inwieweit sich zielgebundene und zielunabhängige landesplanerische Beurteilungen gegenüber privaten genehmigungs- oder planfeststellungsbedürftigen Vorhaben durchsetzen können, richtet sich nach der Fassung der jeweiligen Tatbestände und Raumordnungs- bzw. Allgemeinwohlklauseln, aus denen sich ergibt, an welchem Punkt des Abwägungsvorgangs diese öffentlichen Belange dem möglichen Anspruch des Vorhabenträgers entgegengehalten werden können[1].

Zusammenfassend läßt sich zur Einordnung der landesplanerischen Beurteilung in den Abwägungsprozeß sagen, daß sich eine mögliche Verbindlichkeit vorrangig auf der Ebene der Datenbewertung auswirken wird. Denn während der in der landesplanerischen Beurteilung zusammengestellte Katalog der einschlägigen Erfordernisse der Raumordnung als Hilfsmittel zur Ermittlung der betroffenen Belange herangezogen werden kann, können im eigentlichen Abwägungsvorgang nicht zielförmige RO-Belange überwunden werden, wenn ihnen in der Gewichtungsphase nicht das notwendige Gewicht (verbindlich) beigemessen werden konnte. Auch bezüglich der Zielkonkretisierung und -interpretation im ROV entscheidet sich auf der Stufe der Bewertung der Belange, ob und in welchem Umfang der Fachbehörde im Rahmen der Zielbeachtung ein eigenständiger Abwägungsspielraum zur Auffüllung der rahmenartigen Ziele verbleibt.

---

[1] Vgl. dazu S. 159 ff.; Schmidt-Aßmann, Entwicklungstendenzen, VBlBW 1986, 2 (9); ders., Umwandlungsgenehmigung, NuR 1986, 98 (104).

§ 5 Steuerung der außengerichteten Abwägungsentscheidung über die Bindungswirkung der landesplanerischen Beurteilung

Für die im Rahmen der vorliegenden Untersuchung interessierende Frage der Rechtswirkung einer landesplanerischen Beurteilung als einem der zwei oben angesprochenen Steuerungsinstrumente der Planfeststellungs- oder Genehmigungsentscheidungen genügt eine Reduzierung auf die Bindungswirkung des ROV-Ergebnisses.

Die vielfältigen Begründungsansätze für eine Bindungswirkung der landesplanerischen Beurteilung lassen sich am besten systematisieren, wenn nach dem überwiegend mit der Abwägung betrauten Adressaten der Bindungswirkung gefragt wird. Dabei läßt sich zwischen Eigenbindung der Raumordnungsbehörden und einer Fremdbindung an anderer Stelle differenzieren; letztere lassen sich nach ihrem Verhältnis zu den Landesplanungsbehörden einteilen.

A. Eigenbindung der Raumordnungsbehörden

Unter Eigenbindung der Raumordnungsbehörden wird die Bindung der das ROV durchführenden Landesplanungsbehörde an ihr eigenes Verfahrensergebnis verstanden. Auch wenn der Fremdbindung für die Beeinflussung der fachbehördlichen Entscheidung die weitaus größere Bedeutung zukommt, soll doch kurz auf die Eigenbindung der RO-Behörden eingegangen werden. Dies soll nicht nur der Vollständigkeit halber geschehen, sondern vor allem, weil sich aus der Eigenbindung eine Verengung des Entscheidungsspielraums der Landesplanungsbehörden für ihre weitere Zusammenarbeit mit den Fachbehörden ergibt.

I. Selbstbindung der Verwaltung

Die Eigenbindung findet ihre objektive Rechtfertigung bereits durch die gesetzlich gesicherte Institutionalisierung des ROV als Problemabschichtungsverfahren[1].

---

1) Schmidt-Aßmann, Entwicklungstendenzen, VBlBW 1986, 2 (8); vgl. oben S. 78 ff.

Die rechtlichen Grundlagen der Selbstbindung der Verwaltung sind Art. 3 GG, der Grundsatz von Treu und Glauben und das Prinzip des Vertrauensschutzes[1], das nicht nur greift, wenn ausnahmsweise Vertrauensinteressen Privater betroffen sind, sondern auch zwischen eigenständig verfaßten, selbständigen und rechtsfähigen Planungsträgern mit eigenen Stabilitätsinteressen Geltung beansprucht[2].

II. Auswirkungen auf das ROV

Grundsätzlich läßt sich sagen, daß die Landesplanungsbehörden von einer einmal getroffenen landesplanerischen Beurteilung nur unter sehr eingeschränkten Voraussetzungen wieder abrücken können.

1. Auswirkungen auf Folgeverfahren

Selbstindung bedeutet für die Landesplanungsbehörden zunächst, daß sie die von ihnen innerhalb ihres Aufgabenbereichs anhand der relevanten Prüfungsmaßstäbe erstellten landesplanerischen Beurteilungen mit den dann getroffenen Wertungen berücksichtigen müssen[3]. Das heißt, in Genehmigungs- oder Planfeststellungsverfahren kann die Raumordnungsbehörde die Vereinbarkeit des Vorhabens mit den raumordnerischen Vorgaben nicht anders beurteilen als im ROV selbst. Nicht gehindert wird sie indes, das Vorhaben später aus anderen, z. B. konkreten denkmalschutzrechtlichen Gründen abzulehnen. Da solche Gesichtspunkte nicht Prüfungsgegenstand im ROV waren, liegt insoweit kein widersprüchliches Verhalten vor[4], wobei anzumerken bleibt, daß solche Stellungnahmen der Raumordnungsbehörde als nicht zu ihrem Zuständigkeitsbereich gehörend allenfalls von eingeschränktem Wert sind.

---

1) Ossenbühl, in: Erichsen/Martens, AllgVwR, § 7 IX 1, 2, 3; Zoubek, Raumordnungsverfahren, S. 160.
2) Schmidt-Aßmann, Entwicklungstendenzen, VBlBW 1986, 2 (8); allgemein zur Geltung dieses Grundsatzes zwischen Verwaltungsträgern Kisker, Vertrauensschutz, VVDStRL 32 (1974), 149 (168).
3) Zoubek, Raumordnungsverfahren, S. 160.
4) Schmidt-Aßmann, Entwicklungstendenzen, VBlBW 1986, 2 (8).

2. Auswirkungen auf andere landesplanerische Verfahren

Die Eigenbindung könnte sich auswirken auf erneute ROV für dasselbe Vorhaben, auf parallellaufende oder anderweitige ROV und auf die Neuaufstellung, Ergänzung, Änderung oder Fortschreibung von Zielaussagen in den Programmen und Plänen[1]. Entgegen der Auffassung Zoubeks wird die Eigenbindung der Raumordnungsbehörden an die ROV-Ergebnisse nicht bei jeder Modifikation des Zielsystems zum Tragen kommen, sondern nur dann, wenn sich im ROV Anhaltspunkte dafür ergeben haben. Denn grundsätzlich kann das vorhabenbezogene nachrangige Hilfs- und Sicherungsinstrument ROV nicht den übergeordneten, einer gesamträumlichen Betrachtungsweise verpflichteten Zielfindungsprozeß determinieren. Eine Lockerung der Selbstbindung für erneute, das bereits überprüfte Vorhaben betreffende ROV kommt nach den Grundsätzen einer "Veränderung der Sach- und Rechtslage" in Betracht, die regelmäßig eingreifen dürften, da nur dann ein erneutes ROV durchgeführt wird[2].

Für parallellaufende und anderweitige ROV wirkt sich die Selbstbindung so aus, daß die landesplanerische Beurteilung in der erstellten Form als Prüfungsmaßstab "sonstiges Erfordernis der Raumordnung" zugrunde zu legen ist und auch, soweit dies nicht der Fall ist[3], zumindest als nichtmodifizierbarer Belang in die raumordnerische Abwägung einzustellen ist. Demgegenüber wird vertreten, von der Bindungskraft nicht umfaßt seien die Gründe und Bewertungsmaßstäbe, so daß die Landesplanungsbehörde in Verwaltungsverfahren, die nicht das geprüfte Vorhaben selbst beträfen, z. B. zu einer abweichenden Auslegung eines Raumordnungszieles gelangen könnten[4]. Bei dieser Auffassung wird jedoch nicht berücksichtigt, daß sich die landesplanerische Beurteilung aus Tenor und Entscheidungsgründen zusammensetzt, zwischen denen - ähnlich wie bei Urteilen - Wechselbeziehungen dergestalt bestehen, daß der eine Teil zur Auslegung des anderen herangezogen werden kann, und die sich beide als "sonstige Erfordernisse

---

1) <u>Zoubek</u>, Raumordnungsverfahren, S. 160.
2) Vgl. sogleich dazu unten S. 116; insbes. in Bayern ist es nicht ungewöhnlich, daß für ein Projekt mehrere ROV durchgeführt oder (erfolglos) beantragt werden, vgl. dazu <u>BayVGH, Beschl. v. 16.04.1981 - 20 CS 80 D. 61 -, S. 130 ff.; BVerwG, Urt. v. 12.07.1985 - 4 C 40.83 -, UPR 1985, 373 (374).</u>
3) Vgl. dazu oben S. 35 ff.
4) <u>Schmidt-Aßmann</u>, Entwicklungstendenzen, VBlBW 1986, 2 (8).

der Raumordnung" gleichsam verfestigt und verselbständigt haben, so
daß die Fachbehörden insoweit von klaren raumordnerischen Vorgaben
ausgehen können. Es würde zu einer Schwächung der Raumordnung führen, sollte es der Landesplanungsbehörde möglich sein, das von ihr
selbst geschaffene Institut "sonstiges Erfordernis der Raumordnung"
jederzeit selbst relativieren zu können. Folglich ist eine umfassende
Selbstbindung an die landesplanerische Beurteilung mit Tenor und Gründen auch bei der Beteiligung der Raumordnungsbehörde mit und ohne ROV
an anderen Verwaltungsverfahren zu befürworten.

3. Auswirkungen bei einer Veränderung der Sach- und Rechtslage

Problematisch ist der Umfang der Eigenbindung bei einer Veränderung
der Sach- und Rechtslage. Auch wenn der landesplanerischen Beurteilung überwiegend keine dem Verwaltungsakt vergleichbare Bestandskraft zukommt, die ihn gegenüber einer Situationsveränderung weitgehend immun macht, so darf doch von einer einmal getroffenen landesplanerischen Beurteilung nur bei einer wesentlichen Situationsänderung abgewichen werden. Geänderte Ermessenserwägungen, ein grundsätzlich neuer Kurs der Behördenpolitik oder eine andere Beurteilungspraxis aufgrund neuer Erkenntnisse rechtfertigen dagegen keine Distanzierung von der eigenen raumordnerischen Entscheidung[1].

Eine wesentliche Änderung der Sach- oder Rechtslage läßt sich jedoch
z. B. annehmen bei neuen RO-Zielen oder wenn bisher nicht bekannte
neue Raumnutzungsansprüche für etwa bevorrechtigte Bundesvorhaben
(z. B. Vorhaben der Verteidigung) auftreten.

Die Raumordnungsbehörden können die Dauer ihrer Selbstbindung beschränken, indem sie die landesplanerische Beurteilung - wie in einigen Verwaltungsvorschriften vorgesehen - mit einer befristeten Geltungsdauer versehen.

B. Bindung der landesunmittelbaren Verwaltung

Als wichtiger Bereich der Fremdbindung ist zunächst die Bindung der
landesunmittelbaren Verwaltung zu untersuchen.

---

[1] Schmidt-Aßmann, Entwicklungstendenzen, VBlBW 1986, 2 (8).

I. Begründungsansätze für eine Verbindlichkeit der landesplanerischen Beurteilung

Eine Bindungswirkung der landesplanerischen Beurteilung gegenüber anderen Behörden und Stellen der unmittelbaren Landesverwaltung ist nicht selbstverständlich, sondern bedarf einer (rechtlichen) Grundlage. Es gibt zahlreiche Versuche, eine behördeninterne Bindungswirkung zu begründen. Neben landesplanungs- und raumordnungsrechtlichen Ansätzen finden sich Versuche, eine Behördenverbindlichkeit des Verfahrensabschlusses aus Raumordnungs- und Allgemeinwohlklauseln, der Verteilung der Zuständigkeiten und Kompetenzen, Interpretationskompetenzen und Verwaltungsvorschriften herzuleiten.

1. Bindungswirkung durch Selbstbindung der Verwaltung

Eine behördeninterne Bindungswirkung der landesplanerischen Beurteilung besteht jedenfalls gegenüber den beteiligten Planungsträgern, Behörden und Stellen des jeweiligen Landes, die der Planung oder Maßnahme - ggf. unter Nebenbestimmungen - zugestimmt haben, mit denen es folglich zu einer Abstimmung gekommen ist[1]. Dies beruht auf dem Prinzip der Selbstbindung der Verwaltung und dem Grundsatz des Vertrauensschutzes[2].

2. Bindungswirkung und Regelungswirkung

Unproblematisch ist eine Bindung der Landesfach- und Planungsbehörden an die ROV-Ergebnisse gegeben, wenn, wie nach §§ 18 rh-pfLPlG und 14 schl-hoLPlG, der landesplanerischen Beurteilung Regelungswirkung zukommt[3]. Denn eine Regelung liegt vor, wenn mit dem Geltungsanspruch auf Verbindlichkeit eine Rechtsfolge gesetzt wird. Notwendiges Merkmal einer Regelung im Sinne des § 35 VwVfG ist gerade ihre Verbindlichkeit[4]. Akte mit Regelungswirkung sind auch innerhalb

---

1) Lautner, Städtebaurecht, S. 287; Schefer, Rechtsqualität, IzR 1979, 95 (96); Frommhold, Raumordnungsverfahren, IzR 1979, 127 (136).
2) Vgl. zu diesen verwaltungsrechtlichen Grundsätzen allgemein Maurer, AllgVwR, § 7 Rn. 15, § 28 Rn. 27 f.; Ossenbühl, in: Erichsen/Martens, AllgVwR, § 7 IX 1, 2, 3.
3) Siehe oben S. 74 f.
4) Siehe oben S. 65 ff.

eines Verwaltungsträgers oder -zweiges möglich; so wird z. B. weder der bindende Regelungsgehalt einer dienstlichen Weisung oder der Anordnung einer vorgesetzten Stelle an eine nachgeordnete bestritten. Während sich diese Regelungswirkung aus der Ämter- oder Behördenhierarchie ableiten läßt[1], bedurfte es insoweit für Akte der gleichgeordneten Landesplanungsbehörde einer gesetzlichen Begründung der Regelungswirkung[2]. Ob bedingt durch die unterschiedlichen Prüfungsmaßstäbe und Adressaten eine partielle Modifikation der über die Regelungswirkung begründeten oder zu begründenden Bindung erforderlich ist, wird sogleich erörtert[3].

3. Bindungswirkung über § 5 Abs. 4 sowie § 3 ROG

Die §§ 5 Abs. 4 und 3 ROG sind nicht in der Lage, eine Bindung der fachlich zuständigen Behörde an die Ergebnisse eines ROV zu begründen, denn bei den Verfahrensabschlüssen handelt es sich weder um Ziele noch um Grundsätze der Raumordnung und Landesplanung, noch können solche im ROV aufgestellt oder aber die Verfahrensergebnisse ihnen gleichgeordnet werden[4].

4. Bindungswirkung durch eine abgeleitete Bindungswirkung

Auf das Raumordnungsgesetz zurückführen läßt sich der Ansatz, dem Verfahrensergebnis eine seinen Prüfungsmaßstäben entsprechende Wirkung beizumessen.

a) Abgeleitete Bindungswirkung

Zoubek vertritt eine abgeleitete Bindungswirkung der landesplanerischen Beurteilung für Gemeinden, Fachplanungsträger und Fachbe-

---

1) Maurer, AllgVwR, § 9 Rn. 27.
2) Vgl. dazu oben S. 65 ff. und 117.
3) Vgl. unten S. 147 f.
4) Vgl. dazu oben S. 39 ff. daher lehnen generell jede Bindungswirkung ab Niemeier, Landesplanung, S. 73; Hohberg, Landesplanung, S. 140; Mayer/Engelhardt/Helbig, Landesplanungsrecht, Art. 23 Anm. 2; Suderow, Fachplanungen, S. 115, wohl widersprüchlich zu S. 53.

hörden[1]. Kernaussagen dieser "Lehre" von der abgeleiteten Bindungswirkung sind: Mangels einer rechtlich fixierten Bindungswirkung der landesplanerischen Beurteilung erlauben nur deren inhaltliche Festlegungen Schlüsse auf eine Bindung anderer öffentlicher Planungsträger; mit anderen Worten: Soweit die inhaltlichen Festlegungen gegenüber anderen öffentlichen Planungsträgern gelten, tritt eine Bindung ein. Inhaltliche Festlegungen mit gewissen, rechtlich vorgegebenen Bindungswirkungen sind aber nur die Prüfungsmaßstäbe entsprechend den jeweiligen Landesplanungsgesetzen. Die Feststellung i. w. S. ("Tenor") hat hiernach lediglich eine abgeleitete Bindungswirkung, die mit der der Prüfungsmaßstäbe identisch ist[2]. Schmidt-Aßmann gelangt zu einer "mittelbar abgeleiteten Bindung", indem er die sich aus den RO-Klauseln ergebende materielle Zielbeachtenspflicht um eine aus dem Sicherungs- und Abstimmungsauftrag der RO-Behörden mittelbar abgeleitete Letztentscheidungskompetenz für diese Behörden ergänzt[3]. Angewandt auf das geltende Landesplanungsrecht hätte die abgeleitete Bindungswirkung folgende Konsequenzen: Da gem. § 5 Abs. 4 ROG bzw. entsprechenden Landesregelungen eine strikte Beachtenspflicht für die Ziele der Raumordnung und Landesplanung besteht, gelte diese Bindung auch für die im ROV konkretisierten und näher ausgeformten Ziele der Raumordnung und Landesplanung sowie die hieran ausgerichtete Beurteilung des Vorhabens, soweit es um die Feststellungsaufgaben im ROV gehe[4].

Sind - wie in Baden-Württemberg, Bayern, Hessen und Niedersachsen - die Grundsätze der Raumordnung und Landesplanung Prüfungsmaßstab, so beschränke sich die Bindungswirkung der auf die RO-Grundsätze bezogenen landesplanerischen Beurteilung auf die Feststellung, ob die Grundsätze der Raumordnung und Landesplanung sachgerecht abgewogen wurden; denn nur bei einer derartigen Bindungsintensität werde dem Abwägungsgebot des § 2 Abs. 2 ROG Rechnung getragen. Damit korrespondiere dann das Recht der Fachplanungsträger, die Grundsätze der Raumordnung und Landesplanung selbst zu ermitteln,

---

1) Zoubek, Raumordnungsverfahren, S. 154 ff.; ihm folgend Menke, in: Hoppe/Menke, RuL (Rh-Pf), Rn. 1245 ff.; ähnlich auch für Schleswig-Holstein Koch/Menke, Raumordnungsverfahren, IzR 1979, 169 (171); nicht ganz eindeutig Bielenberg/Erbguth/Söfker, ROLaPlaR, M 445 Rn. 20, früher bereits ansatzweise Göb, Planungsermessen, structur 1972, 217.
2) Zoubek, Raumordnungsverfahren, S. 161.
3) Schmidt-Aßmann, Entwicklungstendenzen, VBlBW 1986, 2 (9).
4) Vgl. dazu oben S. 23.

zu bewerten und abzuwägen[1].

Soweit - wie in Bayern und Hessen - die sonstigen Erfordernisse der Raumordnung und Landesplanung Prüfungsmaßstab im ROV sein können, habe eine diesbezügliche Feststellung in der landesplanerischen Beurteilung lediglich den Charakter einer empfehlenden Stellungnahme[2].

b) Kritik an der "abgeleiteten Bindungswirkung"

Im Ergebnis zuzustimmen ist dem Ansatz der "abgeleiteten Bindungswirkung", soweit er sich auf die sonstigen Erfordernisse der Raumordnung und Landesplanung bezieht. Da das Raumordnungsgesetz diese Kategorie landesplanerischer Aussagen nicht kennt, folglich auch keine Aussagen über die Verbindlichkeit trifft, kann eine Bindungswirkung auch nicht auf dem Umweg über ein ROV erreicht werden[3]. Das gilt dann natürlich auch für die landesplanerische Beurteilung in ihrer Charakterisierung als "sonstiges Erfordernis der Raumordnung und Landesplanung"[4]. Bezogen auf die Ziele und Grundsätze der Raumordnung und Landesplanung erfährt die abgeleitete Bindungswirkung der landesplanerischen Beurteilung in der Literatur überwiegend eine Ablehnung[5].

Die Gegenmeinung wird bezogen auf die Ziele häufig damit begründet, die Wirkung nach § 5 Abs. 4 ROG komme nur den in Programmen und

---

1) So eingeschränkt seien entsprechend § 31 a a. F. ba-wüLPlG alle ROV-Vorschriften mit den Grundsätzen als Prüfungsmaßstab auszulegen, Zoubek, Raumordnungsverfahren, S. 176 ff., 180 ff.; a. A. insoweit Bielenberg/Erbguth/Söfker, ROlaPlaR, M 445 Rn. 22; vgl. auch Schmidt-Aßmann, Entwicklungstendenzen, VBlBW 1986, 2 (8) und unten S. 147, 153.
2) Zoubek, Raumordnungsverfahren, S. 184 ff.
3) So auch Erbguth, ROLaPlaR, Rn. 271.
4) Vgl. dazu oben S. 35 m. w. N.
5) Gegen Zoubek ausdrücklich Buchner, Raumordnungsverfahren, IzR 1979, 115 (123); Jarass, Verhältnis, BayVBl. 1979, 65 (70); Schlarmann, Fachplanung, S. 178 f.; Angst/Kröner/Traulsen, Landesplanungsrecht, § 13 Rn. 22; Ihmels/Köppl, Landesplanung, § 11 Rn. 65 ff.; Koppe, Regionale Raumordnungspläne, S. 165 f.; Schnitker, Raumordnungsverfahren, IzR 1979, 141 (147); seine noch weitergehende Auffassung, ROV-Ergebnisse seien selbst Ziele (Fachplanungsgesetze, IzR 1967, 173 (191)) hat Bielenberg, in: Bielenberg/Erbguth/Söfker, ROLaPlaR, K § 5 Rn. 74 c ausdrücklich aufgegeben.

Plänen niedergelegten zielförmigen Inhalten zu[1]. Das ergebe sich aus der Stellung des § 5 Abs. 4 ROG im Anschluß an § 5 Abs. 1 bis 3 ROG, der die Zielaufstellung in Programmen und Plänen regele[2] sowie daraus, daß auch die meisten Landesplanungsgesetze abschließend die Pläne und Programme als Träger der Ziele anerkennten[3]. Die systematische Trennung zwischen den planenden und sichernden Instrumenten der Raumordnung und Landesplanung gestatte es nicht, die Verbindlichkeit des Prüfungsmaßstabes auch auf die Ergebnisse der zu ihrer Sicherung durchgeführten Verfahren zu erstrecken[4]. Dieser Argumentation wird von Erbguth entgegengehalten, die Bindung werde im ROV nicht originär begründet, sondern ergebe sich aus den jeweiligen Zielvorgaben. Indem die einzelfallbezogene Abstimmung keine eigenständige Zielformulierung zum Gegenstand habe, sondern vorgegebene Ziele lediglich projektbezogen konkretisiere, stelle sich eine Verbindlichkeit des Verfahrensabschlusses nicht als eine Sicherungsmitteln fremde, nämlich nur Planinhalten vorbehaltene, Wirkung dar; vielmehr handele es sich um eine "Weitergabe" der bereits bestehenden Beachtenspflicht gegenüber den jeweiligen Planinhalten im Wege einer - sichernden - Konkretisierung[5]. Gegen eine abgeleitete Bindungswirkung bei Zielen und Grundsätzen als Prüfungsmaßstab wird ferner geltend gemacht, insoweit komme der Landesplanungsbehörde kein Auslegungsmonopol zu; vielmehr verbleibe ein diesbezügliches Abwägungsrecht der einzelnen Planungsträger[6]. Außerdem fehle es an einer für eine Verbindlichkeit erforderlichen Veröffentlichung der landesplanerischen Beurteilung[7]. Nicht zu rechtfertigen seien ROV-Abschlüsse mit unterschiedlichen Graden an Verbindlichkeit. Dies gelte um so mehr, da im ROV die verschiedensten Aspekte zu berücksichtigen seien. Insbesondere die Abstimmungsaufgabe, die in ihrer Bedeutung vor der relativ einfachen

---

1) Schlarmann, Fachplanung, S. 178; Schnitker, Raumordnungsverfahren, IzR 1979, 141 (147).
2) Jarass, Verhältnis, BayVBl. 1979, 65 (70).
3) Vgl. dazu oben S. 84 ff.
4) Jarass, Verhältnis, BayVBl. 1979, 65 (70); vgl. zum ROV als Sicherungsmittel oben S. 39 ff.
5) Erbguth, ROLaPlaR, Rn. 272.
6) Schlarmann, Fachplanung, S. 178; vgl. zu den unterschiedlichen Prüfungsmaßstäben unten S. 147, 151.
7) Jarass, Verhältnis, BayVBl. 1979, 65 (70); z. B. ggf. gegenüber Trägern anderer Vorhaben im betroffenen Raum.

Feststellung anhand der Prüfungsmaßstäbe rangiere und deshalb das ROV mit seinen aufwendigen organisatorischen, gutachterlichen und zeitintensiven Maßnahmen in dieser Form erfordere, verlange nach einer einheitlichen Bindungswirkung und nicht etwa einer isolierten Betrachtung der Verbindlichkeit nur anhand der Ziele[1].

c) Eigene Stellungnahme

Der zuletzt genannten Kritik ist zuzugeben, daß es für die Bindungsadressaten in der Tat schwierig und verwirrend sein kann, mit bis zu drei unterschiedlichen Bindungsintensitäten arbeiten zu müssen. Abwägungsfehler aufgrund falsch bewerteter Verbindlichkeit scheinen da vorprogrammiert zu sein[2]. Jedoch sind die unterschiedlichen Rechtswirkungen der RO-Ziele, RO-Grundsätze und sonstigen RO-Erfordernisse in der RO-Systematik angelegt, so daß es nur konsequent ist, wenn sie sich im akzessorischen, abgeleiteten Sicherungsinstrument ROV widerspiegeln.

Bei näherer Betrachtung zeigt sich, daß die Auffassung von der abgeleiteten Bindungswirkung keine Begründung liefert, sondern vielmehr eine solche fordert und für diese die rechtssystematischen Grenzen aufzeigt.

Zutreffend wird von ihren Vertretern erkannt, daß die direkte Anwendung von § 5 Abs. 4 ROG auf zielinterpretierende und -konkretisierende ROV-Ergebnisse mangels ihrer Zielqualität ausscheidet[3]. Eine analoge Anwendung des § 5 Abs. 4 ROG kommt aus denselben Gründen nicht in Betracht. Deshalb wird die Formulierung gewählt, bei der abgeleiteten Bindungswirkung handele es sich um eine "Weitergabe" der bereits bestehenden Beachtenspflicht gegenüber dem jeweiligen Planinhalt im Wege seiner - sichernden - Konkretisierung[4].

---

1) Ihmels/Köppl, Landesplanung, § 11 Rn. 66; Koppe, Regionale Raumordnungspläne, S. 165.
2) Vgl. zu einem Fall überschätzter Verbindlichkeit BayVGH, Beschl. v. 19.03.1980 - Nr. 9 C S 80 A. 1590, S. 16 ff.
3) Menke, in: Hoppe/Menke, RuL (Rh-Pf), Rn. 1246; Erbguth, ROLaPlaR, Rn. 271 ff.
4) Erbguth, ROLaPlaR, Rn. 272.

Oben wurde jedoch bereits dargestellt, daß die Abschlußentscheidung im ROV einen eigenständigen Entscheidungsgehalt hat. Die zielinterpretierenden und -konkretisierenden Aussagen erhalten eine selbständige Bedeutung neben den eigentlichen Planaussagen[1]. Um die Verbindlichkeit dieser "neuen raumordnerischen Erkenntnisquelle" geht es aber gerade im Rahmen der Verbindlichkeitsdiskussion. Infolge ihres im Wege des nachvollziehenden Abwägens gefundenen eigenständigen Aussagegehalts kann eine Verbindlichkeit nicht dadurch erreicht werden, daß die für die Prüfungsmaßstäbe bestehende Beachtenspflicht sich auf das ROV-Ergebnis erstreckt. Deshalb ist es konsequent, wenn zur Begründung der abgeleiteten Bindungswirkung nach einer kompetenziellen Letztentscheidungsbefugnis der RO-Behörde gesucht wird[2]. Eine noch zu begründende Bindungswirkung der zielbezogenen Verfahrensergebnisse kann allerdings nicht losgelöst von den Rechtswirkungen des Prüfungsmaßstabes gesehen werden[3], denn als Instrument der Raumordnung nimmt das ROV an den systematischen Beschränkungen dieses Rechtsgebiets teil[4]. Diese bilden vielmehr eine systematische Grenze einer Regelung der Bindungswirkung in dem Sinne, daß der Kreis der Bindungsadressaten nicht erweitert werden und die strikte Zielbindung des § 5 Abs. 4 ROG nicht relativiert werden darf[5]. Die Vorschriften der §§ 2 Abs. 2 und 3 Abs. 1 und 2 ROG sowie die entsprechenden landesplanerischen Vorschriften sind ebenfalls nicht in der Lage, eine abgeleitete Verbindlichkeit des ROV-Ergebnisses, die eine Überprüfung anhand der RO-Grundsätze beinhaltet, zu begründen. § 2 Abs. 2 ROG setzt ein eigenes Abwägungsrecht der in § 3 ROG genannten Adressaten der RO-Grundsätze voraus. Das Abwägungsrecht der Bundesstellen (§ 3 Abs. 1 ROG), der landesgesetzlich zur Abwägung der RO-Grundsätze ermächtigte Verwaltungsträger und der Landesplanung (§ 3 Abs. 2 ROG) stehen gleichberechtigt nebeneinander. Der Vorrang ist

---

1) Vgl. dazu oben S. 78 ff. und oben S. 35.
2) So Schmidt-Aßmann, Entwicklungstendenzen, VBlBW 1986, 2 (9); vgl. dazu ausführlich unten S. 125.
3) Vgl. zur Regelungswirkung oben S. 65 und unten S. 147, 153.
4) Schmidt-Aßmann, Entwicklungstendenzen, VBlBW 1986, 2 (7); Schoeneberg, Umweltverträglichkeitsprüfung, S. 176 ff.; vgl. auch oben S. 39 ff.
5) So im Ergebnis auch Erbguth, Bundes- und Landesrecht, S. 176; ders., ROLaPlaR, Rn. 271 ff.; wohl auch Bielenberg/Erbguth/Söfker, ROLaPlaR, M 445 Rn. 19 ff.

der landesplanerischen Abwägung nicht eingeräumt, wie sich auch aus § 5 Abs. 4 S. 2 ROG ergibt. Die RO-Behörde ist nicht etwa übergeordnete Prüfungsinstanz[1]. Deshalb kann auch keine abgeleitete Verbindlichkeit der auf RO-Grundsätze beruhenden landesplanerischen Beurteilung angenommen werden. Umgekehrt bildet das fachbehördliche Abwägungsrecht eine rechtssystematische Grenze bei einer gesetzlichen Anordnung der Verbindlichkeit eines solchen ROV-Ergebnisses[2]. Soweit die Auffassung vertreten wird, wegen des fachbehördlichen Abwägungsrechts könne sich die Bindung einer Vereinbarkeitsprüfung mit den RO-Grundsätzen nur darauf beziehen, ob diese sachgerecht abgewogen worden seien[3], wird im Prinzip nur diese Grenze aufgezeigt, nicht aber - was erforderlich wäre - eine Begründung für die Verbindlichkeit geliefert. Deshalb sollte zur Klarstellung nicht von einer abgeleiteten Bindungswirkung, die Rechtswirkungen der landesplanerischen Beurteilung zu begründen scheint, sondern von der raumordnungssystematischen Grenze einer - vom Gesetzgeber - zu schaffenden Verbindlichkeit gesprochen werden.

5. Bindungswirkung durch Raumordnungs- und Allgemeinwohlklauseln sowie unbestimmte Rechtsbegriffe

Einige Stimmen in Rechtsprechung und Literatur versuchen, direkt über die Raumordnungs- oder Allgemeinwohlklauseln, unbestimmte Rechtsbegriffe und Planungsermessensvorschriften in den Fachgesetzen eine behördeninterne Verbindlichkeit der landesplanerischen Beurteilung zu begründen[4]. Zunächst ist eine so konstruierte bindende Wirkung nur in den Fällen möglich, in denen in den aufgeführten Vorschriften die sonstigen Erfordernisse der Raumordnung

---

1) Schmidt-Aßmann, Entwicklungstendenzen, VBlBW 1986, 2 (6 f.).
2) Vgl. dazu oben S. 46 und 88 ff.
3) Zoubek, Raumordnungsverfahren, S. 181; Schmidt-Aßmann, Entwicklungstendenzen, VBlBW 1986, 2 (9).
4) Heigl/Hosch, Landesplanung, Art. 23, Anm. 54; Hosch, Aktuelle Fragen, BayVBl. 1974, 331 (335); Forsthoff/Blümel, Fachplanungsrecht, S. 132 ff. (hinsichtlich der Raumordnungsklauseln); VG Frankfurt, Urt. v. 27.12.1983 - VI/V E 3183/82 -, HStGZ 1985, 337 (339 f.).

und Landesplanung berücksichtigungsfähig sind[1]. Aber selbst in den Fällen, in denen Raumordnungsklauseln konstitutiv eine Beachtenspflicht der sonstigen Erfordernisse der Raumordnung und Landesplanung anordnen (vgl. etwa § 6 LuftVG, 13 WaStrG)[2], fehlt es an einer Begründung dafür, daß die Fachbehörde an die von der Landesplanungsbehörde erstellte landesplanerische Beurteilung gebunden ist. Die Pflicht der Fachgenehmigungs- oder Planfeststellungsbehörde oder ihre rechtliche Möglichkeit, die Erfordernisse der Raumordnung und Landesplanung in der außengerichteten, bürgerverbindlichen bodennutzungsorientierten Abwägungsentscheidung zu berücksichtigen, ist nicht identisch und darf auch nicht verwechselt werden mit einer Bindung an die in dem vorgelagerten landesplanerischen Vorklärungsverfahren getroffenen Feststellungen zu vorhabenbezogenen Fragen der Raumordnung und Landesplanung[3]. Eine Bindung an landesplanungsbehördliche Mitwirkungs- und Vorbereitungshandlungen oder gutachterliche Vorklärungen bedarf demgegenüber einer gesonderten innen- oder außenrechtlichen Anordnung.

Außerdem würde durch eine derart begründete Verbindlichkeit der landesplanerischen Beurteilung wiederum die im Raumordnungsgesetz bzw. den Landesplanungsgesetzen zwischen Zielen, Grundsätzen und sonstigen Erfordernissen der Raumordnung und Landesplanung angelegte Differenzierung unterlaufen. Gleichzeitig fehlt es auch in diesem Fall an einer von einer Bindung notwendig geforderten Bekanntmachung der landesplanerischen Beurteilung gegenüber allen möglicherweise Bindungsunterworfenen[4].

6. Bindungswirkung über eine Interpretationskompetenz

Soweit sich eine bindende Wirkung des verfahrensbeendenden Ergebnisses aus dem bloßen Hinweis auf ein Interpretations- und Subsumtionsmonopol oder eine Interpretationskompetenz der zuständigen

---

1) Vgl. dazu unten S. 170 ff. zu weit daher Heigl/Hosch, Landesplanung, Art. 23 Rn. 54.
2) Vgl. zur konstitutiven Wirkung dieser Raumordnungsklauseln Forsthoff/Blümel, Fachplanungsrecht, S. 125 ff.
3) Jarass, Verhältnis, BayVBl. 1979, 65 (70); zu den einzelnen RO- und Allgemeinwohlklauseln vgl. unten S. 170 ff.
4) Jarass, Verhältnis, BayVBl. 1979, 65 (70).

Landesplanungsbehörde ergeben soll[1], kann dem nicht gefolgt werden. Eine solche Kompetenz müßte näher begründet werden[2]. Sie kann sich ggf. aus der Zuständigkeitsverteilung zwischen den Landesplanungsbehörden und den Fachplanungs- und Genehmigungsbehörden herleiten lassen.

7. Bindungswirkung durch Kompetenz- oder Zuständigkeitsverteilung

Überwiegend begründet wird eine behördeninterne Bindung der Landesbehörden an die Ergebnisse einer landesplanerischen Beurteilung mit der Zuständigkeitsverteilung im Rahmen der Behördenorganisation, die den Landesplanungsbehörden die Zuständigkeit für Fragen der Raumordnung und Landesplanung zuweise[3]. Da nach der staatlichen Aufgabenverteilung nach Art. 1 Abs. 1 Nr. 2 bayLPlG nur die Landesplanungsbehörden zur Ermittlung und Beurteilung der Erfordernisse der Raumordnung und zur Feststellung, ob ein Vorhaben den Erfordernissen der Raumordnung entspricht, zuständig seien, sei insoweit für eine abweichende Entscheidung anderer Behörden kein Raum[4]. Das Verwaltungsgericht München begründet seine entsprechende Auffassung mit Art. 5 bayLPlG: Die Bindung ergebe sich aus der Behördenstruktur. Art. 5 bayLPlG lege zwingend die Zuständigkeit der einzelnen Landesplanungsbehörden fest. Das bedeutet, daß die dort genannten

---

1) Vgl. Bielenberg/Erbguth/Söfker, ROLaPlaR, M 450 Rn. 21; Schmidt-Aßmann, Umweltschutz, S. 117 (163).
2) Vgl. etwa Zoubek, Instrument, BayVBl. 1982, 718 (720), der diese Kompetenz aus dem Verwaltungsaktscharakter der landesplanerischen Feststellung ableitet.
3) Zinkahn/Bielenberg, ROG, § 3 Rn. 9; Heigl/Hosch, Landesplanung, Art. 23 Rn. 53 f.; Hosch, Aktuelle Fragen, BayVBl. 1974, 331 (335); ders., Verhältnis, BayVBl. 1979, 398 (399); Suderow, Fachplanungen, S. 53; Ihmels/Köppl, Landesplanung, § 11 Rn. 70; Lau, Rechtsschutz, S. 93 f.; Wald, Gemeinden, S. 191; Buchner, Raumordnungsverfahren, IzR 1979, 115 (123); wohl auch Forsthoff/Blümel, Fachplanungsrecht, S. 133; Knöpfle, Einvernehmen, S. 61; wohl auch Schmidt-Aßmann, Entwicklungstendenzen, VBlBW 1986, 2 (9), wenn er materielle Wirkungen der RO-Belange mit dem Sicherungs- und Abstimmungsauftrag der RO-Behörden, also Kompetenzfragen, kombiniert; vgl. dazu oben S. 118.
4) Heigl/Hosch, Landesplanung, Art. 23 Rn. 53 f.; Hosch, Aktuelle Fragen, BayVBl. 1974, 331 (335); ders., Verhältnis, BayVBl. 1979, 398 (399); Badura, Standortentscheidung, BayVBl. 1976, 515 (517); Giemulla/Lau/Barton, LuftVG, Vorbem. § 6 - 19 b Rn. 52; VG Augsburg, Urt. v. 09.12.1978 - Au 231 III 76, S. 11.

Behörden für Fragen der Raumordnung und Landesplanung ausschließlich zuständig seien[1].

Bestätigt werde die Auffassung von der über die Zuständigkeitsverteilung begründeten Bindungswirkung durch die landesplanerischen Regelungen der Mitwirkung der Fachbehörden: Während mit ihnen bei der Aufstellung der Ziele ein Einvernehmen hergestellt werden müsse, genüge im Raumordnungsverfahren eine einfache Beteiligung[2].

In Hessen resultiere die Bindungswirkung der Genehmigungsbehörden an das von der Landesplanungsbehörde formulierte Ergebnis des ROV aus § 11 hessLPlG. Diese Bestimmung übertrage den Landesplanungsbehörden nicht nur die Kompetenz, die Abstimmung verschiedener Planungen sowie die Feststellung ihrer Vereinbarkeit mit den Raumordnungsbelangen authentisch vorzunehmen, sondern schließe zugleich aus, daß dies auch noch durch andere Stellen geschehe[3].

Der Versuch, über die Zuständigkeitsverteilung der landesplanerischen Beurteilung bindende Wirkung beizulegen, ist in der Literatur nicht unwidersprochen geblieben.

Teilweise wird bezweifelt, daß aus der Zuständigkeitsverteilung auf eine Bindung anderer Behörden geschlossen werden könne[4]. Allenfalls ausschließliche Zuständigkeiten könnten diesen Effekt bewirken. Daran fehle es aber vorliegend. Sowohl die Fachplanungs- und Genehmigungsbehörden als auch die für das ROV zuständigen Landesplanungsbe-

---

1) VG München, Urt. v. 06.07.1978 - Nr. M 43 III 76 -, S. 12.
2) Vgl. Art. 18 Abs. 3 und 26 Abs. 4 bayLPlG; Hosch, Verhältnis, BayVBl. 1979, 398 (399).
3) Ihmels/Köppl, Landesplanung, § 11 Rn. 70; Lautner, Städtebaurecht, S. 288 f.
4) Jarass, Verhältnis, BayVBl. 1979, 65 (71); vgl. auch Geiger, Verkehrsflughäfen, NuR 1982, 125 (131); ders., Landbeschaffungsgesetz, BayVBl. 1981, 641 (642).

hörden seien an der Ermittlung der Belange der Raumordnung und Landesplanung beteiligt. Dies ergebe sich aus der Fassung der fachgesetzlichen Tatbestände mit ihren Raumordnungs- und Allgemeinwohlklauseln [1].

Als weiteres, schwerwiegendes Argument gegen eine aus der Zuständigkeitsverteilung hergeleitete Interpretationskompetenz der Landesplanungsbehörde und damit gleichzeitig einer Verbindlichkeit ihrer Verfahrensergebnisse wird eingewandt, eine solche Kompetenz stehe mangels gesetzlicher Anordnung den Raumordnungs- und Landesplanungsbehörden ebensowenig zu wie den anderen Behörden [2]. Der zur Entscheidung berufenen Genehmigungs- oder Planfeststellungsbehörde sei es nämlich untersagt, die Stellungnahmen anderer (Fach)behörden ungeprüft zu übernehmen [3].

Trotz eines erheblichen faktischen Gewichts der landesplanerischen Stellungnahme bestehe keine rechtliche Bindung [4]. Daher müsse bei Divergenzen notfalls die gemeinsame vorgesetzte Behörde, ggf. das Kabinett entscheiden [5]. Konsequenterweise seien deshalb die Raumordnungsbehörden nicht als übergeordnete Stellen eingerichtet worden, sondern als gleichrangige Organisationseinheiten mit einer Überblicks- und Koordinationsfunktion [6].

Über eine Verteilung der Zuständigkeiten läßt sich im Ergebnis eine bindende Wirkung der landesplanerischen Beurteilung nicht begründen.

---

1) Jarass, Verhältnis, BayVBl. 1979, 65 (71); vgl. zu § 7 AtG BayVGH, Zwischenurteil v. 09.04.1979 - Nr. 167 VI 77 - BayVBl. 1979, 625 (628 f.); Schmidt-Aßmann, Entwicklungstendenzen, VBlBW 1986, 2 (6 f.).
2) Koppe, Regionale Raumordnungspläne, S. 166 f.
3) Vgl. dazu BayVGH, Zwischenurteil v. 09.04.1979 - Nr. 167 VI 77 -, BayVBl. 1979, 625 (628 f.), Beschl. v. 19.03.1981 - Nr. 9 CS 80 A. 1590 -, S. 16 ff.; Angst/Kröner/Traulsen, Landesplanungsrecht, § 13 Rn. 22.
4) Vgl. zu den faktischen Wirkungen des ROV unten S. 138 und Lautner, Städtebaurecht, S. 286 ff.; ders., Anm., HStGZ 1985, 340 f.
5) Angst/Kröner/Traulsen, Landesplanungsrecht, § 13 Rn. 22; Jarass, Verhältnis, BayVBl. 1979, 65 (71).
6) Vgl. dazu Weidemann, G, Bindung, S. 18 ff.; ebenso Jarass, Verhältnis, BayVBl. 1979, 65 (71).

Zunächst ist anzumerken, daß eine solche Bindung nur für die Landesfachbehörden in Frage käme, da der Bund von Zuständigkeitsregelungen auf Länderebene unberührt bleibt.

Art. 5 bayLPlG muß als Anknüpfungsnorm von vornherein ausscheiden, da dort lediglich die Organisation der Landesplanung geregelt wird[1].

Von einer ausschließlichen Zuständigkeit der Landesplanungsbehörden zur Interpretation der Erfordernisse der Raumordnung und Landesplanung, die den Effekt einer Bindung der anderen Behörden haben könnte, kann ebenfalls nicht gesprochen werden. Die untersuchten Genehmigungs- und Planfeststellungstatbestände belegen vielmehr, daß gerade auch den zuständigen Fachbehörden Raum zur Beurteilung von Fragen der Raumordnung und Landesplanung eingeräumt wird[2]. Ganz deutlich wird die partielle Überschneidung der Prüfungsbereiche in der Formulierung der Raumordnungsklausel des § 6 Abs. 2 LuftVG. Danach ist zu prüfen, ob die geplante Maßnahme den Erfordernissen der Raumordnung und Landesplanung entspricht. Mit nahezu identischem Wortlaut wird in den meisten Landesplanungsgesetzen die Feststellungsaufgabe des ROV umschrieben.

Bestätigt wird dieses Zwischenergebnis durch § 13 Abs. 5 S. 1 ba-wüLPlG, wonach ein ROV bei bereits eingeleitetem Verwaltungsverfahren nur bei besonderer Rechtfertigung durchzuführen ist; d. h. eine gewisse doppelte Prüfungszuständigkeit wird als vorgegeben angesehen. Gleiches läßt sich aus § 18 Abs. 5 und 6 rh-pfLPlG entnehmen. Danach ist bei durchgeführtem ROV die Anhörung der Landesplanungsbehörde im Fachverfahren entbehrlich bzw. führt diese Behörde die für das Planfeststellungsverfahren erforderliche Anhörung selbst im ROV durch. Diese doppelte Prüfungszuständigkeit ist es auch gerade, die im Rahmen der zukünftigen Ausgestaltung der Bindungswirkung des ROV die Forderung nach ihrer Vermeidung aufkommen läßt[3].

---

1) Vgl. aber VG München, Urt. v. 06.07.1978 - Nr. 1143 III 76 -, S. 12.
2) Vgl. unten S. 172 ff.; Jarass, Verhältnis, BayVBl. 1979, 65 (66 f.); BVerwG, Urt. v. 12.07.1985 - 4 C 40.83 - UPR 1985, 373 (374).
3) Vgl. dazu Zoubek, Sicherungsinstrumente, S. 161, 170 f.; Cupei, Umweltverträglichkeitsprüfung, DVBl. 1985, 813 (819 f.); Brenken, Weiterentwicklung, S. 54.

Entscheidendes Argument gegen eine mit Hilfe der Zuständigkeitsverteilung begründete Bindungswirkung ist, daß die Aufteilung der Zuständigkeiten nicht in der Lage ist, die ihr zugeschriebene Aufgabe zu erfüllen.

In Anlehnung an den bekannten Grundsatz, daß eine Behörde durch die Zuweisung einer Aufgabe nicht automatisch die zu ihrer Erfüllung notwendigen Befugnisse erhält[1], läßt sich argumentieren, daß dann genausowenig behördeninterne Rechtswirkungen der von der zuständigen Landesplanungsbehörde durchgeführten Maßnahme ROV allein aufgrund der Kompetenzverteilung angenommen werden dürfen.

Auch die Funktionen der Kompetenzzuweisungen sind nicht geeignet, eine bindende Wirkung der von der zuständigen Stelle durchgeführten Maßnahme zu konstituieren; sie sprechen eher für das Gegenteil. Stettner[2] differenziert zwischen Konstituierungsfunktion[3], Integrationsfunktion[4], Ordnungsfunktion[5], Prärogativfunktion[6], Schutzfunktion[7], Legitimationsfunktion[8], Auftragsfunktion[9] sowie der Rechenschafts- und Verantwortungsfunktion.

---

1) Rudolf, in: Erichsen/Martens, AllgVwR, § 56 IV 1, S. 564; Maurer, AllgVwR, § 21 Rn. 53.
2) Stettner, Kompetenzlehre, S. 299 ff.
3) Die Kompetenzverteilung dient der Hervorbringung berechenbarer staatlicher Macht, S. 303.
4) Die Kompetenzverteilung ist durch Mitwirkungsrechte auf ein sinnvolles Ganzes ausgerichtet, S. 304.
5) Zerfällt in die Grundsätze der Ausschließlichkeit sowie der Lückenlosigkeit von Kompetenzen sowie das Verbot der Vermeidung von Doppelbeauftragungen, S. 306.
6) Begründung dafür, warum im Prozeß der Gemeinwohlkonkretisierung Zuständigkeiten so und nicht anders verteilt wurden, S. 308.
7) Ausdruck der Gewaltenteilung, S. 320 ff.
8) Verfassungsrechtliche Legitimation zur Grundrechtsbeschränkung.
9) Richtlinien/Leitsätze für den Gesetzgeber oder die Verwaltung.

Für die Zuständigkeitsverteilung zwischen Landesplanungs- und Fachbehörden interessieren in erster Linie die ersten vier Kompetenzfunktionen, da sie überwiegend die Funktion innerhalb einer Staatsgewalt - hier der Exekutive - beschreiben und nicht so sehr die grundgesetzliche Gewaltenteilung als Ganzes im Blickfeld haben, wie dies bei den übrigen Kompetenzfunktionen der Fall ist.

Während die Konstituierungsfunktion lediglich besagt, daß mehrere Befugnisträger - hier einerseits die Landesplanungsbehörden, andererseits die jeweiligen Fachbehörden - geschaffen werden können bzw. müssen, besagt die Integrationsfunktion der Kompetenz- und Zuständigkeitsverteilung, daß zwischen den einzelnen Befugnissen Zuordnungen bestehen. Diese sind institutionell gewährleistet durch hierarchische Weisungsbefugnisse sowie eine gemeinsame anordnungsberechtigte Spitze und zahlreiche positivierte Anhörungs-, Mitwirkungs- und Mitbestimmungsrechte[1]. Für die Zuständigkeits- und Aufgabenverteilung zwischen den Landesplanungsbehörden und den Fachbehörden hat dies für den Fall, daß der landesplanerischen Beurteilung keine Regelungswirkung zukommt[2], zur Konsequenz, daß die Fachbehörden an landesplanerische Stellungnahmen ohne besondere (gesetzliche) Anordnung nicht gebunden sind und im Streitfall ggf. das Kabinett die Letztentscheidung zu treffen hat. Die landesplanerische Stellungnahme geht dann gleichberechtigt mit den Fachbeiträgen der Fachbehörden in das Genehmigungs- oder Planfeststellungsverfahren ein; es sei denn, es sei etwas anderes bestimmt. So wird z. B. im § 4 Abs. 1 S. 2 hessAbfG ein Einvernehmen mit der Landesplanungsbehörde gefordert. In einem solchen Fall präjudiziert der negative Ausgang eines ROV das nachfolgende Fachverfahren[3].

---

1) Stettner, Kompetenzlehre, S. 303 f.; Knöpfle, "Tatbestands"- und "Feststellungswirkung", BayVBl. 1982, 225 (230).

2) Vgl. dazu oben S. 65 ff.; zu den unterschiedlichen Prüfungsmaßstäben unten S. 147, 153 ; Schmidt-Aßmann, Entwicklungstendenzen, VBlBW 1986, 2 (9).

3) Ihmels/Köppl, Landesplanung, § 11 Rn. 71; insoweit widersprüchlich, da gleichzeitig eine Bindung über die Kompetenzverteilung angenommen wird.

Damit stellt sich das Problem der Verbindlichkeit der landesplanerischen Beurteilung - ohne Regelungswirkung - letztlich nicht als ein Kompetenzüberschneidungsproblem, sondern als eine Frage der Bindungswirkung behördeninterner Vorbereitungs- und Mitwirkungsmaßnahmen dar[1].

Auf die kompetenzrechtlichen Besonderheiten eines ROV, das mit einer Regelung abschließt, sei hier - auch im Hinblick auf Überlegungen der lege ferenda -[2], kurz eingegangen.

Die gewalt- und funktionsteilende rechtsstaatliche Zuständigkeitsordnung, deren Ziel es ist, Regelungslücken und -überschneidungen zu vermeiden und ein homogenes System der Ausübung staatlicher Hoheitsgewalt zu errichten[3], erfordert, daß Gerichte und Verwaltungsbehörden im Verhältnis zueinander wie unter sich kompetenzgerechte Hoheitsakte in der Weise respektieren, daß sie die in ihnen getroffenen Regelungen ihren eigenen Entscheidungen zugrunde legen[4]. Andernfalls würde das System der Zuständigkeitsverteilung aus den Angeln gehoben[5].

Diese aus der staatlichen Kompetenzordnung abgeleitete Maßgeblichkeit staatlicher Hoheitsakte ermöglicht es, neben den Kriterien der Tatbestands- und Feststellungswirkung, die insbesondere für in Bescheidform ergehende Akte staatlicher Gewalt in Betracht kommen, eine Verbindlichkeit auch anderer (verwaltungsinterner) Akte zu begründen. Voraussetzung für die dadurch geschaffene Begrenzung anderer Kompetenzen oder eine Kompetenzverschiebung ist allerdings, daß der Hoheitsakt Regelungswirkung hat. Dazu bedarf es aus rechts-

---

1) Vgl. dazu Henseler, Kompetenzkonflikte, DVBl. 1982, 390 (395).
2) Vgl. dazu unten S. 239.
3) Zur "Entscheidung des Staates zur Rationalität" vgl. Bull, Staatsaufgaben, S. 106 ff.; daraus leitet Stettner, Kompetenzlehre, § 1 II 5 und § 8 II die Forderung nach der Widerspruchslosigkeit staatlichen Handelns ab.
4) Knöpfle, "Tatbestands"- und "Feststellungswirkung", BayVBl. 1982, 225 (228).
5) Badura, in: Erichsen/Martens, AllgVwR, § 41 V 1, S. 377; Martens, Begriffsbestimmung, DVBl. 1968, 322 ff.

staatlichen Gründen einer Anordnung durch ein formelles Gesetz[1].
ROV-Abschlüsse mit gesetzlich angeordnetem Regelungsgehalt sind demnach über das aus der Kompetenzordnung abgeleitete Kriterium der Maßgeblichkeit von den anderen Landesfachbehörden als vorgegeben hinzunehmen.

Für eine Bindung auch an die nicht regelnden landesplanerischen Beurteilungen durch die Kompetenzverteilung scheint die Ordnungsfunktion der Kompetenzzuweisungen zu sprechen. Die dieser Kompetenzfunktion innewohnenden Grundsätze der Ausschließlichkeit von Kompetenzen und des Verbots von Doppelbeauftragungen mögen die Auffassung rechtfertigen, die Beurteilung landesplanerischer Vorfragen könne nur den Landesplanungsbehörden zugewiesen sein[2]. Auch die Prärogativfunktion der Kompetenzen, die den einzelnen Behörden für bestimmte Fachmaterien eine auf Spezialaufgaben zugeschnittene Organisationsform zuweist und damit die Aufgabenübertragung gerade auf die jeweilige Behörde rechtfertigt[3], legt es nahe, in erster Linie die RO-Behörden als mit der Entscheidung aller landesplanerischen Fragen betraut anzusehen.

Jedoch ist anerkannt, daß sich im Überschneidungsbereich von Raumordnung und Fachplanung in Anbetracht der Komplexität der Planungs- und Genehmigungsverfahren insbesondere für raumbedeutsame Großprojekte eine strikte Trennung der Zuständigkeits- und Kompetenzbereiche weder erreichen noch durchhalten läßt[4]. Um eine sachgerechte Entscheidung treffen zu können, müssen sich die Planfeststellungs- und Genehmigungsbehörden, diese vor allem vor der Erteilung einer sog. Planungsgenehmigung[5], intensiv mit den Fragen der Raumordnung und Landesplanung auseinandersetzen[6]. Dabei bieten die von der Landes-

---

1) Knöpfle, "Tatbestands"- und "Feststellungswirkung", BayVBl. 1982, 225 (228, 230); vgl. zur Regelungswirkung der landesplanerischen Beurteilung unten S. 65 ff.

2) Diese Kompetenzfunktion bildet - wenn auch nicht erwähnt - den Hintergrund für die Auffassung von der durch die Kompetenzverteilung begründeten Bindungswirkung der ROV-Ergebnisse, vgl. oben S. 126 mit Fn. 3 und 4.

3) Stettner, Kompetenzlehre, S. 309 ff.

4) Jarass, Verhältnis, BayVBl. 1979, 65 (67 ff.); Manner, Grundlagen, S. 19; Schmidt-Aßmann, Fortentwicklung, S. 81 ff., zu der grundgesetzlichen Kompetenzverteilung.

5) Vgl. dazu oben S. 106 und §§ 7 AtG, 6 LuftVG.

6) Jarass, Verhältnis, BayVBl. 1979, 65 (67, 69).

planungsbehörde erstellten landesplanerischen Beurteilungen ein wichtiges Hilfsmittel. Auf diese Weise werden sowohl die Fachkompetenz der Fachbehörde als auch die der Landesplanungsbehörde sinnvoll genutzt. Beide Behördenzweige stehen gleichberechtigt nebeneinander, nicht aber sind die Landesplanungsbehörden übergeordnet oder ausgesondert und mit Spezialaufgaben betraut.

Zusammenfassend läßt sich festhalten, daß sich eine Verbindlichkeit der landesplanerischen Beurteilung für die das nachfolgende fachliche Genehmigungs- oder Planfeststellungsverfahren durchführende Behörde nicht allein aus der Aufgabenverteilung innerhalb der staatlichen Behörden herleiten läßt. Der Blick auf die Funktionen der Kompetenzzuweisung hat belegt, daß es für bindende Wirkungen des Verfahrensabschlusses unter Kompetenzgesichtspunkten entweder einer gesetzlichen Regelung der Mitwirkung (Einvernehmen) bedarf oder das ROV selbst mit einer Regelung enden muß. Ansonsten hat die im ROV erarbeitete Stellungnahme dasselbe Gewicht und dieselbe Wirkung wie jeder (sorgfältig begründete) Fachbeitrag einer im Genehmigungs- oder Planfeststellungsverfahren zu beteiligenden Fachbehörde auch.

8. Bindungswirkung durch Einheit der Verwaltung

Aus der einheitlichen Zurechnung der Bindung zum Rechtskreis des alle Behörden des Landes umgreifenden Rechtsträgers folge bereits, daß alle Behörden und Verwaltungsstellen der landesunmittelbaren Verwaltung an die ROV-Ergebnisse gebunden seien[1]. Dieser Begründungsansatz ist insgesamt zu pauschal. Der Blick auf die Kompetenzverteilung hat gezeigt, daß einerseits eigenständige Letztentscheidungsbefugnisse bestehen, andererseits Ableitungszusammenhänge zwischen den einzelnen Verwaltungszweigen vorhanden sind und sein müssen. Letztere müssen jedoch aufgrund der Gleichrangigkeit aller Behörden, wenn sie nicht lediglich im Rekurs auf die gemeinsame Verwaltungsspitze bestehen, jeweils gesondert begründet werden[2].

---

1) Schmidt-Aßmann, Entwicklungstendenzen, VBlBW 1986, 2 (8) für Baden-Württemberg.
2) Vgl. oben S. 126.

9. Bindungswirkung über Verwaltungsvorschriften

Die Bindung der fachgesetzlich zur Entscheidung berufenen Genehmigungs- oder Planfeststellungsbehörde kann dadurch begründet werden, daß sie verwaltungsintern durch Verwaltungsvorschriften angeordnet wird[1]. In Baden-Württemberg regelt eine Verwaltungsvorschrift die Bindungswirkung der landesplanerischen Beurteilung[2]. Nach I 8.1 ba-wü VVROV findet der landesplanerische Vorschlag in die Entscheidung der Fachbehörde als maßgebliche Entscheidungsgrundlage Eingang, soweit Raumordnungsklauseln vorhanden sind und bei der Auslegung der unbestimmten Rechtsbegriffe über raumordnerische Gesichtspunkte zu befinden ist. Nach I 8.2.1 ba-wü VVROV darf bei positivem Ergebnis der landesplanerischen Feststellung das Vorhaben nicht aus raumordnerischen Gründen abgelehnt werden, während nach I 8.2.2 ba-wü VVROV bei negativem Ausgang Vorhaben öffentlicher Planungsträger nicht zugelassen werden dürfen und Vorhaben sonstiger Planungsträger die Zulassung zu versagen ist, wenn Raumordnungsklauseln den "Durchgriff" der Ziele vorsehen.

Bei einer durch Verwaltungsvorschriften geschaffenen bindenden Wirkung des Verfahrensergebnisses sind die sich aus einer Rechtsquelle des Innenrechts ergebenden Besonderheiten zu beachten.

Die über Verwaltungsvorschriften angeordnete Bindungswirkung kann sich nur auf die raumordnerische Beurteilung des Vorhabens erstrecken, da nur sie Gegenstand des ROV ist[3].

Da sich Verwaltungsvorschriften zu materiellem Gesetzesrecht nicht in Widerspruch setzen dürfen[4], sind die sich aus dem ROG und den

---

1) Angst/Kröner/Traulsen, Landesplanungsrecht, § 13 Rn. 22.
2) Verwaltungsvorschrift des Innenministeriums über die Durchführung von ROVen v. 31.07.1978 Nr. VII 1544/30 (GABl. 1978, S. 1082); auch abgedr. bei Angst/Kröner/Traulsen, Landesplanungsrecht, Anh. 4.
3) Angst/Kröner/Traulsen, Landesplanungsrecht, § 13 Rn. 22; vgl. auch Heigl/Hosch, Landesplanung, Art. 23 Rn. 54.
4) Maurer, AllgVwR, § 4 Rn. 30; Ossenbühl, Verwaltungsvorschriften und Grundgesetz, S. 186.

Landesplanungsgesetzen ergebenden Grenzen zu beachten. D. h. eine weitergehende Bindung als an die materiell bindenden jeweiligen Prüfungsmaßstäbe kann auch das Innenrecht nicht vorsehen[1].

Der Adressatenkreis einer sich aus Verwaltungsvorschriften ergebenden bindenden Wirkung ist begrenzt. Neben den Landesbehörden kommen die Gemeinden nur in Betracht, wenn sie Pflichtaufgaben nach Weisung erfüllen und das Weisungsrecht insoweit nicht eingeschränkt ist[2].

Grundsätzlich gelten Verwaltungsvorschriften nur für den Geschäftsbereich, in dem sie ergehen[3]. D. h. eine Verwaltungsvorschrift nur für das Ressort, dem die Landesplanung angehört, ist nicht in der Lage, eine Verbindlichkeit des ROV für anderen Geschäftsbereichen zugeordnete Fachbehörden zu statuieren. Vielmehr müssen auch diese Geschäftsbereiche entweder eine entsprechende Verwaltungsvorschrift erlassen, sich an einer gemeinsamen Anordnung mehrerer Ministerien beteiligen oder dem Innenrecht eines anderen Ressorts zustimmen. Letzterer Weg wurde in Baden-Württemberg beschritten. Dort haben alle anderen Ministerien der Verwaltungsvorschrift des Innenministeriums zugestimmt und auf diese Weise eine bindende Wirkung gegenüber den ihnen unterstellten Behörden erzeugt[4].

Damit hat Baden-Württemberg als einziges Bundesland wirksam eine landesbehördeninterne bindende Wirkung des ROV-Abschlusses durch Verwaltungsvorschriften begründet[5].

---

1) So im Ergebnis auch Angst/Kröner/Traulsen, Landesplanungsrecht, § 13 Rn. 22, wenn auch ohne Begründung.
2) Maurer, AllgVwR, § 24 Rn. 18; vgl. zu den Maßnahmen des Bundes insgesamt unten S. 149 ff.
3) Ossenbühl, in: Erichsen/Martens, AllgVwR, § 7 IV, 5, S. 94.
4) Ba-wü VVROV v. 31.07.1978, GABl. S. 1082.
5) Von einer Weitergeltung der ba-wü VVROV ist trotz einer Änderung des LP1G bezüglich des ROV im §§ 13, 14 auszugehen, da der Sache nach in § 13 keine Veränderung eingetreten ist und § 14 eine Verengung, nicht aber eine Erweiterung des Bindungsgegenstandes vornimmt ("soll ... aufzeigen" entspricht dem Vorschlag nach § 31 a Abs. 1 S. 1 ba-wüLP1G, a. F., vgl. oben S. 37; in § 14 wurde gegenüber § 31 b a. F. eine Präzisierung des Maßstabs von Erfordernissen auf Ziele und abgewogene Grundsätze vorgenommen), so daß auch vom Aufrechterhalten der Zustimmung der übrigen Ministerien auszugehen ist.

10. Bindungswirkung und sonstige Begründungsansätze

Teilweise wird versucht, eine behördeninterne Verbindlichkeit des ROV-Ergebnisses mit einer Beschreibung als "eine Art von vorweggenommener Teilentscheidung oder vorgreiflicher Genehmigung" sowie durch eine Gleichstellung mit den in den Landesbauordnungen geregelten Bauvoranfragen zu begründen[1]. Gegen diese Begründungsansätze ist bereits einzuwenden, daß in den genannten Vergleichsfällen regelmäßig dieselbe Behörde entscheidet, so daß eine Selbstbindung an die eigene Teilentscheidung eintreten kann, während die Landesplanungsbehörde eine andere Behörde ist, deren Entscheidungen die Fachbehörde nur über die - hier nicht eingreifenden - Regeln der Tatbestands- und Feststellungswirkung oder über gesetzlich angeordnete Mitwirkungsregelungen bzw. Regelungswirkungen der landesplanerischen Beurteilung binden kann[2].

Darüber hinaus sind kennzeichnend für Teilgenehmigungen oder Bauvorbescheide ihre Regelungs- und Außenwirkung gegenüber dem Bürger[3]. Mit diesen Wirkungen sind jedoch die landesplanerischen Beurteilungen regelmäßig nicht ausgestattet.

Auch Sinn und Zweck des ROV sind entgegen der Ansicht Knöpfles nicht in der Lage, eine Behördenverbindlichkeit der landesplanerischen Beurteilung zu begründen[4].

Zwar ist es richtig, daß das ROV seine Funktion als raumordnerisches Koordinationsinstrument nur befriedigend erfüllen kann, wenn die in der landesplanerischen Beurteilung enthaltenen Feststellungen, Abwägungen und u. U. Prioritätsentscheidungen von den Planungsträgern und den mit dem Vollzug raumbedeutsamer Gesetze betrauten Stellen nicht immer wieder erneut aufgegriffen und in Frage gestellt werden

---

1) Vgl. für Hessen <u>Lautner</u>, Städtebaurecht, S. 288; <u>ders.</u>, Anm., HStGZ 1985, 340 f.
2) Vgl. dazu oben S. 117.
3) Vgl. stellvertretend für alle Landesbauordnungen <u>Simon</u>, BayBO, Bd. I Art. 75 Rn. 1, 4; <u>Büdenbender/Mutschler</u>, Bindungs- und Präklusionswirkung, Rn. 11 ff.
4) <u>Knöpfle</u>, Einvernehmen, S. 59.

können, doch bedarf die damit verbundene Vorwegfestlegung einer gesetzgeberischen Entscheidung oder jedenfalls eines administrativen Rechtsetzungsaktes in Form einer Verwaltungsvorschrift[1].

11. Bindungswirkung durch faktische Bindung

Unbestritten entfaltet die das ROV abschließende landesplanerische Beurteilung in allen Bundesländern für die nachfolgenden Genehmigungs- oder Planfeststellungsverfahren eine eminent faktische Bindungswirkung[2].

Je sorgfältiger und detaillierter die landesplanerische Stellungnahme erarbeitet wird, desto seltener weichen die Fachbehörden von ihrem Ergebnis ab[3].

Bereits bei sich abzeichnendem negativem Ausgang des Verfahrens wird vom Vorhabenbetreiber teilweise auf die abschließende landesplanerische Beurteilung verzichtet, häufig aber jedenfalls das Fachverfahren nicht beantragt oder aber nicht weiter verfolgt. Bei positivem Ausgang tritt eine deutliche Verfahrensbeschleunigung ein, da insbesondere die umstrittenen Standortfragen vorgeklärt werden.

Gerade in der rechtlichen Unverbindlichkeit des ROV und der dadurch gewährleisteten Flexibilität und Objektivität wird vielfach die Grundlage für den Erfolg und die Effektivität dieses landesplanerischen Abstimmungs- und Sicherungsinstrumentariums gesehen[4].

---

1) Vgl. oben S. 116 ff.
2) Vgl. dazu die Beschreibung der Raumordnungsverfahren in den einzelnen Ländern in IzR 1979, S. 79 ff. und Zoubek, Sicherungsinstrumente, S. 67 ff.; faktische Bindungswirkungen erkennt auch das BVerwG, Urt. v. 11.12.1979 - 4 C 13.78 -, DÖV 1979, 517 (520) zu § 6 LuftVG, an; dazu Kügel, Planfeststellungsbeschluß, S. 130 f.; Hucke/Seidel/Zimmermann, Analyse, S. 192; Gieseke/Wiedemann/Czychowski, WHG, § 31 Rn. 33.
3) Angst/Kröner/Traulsen, Landesplanungsrecht, § 13 Rn. 22.
4) Kroher/Pössinger, Neufassung, LUMBl. 1984, S. 29 (30); Goppel, Raumordnungsverfahren, BayVBl. 1982, 716 (717).

Als Ergebnis der Untersuchung zur Verbindlichkeit einer landesplanerischen Beurteilung gegenüber der landesunmittelbaren Verwaltung steht damit vorbehaltlich der bereits erwähnten Begrenzung durch die unterschiedlichen Prüfungsmaßstäbe fest[1], daß aufgrund des Regelungsgehaltes der §§ 18 rh-pfLP1G und 14 schl-hoLP1G bzw. durch I 8.2 ba-wüVVROV eine behördeninterne Bindungswirkung der landesplanerischen Feststellung vorliegt, während in den übrigen Bundesländern (nur) eine faktische Bindungswirkung zu verzeichnen ist. Der Verfahrensabschluß hat in diesen Fällen dieselbe Bedeutung wie der Fachbeitrag jeder zu beteiligenden Fachbehörde und wirkt wie ein Gutachten zu den einschlägigen Fragen der Raumordnung und Landesplanung[2].

---

1) Vgl. dazu oben S. 123. und sogleich.
2) Vgl. zum Gutachtencharakter S. oben S. 78 ff. und Goppel, Raumordnungsverfahren, BayVBl. 1982, 716 (717); siehe auch Bielenberg/Erbguth/Söfker, ROLaPlaR, M 445 Rn. 23, M 450 Rn. 1 ff., M 500 Rn. 39 f.

II. Auswirkungen der unterschiedlichen Prüfungsmaßstäbe und Verfahrensergebnisse auf die Bindung der landesunmittelbaren Verwaltung

Im folgenden soll untersucht werden, ob und ggf. welche bundesrechtlichen und landesrechtlichen Vorgaben für die Bindung der landesunmittelbaren Verwaltung de lege lata und de lege ferenda durch eine gesetzlich angeordnete Regelungswirkung oder durch Verwaltungsvorschriften bezüglich der Prüfungsmaßstäbe und unterschiedlichen Arten der Verfahrensergebnisse bestehen.

1. Unterschiedliche Prüfungsmaßstäbe

Soweit eine Verbindlichkeit der Zielkonkretisierung und -interpretation durch eine Regelung nach § 18 rh-pfLPlG und § 14 schl-hoLPlG oder die Verwaltungsvorschrift zu § 13 ba-wüLPlG angeordnet bzw. in den übrigen Ländern angestrebt wird, ist lediglich darauf hinzuweisen, daß der angeordnete Bindungsumfang nicht hinter § 5 Abs. 4 ROG zurückbleiben darf[1]. Da sich nach § 3 Abs. 2 S. 1 ROG der Geltungsbereich der RO-Grundsätze des Bundes auf die Landesplanung beschränkt und den Ländern nach § 3 Abs. 2 S. 3 ROG eine Erstreckung auf die Fachbehörden des Landes freigestellt ist, haben die Länder es aufgrund ihrer Organisationshoheit in der Hand, ob sie die RO-Grundsätze den Behörden und Stellen der unmittelbaren Landesverwaltung selbst zur Abwägung übertragen, oder ob sie insoweit eine verbindliche Stellungnahme der Landesplanungsbehörde dazwischenschalten.

Bezüglich der Reichweite der Geltung von Ländergrundsätzen der Raumordnung für die unmittelbare Landesverwaltung bestehen weder bundes- noch landesrechtliche Vorgaben, so daß auch insoweit eine verbindliche Vorwegfestlegung durch die Raumordnungsbehörden möglich ist.

Während alle übrigen Flächenstaaten von der Möglichkeit der Erstreckung des Geltungsbereichs der RO-Grundsätze Gebrauch gemacht haben[2], ist die Rechtslage in Hessen umstritten, was sich auch auf eine dort

---

1) Bielenberg/Erbguth/Söfker, ROLaPlaR, M 445 Rn. 20.
2) Zoubek, Raumordnungsverfahren, S. 176 ff.

noch zu begründende Verbindlichkeit der landesplanerischen Beurteilung mit dem Prüfungsmaßstab RO-Grundsätze auswirken würde. Nach § 8 Abs. 1 hessLPlG sind der Landesentwicklungsplan und das Landesraumordnungsprogramm, das nach § 2 Abs. 2 Nr. 1 hessLPlG die Grundsätze enthält, nur für die Träger der Regionalplanung verbindlich, während die in § 8 Abs. 2 hessLPlG genannten allgemeinen Landesbehörden nur die in den regionalen Raumordnungsplänen niedergelegten Ziele zu beachten haben. Konsequent begrenzt Zoubek daher die von ihm angenommene, aus den Prüfungsmaßstäben abgeleitete Verbindlichkeit der Feststellung der Vereinbarkeit bzw. Nichtvereinbarkeit im ROV auf die Landesplanung[1].

Demgegenüber soll sich allein aus der nach § 2 Abs. 1 hessLPlG angeordneten Gesetzesform des Landesraumordnungsprogramms ergeben, daß die Landesfachbehörden die dort aufgestellten allgemeinen Ziele und Grundsätze als Abwägungsposten zu berücksichtigen haben, sofern die Landesplanung dies verlange[2].

Daher sei die Auffassung Zoubeks, beim ROV differenzieren zu müssen, ungereimt. Zunächst hat jedoch die Auffassung Zoubeks den eindeutigen Wortlaut des hessLPlG für sich, während bei der gegenteiligen Meinung unklar bleibt, aufgrund welcher "Ermächtigungsgrundlagen" in welchen Fällen und in welchem Verfahren (ROV?) die Landesplanung die Beachtung der Grundsätze und der ihnen gleichgestellten allgemeinen Ziele soll verlangen können. Angebliche - hier als konsequent erscheinende - Ungereimtheiten beim ROV können zudem nicht als Begründung für eine bestimmte Auslegung des gesetzlich festgelegten Verhältnisses zwischen Zielen und Grundsätzen herangezogen werden, da das landesplanerische Verfahren den vorrangigen Prüfungsmaßstäben grundsätzlich nachgeordnet ist[3].

Folglich bleibt es dabei, daß bei einer wie auch immer auszugestaltenden Verbindlichkeit des ROV in Hessen wegen § 8 Abs. 2 hessLPlG eine Bindung der Fachbehörden an eine landesplanerische Feststellung bezüglich der RO-Grundsätze nicht eintreten kann.

---

1) <u>Zoubek</u>, Raumordnungsverfahren, S. 183.
2) <u>Bielenberg/Erbguth/Söfker</u>, ROLaPlaR, M 315 Rn. 7.
3) Vgl. zur dienenden, akzessorischen Hilfsfunktion des ROV oben S. 39 ff.

2. Landesplanerische Feststellung und Abstimmungsvorschlag

Wie oben breits dargelegt, sind die im ROV erfolgenden Abstimmungsvorschläge auf Unverbindlichkeit angelegt[1]. Insoweit liegt schon keine Regelung vor und sollte auch keine regelnde Wirkung über eine durch Regelungswirkung zu begründende Bindungswirkung der (feststellenden) landesplanerischen Beurteilung herbeigeführt werden. Soweit die Bindungswirkung über Verwaltungsvorschriften angeordnet wird, sollte die Unverbindlichkeit des landesplanerischen Abstimmungsvorschlags ebenfalls erhalten bleiben.

III. Ausführung von Bundesgesetzen durch die Länder

Vor dem Hintergrund von Art. 31 GG, dem Verbot der Selbstbindung des Bundes und der Verteilung der Verwaltungskompetenzen nach Art. 83 ff. GG stellt sich die Frage, inwieweit eine Bindung des Bundes an den Abschluß des landesverwaltungsverfahrensrechtlichen ROV überhaupt möglich ist[2].

1. Ausführung von Bundesgesetzen als eigene Angelegenheit

Führen die Länder Bundesgesetze als eigene Angelegenheit nach Art. 83 f. GG aus, so ergibt sich gegenüber den Ausführungen zur unmittelbaren Landesverwaltung keine Einschränkung, eine Verbindlichkeit der landesplanerischen Beurteilung über eine Regelungswirkung oder mit Hilfe von Verwaltungsvorschriften zu begründen[3], denn beim landeseigenen Vollzug von Bundesgesetzen handelt es sich materiell um Landesverwaltung[4].

---

1) Vgl. oben S. 51.
2) So ansatzweise Cupei, Umweltverträglichkeitsprüfung, DVBl. 1985, 813 (820) im Zusammenhang mit der Einführung der UVP; Schmidt-Aßmann, Entwicklungstendenzen, VBlBW 1986, 2 (9).
3) Vgl. zur Anwendung von § 5 Abs. 4 ROG in der de lege ferenda-Vorschrift § 6 a ROG unten S. 235 ff.; wie hier im Ergebnis auch Forsthoff/Blümel, Fachplanungsrecht, S. 137; Zoubek, Raumordnungsverfahren, S. 182.
4) Broß, in: v. Münch, GG, Art. 83 Rn. 10.

Dies gilt allerdings nur, falls die anzuwendenden Fachgesetze des Bundes nicht selbst eine Beachtung der Grundsätze vorsehen. Die dies anordnenden Raumordnungsklauseln, die von den RO-Grundsätzen als Abwägungsdirektiven ausgehen, können von landesplanungsrechtlichen Verbindlichkeitsregelungen nicht unterlaufen werden.

2. Ausführung von Bundesgesetzen in Bundesauftragsverwaltung

Kontrovers diskutiert wird, ob und in welchem Umfang eine Verbindlichkeit der landesplanerischen Beurteilung für in Bundesauftragsverwaltung durchgeführte Maßnahmen des Bundes begründet werden kann[1]. Bedeutung gewinnt diese Frage auch im Hinblick auf eine im ROV durchzuführende UVP[2]. Dabei sind zwei Fragenkomplexe auseinanderzuhalten. Zum einen geht es darum, ob die jeweils zuständigen Landesbehörden, die die Gesetze im Auftrag des Bundes ausführen, an die Ergebnisse eines landesplanerischen Verfahrens zwingend gebunden werden können, zum anderen ist zu entscheiden, inwieweit der Bund als Planungs- oder Vorhabenträger die ROV-Ergebnisse zu beachten hat. Während ersteres die Einordnung der Bundesauftragsverwaltung im Verhältnis zur unmittelbaren Landesverwaltung betrifft und hier zu erörtern ist, ist letzteres eine Frage der Verbindlichkeit der landesplanerischen Beurteilung gegenüber selbständigen Planungsträgern, die im Anschluß geprüft wird[3]. Problematisch ist, ob sich durch eine Regelungswirkung, Verwaltungsvorschriften oder durch die anderen - hier abgelehnten - Begründungsansätze eine Verbindlichkeit der landesplanerischen Beurteilung im Falle der Bundesauftragsverwaltung erreichen läßt. Dies wird z. B. relevant für eine fernstraßenrechtliche Planfeststellung nach Art. 90 Abs. 2 GG i. V. m. § 17 FStrG[4], eine luftverkehrsrechtliche Genehmigung nach Art. 87 d Abs. 2 GG i. V. m. §§ 31, 6 LuftVG oder für eine

---

1) Cupei, Umweltverträglichkeitsprüfung, DVBl. 1985, 813 (820); Zoubek, Raumordnungsverfahren, S. 182 f.; Brenken, Weiterentwicklung, S. 47 (55); Bielenberg/Erbguth/Söfker, ROLaPlaR, K § 4 Rn. 58; Forsthoff/Blümel, Fachplanungsrecht, S. 137; Schmidt-Aßmann, Entwicklungstendenzen, VBlBW 1986, 2 (9) mit Fn. 71.
2) Vgl. dazu unten S. 252 ff.
3) Vgl. unten S. 146 ff.
4) In Nordrhein-Westfalen führen die Landschaftsverbände das FStrG als selbständige öffentliche Planungsträger im Auftrag des Landes aus, § 5 Abs. 1 lit. b Nr. 3 LVerbO.

Planfeststellung nach § 10 LuftVG[1]. Während die Mehrzahl der Bundesgesetze in landeseigenem Vollzug nach Art. 83 GG mit beschränkten Einwirkungsmöglichkeiten des Bundes nach Art. 84 GG ausgeführt werden, zeichnet sich die Bundesauftragsverwaltung nach Art. 85 GG durch weitergehende Mitwirkungsmöglichkeiten des Bundes, nämlich durch die Befugnis zur Regelung der Behördeneinrichtung und des Verwaltungsverfahrens, zum Erlaß von Verwaltungsvorschriften und Einzelweisungen, zur Regelung der Ausbildung der Bediensteten und zur Bestellung des Leiters der Mittelbehörden sowie zur Ausübung von Rechts- und Fachaufsicht sowie durch die Zuweisung nur bestimmter Materien (Art. 87 ff. GG) aus[2]. Wie die landeseigene Wahrnehmung der Verwaltung gem. Art. 83, 84 GG, bei der die Ausführung der Bundesgesetze in eigener Entscheidungsgewalt erfolgt, bedeutet - wegen des Regel-Ausnahmeverhältnisses von Art. 83 f. zu Art. 85 ff. GG - Bundesauftragsverwaltung die Erfüllung von Bundesgesetzen durch die Länder und zwar nicht etwa als "Beauftragte" des Bundes, sondern aus eigener und selbständiger Kompetenz[3]. Ist aber die Bundesauftragsverwaltung materiell Landesverwaltung, können folglich die Länder, sofern der Bund von seiner Annexkompetenz i. V. m. Art. 85 GG zur Regelung des Verwaltungsverfahrens keinen Gebrauch macht, nach Art. 83, 84 GG das Verwaltungsverfahren selbst regeln[4].

---

1) Vgl. zum wohl entschiedenen Meinungsstreit, daß die Planfeststellung nach § 10 LuftVG in Bundesauftragsverwaltung erfolgt, obwohl sie in § 31 Abs. 2 LuftVG nicht erwähnt wird: Bäumler/Kopf/Schönefelder, Luftrechtliche Planfeststellung, NJW 1980, 922 ff.; Blümel, Luftrechtliche Planfeststellung, NJW 1980, 1669 ff.; BVerwG, Urt. v. 27.05.1983 - 4 C 40.44, 45.81 -, BVerwGE 67, 206 = DVBl. 1983, 901; Giemulla/Lau/Barton, LuftVG, § 10 Rn. 2.

2) Kirschenmann, Zuständigkeiten, JuS 1977, 565 (572).

3) Badura, Bundesverwaltung, Sp. 295 ff.; Kirschenmann, JuS 1977, 565 (572); VGH München, Beschl. v. 21.02.1962 - 105 IV 59 -, DVBl. 1962, 341; Broß, in: v. Münch, GG, Art. 85 Rn. 1 m. w. N. der Rspr.; mittelbar zum Verhältnis des Bundes als Straßenbaulastträger zu den Ländern als Beauftragte des Bundes BVerwG, Urt. v. 15.04.1977 - IV C 100/74 -, NJW 1978, 119 f. und zur Sonderstellung der Rhein-Main-Donau-AG als zwischenstaatliche Einrichtung VGH München, Beschl. v. 18.12.1981 - 8 B 81 A/1128 -, NVwZ 1982, 508 ff.; a. A. Schäfer, Bundesauftragsverwaltung, DÖV 1960, 641 (645 f.), der von einer Mitverwaltung des Bundes, einem durchgängigen Verwaltungszug vom Bund bis zu den Gemeinden und einer gemeinschaftlichen Bund-Länder-Angelegenheit ausgeht.

4) Maunz, in: Maunz/Dürig/Herzog, GG, Art. 85 Rn. 16.

Deshalb bestehen keine Bedenken dagegen, die Behörden des Landes, auch soweit sie die Gesetze des Bundes als Auftragsangelegenheit ausführen, über landesrechtliche Verwaltungsvorschriften oder eine landesplanungsrechtlich angeordnete Regelungswirkung an ROV-Ergebnisse zu binden[1].

Vorschriften zur Regelung des Verwaltungsverfahrens i. S. d. Art. 83, 84 GG sind solche, die die Tätigkeit der Verwaltungsbehörden im Blick auf die Art und Weise der Ausführung der Gesetze einschließlich ihrer Handlungsformen, die Form der behördlichen Willensbildung, die Art der Prüfung und Vorbereitung der Entscheidung, deren Zustandekommen und Durchsetzung sowie verwaltungsinterne Mitwirkungs- und Kontrollvorgänge in ihrem Ablauf regeln[2].

Als eine solche Regelung der Verwaltungsverfahren stellt sich aus Sicht der Landesbehörden, die den Verwaltungsauftrag des Bundes ausführen, dann die mit Regelungswirkung versehene landesplanerische Beurteilung oder ihre durch Verwaltungsvorschriften angeordnete Verbindlichkeit dar. Damit steht als Ergebnis fest, daß innerhalb der unmittelbaren Landesverwaltung nicht zwischen dem Vollzug von Landesgesetzen, der Ausführung von Bundesgesetzen nach Art. 83, 84 GG und der Bundesauftragsverwaltung i. S. d. Art. 85 GG differenziert werden muß. Auch bezüglich der einzelnen Prüfungsmaßstäbe und Verfahrensabschlüsse bestehen keine Besonderheiten. Folgerichtig ist es daher, daß im Geltungsbereich von § 3 Abs. 1 und 2 ROG, wonach Adressaten der RO-Grundsätze nur die Bundesstellen und die Landesplanung sind, eine Ausdehnung ihres Geltungsbereichs auch auf die die Bundesgesetze ausführenden Landesbehörden nur mit Hilfe des Landesgesetzgebers möglich ist[3].

---

1) So im Ergebnis auch, allerdings ohne Begründung, Forsthoff/Blümel, Fachplanungsrecht, S. 137.
2) BVerfG, Urt. v. 10.12.1980 - 2 BvF 3/77 -, BVerfGE 55, 274 (320) im Anschluß an BVerfG, Beschl. v. 25.06.1974 - 2 BvF 2, 3/73 -, BVerfGE 37, 363 (385, 390); Broß, in: v. Münch, GG, Art. 84 Rn. 10.
3) Bielenberg/Erbguth/Söfker, ROLaPlaR, K § 3 Rn. 2.

IV. Verbindlichkeit der landesplanerischen Beurteilung bei einem Handeln der landesunmittelbaren Verwaltung als Genehmigungsbehörde

Aufgrund des Verbots des Durchgriffs landesplanerischer Aussagen auf die private Bodennutzungstätigkeit und der sich hieraus ergebenden raumordnungssystematischen Restriktionen[1] kann sich die Raumordnungsbindung bei einer Tätigkeit der Landesverwaltung als Genehmigungsbehörde gegenüber Dritten nur durchsetzen, wenn die Fassung der Tatbestände dies im Einzelfall zuläßt[2].

C. Bindung selbständiger öffentlicher Planungsträger

Die zweite wichtige Gruppe der Fremdbindung an ROV-Ergebnisse bildet die Bindung selbständiger öffentlicher Planungsträger. Dabei sind rechtsfähige Verwaltungseinheiten Adressaten der Bindungswirkung, die zum Inhalt hätte, daß sie ihren Abwägungsentscheidungen die aufgrund der Feststellungskompetenz der Landesplanungsbehörden getroffene Bewertung der RO-Belange zugrunde zu legen hätten[3]. Die selbständigen öffentlichen Planungsträger lassen sich unterteilen in solche der Länder und des Bundes.

I. Rechtsfähige Verwaltungseinheiten des Landes als Bindungsadressaten

Zu den rechtsfähigen Verwaltungseinheiten innerhalb eines Landes zählen insbesondere die öffentlich-rechtlichen Gebiets- und Verbandskörperschaften sowie Zusammenschlüsse zwischen ihnen, wie Gemeinden, Kreise, Landschaftsverbände oder Planungsverbände.

1. Begründungsansätze

Entsprechend der hier vertretenden Auffassung, daß eine rechtliche Raumordnungsbindung der ROV-Abschlüsse - von einer ROG-Änderung

---

1) Vgl. etwa zur Auslegung des Maßnahmebegriffs der ROV-Vorschriften oben S. 9.

2) Schmidt-Aßmann, Entwicklungstendenzen, VBlBW 1986, 2 (9); im Ergebnis ebenso für Bayern Hosch, Verhältnis, BayVBl. 1979, 398 f. gegen Jarass, Verhältnis, BayVBl. 1979, 65 (70 f.); vgl. auch unten S. 159 ff.

3) Vgl. oben S. 106 ff.; Schmidt-Aßmann, Entwicklungstendenzen, VBlBW 1986, 2 (9).

einmal abgesehen -[1] nur durch eine in den Landesplanungsgesetzen statuierte Regelungswirkung oder durch ressortübergreifende Verwaltungsvorschriften erzeugt werden kann, ist lediglich zu untersuchen, ob diese beiden Begründungsansätze auch gegenüber selbständigen öffentlichen Planungsträgern innerhalb eines Landes zum Tragen kommen.

Soweit den landesplanerischen Beurteilungen Feststellungs- und Regelungswirkung zukommt, gilt die der Regelung immanente Bindungswirkung auch für die Stellen öffentlicher Verwaltung, denn unter der Herrschaft des Grundgesetzes ist anerkannt, daß die Beziehungen zwischen verschiedenen Verwaltungsträgern Rechtsqualität haben[2]. Als klassisches Verwaltungsinnenrecht gelten Verwaltungsvorschriften nur innerhalb des sie erlassenden Verwaltungsträgers. Daher können kommunale Behörden nur gebunden werden, wenn sie Pflichtaufgaben zur Erfüllung nach Weisung ausführen und das Weisungsrecht insoweit nicht eingeschränkt ist[3].

2. Prüfungsmaßstäbe und Verfahrensergebnisse

Soweit die RO-Ziele den Prüfungsmaßstab im ROV bilden, ist nur darauf zu achten, daß bezüglich der zielabhängigen Aussagen die Regelungswirkung nicht hinter § 5 Abs. 4 ROG zurückbleibt[4]. Umstritten ist, ob und ggf. welche Sperren sich aus der bundesrechtlichen Vorgabe der RO-Grundsätze als Abwägungsmaterial und dem Fehlen der RO-Belangkategorie "sonstige Erfordernisse der Raumordnung" für die (durch Regelungswirkung begründete) Verbindlichkeit der feststellenden landesplanerischen Beurteilung gegenüber selbständigen öffentlichen Planungsträgern ergeben. Nach Zoubek muß der Abwägungskompetenz der selbständigen Planungsträger bezüglich der RO-Grundsätze dadurch Rechnung getragen werden, daß im ROV nur verbindlich festgestellt werden kann, ob die Abwägung sachgerecht vorgenommen wurde[5]. Noch

---
1) Vgl. dazu unten S. 235 ff.
2) Schultze, Einordnung, S. 83; Zoubek, Raumordnungsverfahren, S. 175.
3) Vgl. oben S. 135 ; Angst/Kröner/Traulsen, Landesplanungsrecht, § 13 Rn. 22.
4) Vgl. zu den Anforderungen des § 5 Abs. 4 ROG an eine Verbindlichkeit des ROV allgemein Bielenberg/Erbguth/Söfker, ROLaPlaR, M 445 Rn. 20.
5) Zoubek, Raumordnungsverfahren, S. 181 f.; vgl. dazu bereits oben S. 119 f.

weitergehend will Schmidt-Aßmann die Verbindlichkeit des auf die RO-Grundsätze bezogenen ROV-Abschlusses auf die Feststellung der die Rechtswidrigkeit begründenden schweren Abwägungsfehler beschränken[1]. Soweit diese Auffassungen die selbständigen Planungsträger innerhalb eines Landes betreffen, ist ihnen nicht zu folgen. Außerdem ist es den Landesgesetzgebern nach § 3 Abs. 2 S. 3 ROG freigestellt, weitergehende landesrechtliche Vorschriften über die Geltung der Grundsätze, die Aufgaben und Zuständigkeiten der Landesplanung zu erlassen. Kann aber der Landesgesetzgeber bestimmen, ob die in seinem Gebiet vorhandenen selbständigen öffentlichen Planungsträger überhaupt die RO-Grundsätze im Rahmen der von ihnen anzuwendenden Fachgesetze des Bundes und der Länder bei der Abwägung zu berücksichtigen haben und kann er in diesem Zusammenhang die Kompetenzen der Landesplanungsbehörden festlegen, so ist es ihm auch möglich, anzuordnen, daß die RO-Grundsätze in der Form in die Abwägung einzustellen sind, die sie nach einer im Wege der regelnden Feststellung getroffenen Bewertung durch das ROV gefunden haben.

Die Möglichkeit des Landesgesetzgebers, im so beschriebenen Umfang das auf RO-Grundsätze und sonstige Erfordernisse der Raumordnung bezogene ROV-Ergebnis mit bindender Feststellungswirkung zu versehen, darf aber nicht dahin verstanden werden, auf diese Weise könnte Bundesrecht materiell ergänzt werden. Ob die Grundsätze und sonstigen Erfordernisse in der Abwägung zu berücksichtigen sind, richtet sich nach den jeweils anzuwendenden Fachgesetzen[2]. So sind etwa nach § 1 Abs. 4 BBauG die Gemeinden unmittelbar nur an die Ziele gebunden, während die sonstigen Erfordernisse lediglich im Rahmen der Abwägung nach § 1 Abs. 6 und 7 BBauG Berücksichtigung finden können. Bei ihrer nachvollziehenden Abwägungsentscheidung nach § 36 BBauG über das gemeindliche Einvernehmen[3] etwa im Rahmen einer immissionsschutz-

---

1) Schmidt-Aßmann, Entwicklungstendenzen, VBlBW 1986, 2 (9).
2) Bielenberg/Erbguth/Söfker, ROLaPlaR, M 445 Rn. 22.
3) Vgl. zur Einvernehmensentscheidung als Kontroll- und nicht als Planungsentscheidung Dyong, in: Ernst/Zinkahn/Bielenberg, BBauG, § 36 Rn. 3, 4; Krautzberger, in: Battis/Krautzberger/Löhr, BBauG, § 36 Rn. 6; BVerwG, Urt. v. 19.11.1965 - IV C 133.65 -, DVBl. 1966, 181; Urt. v. 19.11.1965 - 4 C 184.65 -, DVBl. 1966, 177; vgl. zum Umfang des gemeindlichen Prüfungsrechts OVG Münster, Urt. v. 24.06.1970 - III A 28/68 -, BRS 23, Nr. 143 (S. 222 ff.).

oder atomrechtlichen Genehmigung[1], hat sie die materiellen Vorgaben der §§ 33 bis 35 BBauG zu beachten.

II. Maßnahmen in Bundeseigenverwaltung und in Trägerschaft des Bundes

Im folgenden wird sowohl die Bindung des Bundes als selbständiger öffentlicher Planungsträger an ROV-Ergebnisse bei Vorhaben in eigener Trägerschaft, die von anderen Stellen durchgeführt werden[2], als auch bei solchen Vorhaben, die er in unmittelbarer oder mittelbarer Bundesverwaltung durchführt[3], erörtert. In jedem Fall ist der Bund Adressat der RO-Grundsätze nach § 3 Abs. 1 ROG und der RO-Ziele nach §§ 5 Abs. 4 i. V. m. 4 Abs. 5 ROG. Unterschiede bestehen hier nur, soweit es darum geht, bei in Bundesauftragsverwaltung ausgeführten Bundesmaßnahmen die ausführenden Stellen an die Raumordnung zu binden oder sie umgekehrt von einer Bindung freizustellen.

1. Begründungsansätze

Von den oben untersuchten Begründungen für eine Bindungswirkung kommt für Bundesmaßnahmen lediglich der Regelungscharakter der landesplanerischen Beurteilung in Betracht[4]. Eine Bindung durch die Zuständigkeitsverteilung oder im Wege von Verwaltungsvorschriften scheidet aus, da ihre Wirkungen an den Ländergrenzen haltmachen. Konsequent beschränken die meisten Vertreter der Zuständigkeitslösung ihren Wirkungsbereich auf das Gebiet des jeweiligen Landes[5]. Soweit diese Grenze nicht beachtet wird[6], kann dem nicht gefolgt werden, da grundsätzlich der Bund von Akten der Ländergewalt freigestellt ist -

---

1) Vgl. dazu S. 176 ff.; Knöpfle, Einvernehmen, S. 72.
2) Zum Beispiel Fernstraßen in Bundesauftragsverwaltung nach Art. 90 Abs. 2 GG.
3) Zum Beispiel als Bundeseigenverwaltung raumbedeutsame Maßnahmen der Bundesfinanzverwaltung, der Bundeseisenbahnen, der Bundespost, der Bundeswasserstraßenverwaltung oder der Bundeswehrverwaltung; vgl. zur Rechtsstellung der Rhein-Main-Donau-AG BayVGH, Beschl. v. 18.12.1981 - 8 B 81 A/1128 -, NVwZ 1982, 508 (509).
4) Vgl. oben S. 65 ff., 117.
5) Heigl/Hosch, Landesplanung, Art. 23 Rn. 53.
6) VG Regensburg, Urt. v. 02.02.1982 - Nr. RO 6 K 81 A. 0335, S. 5; Badura, Standortentscheidung, BayVBl. 1976, 515 (517).

nicht etwa von materiellen Vorschriften des Landesrechts -[1] und eine Durchbrechung dieses Grundsatzes als Ausnahme einer gesetzlichen "Ermächtigung" bedarf[2]. Inwieweit den Ländern ein "Hineinregieren" in den Verantwortungsbereich des Bundes durch eine regelnde landesplanerische Beurteilung gestattet ist, richtet sich genau wie bei der Frage, ob eine Zielbindung oder Bindung an RO-Grundsätze der Länder möglich ist, nach dem zulässigen Grad an Selbstbindung des Bundes.

Da sich insbesondere die Zielbindung nach § 5 Abs. 4 ROG nicht als bindungsbegründend, sondern als Grenze einer möglichen Verbindlichkeit der landesplanerischen Beurteilung erwiesen hat[3], ist bei der Untersuchung der Selbstbindung des Bundes ebenfalls bei dieser Vorschrift anzusetzen, hilfsweise auch bei § 3 Abs. 1 ROG.

2. Selbstbindung des Bundes

Die vor 20 Jahren geführte Diskussion um die verfassungsrechtliche Zulässigkeit der Bindung des Bundes an die Raumordnung der Länder vor dem Hintergrund der Freistellung des Bundes von der Ländergewalt ist mit dem Ergebnis beendet worden, daß die die Bundesstellen bindenden §§ 5 Abs. 4 und 3 Abs. 1 ROG verfassungsrechtlich (noch) zulässig sind, weil einerseits § 6 ROG eine weitgehende Freizeichnung des Bundes ermöglicht und andererseits nach § 2 Abs. 3 ROG die Ländergrundsätze denen des Bundes nicht widersprechen dürfen[4].

Mit der Aussage, grundsätzlich sei im aufgezeigten Rahmen eine Raumordnungsbindung des Bundes zulässig, ist noch nicht geklärt, ob damit bundesrechtlich der Weg eröffnet ist für eine auch ihm gegenüber

---

1) Vgl. etwa § 77 BauONW.
2) Bielenberg/Erbguth/Söfker, ROLaPlaR, K § 6 Rn. 5.
3) Vgl. oben S. 123 und Erbguth, Bundes- und Landesrecht, S. 176.
4) Forsthoff/Blümel, Fachplanungsrecht, S. 145; Bielenberg/Erbguth/Söfker, ROLaPlaR, K § 6 Rn. 5; Brohm, Landeshoheit und Bundesverwaltung, S. 8, 13, 44; Zinkahn/Bielenberg, ROG, § 3 Rn. 2 (S. 48). Bielenberg, Koordinierung, S. 616 ff.; Suderow, Fachplanungen, S. 92; weitergehend Evers, Raumordnung, S. 75, der die RO-Ziele als Bestandteil der geltenden Rechtsordnung ansieht, der sich die Bundesverwaltung aus dem Gesichtspunkt der Bundestreue nicht entziehen kann.

regelnde Feststellung mit dem Inhalt, das Vorhaben sei vereinbar, nicht vereinbar oder bedingt vereinbar mit den RO-Zielen, den RO-Grundsätzen des Bundes und der Länder und den sonstigen RO-Erfordernissen. Fest steht lediglich, daß landesrechtlich die Bindung des Bundes nicht erweitert werden darf und daß in den Fachgesetzen des Bundes eine Beachtlichkeit der sonstigen RO-Erfordernisse angeordnet werden kann, die insoweit mit konstitutiver Wirkung über das ROG hinausgeht, das diese RO-Belangkategorien nicht kennt[1].

a) Ziele als Prüfungsmaßstab

In Ausfüllung des § 4 Abs. 5 S. 3 ROG erfasse - so Schmidt-Aßmann - als Annex der Zielfindung verstanden die Letztentscheidungskompetenz der RO-Behörden auch die zielunterworfenen Planungen des Bundes[2]. Wie jedoch oben bereits dargelegt, läßt sich die Bindungswirkung der zielbezogenen landesplanerischen Beurteilung nicht als aus § 5 Abs. 4 ROG abgeleitet begründen[3]. Allerdings läßt sich die Zielbindung in ihrer Begrenzungsfunktion zur Begründung der Zulässigkeit einer mit regelnder Wirkung gegenüber dem Bund versehenen landesplanerischen Beurteilung heranziehen. Es sind RO-Ziele unterschiedlicher räumlicher und fachlicher Detailliertheit bis hin zu u. U. parzellen- und funktionsscharfen Festlegungen zulässig[4].

Da der Bund als selbständiger öffentlicher Planungsträger bereits über § 5 Abs. 4 ROG an so detaillierte Zielaussagen gebunden ist, bestehen keine Bedenken dagegen, ihn an landesplanerische Beurteilungen mit Regelungsgehalt zu binden, die einen vergleichbaren Konkretheitsgrad der Zielaussage im Wege der vorhabenbezogenen Zielkonkretisierung und -interpretation herbeiführen[5]. Da aber letztlich § 6 ROG erst die verfassungsrechtliche Zulässigkeit der Selbstbindung des Bundes nach §§ 5 Abs. 4 und 4 Abs. 5 S. 3 ROG ermöglicht, ist diese Vorschrift für

---

1) Bielenberg/Erbguth/Söfker, ROLaPlaR, M 445 Rn. 23; Forsthoff/Blümel, Fachplanungsrecht, S. 143 f.
2) Schmidt-Aßmann, Entwicklungstendenzen, VBlBW 1986, 2 (9).
3) Vgl. oben S. 122 ff.
4) Vgl. oben S. 40 ff., Hoppe/Bunse, Gebietsentwicklungspläne, StädteT 1984, 468 (470); Schmidt-Aßmann, Fortentwicklung, S. 62; Uechtritz, Naßauskiesung, VBlBW 1984, 5 (9 f.).
5) So im Ergebnis auch Brenken, Weiterentwicklung, S. 55.

den Fall, daß das ROV mit zielbezogenen Feststellungen gegenüber Bundesstellen als Planungsträgern Geltung beansprucht, entsprechend auch im ROV anzuwenden, so daß bei einem nach § 6 Abs. 2 ROG zulässigen Widerspruch die Bindungswirkung entfällt[1]. Dieses Ergebnis beinhaltet dann nicht etwa eine unzulässige landesrechtliche Erweiterung der Raumordnung des Bundes[2], sondern hält sich im von § 4 Abs. 5 und § 5 Abs. 4 ROG vorgegebenen Rahmen der zulässigen raumordnerischen Selbstbindung des Bundes.

Ein Widerspruch ist jedoch im ROV nur möglich, wenn er sich auf über den reinen Wortlaut der RO-Ziele hinausgehende Gesichtspunkte bezieht, weil die nach § 6 Abs. 1 ROG für einen Widerspruch gegen die Ziele gesetzte angemessene Frist regelmäßig abgelaufen ist und eine (neue) Auslegung der Bewertung der RO-Ziele keine Veränderung der Sachlage i. S. d. § 6 Abs. 2 S. 2 ROG darstellen dürfte.

Ein Konflikt scheint vorprogrammiert, wenn sich der Bund als Planungsträger bei in Bundesauftragsverwaltung durchgeführten Maßnahmen von der Ziel- oder ROV-Bindung nach § 6 ROG freizeichnet, während die ausführenden Behörden noch der RO-Bindung unterliegen. Zwei Lösungswege bieten sich an: Steht auch der Landesverwaltung, die den Auftrag des Bundes ausführt, das Widerspruchsrecht nach § 6 ROG gegen die Ziele zu[3], so ist es ihr auch gegen das ROV-Ergebnis zuzubilligen. Daneben verfügt die jeweils zuständige oberste Bundesbehörde über das Weisungsrecht nach Art. 85 Abs. 3 GG, so daß durch Weisungen an die oberste Landesbehörde, die ihrerseits deren Vollzug sicherzustellen hat (Art. 85 Abs. 3 S. 3 GG), eine Befreiung von der ROV-Bindung erreicht werden kann, so lange hierdurch nicht die Bindung des Bundes nach § 5 Abs. 4 ROG, die nur auf dem spezielleren Weg des § 6 ROG beseitigt werden kann, ausgehöhlt wird.

Ebensowenig darf die Zielbindung des Bundes unterlaufen werden, indem der Verteidigungsminister von der ihm nach § 1 Abs. 3 SchutzbG[4]

---

1) So im Ergebnis auch <u>Brenken</u>, Weiterentwicklung, S. 55.
2) So aber <u>Bielenberg/Erbguth/Söfker</u>, ROLaPlaR, K § 5 Rn. 74 c, M 312 Rn. 22, M 445 Rn. 23.
3) So <u>Bielenberg/Erbguth/Söfker</u>, ROLaPlaR, K § 6 Rn. 6.
4) Gesetz über die Beschränkung von Grundeigentum für die militärische Verteidigung (Schutzbereichsgesetz) vom 07.12.1956 (BGBl. I S. 899), zul. geänd. durch G. v. 20.12.1976 (BGBl. I S. 3574).

und nach § 1 Abs. 2 und 3 LBG[1] und zusammen mit dem Verkehrsminister von der ihnen nach § 30 Abs. 3 LuftVG eröffneten Möglichkeit Gebrauch macht, von den Stellungnahmen der Landesregierung zu den Erfordernissen der Raumordnung, denen regelmäßig ein ROV vorangegangen sein wird, abzuweichen, wenn sich diese auf die feststellende Überprüfung der Vereinbarkeit mit den RO-Zielen bezieht. Ein Abweichen von zielgebundenen landesplanerischen Beurteilungen ist bei den Bundesvorhaben für die militärische Verteidigung nach §§ 1 Abs. 2 SchutzbG, 1 Abs. 2 und 3 LBG und § 30 Abs. 3 LuftVG nur über § 6 ROG möglich, wenn nicht mit Hilfe des Widerspruchs ohnehin die Zielbindung aufgehoben wurde. Denn diese ein Abweichen von den Stellungnahmen des Landes gestattenden älteren RO-Klauseln werden bezüglich der Beachtenspflicht der Ziele durch die neueren und spezielleren §§ 5 Abs. 4, 6 ROG modifiziert[2].

b) Grundsätze als Prüfungsmaßstab

Als unter mehreren Gesichtspunkten uneinheitlich erweisen sich die Stellungnahmen in der Literatur zu der Frage, ob und in welchem Umfang eine Bindung des Bundes an landesplanerische Beurteilungen, die die RO-Grundsätze zum Gegenstand haben, zulässig ist.

Soweit sich die Prüfungskompetenz der Raumordnungsbehörden und die Verbindlichkeit des Verfahrensergebnisses auf die Frage beschränkt, ob die RO-Grundsätze sachgerecht abgewogen wurden[3], kann dem, wie bereits ausgeführt, nicht gefolgt werden[4]. Unklar bleibt, ob der Bund generell nicht an die landesplanerischen Feststellungen, die die Vereinbarkeit des Vorhabens mit den RO-Grundsätzen zum Gegenstand haben[5],

---

1) Gesetz über die Landbeschaffung für Aufgaben der Verteidigung (Landbeschaffungsgesetz) vom 23.02.1957 (BGBl. I S. 134), zul. geänd. durch G. v. 20.12.1976 (BGBl. I S. 3574, ber. BGBl. 1977 I S. 650).
2) Forsthoff/Blümel, Fachplanungsrecht, S. 141 f.
3) Zoubek, Raumordnungsverfahren, S. 176 ff.; Schmidt-Aßmann, Entwicklungstendenzen, VBlBW 1986, 2 (9).
4) Vgl. oben S. 29 ff., 118 ff.
5) Vgl. zu den aus den RO-Grundsätzen entwickelten sonstigen Erfordernissen sogleich Bielenberg/Erbguth/Söfker, ROLaPlaR, M 445 Rn. 22.

gebunden werden kann[1]) oder ob ihm lediglich in den Fällen der §§ 1 Abs. 2 SchutzbG, 1 Abs. 2 und 3 LBG, 30 Abs. 3 und 31 Abs. 2 Nr. 4 LuftVG die Möglichkeit zugestanden wird, die entsprechenden landesplanerischen Feststellungen nicht zu beachten[2]). Die Abwägung der RO-Grundsätze des Bundes und der Länder ist nach dem eindeutigen Wortlaut der §§ 2 Abs. 3 und 3 Abs. 1 ROG der Planungs- und Letztentscheidungskompetenz der Behörden und unmittelbaren Planungsträger usw. des Bundes als Adressaten der Grundsätze überlassen. Während es dem Landesgesetzgeber für seinen Bereich einschließlich der Bundesauftragsverwaltung erlaubt ist, die RO-Grundsätze modifiziert durch eine Vorwegabwägung durch das ROV den Fachbehörden und Planungsträgern zur Schlußabwägung zu überlassen[3]), scheidet dies gegenüber dem Bund aus. Anderenfalls würde in Verkennung der RO-Systematik und Überschreitung der zulässigerweise eröffneten Selbstbindung des Bundes sein Abwägungsrecht beschränkt. Denn eine bindende Vorwegfestlegung auf der Abwägungsebene der "Bewertung der Abwägungsbelange" durch die feststellende landesplanerische Beurteilung würde direkt die Schlußabwägung innerhalb der u. U. außengerichteten (Planfeststellungs-)Entscheidung präjudizieren, da eine entgegen der objektiven Gewichtung eines Belanges vorgenommene Abwägungsentscheidung rechtswidrig wäre. Auch die Abwägungsphase der Datenbewertung muß daher in vollem Umfang der zuständigen Bundesstelle vorbehalten bleiben.

Sollte die zuständige Landesbehörde in Ausführung von übertragenen Bundesangelegenheiten eine von den Vorstellungen des Bundes abweichende Abwägung der RO-Grundsätze, wie diese im ROV erfolgte, zugrunde legen wollen oder müssen, so bliebe zur Durchsetzung der übergeordneten Bundesinteressen der Weg über eine Weisung nach Art. 85 Abs. 3 GG.

---

1) Die gegenteilige Auffassung Bielenbergs, bei analoger Anwendung von § 6 ROG seien Bundesstellen an im ROV zu sonstigen Erfordernissen der Raumordnung abgewogene Grundsätze gebunden, Fachplanungsgesetze, IzR 1967, 173 (190 f.); Zinkahn/Bielenberg, ROG, Rn. 3; ders., in: Ernst/Zinkahn/Bielenberg, BBauG, Einl. Rn. 177 wurde ausdrücklich aufgegeben in Bielenberg/Erbguth/Söfker, ROLaPlaR, K § 5 Rn. 74 c; für eine uneingeschränkte Bindung des Bundes Ihmels/Köppl, Landesplanung, § 11 Rn. 67 ff.
2) So im Ergebnis Badura, Standortentscheidung, BayVBl. 1976, 515 (517); so wohl auch Zoubek, Raumordnungsverfahren, S. 182 f.; Forsthoff/Blümel, Fachplanungsrecht, S. 140 f.; jedenfalls interpretiert Schmidt-Aßmann, Entwicklungstendenzen, VBlBW 1986, 2 (9) Fn. 71 durch sein "differenzierend" ihre Aussagen in diesem Sinne.
3) Vgl. oben S. 140, 144.

c) Sonstige Erfordernisse der Raumordnung

Die einschlägigen Fachgesetze für Vorhaben des Bundes können in den RO- und Allgemeinwohlklauseln vorsehen, daß die sonstigen Erfordernisse der Raumordnung zu beachten oder zu berücksichtigen sind[1]. Diese RO-Belange gehen dann in die Abwägung ein. Fraglich ist, welche Bedeutung in diesem Zusammenhang einer auf dem Prüfungsmaßstab "sonstige Erfordernisse der Raumordnung" beruhenden (regelnd) feststellenden landesplanerischen Beurteilung und dem als "sonstiges Erfordernis der Raumordnung" zu qualifizierenden ROV-Ergebnis als solchem zukommt. Da den sonstigen RO-Erfordernissen immer nur die Qualität eines abwägungserheblichen Belangs beigemessen werden kann, gilt für die (ebenenspezifische) Abwägung durch Bundesstellen folgendes: Die Schlußabwägung verbleibt ohnehin beim Bund als Planungs- oder Maßnahmeträger; die vorgelagerte Bewertung muß ihm ebenso wie bei den RO-Grundsätzen verbleiben. Insoweit kann die landesplanerische Beurteilung nicht anders wirken als ein Vorschlag. Die im ROV entwickelten sonstigen Erfordernisse sind als "normaler", gleichberechtigter Belang zusammen mit den anderen Fachbeiträgen in den Katalog der abwägungsrelevanten Belange aufzunehmen. Je fundierter und kompetenter dabei die Begründung für die landesplanerische Beurteilung ausfällt, desto sorgfältiger muß sich die entscheidende Bundesstelle mit dem qualifizierten Fachbeitrag der Raumordnung auseinandersetzen, will sie nicht das Risiko eines Abwägungsfehlers eingehen.

D. Bindung von Privatpersonen

Da natürliche und juristische Personen des Privatrechts grundsätzlich keiner Raumordnungsbindung unterliegen, kann eine behördenverbindliche landesplanerische Beurteilung ihnen gegenüber in erster Linie nur mittelbare Wirkungen entfalten. Trotzdem soll in der folgenden Untersuchung zwischen drittbetroffenen Privaten, privaten Antragstellern einer Genehmigung oder privatnützigen Planfeststellung, Hoheitsträgern, die in privater Form (erwerbswirtschaftlich) tätig werden und Privaten, die öffentliche oder hoheitliche Aufgaben wahrnehmen, differenziert werden, da insbesondere im wechselseitigen Überschneidungsbereich von hoheitlichem und privatem Tätigwerden Nuancierungen und Ausdifferenzierungen der RO-Bindung möglich erscheinen.

---

1) Bielenberg/Erbguth/Söfker, ROPlaPlaR, M 445 Rn. 23.

I. Bindung von Privaten, die öffentliche Aufgaben wahrnehmen

Erfüllen Privatpersonen öffentliche Aufgaben im Sinne einer materiellen Verwaltungstätigkeit, entfaltet die landesplanerische Beurteilung ihnen gegenüber Außenwirkung[1]. Wird im Landesplanungsgesetz gleichzeitig die Regelungswirkung für das Verfahrensergebnis festgeschrieben, richtet sich die Bindungswirkung nach der dann gegebenen Verwaltungsaktsqualität der Abschlußentscheidung.

II. Bindung von Privaten als Antragsteller einer Genehmigung oder privatnützigen Planfeststellung

Ob gegenüber Privatpersonen, deren raumbedeutsame Vorhaben unter einen Genehmigungs- oder Planfeststellungsvorbehalt gestellt sind, eine negative landesplanerische Beurteilung vorhabenhindernd oder ein positives Verfahrensergebnis genehmigungsfördernd wirken kann, richtet sich ausschließlich nach der Fassung der jeweiligen Genehmigungs- oder Planfeststellungstatbestände mit ihren Raumordnungs- und Allgemeinwohlklauseln[2]. Das hat zur Konsequenz, daß eine u. U. vorhandene, auf regelnder Wirkung beruhende Bindung der Genehmigungs- oder Planfeststellungsbehörde des Bundes oder eines Landes an das ROV-Ergebnis sich im Endeffekt nur auswirken kann, wenn der Gesetzgeber des Fachgesetzes durch entsprechende Formulierungen den RO-Belangen mittelbar Außenwirkung verleiht und so ebenfalls mittelbar die behördenintern bindende feststellende ROV-Entscheidung nach außen transformiert[3]. Dieselbe mittelbare Wirkung, die ein eigenes Bewerten der RO-Belange durch die entscheidende Fachbehörde ausschließt, entfaltet die landesplanerische Beurteilung - soweit sie verwaltungsintern vorweg festlegt - über die Raumordnungs- und Allgemeinwohlklauseln für die vom genehmigungs- oder planfeststellungsbedürftigen Vorhaben betroffenen Nachbarn oder Anlieger. Im Rahmen ihrer Anfechtungsklage hätte das Gericht inzidenter die Rechtmäßigkeit der landesplanerischen Beurteilung zu überprüfen. Dabei hat es der Landesplanungsbehörde u. U. eingeräumte Beurteilungs- oder Prognosespielräume zu

---

1) Vgl. oben S. 61 ff.
2) Schmidt-Aßmann, Entwicklungstendenzen, VBlBW 1986, 2 (9); vgl. unten S. 159 ff., 170 ff.
3) Vgl. zur mittelbaren Wirkung der RO-Belange oben S. 49.

respektieren[1] und hat sich, sofern die landesplanerische Beurteilung nicht lediglich eine "nachvollziehende" Abwägungsentscheidung darstellt, sondern Elemente des gestaltenden Abwägens aufweist[2], auf die Überprüfung von Abwägungsfehlern zu beschränken[3].

Diese Beschränkungen gelten ebenso, wenn der potentielle Projektbetreiber mit der Verpflichtungsklage eine Genehmigung oder Planfeststellung erstrebt, die infolge einer negativen landesplanerischen Beurteilung versagt worden war.

III. Bindung von juristischen Personen des Privatrechts, an denen die öffentliche Hand beteiligt ist und die private Aufgaben erfüllen

Diese Gesellschaften selbst unterliegen als Privatpersonen keiner direkten Raumordnungsbindung, so daß die ROV-Abschlüsse wie gegenüber den sonstigen Privaten auch nur mittelbar über die gesetzlichen Tatbestände wirken können. Gleichzeitig haben Bund, Land oder Gemeinden als Gesellschafter, Anteilseigner oder Aktionäre des erwerbswirtschaftlich tätigen Unternehmens (z. B. Energieversorgungsunternehmen) über die behördenintern bzw. gegenüber den Gemeinden bestehende Bindung das ROV-Ergebnis zu respektieren[4]. In Anlehnung an § 4 Abs. 2 ROG, in vorsichtiger Analogie zu den Regeln des Verwaltungsprivatrechts[5] und in Anwendung des Grundsatzes vom Verbot des widersprüchlichen Verhaltens - Raumordnungsplanung und landesplanerische Beurteilung sind schließlich staatliche Entscheidungen - wird es der öffentlichen Hand als Anteilseigner zuzumuten sein, über die bestehenden Raumordnungs- und Allgemeinwohlklauseln hinaus in den entsprechenden Entscheidungsgremien des privaten Unternehmens auf eine Beachtung der ROV-Ergebnisse hinzuwirken.

---

1) Schmidt-Aßmann, Entwicklungstendenzen, VBlBW 1986, 2 (10).
2) Vgl. dazu oben S. 34.
3) Dies müßte auch für eine im ROV durchgeführte UVP gelten; vgl. Cupei, Umweltverträglichkeitsprüfung, DVBl. 1985, 813 (820).
4) Zum Beispiel ist eine Gemeinde gleichzeitig Anteilseigner an einem EVU, das eine Leitungstrasse über ihr Gebiet führen will.
5) Vgl. dazu Maurer, AllgVwR, § 9 Rn. 9, § 17 Rn. 1; Wolff/Bachof I, § 23 II B; kritisch Erichsen/Martens, in: Erichsen/Martens, AllgVwR, § 32.

Auf diese Weise entsteht eine der im öffentlichen Sachenrecht begründeten Einwirkungspflicht des Muttergemeinwesens vergleichbare Situation. Während dort zugunsten eines Benutzers derjenige, der sich zur Erfüllung seiner Aufgaben einer zwischengeschalteten Trägergesellschaft bedient, mit gesellschaftsrechtlichen Mitteln auf diese einwirken muß[1], muß hier der Adressat der RO-Bindung zugunsten der diese Bindung auslösenden Stelle von seinen Mitgliedschaftsrechten Gebrauch machen.

Fazit der Erörterungen der Bindung von landesplanerischen Feststellungen gegenüber Privaten ist, daß wegen des Verbots des Durchgriffs landesplanerischer Aussagen nur eine mittelbare Wirkung über die einschlägigen Genehmigungs- und Planfeststellungsvorschriften erreicht werden kann.

Zusammenfassen läßt sich die vorstehende Untersuchung zu den verschiedenen Adressaten einer Bindungswirkung der landesplanerischen Beurteilung dahingehend, daß gegenüber Privaten nur eine mittelbare Wirkung möglich ist, während über Verwaltungsvorschriften eine Bindung der Stellen innerhalb eines Landes erreicht werden kann und nur über eine überwiegend noch zu begründende Regelungswirkung eine Bindung auch der selbständigen öffentlichen Planungsträger zu erzielen ist. Dabei wirken die Prüfungsmaßstäbe - insbesondere die RO-Ziele - zwar nicht bindungsbegründend, doch bilden sie eine raumordnungssystematisch beachtliche Begrenzung der Verbindlichkeit. Die Zielbindung nach § 5 Abs. 4 ROG darf weder dadurch relativiert werden, daß auf dem Umweg über die landesplanerische Beurteilung die Zielaussagen einer Abwägung unterstellt werden, noch dadurch, daß die die Bindung anordnenden Normen hinter der Zielgeltung des § 5 Abs. 4 ROG zurückbleiben. Die Wirkung der RO-Grundsätze verhindert überwiegend, daß eine verbindliche ROV-Entscheidung das fachbehördliche Abwägungsrecht beseitigt. Um an auf die Grundsätze bezogene landesplanerische Beurteilungen gebunden sein zu können, müssen die Adressaten gleichzeitig Adressaten der RO-Grundsätze sein. Ebenso müssen die sonstigen RO-Erfordernisse von ihren Adressaten kraft gesetzlicher Anordnung zu berücksichtigen sein, wenn einem auf ihnen beruhenden ROV-Ergebnis oder der landesplanerischen Beurteilung als raumordnungsrechtlicher Erkenntnisquelle eine Verbindlichkeit kraft landesgesetzlich angeordneter Regelungswirkung beigelegt werden soll.

---
1) Papier, Öffentliche Sachen, S. 28; Püttner, Einwirkungspflicht, DVBl. 1975, 353 ff.

§ 6 Steuerung der außengerichteten Abwägungsentscheidung über die Raumordnungs- und Allgemeinwohlklauseln in den fachgesetzlichen Genehmigungs- und Planfeststellungstatbeständen

Die bisherige Untersuchung hat gezeigt, daß die überwiegend raumordnungsrechtlichen Begründungen für eine Verbindlichkeit der landesplanerischen Beurteilung nur zu einer schwach ausgeprägten und insgesamt uneinheitlichen Bindung an die ROV-Ergebnisse führen und lediglich den Teilausschnitt "Vorwegfestlegung durch vorhabenbezogene Bewertung der RO-Belange" betreffen. Nicht beantwortet wurde dabei bisher die Frage, ob die Fachbehörden bei jeder Planfeststellungs- und Genehmigungsentscheidung die landesplanerische Beurteilung berücksichtigen müssen und wie diese sich im Abwägungsprozeß in Konkurrenz mit den übrigen Belangen durchzusetzen vermag. Beides richtet sich nach der Fassung der gesetzlichen Tatbestände mit den Raumordnungs- und Allgemeinwohlklauseln sowie sonstigen Vorgaben für die außengerichtete bodennutzungsorientierte Abwägungsentscheidung.

A. Die Raumordnungs- und die Allgemeinwohlklauseln als gesetzliche Tatbestandsmerkmale

Vor einer Einzelanalyse der für das Verhältnis ROV-Fachverfahren bedeutsamen Verknüpfungsregelungen (§ 7) soll zunächst ihr genereller Standort bestimmt werden.

I. Maßgeblichkeit der gesetzlichen Tatbestände für die Steuerungsfähigkeit der landesplanerischen Beurteilung

Bereits aus dem Grundsatz der mediatisierten Wirkung der RO-Belange einschließlich der ROV-Ergebnisse, der sich letztlich aus der Kompetenzverteilung des Grundgesetzes ergibt, folgt, daß neben den Bebauungsplänen nur die Genehmigungs- und Planfeststellungsvorschriften die für den Bürger mittelbare Wirkung der Raumordnung herbeiführen können[1]. Dies gebietet auch das aus dem Rechtsstaatsgebot abgeleitete Prinzip der Rechtsklarheit, das hier bedeutet Übersicht-

---
1) Vgl. dazu oben S. 48 ff.; Schmidt-Aßmann, Fortentwicklung, S. 82; ders., Entwicklungstendenzen, VBlBW 1986, 2 (9).

lichkeit der Rechtsquellen und des Planungssystems. Von Bebauungsplänen und Fachplanungen, die über § 9 Abs. 4 BBauG miteinander verknüpft sind, erwartet der Bürger gleichsam Bodennutzungsregelungen, während die Landesplanung als überörtlich und überfachlich qualifiziert wird. Soll die Raumordnung ihre "andere Dimension" verlassen, so ist dies ausdrücklich anzuordnen[1]. Dasselbe Ergebnis folgt aus dem Prinzip des Gesetzesvorbehalts i. V. m. der Wesentlichkeitstheorie. Nach der neueren Wesentlichkeitsrechtsprechung des Bundesverfassungsgerichts obliegen losgelöst vom Merkmal des staatlichen Eingriffs in Freiheit und Eigentum alle wesentlichen Entscheidungen (Fragen von grundsätzlicher oder grundlegender Bedeutung) dem Gesetzgeber. Diese Erweiterung des Gesetzesvorbehalts wird sowohl aus dem Demokratieprinzip als auch aus dem Rechtsstaatsprinzip abgeleitet[2]. Die grundrechtsrelevanten Eingriffe der Versagung einer beantragten Genehmigung oder privatnützigen Planfeststellung (Art. 2 I, 12, 14 GG) oder der Betroffenheit von gemeinnützigen Planfeststellungen bedürfen daher als regelmäßig wesentlich einer gesetzlichen Ermächtigung, aber auch Maßnahmen wie die Versagung nicht grundrechtsbewehrter wasserrechtlicher Erlaubnisse.

Infolge der Verdichtung des Gesetzesvorbehalts zum Parlamentsvorbehalt für qualitativ oder quantitativ besonders betroffene (Grund)Rechtsgüter[3] muß der Gesetzgeber im Grundsatz in den Genehmigungs- und Planfeststellungstatbeständen selbst regeln, welche Belange die zuständige Behörde jeweils bei ihrer Entscheidungsfindung berücksichtigen darf oder muß[4].

---

1) Vgl. Schmidt-Aßmann, Fortentwicklung, S. 82.
2) BVerfG, Beschl. v. 22.06.1977 - 1 BvR 799/76 -, BVerfGE 45, 400 (417 f.), Oberstufenbeschluß; Beschl. v. 21.12.1977 - 1 BvL 1/75, 1 BvR 147/75 -, BVerfGE 47, 46 (79 f.), Sexualkunde-Entscheidung; Beschl. v. 08.08.1978 - 2 BvL 8/77 -, BVerfGE 49, 89 (126) - Kalkarbeschluß; Erichsen/Martens, in: Erichsen/Martens, AllgVwR, § 12 II 3 m. w. N.
3) Erichsen, Staatsrecht I, S. 92.
4) Auf das Problem der unbestimmten Rechtsbegriffe kann im Rahmen dieser Untersuchung nicht näher eingegangen werden; vgl. umfassend zu den verfassungsrechtlichen Grundlagen des Eingriffs- und Planungsrechts Börger, Rechtssystematisches Verhältnis, S. 106 ff.

Für das ROV-Ergebnis übernehmen bei den bürgergerichteten Genehmigungsentscheidungen und privaten Planfeststellungen die RO- und ggf. die Allgemeinwohlklauseln diese Funktion[1]. Soweit die zuständigen Behörden nicht ermächtigt sind, die RO-Belange weiter zu vermitteln, liefe eine ihnen gegenüber nach den oben dargelegten Grundsätzen evtl. bestehende Bindung an die landesplanerische Beurteilung leer[2]. Umgekehrt bedeutet eine nach den RO- oder Allgemeinwohlklauseln gegebene Berücksichtigungsfähigkeit der landesplanerischen Feststellungen oder Abstimmungen noch keine Verbindlichkeit der Verfahrensergebnisse. Vielmehr bedarf es hierfür einer zusätzlichen (gesetzlichen) Anordnung.

II. Bedeutung der Raumordnungsklauseln in den Genehmigungs- und Planfeststellungstatbeständen

Unter Raumordnungsklauseln werden gesetzliche Tatbestände verstanden, die öffentliche Planungs- und Maßnahmeträger zur Berücksichtigung landesplanerischer Belange verpflichten[3].

Neben dem Raumordnungsgesetz, (§ 5 Abs. 4 i. V. m. 4 Abs. 5 ROG), den Landesplanungsgesetzen[4] und § 1 Abs. 4 BBauG finden sich Raumordnungsklauseln u. U. gleichzustellende Allgemeinwohlklauseln oder unbestimmte Rechtsbegriffe (Beispiel: "öffentliche Belange")[5] vor allem in den bundes- und landesrechtlichen Fachplanungsgesetzen und Genehmigungstatbeständen für umweltrelevante Vorhaben[6].

---

1) Zu den gemeinnützigen Planfeststellungen siehe sogleich S. 168.
2) Vgl. oben S. 116 ff. und VG Regensburg, Urt. v. 02.02.1982 - Nr. RO 6 K 81 A.0335 -, S. 5 f.
3) Schmidt-Aßmann, Raumordnungsklauseln, S. 28; Niemeier, Fragen, S. 290 (305).
4) §§ 6 Abs. 3 S. 2, 10 Abs. 1 S. 2 ba-wüLPlG; § 8 Abs. 1 und 2 hessLPlG; § 9 Abs. 2 NROG; §§ 11 Abs. 2, 13 Abs. 2 rh-pflLPlG; § 12 Abs. 1 saarLPlG; § 4 Abs. 1 schl-hoLPlG.
5) Schmidt-Aßmann, Raumordnungsklauseln, S. 30.
6) Auflistung der Raumordnungsklauseln in Bundesgesetzen im Raumordnungsbericht der Bundesregierung 1978, Materialien, S. 123 - 128. Vgl. die Zusammenstellung für Bayern bei Heigl/Hosch, Landesplanung, A I/3.

Nicht eine Gewichtung zwischen einzelnen RO-Erfordernissen, sondern ihre Bedeutung im Verhältnis zu anderen öffentlichen Belangen betont § 12 rh-pfLFG, in dem bestimmt wird, daß überwiegende öffentliche Interessen insbesondere dann einer Erstaufforstung entgegenstehen, wenn die RO-Erfordernisse wesentlich beeinträchtigt sind[1]. Mittelbar wird das Gewicht der RO-Erfordernisse und damit auch der landesplanerischen Beurteilungen dadurch (nachteilig) beeinflußt, daß die Fachgesetze Gewichtungsregeln für den abschließenden eigentlichen Abwägungsvorgang zugunsten der ihrem Anwendungsbereich unterstellten Fachmaterien aufstellen, durch Formulierungen wie "möglichst" oder "soweit wie möglich" ein Optimierungsgebot für bestimmte fachliche Ziele einführen[2] oder Regelbeispiele für das Vorliegen vorrangiger öffentlicher Interessen bilden und dabei die RO-Erfordernisse nicht erwähnen. Im Ergebnis zu einer Nichtberücksichtigung der landesplanerischen Beurteilung können die (gesetzlichen) Planungsleitsätze führen, bei denen es sich nach der neueren Bundesverwaltungsgerichts-Rechtsprechung nur um solche Regelungen handelt, die strikte Beachtung verlangen und deshalb nicht im Rahmen planerischer Abwägung überwunden werden können[3]. Dieser kurze Überblick über die Wirkungsweise der Raumordnungsklauseln in den Genehmigungs- und Planfeststellungstatbeständen belegt, daß nicht nur aus verfassungsrechtlichen, sondern auch aus verwaltungsrechtlichen Gesichtspunkten heraus das exakte Steuerungsmaß einer (verbindlichen) landesplanerischen Beurteilung nur anhand der jeweils von den Fachbehörden anzuwendenden Gesetze beurteilbar ist. Auffallend sind die sehr unterschiedlichen Formulierungen in den fachgesetzlichen Raumordnungsklauseln. Die Abweichungen betreffen die Bindungsmaßstäbe, wenn von den RO-Erfordernissen Ziele, Grundsätze und sonstige Erfordernisse alle, einige oder eine zufällig anmutende Kombination einer Beachtenspflicht unterstellt wird. Die anzutreffenden Abweichungen betreffen die Bindungsintensität, wenn zwischen "beachten", "berücksichtigen", "über-

---

1) VG Trier, Urt. v. 27.09.1984 - 2 K 257/83 - (630), AgrarR 1986, 88 f.

2) Vgl. zum Optimierungsgebot BVerwG, Urt. v. 22.03.1985 - 4 C 73.82 - DVBl. 1985, 899 (900) und Thurn, Schutz natürlicher Gewässerfunktionen, S. 50 ff., 77, 88.

3) Vgl. BVerwG, Urt. v. 22.03.1985 - 4 C 73.82 -, DVBl. 1985, 899 (900); Thurn, Schutz natürlicher Gewässerfunktionen, S. 207 f.; VG Mannheim, Urt. v. 30.07.1985 - 5 S 2553/84 -, DVBl. 1986, 364 (366); Ronellenfitsch, Eingriffe, VerwArch. 1986, 177 (187).

einstimmen" und "entgegenstehen" unterschieden wird[1].

Häufig beschränken sich die Raumordnungsklauseln nicht darauf, lediglich die Beachtlichkeit der RO-Belange - hier interessieren vor allem die sonstigen RO-Erfordernisse, da die landesplanerische Beurteilung diese Qualität hat[2] - anzuordnen. Vielmehr wird mit Zielrichtung auf den Abwägungsvorgang teilweise bereits eine rechtliche Gewichtung der RO-Belange vorgenommen, wenn etwa durch ein "insbesondere" aus der Gesamtheit der RO-Erfordernisse die Interessen des Städtebaus, des Naturschutzes, der Landwirtschaft und der Wirtschaft besonders hervorgehoben werden[3], oder die Interessen der Landespflege, der Landeskultur oder des Landschaftsschutzes bei einer Entscheidung über eine Aufforstungsgenehmigung nach § 12 Abs. 2 hessForstG als besonders gefährdete RO-Belange herausgestellt werden[4].

III. Stellung der Raumordnungsklauseln im Verhältnis zwischen Raumordnung und Fachplanung

Seit der grundlegenden Untersuchung von Forsthoff/Blümel ist das Verhältnis der raumordnungsrechtlichen zu den fachgesetzlichen Raumordnungsklauseln weitgehend geklärt[5].

1. Verhältnis von § 5 Abs. 4 ROG zu den fachgesetzlichen Raumordnungsklauseln

Zunächst ist anerkannt, daß die vor Erlaß des ROG im Jahre 1965 geschaffenen sog. älteren Raumordnungsklauseln durch § 5 Abs. 4 ROG nicht verdrängt wurden, sondern bestehen geblieben sind, da der Gesetzgeber mit der Produktion der sog. neueren Raumordnungsklauseln

---

1) Vgl. Schmidt-Aßmann, Raumordnungsklauseln, S. 29 f. und ausführlich zu den einzelnen Tatbeständen.
2) Vgl. dazu oben S. 35.
3) Vgl. §§ 1 Abs. 3 SchBG, 1 Abs. 2 LBG, 30 Abs. 3 LuftVG.
4) VGH Kassel, Urt. v. 04.010.1984 - 11 UE 86/94 -, NuR 1985, 192 f.
5) Forsthoff/Blümel, Fachplanungsrecht.

fortgefahren ist[1].

Die Formulierung "Erfordernisse der Raumordnung" in den RO-Klauseln der älteren Fachgesetze ist darauf zurückzuführen, daß die Landesplanung z. Z. ihrer Kodifizierung noch nicht sehr instrumentalisiert und systematisiert war[2].

Der Begriff umfaßt die Ziele, Grundsätze und sonstigen Erfordernisse der Raumordnung und Landesplanung. Dabei wirken diese Raumordnungsklauseln aufgrund des ROG als lex specialis bezogen auf die Ziele und den von § 3 Abs. 1 und 2 ROG i. V. m. den Landesplanungsgesetzen gesteckten Geltungsbereich der Grundsätze nur deklaratorisch, hinsichtlich des nicht von § 3 Abs. 1 und 2 ROG i. V. m. den Landesplanungsgesetzen erfaßten Bereichs der Grundsätze sowie der sonstigen Erfordernisse der Raumordnung dagegen konstitutiv[3].

Umstritten ist, ob durch das ROG mit der Unterscheidung zwischen Zielen und Grundsätzen sowie den entsprechenden Bindungsvorschriften die Auslegung des Begriffs "Erfordernisse der Raumordnung" in den älteren Raumordnungsklauseln bezüglich der sonstigen Erfordernisse aufrecht erhalten werden soll.

Dies wird mit einem Hinweis auf § 5 Abs. 4 ROG sowie dem Bedürfnis nach Rechtssicherheit und gerichtlicher Nachprüfbarkeit abgelehnt[4].

Für die Berücksichtigungsfähigkeit der landesplanerischen Beurteilung hätte dies zur Folge, daß sie wohl mittelbar über ihre Prüfungsmaßstäbe der Ziele und Grundsätze, nicht aber als eigenständiges sonstiges Erfordernis der Raumordnung gegeben wäre.

---

1) Forsthoff/Blümel, Fachplanungsrecht, S. 128 ff.; Suderow, Fachplanungen, S. 61 ff.
2) Schmidt-Aßmann, Raumordnungsklauseln, S. 36.
3) Forsthoff/Blümel, Fachplanungsrecht, S. 128 ff.; neuerdings umfassend zu den RO-Klauseln auch Bielenberg/Erbguth/Söfker, ROLaPlaR, R 100.
4) Cholewa/Dyong/von der Heide, ROG I, Vorbem. XI, 6.

Jedoch hat die Untersuchung vom ROV ergeben, daß es sich dabei um ein förmliches, rechtsstaatlichen Erfordernissen genügendes Verfahren handelt[1]. Daher müssen die aus Gründen der Rechtsstaatlichkeit erhobenen Bedenken, sonstige Erfordernisse der Raumordnung und Landesplanung in Fachverfahren zu berücksichtigen, jedenfalls für die ROV-Ergebnisse als sonstige Erfordernisse sowie die in ihnen aus den Grundsätzen und anderen Raumordnungsbelangen entwickelten sonstigen Erfordernisse der Raumordnung und Landesplanung zurückgestellt werden[2].

2. Zusammentreffen mehrerer Verknüpfungsregelungen

Die Untersuchungen zum ROV haben gezeigt, daß in den landesplanerischen Beurteilungen die verschiedenartigsten Aussagen zur Raumverträglichkeit des überprüften Vorhabens möglich sind. Die rechtssystematischen Unterschiede zwischen den einzelnen Prüfungsmaßstäben und sonstigen Verfahrensergebnissen oder anderen raumordnerischen Erkenntnissen bewirken, daß dem bei der Anwendung der raumordnungsrechtlichen und fachgesetzlichen Raumordnungsklauseln Rechnung zu tragen ist.

Soweit Ziele der Raumordnung und Landesplanung im ROV konkretisiert werden, ist ihr Bindungsmaßstab nach § 5 Abs. 4 ROG zu beachten. Da gleichzeitig das Ergebnis der landesplanerischen Feststellung und Abstimmung als ein sonstiges Erfordernis der Raumordnung und Landesplanung einzustufen ist[3], greift auch die Berücksichtigung als sonstiges Erfordernis der Raumordnung und Landesplanung ein. Da dies über die Abwägung geschieht[4], kollidieren einerseits die Zielbindung

---

1) Vgl. oben S. 78 ff. 81.
2) Vgl. dazu oben S. 55 ff.; Schmidt-Aßmann, Raumordnungsklauseln, S. 36; bereits früher ders., Grundfragen, S. 145 f.; Bielenberg/Erbguth/Söfker, ROLaPlaR, K § 5 Rn. 74 b; weitergehend (auch Beratungsergebnisse oder Gutachten) Niemeier, Landesplanung, S. 75; dagegen Ernst, in: Ernst/Hoppe, ÖffBauBoR, Rn. 101.
3) Vgl. oben S. 35 ff.
4) Vgl. z. B. für die Straßenplanung Nr. 4 III der Hinweise zu § 16 FStrG, VKBl. 1974, 76; Forsthoff/Blümel, Fachplanungsrecht, S. 166; Fickert, Planfeststellung, Nr. 1 Rn. 7 (71).

nach § 5 Abs. 4 ROG und andererseits ihre Relativierung durch die Einordnung der landesplanerischen Beurteilung als sonstiges Erfordernis der Raumordnung und damit als Abwägungsmaterial. Diese Kollision ist zugunsten der Zielbindung aufzulösen: Der von den Zielen gesetzte Rahmen darf nicht überschritten werden. Nur soweit die eigentlichen Zielaussagen nicht modifiziert werden, kann mit einem die Zielinterpretation übersteigenden Teil der landesplanerischen Beurteilung in der Abwägung als sonstigem Erfordernis der Raumordnung und Landesplanung operiert werden.

B. Raumordnungsklauseln als unverzichtbare Transformationsnormen

Teilweise wird in der Literatur die Bedeutung der RO-Klauseln unterschätzt.

Da die RO-Ziele nicht auf eine Steuerung der Bodennutzung angelegt sind und da es nach Auffassungen in der Literatur rechtsstaatlich bedenklich sei, teilweise lediglich als Verwaltungsvorschriften ergehenden Raumordnungszielen - die Rechtsform der Regionalpläne differiert zwischen Satzungen, Verwaltungsvorschriften und Regierungs-, Minister- oder Planungsbehördenbeschlüssen[1] - über entsprechende Formulierungen in den Genehmigungstatbeständen Außenwirkung zu verleihen[2], seien - so Schmidt-Aßmann - den Versuchen, landesplanerische Aussagen in den Gesetzestatbeständen des Außenrechts zu verankern, enge verfassungsrechtliche Grenzen gesetzt[3]. Tatbestände wie §§ 35 Abs. 3 BBauG oder 12 Abs. 2 hessForstG seien unter diesem verfassungsrechtlichen Aspekt gerade noch zulässig[4]. Es wird davor gewarnt, zur Behebung der rechtssystematisch bedingten Durchsetzungsschwäche der Raumordnung der Faszination der Transformation landes-

---

1) Paßlick, RO-Ziele, S. 44; Bielenberg/Erbguth/Söfker, K § 5 Rn. 89.
2) Vgl. zur Zufälligkeit der Rechtsform landesplanerischer Aussagen Löhr, Gerichtliche Rechtsschutzmöglichkeiten, DVBl. 1980, 13 ff.; Erbguth, Probleme, S. 168 ff.
3) Schmidt-Aßmann, Raumordnungsklauseln, S. 35.
4) Schmidt-Aßmann, Raumordnungsklauseln, S. 35; VG Kassel, Urt. v. 12.12.1979 - IV E 182/79 -, AgrarR 1980, 202 f.; § 12 Abs. 2 hessForstG; vgl. auch § 2 AbgrGNW unten S. 196.

planerischer Aussagen direkt in die Einzelmaßnahmen hinein zu erliegen[1]. Vorhandene Raumordnungsklauseln sollten nach dieser Auffassung daher restriktiv ausgelegt und neue äußerst zurückhaltend geschaffen werden. Die Landesplanung müsse sich ohnehin auf eine stärkere verwaltungsgerichtliche Kontrolle ihrer Aussagen einstellen, was nicht noch durch einen erhöhten Geltungsanspruch forciert werden sollte.

Ohne einer Neuorientierung der Raumordnung weg von ihren verfassungsrechtlichen und systematischen Grundlagen hin zu einer bodenrechtlich ausgerichteten Konzeption das Wort reden zu wollen[2], soll im folgenden versucht werden, eine wirkungsvolle raumordnungsfreundliche Auslegung der Raumordnungs- und Allgemeinwohlklauseln sowie der unbestimmten Rechtsbegriffe und Ermessensvorschriften nicht nur zu legitimieren, sondern darüber hinaus einen eigenständigen, unverzichtbaren, für das Verhältnis Raumordnungsrecht - Fachplanungsrecht unter Berücksichtigung des ROV essentiellen, über § 5 Abs. 4 ROG hinausgehenden Regelungsgehalt und Anwendungsbereich der Raumordnungsklauseln aufzuzeigen.

Raumordnungsklauseln sind die Kehrseite der im ROG und den Landesplanungsgesetzen vorhandenen allgemeinen Bindungsvorschriften[3].

Unterschieden wird zwischen materiellrechtlichen, verfahrensrechtlichen und einer Kombination beider Vorschriftentypen, wobei die materiellen Raumordnungsklauseln eine Berücksichtigungspflicht der Erfordernisse der Raumordnung begründen, während die verfahrensrechtlichen Bestimmungen angeben, in welchem Verfahren, in wessen Zuständigkeit die Berücksichtigung zu erfolgen hat[4]. Aus dem Verbot des

---

1) Schmidt-Aßmann, Raumordnungsklauseln, S. 39.
2) Vgl. dazu oben S. 39 ff. ; insgesamt Brenken, Weiterentwicklung, S. 47 ff.
3) Suderow, Fachplanungen, S. 61.
4) Forsthoff/Blümel, Fachplanungsrecht, S. 30 ff.; Suderow, Fachplanungen, S. 60; Bielenberg/Erbguth/Söfker, ROLaPlaR, R 100 Rn. 4 ff.

landesplanerischen Durchgriffs und dem Dogma der mediatisierten Geltung der landesplanerischen Aussagen ergibt sich[1], daß zur Beeinflussung der Bodennutzung durch öffentliche und private Planungsträger über §§ 5 Abs. 4 und 3 ROG sowie die entsprechenden landesrechtlichen Bestimmungen hinausgehende Transformationsnormen erforderlich sind. Denn die raumordnungsrechtlichen Bindungsvorschriften können - systemgerecht - nur die Behördenverbindlichkeit, nicht aber die Auswirkungen landesplanerischer Aussagen auf die außengerichteten Genehmigungs- und Planfeststellungtatbestände regeln. Dies ist aufgrund des Prinzips des Gesetzesvorbehalts Sache der jeweiligen Tatbestände selbst[2]. Besonders deutlich wird dies für die Genehmigungen und privatnützigen Planfeststellungen mit dem ihnen innewohnenden Genehmigungscharakter[3], trifft aber auch auf die gemeinnützigen Planfeststellungen zu.

Bei den gemeinnützigen Planfeststellungen geraten die Privatinteressen unter Planungsvorbehalt, werden dadurch Abwägungsmaterial und müssen mit den öffentlichen Belangen konkurrieren[4]. Der Ausgleich zwischen den Interessen der Privaten, das planfeststellungsbedürftige Vorhaben durchzuführen, und den Belangen der Raumordnung scheint bereits durch den umfassenden Auftrag an die Planfeststellung, das Vorhaben in all seinen öffentlich-rechtlich raumrelevanten Bezügen in die Umgebung einzubetten, gewährleistet zu sein[5].

Doch wird dabei die Ebenenverschiedenheit der abzuwägenden Belange nicht berücksichtigt[6]. Erst die Raumordnungs- bzw. Allgemeinwohl-

---

1) Vgl. oben S. 48 sowie Schmidt-Aßmann, Fortentwicklung, S. 80 ff.
2) Vgl. Schmidt-Aßmann, Fortentwicklung, S. 80 ff.; Hoppe, RuL, Rn. 806; ders., Gelenkfunktion, UPR 1983, 105 (113); vgl. oben S. 160.
3) Uechtritz, Naßauskiesung, VBlBW 1984, 5 (9); vgl. unten S. 227.
4) Vgl. oben S. 88; Wahl, Genehmigung, DVBl. 1982, 51 (57 f.).
5) So wohl Suderow, Fachplanungen, S. 95.
6) Schmidt-Aßmann, Fortentwicklung, spricht von der "anderen Dimension" der Raumordnung.

klauseln "zonen" die Belange der Raumordnung herab und machen sie im Abwägungsprozeß - soweit sie einer Abwägung zugänglich sind[1] - mit den bodennutzungsorientierten Privatinteressen vergleich- und abwägbar.

Diese Argumentation trifft auch auf die gemeinnützigen Planfeststellungen zu. Da diese auf ein umfassendes Abwägen aller berührten Belange angelegt ist, treffen in ihr auch Raumordnungsbelange und Privatinteressen aufeinander. Die Möglichkeit, privaten Grundstückseigentümern oder Anliegern im Rahmen der Abwägung die das planfeststellungsbedürftige Vorhaben begünstigenden Ziele der Raumordnung und Landesplanung entgegenhalten zu können, wird durch die die Ebenenverschiedenheit aufhebenden Raumordnungsklauseln vergrößert[2].

Diese Sichtweise der Raumordnungsklauseln sprengt nicht ihre verfassungsrechtlichen und raumordnungssystematischen Grenzen[3]. Vielmehr wird durch sie die gebotene mittelbare Wirkung der Ziele und sonstigen Raumordnungsbelange erstmals erreicht.

Die Warnung vor dadurch bewirkter gerichtlicher Prüfung der Aussagen der Raumordnung scheint nicht gerechtfertigt. Im Zuge der Verrechtlichung der Raumordnung ist eine Überprüfung im Gegenteil gerade angezeigt[4]. Will die Raumordnung ihren überwiegend geringen Einfluß behalten, so muß sie versuchen, in die gesetzlichen Genehmigungs- und Planfeststellungstatbestände hineinzugelangen. Die dadurch eröffnete gerichtliche Kontrollmöglichkeit ist wünschenswert, zwingt sie doch die Raumordnung, sich ihrerseits rechtlicher Kriterien und

---

1) Vgl. zu den Zielen als der Abwägung entzogene Belange Paßlick, RO-Ziele, S. 132 ff. und zur erst durch § 35 Abs. 1 BBauG ermöglichten Abwägung der aus den Zielen herauskristallisierten konkreten Belange mit den Eigentümerinteressen, S. 227; Bielenberg/Erbguth/Söfker, ROLaPlaR, M 322 Rn. 2; K § 5 Rn. 70 ff.
2) Vgl. zur zentralen Bedeutung der RO-Klauseln auch Zoubek, Sicherungsinstrumente, S. 153.
3) So aber Schmidt-Aßmann, Raumordnungsklauseln, S. 39.
4) Höhnberg, Rechtsschutz, DVBl. 1982, 722 ff.; Helbig, Verrechtlichung, BayVBl. 1982, 713 ff.; Evers, Tendenzen, BayVBl. 1982, 709 ff.

Maßstäbe zu bedienen, wie dies etwa bereits für das Bestimmtheitsgebot gefordert wird[1].

Im Ergebnis ist daher dem Verwaltungsgericht Regensburg zuzustimmen, wenn es für das ROV ausführt, daß sich die Bindungswirkung einer landesplanerischen Beurteilung nur dort auswirken kann, wo die fachgesetzlich zuständige Behörde - sei es aufgrund von Raumordnungsklauseln, sei es aufgrund unbestimmter Rechtsbegriffe wie "öffentliche Belange" - zu entscheiden hat, ob das zu beurteilende Vorhaben den Erfordernissen der Raumordnung entspricht[2]. Damit bleibt als Ergebnis festzuhalten, daß die Raumordnungs- und Allgemeinwohlklauseln über ihre teils deklaratorische, teils konstitutive Funktion hinaus unverzichtbare Hilfsmittel für die Transformation im ROV getroffener landesplanerischer Aussagen auf die bodennutzungsbezogene Ebene des Bau- und Fachplanungs-(Genehmigungs-)rechts sind.

§ 7 Einzelanalyse der Verknüpfungsregeln zwischen den Genehmigungs- und Planfeststellungstatbeständen

Zur Beurteilung der exakten Steuerungsfähigkeit der landesplanerischen Beurteilung ist zusätzlich zur oben vorgenommenen Bestimmung ihrer Verbindlichkeit eine Einzelanalyse der fachgesetzlichen Raumordnungs- und Allgemeinwohlklauseln hinsichtlich ihrer Aufnahmekapazität für RO-Belange, insbesondere dabei der ROV-Ergebnisse, erforderlich. Hierbei bietet sich eine Differenzierung nach der Entscheidungsstruktur an, da diese, wie bereits dargelegt, Rückschlüsse auf die Offenheit für eine Beeinflussung durch die Raumordnung zulassen.

A. Kontrollerlaubnisse

Allgemein erschwert die Tatbestandsstruktur der Kontrollerlaubnis die Berücksichtigung (raum)planerischer Gesichtspunkte.

---

1) Vgl. zur Zielgeltung im Rahmen von § 35 Abs. 1 BBauG BVerwG, Urt. v. 20.01.1984 - 4 C 43.81 -, DVBl. 1984, 627 ff. und insgesamt zu rechtsstaatlichen Anforderungen an Ziele der Raumordnung und Landesplanung Paßlick, RO-Ziele, S. 54 ff.
2) VG Regensburg, Urt. v. 02.02.1982 - Nr. RO 6 K 81 A. 0335 -, S. 5 f.

I. Immissionsschutzrechtliche Genehmigung nach §§ 4 ff. BImSchG

Zentrale Bedeutung bei der Genehmigung von raumbedeutsamen umweltbelastenden Industrieanlagen kommen den §§ 4 ff. BImSchG zu. Bei der immissionsschutzrechtlichen Genehmigung handelt es sich um eine Kontrollerlaubnis, da sie als gebundene Entscheidung gegenüber Grundrechtsträgern nach einer Präventivkontrolle hinsichtlich schädlicher Umwelteinwirkungen ergeht[1].

1. Berücksichtigung der landesplanerischen Beurteilung über § 50 BImSchG

Da das Bundes-Immissionsschutzgesetz nur schwach entwickelte Planungselemente enthält[2], richtet sich § 50 BImSchG in erster Linie nicht an das Anlagengenehmigungsverfahren nach §§ 4 ff. BImSchG, sondern an die ihr zugrunde liegende Raumplanung[3].

Fehlt es an einer räumlichen Planung, was aber bei einer vorhandenen landesplanerischen Beurteilung kaum zutreffen dürfte, so kann allerdings die die Zuordnung der Flächen unter Immissionsschutzgesichtspunkten regelnde Vorschrift des § 50 BImSchG in einer dem § 34 BBauG vergleichbaren Weise bei den Genehmigungsvoraussetzungen der §§ 6 Nr. 1 und 5 Nr. 2 BImSchG direkt zum Tragen kommen[4].

Da die immissionsschutzrechtliche Genehmigungsbehörde keine planerisch-gestaltend abwägende Zuordnung der Flächen vornimmt, wie sie von § 50 BImSchG vorausgesetzt wird, sondern ihr nur ein nachvoll-

---

1) Erbguth, Umweltrecht, S. 154, 224 ff.; Wahl, Genehmigung, DVBl. 1982, 51 (52 f.); Jarass, BImSchG, § 4 Rn. 1; ders., WiVwR, S. 105; vgl. auch BVerwG, Urt. v. 24.09.1976 - IV C 58.75 -, DVBl. 1977, 194 (195); Erbguth/Schoeneberg, Umsetzung, WiVerw 1985, 102 (114).
2) Feldhaus, Vorsorgegrundsatz, DVBl. 1980, 133 (139); Erbguth/Schoeneberg, Umsetzung, WiVerw 1985, 102 (115).
3) Jarass, BImSchG, § 50 Rn. 1.
4) Jarass, BImSchG, § 50 Rn. 1; § 5 Rn. 36.

ziehendes Abwägungen gestattet ist[1], kann die Wirkung der landesplanerischen Beurteilung für das Optimierungsgebot[2], das diese Vorschrift beinhaltet, vernachlässigt werden.

2. Berücksichtigung der landesplanerischen Beurteilung über den planerischen Gehalt des Vorsorgegrundsatzes nach § 5 Nr. 2 BImSchG

Neben den Maßnahmen des technischen Umweltschutzes wird dem Vorsorgegrundsatz des § 5 Nr. 2 BImSchG mit den planungsrechtlichen Vorschriften und den Planungsentscheidungen im Bereich der Raumordnung, Landesplanung und Bauleitplanung Rechnung getragen[3].

Dennoch wird durch die planerische Dimension des Vorsorgegrundsatzes der Genehmigungsbehörde keine räumliche Planungskompetenz verliehen[4]. Bau- und raumplanungsrechtliche Vorschriften finden vielmehr über § 6 Nr. 2 BImSchG Eingang in die Genehmigungsentscheidung[5]. Soweit diese Planungen Außenwirksamkeit entfalten, konkretisieren sie gleichzeitig die Vorsorgepflicht des Betreibers[6]. Da die landesplanerische Beurteilung dem Vorhabenträger gegenüber regelmäßig keine Außenverbindlichkeit beanspruchen wird[7], ist sie auch nicht in der Lage, allein über eine Konkretisierung der (planerischen) Vorsorgepflicht die Genehmigungsentscheidung zu beeinflussen. Eine

---

1) Vgl. oben S. 134.
2) Zu § 50 BImSchG als einer Vorschrift mit Optimierungsgebot vgl. Thurn, Schutz natürlicher Gewässerfunktionen, S. 77 ff.
3) Feldhaus, Vorsorgegrundsatz, DVBl. 1980, 133 (139); Jarass, BImSchG § 5 Rn. 36; anderer Meinung Breuer, Strukturen, Der Staat, Bd. 20, 1981, 393 (413); Kutscheidt, Immissionsschutzrecht, S. 271; Sendler, Eigentum, UPR 1983, 33 (43).
4) Jarass, BImSchG, § 5 Rn. 36; Breuer, Strukturen, Der Staat, Bd. 20, 1981, 393 (413) betont die Gefahren des "Planulismus".
5) So auch Feldhaus, Vorsorgegrundsatz, DVBl. 1980, 113 (139), der allerdings auf die bestehenden Querverbindungen zwischen §§ 50, 5 Nr. 2 und 6 Nr. 2 BImSchG hinweist.
6) Jarass, BImSchG, § 5 Rn. 36.
7) Vgl. zu den Ausnahmen oben S. 61 ff.

Indizwirkung für die Gewichtigkeit der von der Genehmigungsbehörde zu beachtenden bereits vorhandenen anderweitigen Nutzungen soll der landesplanerischen Beurteilung indes nicht abgesprochen werden[1].

3. Berücksichtigung der landesplanerischen Beurteilung über § 6 Nr. 2 BImSchG

Die immissionsschutzrechtliche Genehmigung ist nach § 6 Nr. 2 BImSchG nur zu erteilen, wenn u. a. andere öffentlich-rechtliche Vorschriften der Errichtung und dem Betrieb der Anlage nicht entgegenstehen. Zu diesen außerimmissionsschutzrechtlichen materiellen Genehmigungsvoraussetzungen zählen etwa die anderen die Anlage betreffenden behördlichen Entscheidungen wie Genehmigungen, Zulassungen, Verleihungen, Erlaubnisse und Bewilligungen auf dem Gebiet des Verkehrs-, Wege-, Berg-, Wasserpolizei-, Luftverkehrs-, Landschafts- und Naturschutzrechts[2]. Zu den anderen öffentlich-rechtlichen Vorschriften zählen auch die Normen des öffentlichen (Raum)Planungsrechts[3]. So fallen die bauplanungsrechtlichen Vorschriften unzweifelhaft unter § 6 Nr. 2 BImSchG, da die Baugenehmigung infolge der Konzentrationswirkung des § 13 BImSchG ersetzt wird. Inwieweit die landesplanerische Beurteilung über § 6 Nr. 2 BImSchG i. V. m. §§ 30 ff. BBauG berücksichtigt werden kann, wird sogleich erörtert. Fraglich ist dagegen die Geltung von § 6 Nr. 2 BImSchG für die Regelungen des Raumordnungs- und Landesplanungsrechts, etwa für die als formelles Gesetz oder als Verwaltungsvorschriften erlassenen RO-Ziele, aufgrund derer die landesplanerische Beurteilung ergeht.

---

1) Vgl. Jarass, BImSchG, § 5 Rn. 36 zu den Flächennutzungsplänen.

2) Jarass, BImSchG, § 6 Rn. 4; Feldhaus, BImSchG, § 6 Rn. 6; Ule/Laubinger, BImSchG, § 6 Rn. 6; Schmitt Glaeser/Meins, Immissionsschutz, S. 46.

3) Stich/Porger, BImSchG, § 6 III, 3.11; Feldhaus, BImSchG, § 6 Rn. 4; Ule/Laubinger, BImSchG, § 6 Rn. 6; Breuer, Immissionsschutz, IzR 1980, 509 (516).

a) RO-Ziele und landesplanerische Beurteilung als "andere öffentlich-rechtliche Vorschrift"

Der Rückgriff des Gesetzgebers auf "andere öffentlich-rechtliche Vorschriften" sagt noch nichts aus über die Durchsetzungsfähigkeit raumordnerischer Aussagen gegenüber den zu genehmigenden privaten Vorhaben. § 6 Nr. 2 BImSchG könnte als "verkappte RO-Klausel" ausgelegt werden, die auch die Erfordernisse der Raumordnung als Oberbegriff für die Ziele, Grundsätze und sonstigen Erfordernisse, also auch die landesplanerische Beurteilung in ihrer selbständigen Bedeutung, erfaßt[1]. Diese Auffassung vertritt Sellner mit der Begründung, die Genehmigungsentscheidung sei eine raumbedeutsame Maßnahme i. S. d. § 5 Abs. 4 ROG, für die die zu beteiligende Landesplanungsbehörde regelmäßig ein ROV durchzuführen habe[2]. Doch ist - wie oben bereits ausgeführt - § 5 Abs. 4 ROG im Wege einer teleologischen Reduktion so auszulegen, daß außengerichtete Genehmigungstatbestände wegen der fehlenden Drittwirkung raumordnerischer Aussagen keine raumbedeutsamen Maßnahmen darstellen[3]. Da die Genehmigungsversagungen bei gebundenen Entscheidungen Eingriffsvorgänge sind, kann darüber aufgrund des Prinzips des Gesetzesvorbehalts nur anhand der fachgesetzlichen Tatbestände entschieden werden. Nur soweit diese auf Erfordernisse der Raumordnung Bezug nehmen bzw. als Ermessensentscheidung ausgestaltet sind, ist eine mittelbare Wirkung landesplanerischer Aussagen möglich[4]. Außerdem sind landesplanerische Aussagen, in welcher Form auch immer, nicht geeignet und in der Lage, unmittelbar über § 6 Nr. 2 BImSchG als "andere öffentlich-rechtliche Vorschriften" die gebundene Genehmigungsentscheidung zu steuern. Denn bei den Zielen, Grundsätzen und landesplanerischen Beurteilungen handelt es sich nicht um bürgergerichtete Außenrechtsnormen[5]. Andernfalls würde das Verbot des landesplanerischen Durch-

---

1) Schmidt-Aßmann, Raumordnungsklauseln, S. 30 f.
2) Sellner, Immissionsschutzrecht, S. 63 f.
3) Schmidt-Aßmann, Fortentwicklung, S. 82; ders., Raumordnungsklauseln, S. 38.
4) Schmidt-Aßmann, Raumordnungsklauseln, S. 38; siehe oben S. 159 ff.
5) Vgl. Hoppe, RuL, Rn. 308 ff., auch zur Außenwirkung gegenüber Gemeinden.

griffs unterlaufen und eine unmittelbare bürgergerichtete Außenwirkung landesplanerischer Aussagen in Form von positiven materiellen Genehmigungsvoraussetzungen erreicht[1]. Mit diesem Ergebnis decken sich (frühere) Überlegungen, im Rahmen von Standortvorsorgeplanungen entweder §§ 4 ff. BImSchG derart zu ändern, daß umweltbelastende industrielle Großvorhaben nur dann genehmigungsfähig sind, wenn sie den Zielen der Raumordnung und Landesplanung nicht widersprechen[2] oder eine entsprechende Änderung des § 35 BBauG vorzunehmen[3]. Im Rahmen der Diskussion um die landesplanerische Standortvorsorgeplanung wurde erkannt, daß sich Aussagen der Raumordnung gegenüber der gebundenen Genehmigungsentscheidung nach §§ 4 ff. BImSchG nur auf dem Umweg über das Bauplanungsrecht durchsetzen lassen[4]. Deshalb hat die Auseinandersetzung um gemeindliche Planungspflichten, Planungsgebote und das sog. Planungserfordernis für industrielle Großanlagen in der Rechtswissenschaft und Praxis so an Bedeutung gewonnen. Denn die Raumordnung stellt sich gegenüber dem Immissionsschutzrecht als ein System dar, das mit seiner stufenförmigen Ausbildung und immer weitergehenden Konkretisierung und Verfeinerung seiner Aussagen zunächst zu durchlaufen ist, um dann auf der untersten Stufe der Bebauungspläne mit Bodennutzungsregelungen einem unter Umweltschutzgesichtspunkten zu beurteilenden Vorhaben entgegen treten zu können[5].

---

1) Vgl. zu diesem Argument bezogen auf § 35 Abs. 1 BBauG BVerwG, Urt. v. 20.01.1984- 4 C /0.79 -, NJW 1984, 1367; Weidemann, Ziele, NVwZ 1983, 441 (445).
2) Breuer, Immissionsschutz, IzR 1979, 509 (522).
3) Breuer, Immissionsschutz, IzR 1979, 509 (522); Hoppe, Großvorhaben, NJW 1978, 1229 ff.; vgl. auch Dyong, Verwirklichung, S. 222.
4) Vgl. Schmitt Glaeser/Meins, Immissionsschutzrecht, S. 39 ff.
5) Vgl. Breuer, Immissionsschutz, IzR 1979, 509 (515); Schrödter, BBauG, § 34 Rn. 18 und zur Raumordnung als System Wahl, Rechtsfragen I; die Notwendigkeit dieses "Umwegs" über das Bauplanungsrecht bzw. §§ 34, 35 BBauG wird im Beschl. des BayVerfGH v. 16.07.1976 - Vf. 65 - VI - 75 -, BayVBl. 1976, 653, nicht deutlich; umfassend zum Verhältnis Immissionsschutz und Landesplanung und kritisch zu den Novellierungsvorschlägen Erbguth, Immissionsschutz, S. 92 ff.

b) §§ 30 ff. BBauG als "andere öffentlich-rechtliche Vorschriften" i. S. d. § 6 Nr. 2 BImSchG

Für die Prüfung der Berücksichtigungsfähigkeit der ROV-Ergebnisse im immissionsschutzrechtlichen Genehmigungsverfahren über die §§ 30 ff. BBauG als "andere öffentlich-rechtliche Vorschriften" i. S. d. § 6 Nr. 2 BImSchG bietet sich entsprechend der Systematik des Bauplanungsrechts eine Differenzierung an, die zwischen Vorhaben im Gebiet eines qualifizierten Bebauungsplans (§ 30 BBauG), solchen im nicht-beplanten Innenbereich (§ 34 BBauG) sowie privilegierten (§ 35 Abs. 1 BBauG) und sonstigen Außenbereichsvorhaben (§ 35 Abs. 2 BBauG) unterscheidet.

aa) Vorhaben im Planbereich

Wird anläßlich der beabsichtigten Errichtung eines nach §§ 4 ff. BImSchG genehmigungsbedürftigen Vorhabens ein Bebauungsplan aufgestellt, so ist die Berücksichtigung der landesplanerischen Beurteilung unproblematisch. Über § 1 Abs. 4 BBauG ist die Standortgemeinde an die RO-Ziele gebunden. Soweit das zielkonkretisierende ROV-Ergebnis für sie verbindlich ist[1], hat sie es bei der Ausrichtung ihres Bebauungsplanes auf die RO-Ziele zugrunde zu legen. Darüber hinaus ist das Ergebnis des landesplanerischen Abstimmungsverfahrens auch als sonstiges Erfordernis der Raumordnung und Landesplanung im Rahmen der Abwägung nach § 1 Abs. 6 und 7 BBauG zu berücksichtigen[2].

Wurde durch einen genehmigten Bebauungsplan die Standortentscheidung bereits getroffen, ist daneben regelmäßig kein Raum für ein ROV[3]. Allerdings kann sich bei einer nachhaltigen Änderung der raumordnerischen Situation ein ROV empfehlen, um Beurteilungskriterien für evtl. RO-Zieländerungen zu bekommen, die ihrerseits dann eine Anpassungspflicht der Gemeinde für ihren Bebauungsplan unter Berücksichtigung der landesplanerischen Beurteilung auslösen würden.

---

1) Vgl. dazu oben S. 116 ff.
2) Dyong, Verwirklichung, S. 218; zum Verhältnis von § 1 Abs. 4 (Raumordnungsklausel) zu § 1 Abs. 7 (Abwägungsgebot) vgl. David, Raumordnungsbindung, S. 73 ff.
3) Vgl. Schmidt-Aßmann, Entwicklungstendenzen, VBlBW 1986, 2 (3) für Baden-Württemberg.

bb) Nicht privilegierte Außenbereichsvorhaben

In seinem Urteil vom 20.01.1984 zählt das Bundesverwaltungsgericht auf, wie das ROV-Ergebnis gegenüber einem Vorhaben nach § 35 Abs. 1 BBauG wirken könnte[1]. Diese Rechtsprechung ist auf § 35 Abs. 2 BBauG übertragbar, da nicht privilegierte Außenbereichsvorhaben weitergehenden Einschränkungen unterworfen sind als die privilegierten Vorhaben. Das Gericht führt aus:
"Ob das Ergebnis eines ROV als Bestandteil eines anderen noch nicht abgeschlossenen Verfahrens, hier des luftverkehrsrechtlichen Genehmigungsverfahrens, als tatsächliche Gegebenheit zu einer im Rahmen des § 35 BBauG hinreichenden Konkretisierung von Zielen der Raumordnung und Landesplanung beitragen oder gar eine eigenständige Bedeutung als öffentlicher Belang haben kann, kann hier offen bleiben; denn öffentliche Planungen müssen, wenn sie den Rang von öffentlichen Belangen i. S. d. § 35 BBauG haben sollen, nicht nur konkret, sondern auch hinreichend verfestigt sein."[2]

(1) Die landesplanerische Beurteilung als Mittel zur Zielkonkretisierung

Nach § 35 Abs. 2 BBauG sind nicht privilegierte Vorhaben im Außenbereich aufgrund von § 35 Abs. 3 Nr. 1 BBauG nur dann zulässig, wenn sie den Zielen der Raumordnung und Landesplanung nicht widersprechen. Insoweit wird eine Zielgeltung ausdrücklich angeordnet[3]. Dabei besteht Einigkeit darüber, daß nur solche Ziele eine Sperrwirkung entfalten können, die sachlich und räumlich hinreichend konkretisiert sind, um die Beurteilung von Einzelvorhaben ohne weitere Abwägung durch die Genehmigungsbehörde zu ermöglichen und um einer gerichtlichen Nachprüfung unterzogen werden zu können[4].

---
1) BVerwG, Urt. v. 20.01.1984 - 4 C 43.81 -, DVBl. 1984, 627 (628 f.).
2) BVerwG, Urt. v. 20.01.1984 - 4 C 43.81 -, DVBl. 1984, 627 (628).
3) Hartwig, Rechtswirkungen, NVwZ 1985, 8 (10).
4) BVerwG, Urt. v. 20.05.1958 - I C 193.57 -, BVerwGE 6, 342 (344); BVerwG, Urt. v. 20.01.1984 - 4 C 70.79 -, NJW 1984, 1367 f.; Dyong, Verwirklichung, S. 219; Weidemann, Ziele, NVwZ 1983, 441 (445); Hartwig, Rechtswirkungen, NVwZ 1985, 8 (12); Paßlick, RO-Ziele, S. 251 ff.; Grooterhorst, Wirkung der Ziele, S. 59 ff.

Eine solche Wirkung entfalten daher nicht diejenigen Ziele der Raumordnung und Landesplanung, die auf eine Konkretisierung durch die Bauleit- oder Fachplanung angelegt sind[1].

Soweit die Ziele der Raumordnung und Landesplanung nicht den erforderlichen Konkretheitsgrad aufweisen, stellt sich die Frage, ob die landesplanerische Beurteilung als Mittel zur Zielkonkretisierung und -interpretation zur Erfüllung der Anforderungen an die Ziele als öffentlicher Belang i. S. d. § 35 Abs. 3 BBauG ergänzend herangezogen werden kann.

Das Bundesverwaltungsgericht läßt diese Frage (bezogen auf § 35 Abs. 1 BBauG) ausdrücklich offen[2], während Hartwig sie uneingeschränkt bejaht[3]. Die notwendige Konkretisierung allgemein gehaltener Zielaussagen könnte häufig durch das Ergebnis eines ROV herbeigeführt werden. Zwar sei die landesplanerische Beurteilung weder Verwaltungsakt noch ein Ziel der Raumordnung und Landesplanung, das als öffentlicher Belang oder über § 5 Abs. 4 ROG unmittelbar zu beachten wäre, doch enthalte sie eine authentische Interpretation der für das konkrete Projekt einschlägigen Raumordnungsziele und biete somit eine optimale Erkenntnisquelle für die Auslegung des Begriffs "öffentlicher Belang"[4].

Damit wäre gleichzeitig ausgeschlossen, daß die Genehmigungsbehörde mit der Einbeziehung allgemein formulierter Ziele einen "mehr oder weniger beliebig handhabbaren" Ablehnungsgrund erhielte[5].

---

1) Dyong, Verwirklichung, S. 219; Hartwig, Rechtswirkungen, NVwZ 1985, 8 (10); vgl. zu den konkreten Zielen und dem dabei dem ROV verbleibenden Spielraum oben S. 25, 27.
2) BVerwG, Urt. v. 20.01.1984 - 4 C 43.81 -, DVBl. 1984, 627 (628). Die vom BVerwG als möglich aufgezeigte Einordnung der ROV-Ergebnisse als tatsächliche Gegebenheit zur Zielkonkretisierung läßt den Schluß zu, daß das Gericht jedenfalls die landesplanerische Beurteilung nach Art. 23 bayLPlG als Produkt einer faktischen hoheitlichen Handlung ansehen würde. Vgl. dazu oben S. 59 ff. und S. 78 ff.
3) Hartwig, Rechtswirkungen, NVwZ 1985, 8 (13).
4) Hartwig, Rechtswirkungen, a. a. O.
5) Vgl. zu diesem Einwand gegen eine Zielgeltung Weidemann, Ziele, NVwZ 1983, 441 ff.; Dyong, Verwirklichung, S. 219.

Soweit Ziele der Raumordnung und Landesplanung Prüfungsmaßstab im ROV waren, bestehen keine Bedenken dagegen, die landesplanerische Beurteilung zur Konkretisierung der Ziele im Rahmen des § 35 Abs. 2 und 3 BBauG heranzuziehen. Denn der Begriff "öffentliche Belange" ist grundsätzlich offen und auf den Einzelfall zuzuschneiden. Dabei ist das Raumordnungsverfahren ein wirksames Hilfsmittel. Es führt wegen seiner Projektbezogenheit zu den konkretest möglichen raumordnerischen Aussagen. Nicht erforderlich ist wegen der Offenheit des Tatbestandsmerkmals "öffentliche Belange", daß sich Anhaltspunkte ausschließlich aus den in § 35 Abs. 3 BBauG beispielhaft genannten öffentlichen Belangen ergeben. Es sind auch sonstige Umstände berücksichtigungsfähig[1]. Hinzu kommt, daß an der demokratischen Legitimiertheit der ROV-Entscheidung zu zweifeln kein Anlaß besteht. Die Landesplanungsbehörde formt die Ziele der Raumordnung und Landesplanung nicht willkürlich aus, sondern erstellt einen Abschlußbericht am Ende eines umfangreichen, rechtsstaatlich ausgeformten Verfahrens mit umfassenden Beteiligungen aller betroffenen Planungsträger einschließlich ggf. der Naturschutzverbände[2] und der Gemeinden, über die zumindest auch eine mittelbare Bürgerbeteiligung gewährleistet ist[3].

(2) <u>Die landesplanerische Beurteilung als selbständiger öffentlicher Belang i. S. d. § 35 Abs. 2 und 3 BBauG</u>

Werden Ziele lediglich einzelfallbezogen ausgeformt, konkretisiert und interpretiert, so besteht wegen der insoweit gegebenen Wirkung der landesplanerischen Beurteilung als tatsächliche Gegebenheit zur Zielkonkretisierung überwiegend kein Bedürfnis nach einer Einordnung als selbständiger öffentlicher Belang neben den Zielen der Raumordnung und Landesplanung. Dennoch rechtfertigen die für ein Mittel zur Zielkonkretisierung aufgezählten Gründe sowie die eigenständige

---

1) Hartwig, Rechtswirkungen, NVwZ 1985, 8 (12).
2) Schoeneberg, Umweltverträglichkeitsprüfung, S. 211 ff.; vgl. oben S. 78 ff.
3) Vgl. dazu die MKRO-Entschließung vom 01.01.1983 "Bürgerbeteiligung in der Raumordnung und Landesplanung", abgedr. bei Bielenberg/Erbguth/Söfker, ROLaPlaR, B 320, S. 13; Söfker, Entschließung, RuR 1983, 109 (111) und zur Bürgerbeteiligung in der Raumordnung insgesamt Wahl, Bürgerbeteiligung, S. 112 ff.

Entscheidungsqualität der zielbezogenen ROV-Ergebnisse, die neben die RO-Ziele tritt, ihre Anerkennung als öffentlicher Belang i. S. d. § 35 BBauG.

Entscheidend wird eine solche Einstufung, wenn Prüfungsgegenstand im ROV die Grundsätze und/oder sonstige Erfordernisse der Raumordnung waren sowie sonstige RO-Erfordernisse mit über die Zielaussagen hinausgehenden raumordnerischen Erkenntnissen entwickelt wurden. Dann bleibt zu untersuchen, ob solche landesplanerischen Beurteilungen als "sonstige Erfordernisse der Raumordnung und Landesplanung" über das Tatbestandsmerkmal "öffentliche Belange" in § 35 Abs. 2 und 3 BBauG die Erteilung der immissionsschutzrechtlichen Genehmigung nach §§ 4 ff. BImSchG beeinflussen können. Bei nicht privilegierten Vorhaben nach § 35 Abs. 2 BBauG bestehen keine Bedenken, der landesplanerischen Beurteilung eine eigenständige Bedeutung als öffentlichem Belang i. S. d. § 35 Abs. 3 BBauG mit seinem nicht abschließenden Katalog neben den Zielen auch dann zukommen zu lassen, wenn Prüfungsmaßstab im ROV lediglich die Grundsätze oder sonstigen Erfordernisse der Raumordnung waren und sonstige RO-Erfordernisse entwickelt wurden. Denn nach der gesetzgeberischen Grundentscheidung soll der Außenbereich von Bebauung freigehalten werden, so daß die Baugenehmigung bereits zu versagen ist, wenn öffentliche Belange beeinträchtigt sind. Als konkreteste raumordnerische Aussage, abgeleitet aus den Grundsätzen der Raumordnung, den allgemeinen Zielen und sonstigen Erfordernissen der Raumordnung, dient die landesplanerische Beurteilung als Abschluß des förmlichen ROV und selbst als Erfordernis der Raumordnung der Gemeinwohlkonkretisierung, so daß die an die Konkretheit eines öffentlichen Belangs i. S. d. § 35 Abs. 2, Abs. 3 BBauG zu stellenden Anforderungen erfüllt sind[1]. Daher kann eine beantragte immissionsschutzrechtliche Genehmigung nach §§ 4, 6 Nr. 2 BImSchG, 35 Abs. 2 und 3 BBauG für eine im Außenbereich ohne Privilegierung zu

---

1) Bielenberg/Erbguth/Söfker, ROLaPlaR, K § 3 Rn. 39 a, K § 5 Rn. 72 d; Dyong, Verwirklichung, S. 226; Bielenberg, in: Ernst/Zinkahn/Bielenberg, BBauG, § 1 Rn. 88; Dyong, in: Ernst/Zinkahn/Bielenberg, BBauG, § 35 Rn. 86.

errichtende Anlage mit der Begründung versagt werden, das Raumordnungsverfahren habe zu einer negativen Beurteilung des Vorhabens geführt[1].

cc) Privilegierte Außenbereichsvorhaben

Die Wirkung der landesplanerischen Beurteilung im Rahmen des § 35 Abs. 1 BBauG sieht sich denselben Schwierigkeiten ausgesetzt, wie eine Zielgeltung in diesem Bereich.

Nach früherer Bundesverwaltungsgerichtsrechtsprechung und der früheren herrschenden Meinung[2] kann der Darstellung eines Flächennutzungsplans, der zusammen mit den Zielen der Raumordnung und Landesplanung in einem Spiegelstrich des § 35 Abs. 3 BBauG genannt wird, keine die Errichtung eines privilegierten Vorhabens hindernde Wirkung zukommen. Denn diese Vorhaben seien dem Außenbereich "planartig" zugewiesen. § 35 Abs. 1 BBauG stelle somit einen gesetzlichen Planersatz dar, dessen Funktion nicht durch die nur vorbereitenden Charakter besitzenden Darstellungen eines Flächennutzungsplans unterlaufen werden dürfe. Mit einem Erst-Recht-Schluß wurde dieses Ergebnis auf die von der verbindlichen Bauleitplanung weiter abgehobene Abstraktionsstufe der Landesplanung übertragen[3].

Nach der neueren Rechtsprechung des Bundesverwaltungsgerichts wurde die planartige Wirkung des § 35 Abs. 1 BBauG stark relativiert: Mit der Verweisung in den Außenbereich werde keine Entscheidung über den Standort im Außenbereich getroffen. Deshalb könnten auch konkrete standortbezogene Aussagen in Flächennutzungsplänen und Raumordnungsplänen sowie Programmen als öffentliche Belange einem privilegierten

---

1) Vgl. VG München, Urt. v. 06.07.1978 - Nr. 43 VIII 76, S. 11 f.: Die Genehmigung für einen Verbrauchermarkt nach § 35 Abs. 2 BBauG wird versagt, weil die landesplanerische Beurteilung negativ ausgegangen ist.

2) BVerwG, Urt. v. 29.10.1967 - IV C 86.66 -, BVerwGE 28, 148 ff.; Bielenberg, in: Ernst/Zinkahn/Bielenberg, BBauG, § 1 Rn. 86; Weyreuther, Bauen im Außenbereich, S. 516; Weidemann, Staatsaufsicht, S. 266 ff.; Busch, Erfordernis, BauR 1978, 268 (274); Papier, Möglichkeiten, S. 34.

3) Hartwig, Rechtswirkungen, NVwZ 1985, 8 (11) mit umfassender Kritik dieser Meinung.

Vorhaben entgegenstehen, soweit die Planaussagen über den Regelungsgehalt des § 35 Abs. 2 BBauG hinausgehen[1].

Dies allerdings einschränkend, folgert das Bundesverwaltungsgericht aus der fehlenden außengerichteten Rechtsverbindlichkeit der RO-Ziele, die ihre rechtssatzmäßige Anwendung verbiete, daß ihnen eine rechtserhebliche Bedeutung nur dann zukommen könne, wenn ihre Aussagen sich als "Unterstützung und einleuchtende Fortschreibung bestimmter tatsächlicher Gegebenheiten" darstellen[2].

Dies hätte zur Konsequenz, daß wohl landesplanerische Ausweisungen für vorhandene und ggf. zu ändernde Vorhaben rechtserheblich wären, nicht aber z. B. flächenfreihaltende Neuplanungen zur Standortsicherung von Großvorhaben oder zur Anlage eines neuen Flughafens. Denn insoweit fehlte es an der Unterstützung und einleuchtenden Fortschreibung bestimmter tatsächlicher Gegebenheiten[3]. Entsprechendes hätte für die landesplanerischen Beurteilungen zu gelten.

Deshalb und weil auch die Zielwirkung in § 35 Abs. 1 und 2 BBauG in erster Linie darauf beruht, daß die Ziele Ergebnis einer planerischen Abwägung sind und § 35 Abs. 3 S. 1 BBauG die Zielwirkung ohne jede Beschränkung vorsieht, ist mit Paßlick die Aussage des Bundesverwaltungsgerichts, Ziele könnten nur unterstützend und fortschreibend wirken, wie folgt zu interpretieren: Selbstverständlich müssen sich die RO-Ziele als Ergebnis einer raumbezogenen Planung aus der bestehenden räumlichen Situation, in die sie eingreifen, rechtfertigen lassen. Läßt sich ein zielförmig geplantes Vorhaben wegen einer Veränderung der örtlichen Gegebenheiten nicht mehr ausführen, verlieren die Ziele ihre zulässigkeitsbeschränkende Wirkung. Deshalb kann die Forderung des Bundesverwaltungsgerichts nur so verstanden werden, daß die Ziele nicht "aus sich" einen öffentlichen Belang verkörpern, sondern nur, wenn die örtlichen Gegebenheiten sie belegen und einer Realisierung nicht entgegenstehen, allerdings unabhängig davon, ob

---

1) BVerwG, Urt. v. 20.01.1984 - 4 C 43.81 -, DVBl. 1984, 627; Urt. v. 20.01.1984 - 4 C 70.79 -, NJW 1984, 1367.
2) BVerwG, Urt. v. 20.01.1984 - 4 C 43.81 -, BVerwGE 68, 311 (313 f.).
3) Paßlick, RO-Ziele, S. 228 f.

die räumliche Situation unterstützt, einleuchtend fortgeschrieben oder umgestaltet wird[1].

Wiederum stellt sich die Frage, ob zur Erreichung des erforderlichen Konkretheitsgrades der Ziele der Raumordnung und Landesplanung die landesplanerische Beurteilung herangezogen werden kann oder die landesplanerische Beurteilung als eigenständiger öffentlicher Belang Wirkung zu entfalten vermag.

(1) Die landesplanerische Beurteilung als zielkonkretisierender öffentlicher Belang

Der Bayerische Verwaltungsgerichtshof lehnt als Vorinstanz des neueren Bundesverwaltungsgerichtsurteils zur Zielgeltung für die landesplanerische Beurteilung die Eigenschaft als öffentlicher Belang ab, da es sich lediglich um einen Abstimmungsvorschlag bzw. eine Vereinbarkeitsprüfung handele, die kein Ziel der Raumordnung und Landesplanung darstelle, andere Genehmigungen nicht ersetze und keine mittelbare Rechtswirkung gegenüber dem Projektträger oder anderen Beteiligten entfalte[2].

Trotz der zutreffenden Beschreibung der landesplanerischen Beurteilung nach Art. 23 bayLP1G kann mit dieser Begründung nicht der Charakter als öffentlicher Belang verneint werden, da Sinn und Zweck der Raumordnungs- und Allgemeinwohlklauseln wie "öffentliche Belange" gerade darin besteht, solchen Belangen und Gesichtspunkten, die nicht mit eigener Rechtsverbindlichkeit ausgestattet sind, wie etwa Belange des Natur- und Landschaftsschutzes oder der Raumordnung und Landesplanung, im Wege der Transformation durch die außengerichtete Entscheidung mittelbare Wirkung beizumessen, so daß es auf ihre eigene Verwirklichungs- und Durchsetzungsfähigkeit nicht ankommt.

Hartwig verneint die Eigenschaft als öffentlicher Belang i. S. d. § 35 Abs. 1 BBauG unter Hinweis auf die fehlende Zielqualität der landesplanerischen Beurteilung, doch anerkennt er ihre Bedeutung als Mittel, den von §§ 34, 35 BBauG geforderten Konkretheitsgrad der Ziele der Raumordnung und Landesplanung zu erreichen[3].

---

1) Paßlick, RO-Ziele, S. 229 f.; im Ergebnis auch Uechtritz, Naßauskiesung, VBlBW 1984, 5 (11, Fn. 92); Schmidt-Aßmann, Fortentwicklung, S. 84; Grooterhorst, Wirkung der Ziele, S. 52 und S. 95.

2) BayVGH, Beschl. v. 26.11.1980 - Nr. 14 B - 1181/79 -, S. 17 f.

3) Hartwig, Rechtswirkungen, NVwZ 1985, 8 (13).

Dyong ist der Ansicht, die im Abschlußbericht enthaltenen Aussagen des ROV seien bei der Zulässigkeit von Vorhaben gem. §§ 34, 35 BBauG als sonstige Erfordernisse der Raumordnung - und damit wohl als selbständige öffentliche Belange - von Bedeutung[1].

Bielenberg/Erbguth/Söfker lehnen jede Wirkung der landesplanerischen Beurteilung außerhalb von § 35 Abs. 2 BBauG[2] ab. Sie begründen ihre Auffassung wie folgt: Die Ergebnisse eines ROV können als Belange der Raumordnung nur in den Fällen einem städtebaulich relevanten Vorhaben entgegengehalten werden, wenn allgemein die Belange der Raumordnung diese Wirkung zeitigen können; das sei aber nur in den Fällen des § 35 Abs. 2 BBauG der Fall[3]. Mit der neuen Bundesverwaltungsgerichtsrechtsprechung, die eine Zielgeltung im Rahmen von § 35 Abs. 1 BBauG ermöglicht, ist dem, soweit es im ROV um eine Zielkonkretisierung geht, nicht zu folgen. Vielmehr ist das ROV das geeignete, durch Gesetz und Verwaltungsvorschriften ausgeformte Verfahren, um die regelmäßig rahmenartig verfaßten Ziele der Raumordnung und Landesplanung einzelfallbezogen hinreichend räumlich und sachlich zu konkretisieren. Unschädlich ist, daß die ohne weitere Abwägung auf der Bodennutzungsebene die Zulässigkeit des Vorhabens "regelnden" landesplanerischen Aussagen nicht ausschließlich den Zielen der Raumordnung und Landesplanung entstammen, sondern zusätzliche eigene konkretisierende Wertungen der Landesplanungsbehörde enthalten.

Genau wie besondere Umstände des Einzelfalls geeignet sind, den fehlenden Konkretheitsgrad zu allgemeiner Zielformulierungen aufzufüllen, so daß aus landesplanerischer Sicht ohne weiteres Abwägen nur eine Entscheidung richtig ist ("qualifiziert planwidrige Bebauung")[4] kann dies eine auf die Ziele gestützte landesplanerische Beurteilung bewirken. Zur Begründung kann auf das zu § 35 Abs. 2 BBauG

---

1) Dyong, Verwirklichung, S. 226; ders., in: Brügelmann u. a., BBauG, Vorbem. VII Rn. 25.
2) Bielenberg/Erbguth/Söfker, ROLaPlaR, K § 5 Rn. 72 b; K § 3 Rn. 39 a; M 312 Rn. 24; M 450 Rn. 28; M 450 Rn. 24.
3) Bielenberg/Erbguth/Söfker, ROLaPlaR, M 450 Rn. 24; sie halten Ihre Meinung trotz BVerwG, Urt. v. 20.01.1984 - 4 C 43.81 -, DVBl. 1984, 627 ff., aufrecht; vgl. K § 5 Rn. 72 d.
4) Weidemann, Ziele, NVwZ 1983, 441 (445); Hartwig, Rechtswirkungen, NVwZ 1985, 8 (12 f.).

Ausgeführte verwiesen werden[1], denn hinsichtlich der Konkretheitserfordernisse der RO-Ziele bestehen zwischen privilegierten und nicht privilegierten Außenbereichsvorhaben keine Unterschiede.

(2) Die landesplanerische Beurteilung als eigenständiger öffentlicher Belang

Zielbezogene landesplanerische Beurteilungen können neben ihrer Zielkonkretisierungsfunktion den privilegierten Außenbereichsvorhaben auch als eigenständiger öffentlicher Belang i. S. d. § 35 Abs. 1 BBauG entgegengehalten werden[2]. Das Bundesverwaltungsgericht führt (zu Flächennutzungsplänen) in seiner bereits mehrfach zitierten Entscheidung vom 20.01.1984 aus: "Die Wirkung eines öffentlichen Belangs i. S. d. § 35 Abs. 1 und 3 BBauG kommt nur "Darstellungen" ... zu, die Gegenstand der Planungsentscheidung ... sind; ... . Welche Bedeutung als öffentlicher Belang i. S. d. § 35 BBauG eine in Aussicht genommene Planung eines anderen Planungsträgers hat, bestimmt sich nach den für diese Planung geltenden Vorschriften und dem Grad ihrer Konkretisierung und Verfestigung."[3] Konkrete Standortaussagen in RO-Plänen sind solche Planungsentscheidungen. Im Gegensatz zu den RO-Grundsätzen und sonstigen RO-Erfordernissen hat die Landesplanung hier bereits gesamtplanerisch abgewogen. Ein sich auf diese Planungsentscheidung stützendes ROV-Ergebnis vollzieht diese vorgegebene Entscheidung, der die Qualität eines öffentlichen Belangs i. S. d. § 35 Abs. 1 BBauG zukommt, lediglich nach[4]. Wegen dieses engen Zusammenhangs mit der vorab getroffenen Planungsentscheidung ist auch das auf die Ziele bezogene ROV-Ergebnis trotz seines eigenständigen Entscheidungsgehalts ein öffentlicher Belang i. S. d. § 35 Abs. 1 BBauG.

Werden demgegenüber im ROV Grundsätze der Raumordnung zu sonstigen Erfordernissen ausgeformt oder sonstige Erfordernisse der Raumordnung für das zu untersuchende Vorhaben als vorhabenbezogene konkrete Erfordernisse der Raumordnung ausgebildet, kann die landesplanerische

---

1) Vgl. oben S. 177 ff.
2) Vgl. oben S. 180 zu § 35 Abs. 2 BBauG.
3) DVBl. 1984, 627 (628) = BVerwGE 68, 311.
4) Vgl. oben S. 25 f.

Beurteilung bei der Genehmigungsentscheidung nach § 6 Abs. 1 Nr. 2 BImSchG i. V. m. § 35 Abs. 1 BBauG nicht als entgegenstehender öffentlicher Belang wirken. Grundsätze und sonstige Erfordernisse sind nicht in der Lage, das Tatbestandsmerkmal "öffentliche Belange" in § 35 Abs. 1 BBauG auszufüllen und so mittelbar zu wirken. Einerseits steht dem § 3 Abs. 3 ROG entgegen, andererseits ist es diesen Raumordnungsbelangen wegen ihrer weiten Formulierungen nicht möglich, den vor dem Hintergrund von Art. 14 Abs. 1 GG nach § 35 Abs. 1 BBauG verliehenen Bauanspruch wirksam zu beschränken. Hinzu kommt, daß die Grundsätze der Raumordnung und Landesplanung erst im Wege einer Abwägung zu sonstigen Erfordernissen der Raumordnung und Landesplanung umgeformt werden, wobei die Weite des Abwägungsmaterials es aus rechtsstaatlichen Gründen verbietet, dadurch die gesetzlichen Tatbestandsmerkmale, auch Ermessensvorschriften, aufzufüllen, zumal eine rechtliche Überprüfbarkeit und die Einhaltung des Gleichheitssatzes nicht immer gewährleistet erscheinen[1].

Auf diese Weise würde es der Landesplanungsbehörde in die Hand gegeben, einen u. U. beliebig handhabbaren Ablehnungsgrund zu schaffen[2]. Auch würde die Raumordnungsbehörde auf diesem Weg eine Planungskompetenz zu einer "anderweitigen Verplanung des Standortes" erhalten[3], die ihr jedoch im ROV gerade nicht zukommt, sondern dem Zielaufstellungsverfahren vorbehalten ist.

Sonstige Erfordernisse der Raumordnung und Landesplanung selbst sind als Sammelbegriff für Planvorstellungen, in Aufstellung befindliche Pläne, konkrete Raumnutzungsüberlegungen, sog. Schubladenpläne und informelle Absprachen aus rechtsstaatlichen Erwägungen wegen ihrer unterschiedlichen Erscheinungsformen nicht in der Lage, als öffentlicher Belang gegenüber § 35 Abs. 1 BBauG Wirkungen zeitigen zu

---

1) Bielenberg/Erbguth/Söfker, ROLaPlaR, K § 3 Rn. 36 ff.; vgl. zu früheren Auffassungen Zinkahn/Bielenberg, ROG, § 3 Rn. 12; Schmidt-Aßmann, Fortentwicklung, S. 84.

2) Vgl. zu den allgemeinen Zielen oben S. 27; Weidemann, Ziele, NVwZ 1983, 441 ff.; Dyong, Verwirklichung, S. 219.

3) Vgl. BVerwG, Urt. v. 20.01.1984 - 4 V 43.81 -, DVBl. 1984, 627 zum Erfordernis konkreter Standortaussagen in anderen Plänen als "entgegenstehende öffentliche Belange".

können[1]. Dies gilt selbst bei konkretester Ausgestaltung der sonstigen Erfordernisse im Raumordnungsverfahren, sei dies aufgrund von Grundsätzen oder sonstigen Erfordernissen der Raumordnung durchgeführt worden. Denn als akzessorisches, abgeleitetes Sicherungsmittel kann das ROV mit seiner Abschlußentscheidung "landesplanerische Beurteilung" nicht in seinen Wirkungen über die zu sichernden Raumordnungsbelange hinausgehen[2].

dd) Vorhaben im unbeplanten Innenbereich

Insgesamt hat die Frage der Geltung von Belangen der Raumordnung und Landesplanung und damit auch der landesplanerischen Beurteilung im unbeplanten Innenbereich eine geringe Bedeutung, da wenige Fälle denkbar sind, in denen es auf sie ankommen kann. Neben Einzelhandelsgroßprojekten[3] kann insbesondere die Frage der Zielgeltung für genehmigungsbedürftige emittierende Großvorhaben im Falle des sog. Standortrecyclings interessant werden.

Die Überlegungen zur Zielgeltung bei § 35 Abs. 1 BBauG lassen sich nur bedingt auf § 34 Abs. 1 BBauG übertragen. Als "echter" Planersatz stellt § 34 Abs. 1 BBauG einen gesetzlichen Maßstab für die Zulässigkeit von Bauvorhaben bereit. Der Bebauungszusammenhang begründet die Bauberechtigung. Im Gegensatz zu § 35 Abs. 1 BBauG "verleiht" § 34 Abs. 1 BBauG daher nicht ein Baurecht, sondern begrenzt es unter dem Gesichtspunkt der "Situationsgebundenheit"[4].

Diesen verfassungsrechtlichen Vorgaben entspricht es, wenn die als Beispiel aufgeführten öffentlichen Belange (gesunde Wohn- und Arbeitsverhältnisse, Ortsbild) ausschließlich lokale Bezüge aufweisen, was aufgrund der redaktionellen Anknüpfung auch für die sonstigen

---

1) BVerwG, Urt. v. 20.01.1984, a. a. O., S. 628, ausdrücklich für eine noch nicht förmlich aufgestellte Fortschreibung eines Landesentwicklungsprogramms.

2) A. A. wohl Dyong, in: Cholewa/Dyong/von der Heide, ROG, Bd. I, Vorbem. VII Rn. 25; ders., Verwirklichung, S. 226; wohl auch VG München, Urt. v. 06.07.1978 - M 43 VIII 76, S. 16 f.; MittDSt 1979, 443, vgl. hierzu insgesamt auch Bielenberg/Erbguth/Söfker, ROLaPlaR, K § 5 Rn. 72.

3) Vgl. dazu Hartwig, Rechtswirkungen, NVwZ 1985, 8 (11) m. w. N., dort auch zur Raumordnungsklausel des § 11 Abs. 3 BauNVO.

4) Weidemann, Ziele, NVwZ 1983, 441 (443); Hartwig, Rechtswirkungen, NVwZ 1985, 8 (11).

öffentlichen Belange zu gelten hat.

Für die Geltung von Zielen der Raumordnung und Landesplanung in § 34 Abs. 1 BBauG bedeutet dies, daß sie nur mittelbar wirken können, wenn sie bereits vorhandene Situationen verdeutlichen, sich hieraus ergebende Belange in ihrem Gewicht verstärken und insoweit vor allem die Situationsgebundenheit des Grundstücks verdeutlichen[1], ohne die Gestaltung rechtlich zu verändern, indem planerisch etwas Neues, nicht von der Situation vorgezeichnetes in den überörtlichen Zielaussagen enthalten ist[2], was mangels einer Entschädigungsfolge verfassungsrechtlich auch unzulässig wäre[3]. Eine mehr als die Situation verdeutlichende Wirkung kann den Zielen der Raumordnung und Landesplanung im unbeplanten Innnenbereich nicht zukommen[4]. Für die landesplanerische Beurteilung als Zielkonkretisierung bedeutet dies, daß sie ebenfalls auf mittelbare Wirkungen über die Verdeutlichung der vorhandenen Situation reduziert ist. Eine eigenständige Bedeutung als öffentlicher Belang kann ihr daher im Rahmen von § 34 Abs. 1 BBauG nicht beigemessen werden[5]. Aus rechtsstaatlichen Gründen sind genau wie bei § 35 Abs. 1 BBauG im Rahmen von § 34 Abs. 1 BBauG in noch viel stärkerem Maße Grundsätze und sonstige Erfordernisse der Raumordnung und Landesplanung nicht fähig, den Bauanspruch im unbeplanten Innenbereich zu beseitigen. Dasselbe gilt dann entsprechend für die sich auf diese Raumordnungsbelange stützende landesplanerische Beurteilung.

---

1) Weidemann, Ziele, NVwZ 1983, 441 (443); Bielenberg, in: Ernst/Zinkahn/Bielenberg, BBauG, § 1 Rn. 85.
2) Grooterhorst, Wirkung der Ziele, S. 208.
3) BVerwG, Urt. v. 24.02.1978 - 4 C 12.76 -, DVBl. 1978, 610 (612 f.); OVG Lüneburg, Urt. v. 25.04.1978 - I A 13/77 -, BRS 33, Nr. 58, S. 131.
4) Weitergehend OVG Münster, Urt. v. 07.11.1977 - XA 650/73 -, NJW 1978, 2314; VG München, Urt. v. 06.07.1978 - Nr. M 43 VIII 76, MittDSt 1979, 443; Urt. v. 14.09.1978 - Nr. 82 VIII 76 - S. 16; Bielenberg, Schwerpunkte, BlGBW 1977, 162; Otte, Innenbereich, der Landkreis 1978, 367 f.; Gräf/Hennecke, Implikationen, ZfBR 1980 222; vgl. auch Weidemann, Staatsaufsicht, S. 260 ff.
5) A. A. VG München, Urt. v. 06.07.1978 - Nr. M 43 VIII 76 S. 16; Bröll/Hannig, Anforderungen, BayVBl. 1979, 353 (358); Dyong, Verwirklichung, S. 226; ders., in: Cholewa/Dyong/von der Heide, ROG, Bd. I, Vorbem. VII Rn. 25.

Sollte anläßlich der Baugesetzbuchnovelle auf das Tatbestandsmerkmal "öffentliche Belange" in § 34 Abs. 1 BBauG verzichtet werden[1], so stellt dies aus Sicht der Raumordnung wegen der ohnehin nur sehr schwach ausgeprägten mittelbaren Rechtswirkungen der landesplanerischen Beurteilung lediglich als Mittel zur Verdeutlichung der Situationsgebundenheit keinen großen Verlust dar[2].

Als Ergebnis zur Berücksichtigungsfähigkeit der landesplanerischen Beurteilung im immissionsschutzrechtlichen Genehmigungsverfahren nach §§ 4 ff. BImSchG bleibt festzuhalten, daß diese in demselben Umfang gegeben ist, wie §§ 34 und 35 BBauG eine Berücksichtigung zulassen.

Über § 6 Abs. 1 Nr. 2 BImSchG i. V. m. § 35 Abs. 2 BBauG kann die Genehmigung für nicht privilegierte Vorhaben nicht erteilt werden, wenn das ROV unabhängig von seinen Prüfungsmaßstäben zu einem negativen Ergebnis führt, soweit die Genehmigungsbehörden hieran gebunden sind. Privilegierten Außenbereichsvorhaben kann nur die zielbezogene landesplanerische Beurteilung mittelbar als Hilfsmittel zur Konkretisierung der ggf. nach § 35 Abs. 1 BBauG als öffentliche Belange zu berücksichtigenden Ziele der Raumordnung und Landesplanung entgegengehalten werden und bei einer Bindung an das Verfahrensergebnis als entgegenstehender öffentlicher Belang die Versagung der Genehmigung erfordern.

Gegenüber nach §§ 4 ff. BImSchG zu genehmigenden Anlagen im unbeplanten Innenbereich kommt der landesplanerischen Beurteilung allenfalls eine sehr schwache Wirkung zu, da bereits innerhalb von § 34 Abs. 1 BBauG die Ziele nur mittelbar, die Situation verdeutlichend, berücksichtigungsfähig sind und sich das ROV als akzessorisches Sicherungsmittel dieser schwach ausgeprägten Zielwirkung noch unterzuordnen hat.

---

1) Entwurf eines Gesetzes über das Baugesetzbuch, BT-Drs. 10/4630, S. 12, 86.

2) Der Verzicht auf das Tatbestandsmerkmal "sonstige öffentliche Belange" wird damit begründet, daß ihm - auch aus eigentumsrechtlicher Sicht - neben dem Einfügen in die Eigenart der näheren Umgebung keine wesentliche selbständige Bedeutung zukommt; Materialien zum Baugesetzbuch, Heft Nr. 03.108, Schriftenreihe "Städtebauliche Forschung" des Bundesministers für Raumordnung, Bauwesen und Städtebau, S. 30 f.

II. Bergrechtliche Zulassungsverfahren

Bei der bergrechtlichen Erlaubnis nach § 7 BBergG[1], der bergrechtlichen Bewilligung (§ 8 BBergG), der Verleihung von Bergwerkseigentum nach § 9 BBergG sowie der Betriebsplanzulassung nach § 55 BBergG handelt es sich um Kontrollerlaubnisse und gebundene Entscheidungen.

1. Verleihung von Bergwerksberechtigungen

Die die Versagungsgründe abschließend regelnden §§ 11 bis 13 BBergG enthalten weder eine Raumordnungsklausel noch eine Allgemeinwohlklausel, so daß bei der Genehmigungsentscheidung weder die Ziele der Raumordnung und Landesplanung noch eine diese konkretisierende und interpretierende landesplanerische Beurteilung Berücksichtigung finden können, falls es nicht um den Schutz der gesamten Lagerstätte geht[2].

2. Betriebsplanzulassungsverfahren

Als Zulassungsverfahren für die besonders raumbedeutsamen Vorhaben der Bergwerkindustrie muß das Betriebsplanzulassungsverfahren auf seine "Einbruchstellen" für ROV-Ergebnisse hin untersucht werden.

a) Verstoß gegen die landesplanerische Beurteilung als "gemeinschädliche Einwirkung der Aufsuchung und Gewinnung"

§ 55 Abs. 1 Nr. 9 BBergG gibt Anlaß zu der Diskussion, ob ein Verstoß des zuzulassenden Betriebsplans gegen Ziele, Grundsätze oder sonstige Erfordernisse der Raumordnung sowie landesplanerische Beurteilungen als "gemeinschädliche Einwirkung der Aufsuchung oder Gewinnung" aufzufassen ist[3].

---

1) Bundesberggesetz v. 13.08.1980 (BGBl. I, S. 1310).
2) § 11 Nr. 10 BBergG dient allein dem Lagerstättenschutz, Zydek, BBergG (Materialien), § 11, S. 112; vgl. auch die MKRO-Entschließung vom 08.03.1984, BBauBl. 1985, 582.
3) Weller, Bundesberggesetz, S. 36 (41 f.).

Jedoch ist der amtlichen Begründung zum Entwurf des Bundesberggesetzes zu nehmen, daß ein Gemeinschaden nur dann droht, wenn eine tatsächliche, das Allgemeinwohl betreffende Gefahr besteht, etwa Bodenabsenkungen in einem größeren Gebiet[1]. Die Nichtbeachtung planerischer Festsetzung kann daher nicht als Gemeinschaden i. S. d. § 55 Abs. 1 Nr. 9 BBauG angesehen werden[2].

b) Berücksichtigung der landesplanerischen Beurteilung über die abfallrechtliche Raumordnungsklausel

§ 55 BBergG läßt eine Berücksichtigung außerbergrechtlicher öffentlicher Belange zu, wenn unter der nach § 55 Abs. 1 Nr. 6 BBergG zu gewährleistenden ordnungsgemäßen Abfallbeseitigung die Abfallbeseitigung nach den Grundsätzen des Abfallrechts zu verstehen ist[3]. Denn nach § 2 Abs. 1 S. 2 AbfG[4] sind die Ziele und Erfordernisse der Raumordnung, mithin auch die diese ausdeutende landesplanerische Beurteilung als selbständiger Belang "sonstige Erfordernisse" zu beachten.

Eine Integration der abfallrechtlichen Raumordnungsklausel in das bergrechtliche Betriebsplanzulassungsverfahren stößt jedoch auf Probleme. § 1 Abs. 3 Nr. 3 AbfG stellt Abfälle, die beim Aufsuchen, Gewinnen, Aufbereiten und Weiterverarbeiten von Bodenschätzen in den der Bergaufsicht unterstehenden Betrieben anfallen, ausdrücklich von der Geltung des Abfallgesetzes frei[5]. Außerdem wurde im Gesetzgebungsverfahren auch die Aufnahme einer Raumordnungsklausel unter Hinweis auf § 48 Abs. 2 BBergG ausdrücklich abgelehnt[6]. Bezogen auf die Abfallbeseitigung würde auf dem Umweg über den Begriff "ordnungs-

---

1) BT-Drs. 8/1315, S. 11.
2) So wohl auch Weller, Bundesberggesetz, S. 36 (42).
3) Weller, Bundesberggesetz, S. 42 f.
4) Abfallgesetz v. 27.08.1986 (BGBl. I, S. 1410).
5) Vgl. dazu Hoppe, Gelenkfunktion, UPR 1983, 105 (111 Fn. 56).
6) BT-Drs. 8/3965, S. 138; BT-Drs. 8/1315, S. 86.

gemäß" eine Raumordnungsklausel in das Bundesberggesetz eingeführt werden, von der fraglich ist, ob sie unter Berücksichtigung des rechtsstaatlichen Gebots der Übersichtlichkeit des Planungssystems geeignet und vorgesehen ist, landesplanerische Aussagen inzidenter oder mittelbar mit zu verarbeiten[1]. Im Hinblick auf die Entstehungsgeschichte des § 55 Abs. 1 Nr. 6 BBergG ist allerdings davon auszugehen, daß die ordnungsgemäße Abfallbeseitigung unter Einschluß ihrer raumrelevanten Bezüge, d. h. auch der Ziele und sonstigen Erfordernisse der Raumordnung, nach § 2 Abs. 1 S. 2 AbfG gemeint ist. Denn § 55 Abs. 1 Nr. 6 BBergG wurde erst auf Vorschlag des Bundesrates eingeführt, dem § 54 Nr. 8 BRegEntwBBergG, der die Zulassung des Betriebsplanes u. a. davon abhängig machen wollte, daß dem Betrieb keine überwiegenden öffentlichen Interessen entgegenstehen dürfen, wozu jedenfalls auch die Ziele der Raumordnung[2], ggf. auch allgemein die Erfordernisse der Raumordnung, zählen, nicht ausreiche, um der (raumrelevanten) Bedeutung des Problems der Abfallbeseitigung (Bergehalden) gerecht zu werden[3].

c) <u>Berücksichtigung der landesplanerischen Beurteilung über das Rekultivierungsgebot</u>

Eine weitere Möglichkeit zur Berücksichtigung anderer öffentlicher Belange und damit auch der ROV-Ergebnisse in der Betriebsplanprüfung bietet § 55 Abs. 1 Nr. 7 und Abs. 2 Nr. 2 BBergG. Die danach im Zulassungsverfahren zu gewährleistende Wiedernutzbarmachung des für den Bergbau benutzten Betriebsgeländes ist in § 4 Abs. 4 BBergG als "ordnungsgemäße Gestaltung der vom Bergbau in Anspruch genommenen Oberfläche unter Beachtung des öffentlichen Interesses" defi-

---

1) Hoppe, Gelenkfunktion, UPR 1983, 105 (111 Fn. 56); vgl. auch Schmidt-Aßmann, Fortentwicklung, S. 81 f. und ausführlich zu verfassungsrechtlichen Fragen der Raumordnungssystematik oben S. 39 ff.; unten S. 240.

2) MKRO-Entschließung v. 08.03.1984, BBauBl. 1985, 582; Piens/Schulte/Graf Vitzthum, BBergG, § 55 Rn. 82 zu § 4 Abs. 4 BBerg.

3) BT-Drs. 8/1315, S. 179; vgl. auch Weller, Bundesberggesetz, S. 36 (43); auch Bielenberg/Erbguth/Söfker, ROLaPlaR, R 100 Rn. 34.

niert[1]). Zweifel daran, ob durch die dargelegte Verweisungskette die Einbeziehung landesplanerischer Zielsetzungen eindeutig genug geregelt ist, scheinen nicht angebracht[2]). Zwar ist der Wert der Definitonsnorm des § 4 Abs. 4 BBergG insofern eingeschränkt, als daß sehr verschiedene Funktionen zu erfüllen sind - bei der Hauptbetriebsplan-Zulassung muß die gebotene Vorsorge für die Wiedernutzbarmachung der Oberfläche getroffen werden (§ 55 Abs. 1 Nr. 7 BBergG), beim Abschlußbetriebsplan muß sie sichergestellt sein (§ 55 Abs. 2 Nr. 2 BBergG)[3]) -, doch beziehen sich diese Schwierigkeiten nicht auf die Berücksichtigung öffentlicher Interessen. Insgesamt bestand Einigkeit darüber, daß hierunter auch die Ziele und Erfordernisse der Raumordnung und Landesplanung zu verstehen sind[4]). Damit kann die Bergbehörde bei ihren Entscheidungen über die Wiedernutzbarmachung die ROV-Ergebnisse sowohl als Mittel zur Zielkonkretisierung als auch als eigenständigen öffentlichen Belang berücksichtigen. Sie muß die zielbezogenen Aussagen zugrunde legen, wenn sie an das ROV-Ergebnis gebunden ist[5]) und ebenso dann auch die von der RO-Behörde getroffenen Wertungen in Form der sonstigen RO-Erfordernisse, während die Wirkung der landesplanerischen Beurteilung als Mittel zur Zielkonkretisierung als tatsächliche Gegebenheit unabhängig von einer Bindung an die Verfahrensergebnisse eintritt.

---

1) Weller, Bundesberggesetz, S. 36 (43); MKRO-Entschließung v. 08.03.1984, BBauBl. 1985, 582; Piens/Schulte/Graf Vitzthum, BBergG, § 55 Rn. 82.

2) So aber wohl Hoppe, Gelenkfunktion, UPR 1983, 105 (111 Fn. 57).

3) Piens/Schulte/Graf Vitzthum, BBergG, § 4 Rn. 1 - 5, § 55 Rn. 73 - 94.

4) Weller, Bundesberggesetz, S. 36 (43); der Wirtschaftsausschuß des Deutschen Bundestages lehnte eine vom Bundesrat für § 4 Abs. 4 BBergG vorgeschlagene ausdrückliche Raumordnungsklausel (BT-Drs. 8/1315, S. 174) mit der Begründung ab, mit der Formulierung "öffentliche Interessen" sei die Berücksichtigung aller die Wiedernutzbarmachung betreffenden Belange noch besser gewährleistet, BT-Drs. 8/1315, S. 133; vgl. auch Bielenberg, Erbguth/Söfker, ROLaPlaR, R 100 Rn. 34.

5) Vgl. oben S. 116 ff.

d) Berücksichtigung der landesplanerischen Beurteilung über sonstige Genehmigungserfordernisse

Da die Betriebsplanzulassung keine Konzentrationswirkung entfaltet (§ 48 Abs. 1, Abs. 2 BBergG)[1], sind zusätzliche, z. B. immissionsschutzrechtliche, wasserrechtliche und baurechtliche Genehmigungen, soweit die Landesbauordnungen bzw. § 29 S. 3 BBauG (Abgrabungen und Aufschüttungen) dies vorsehen, erforderlich. Die in diesen Verfahren ggf. zu berücksichtigenden landesplanerischen Aussagen wirken somit auf diesem Umweg auch gegenüber Vorhaben, die ansonsten dem Bergrecht unterliegen[2], wobei allerdings zu beachten ist, daß dies immer nur für die entsprechenden Teilaspekte gilt.

e) Die landesplanerische Beurteilung als "überwiegend öffentliches Interesse" in § 48 Abs. 2 BBergG

Ziele der Raumordnung und Landesplanung oder ROV-Ergebnisse können zu einer von der Betriebsplanzulassung unabhängigen Versagung oder Beschränkung des Bergbauunternehmens führen, wenn es sich dabei um überwiegende öffentliche Interessen i. S. d. § 48 Abs. 2 BBergG handelt[3]. Welche entgegenstehenden öffentlichen Belange in die Abwägung einbezogen werden können, kommt in § 48 Abs. 2 BBergG nicht zum Ausdruck[4].

Anerkannt ist, daß die Bergbehörde sich bei ihrer Prüfung auf solche öffentlichen Belange zu beschränken hat, die nicht in einem anderen öffentlich-rechtlichen Verfahren berücksichtigt werden[5].

---

1) Boldt/Weller, BBergG, § 54 Rn. 6 ; Schulte, Bundesberggesetz, NJW 1981, 88 (94); Weller, Bundesberggesetz, S. 45.
2) Vgl. etwa zu §§ 34 und 35 BBauG oben S. 176 ff. ; MKRO-Entschließung v. 08.03.1984, BBauBl. 1985, 582.
3) Zur selbständigen Bedeutung des § 48 Abs. 2 neben § 55 BBergG vgl. Boldt/Weller, BBergG, § 48 Rn. 7; Piens/Schulte/Graf Vitzthum, BBergG, § 48 Rn. 14; Bielenberg/Erbguth/Söfker, ROLaPlaR, R 100 Rn. 34 ; a. A. Schulte, Bundesberggesetz, NJW 1981, 88 (94): § 48 Abs. 2 BBergG ordnet auch für das Betriebsplanzulassungsverfahren eine umfassende Prüfung aller öffentlichen Belange an.
4) Boldt/Weller, BBergG, § 48 Rn. 10.
5) Boldt/Weller, BBergG, § 48 Rn. 10.

Mangels eigener Vollzugsinstrumentarien und aufgrund der fehlenden Genehmigungswirkung des ROV fielen unter diese Ausnahme nicht die Belange der Raumordnung und Landesplanung. Dennoch wird bei einer Subsumtion der Ziele und sonstigen Erfordernisse der Raumordnung unter die "öffentlichen Interessen" i. S. d. § 48 Abs. 2 BBergG überwiegend vorsichtig formuliert: "Bei der Beurteilung, ob überwiegende öffentliche Interessen entgegenstehen, können Erfordernisse der Raumordnung und Landesplanung von erheblicher Bedeutung sein"[1]. Die Ziele der Raumordnung und Landesplanung erfahren ihre "Einbeziehung in das Bergrecht über § 48 Abs. 2 BBergG"[2].

Deutlich wird auf diese Weise, daß die Erfordernisse der Raumordnung nicht als selbständige öffentliche Belange angesehen werden. Dem ist zuzustimmen: Die Ziele der Raumordnung und Landesplanung und sonstigen landesplanerischen Aussagen sind aufgrund ihrer Wirkungsweise und Intention - auch konkretisiert durch ein ROV - isoliert nicht in der Lage, als Grundlage für eine Beschränkung der über Art. 14 Abs. 1 GG abgesicherten Bergwerksberechtigungen zu dienen. Sie entfalten ihre Wirkung, wenn es darum geht, die dem Bergwerksvorhaben entgegenstehenden öffentlichen Interessen zu bewerten, um festzustellen, ob diese überwiegen[3].

Insoweit ergibt sich eine dem § 34 BBauG, nicht aber dem § 35 Abs. 1 BBauG vergleichbare Situation. Genau wie das Baurecht in § 34 Abs. 1 BBauG vom Gesetzgeber als vorgegeben angesehen wird, ist auch das Bergwerkseigentum vorgegeben, da bei einer Verleihung Erfordernisse der Raumordnung und Landesplanung unberücksichtigt bleiben, während das Recht zur Bebauung von § 35 Abs. 1 BBauG nur beschränkbar durch die Ziele der Raumordnung und Landesplanung verliehen wird[4].

---

1) MKRO-Entschließung v. 08.03.1984, BBauBl. 1985, 582.
2) <u>Piens/Schulte/Graf Vitzthum</u>, BBergG, § 48 Rn. 14 f.
3) Vgl. allgemein zur verfassungsrechtlichen Verankerung der Bergwerksberechtigungen: <u>Hoppe</u>, Bergbauberechtigungen, DVBl. 1982, 101 ff.
4) Vgl. insgesamt zur Auslegung bergrechtlicher Generalklauseln <u>Hoppe</u>, Gelenkfunktion, UPR 1983, 105 ff.

Dieses Ergebnis ist auch systemgerecht. § 48 Abs. 2 BBergG kann als Auffangvorschrift nicht weitergehende Einflußmöglichkeiten für landesplanerische Aussagen vorsehen, als etwa in vorrangig zu berücksichtigenden sonstigen Genehmigungsverfahren[1].

Darüber hinaus besteht Einigkeit darüber, daß § 55 BBergG die vom Betreiber zu beachtenden Voraussetzungen abschließend regelt[2].

Schließlich würde auf diese Weise die ausdrückliche Ablehnung einer allgemeinen Raumordnungsklausel im Gesetzgebungsverfahren unterlaufen, wenn dem Tatbestandsmerkmal "öffentliche Interessen" in § 48 Abs. 2 BBergG eine identische Funktion zugebilligt werden würde.

3. Abgrabungsgenehmigung nach § 3 AbgrG NW[3]

Zwar kennt das nordrhein-westfälische Landesplanungsgesetz (noch) kein ROV, doch soll an dieser Stelle kurz die Raumordnungsklausel des § 3 Abs. 2 Nr. 2 AbgrG NW behandelt werden, da einerseits mit einer Einführung des ROV in Nordrhein-Westfalen zu rechnen ist[4] und andererseits gerade diese Klausel geeignet ist, exemplarisch die Funktionsweise einer Abstimmung zwischen Raumordnung und Fachplanung, die verfassungsrechtliche Raumordnungssystematik und die Schwierigkeiten des Gesetzgebers mit den Raumordnungsklauseln zu demonstrieren.

Die Abgrabungsgenehmigung ist als Kontrollerlaubnis und gebundene Entscheidung nach § 3 Abs. 2 Nr. 2 AbgrG NW zu erteilen, wenn die Ziele der Raumordnung und Landesplanung beachtet sind. In dieser Form ist die Raumordnungsklausel verfassungswidrig. Dem Landesgesetzgeber fehlt für diese Vorschrift die Gesetzgebungskompetenz. Der Bund hat von seiner Kompetenz des Bodenrechts mit den §§ 29 bis 37 BBauG abschließend Gebrauch gemacht (Art. 74 Nr. 18, 72 Abs. 1 GG).

---

1) Zur Subsidiarität von § 48 Abs. 2 BBergG vgl. Boldt/Weller, BBergG, § 48 Rn. 8.
2) Hoppe, Bergbauberechtigungen, DVBl. 1982, 101 (111) m. w. N.
3) Gesetz zur Ordnung von Abgrabungen (Abgrabungsgesetz) i. d. F. der Bekanntmachung v. 23.11.1979 (GVNW 1979, S. 922).
4) Vgl. oben   S. 5 mit Fn. 1.

Um daneben unzulässiges bodenrechtliches Landesrecht handelt es sich bei § 3 Abs. 2 Nr. 2 AbgrG NW, der die Erteilung der bodenrechtlichen Abgrabungsgenehmigung u. a. von einer Beachtung der Ziele der Raumordnung und Landesplanung abhängig macht[1].

Der Vollständigkeit halber sie auf die Schwierigkeiten und Ungereimtheiten bei der Abfassung und Auslegung der Raumordnungsklausel in § 3 Abs. 2 Nr. 2 AbgrG NW hingewiesen[2].

Dem Wortlaut nach scheint die Vorschrift lediglich die Ziele der Raumordnung und Landesplanung in das Genehmigungsverfahren einzubeziehen. Für das ROV bedeutete dies, daß es nur mittelbar, die Ziele ausdeutend und konkretisierend wirken könnte, nicht aber als eigenständiger raumordnerischer Belang über die sonstigen Erfordernisse der Raumordnung und Landesplanung in die Entscheidung einfließen könnte[3]. Dagegen definiert die Verwaltungsvorschrift zu § 3 Abs. 2 AbgrG NW die Ziele der Raumordnung und Landesplanung als Grundsätze, Ziele und sonstige grundsätzliche Erkenntnisse der Raumordnung und Landesplanung[4].

Danach wäre die landesplanerische Beurteilung eigenständig als sonstige Erkenntnis der Raumordnung zu berücksichtigen, so daß auf sie auch dann eine Versagung der Abgrabungsgenehmigung gestützt werden könnte, wenn ohne Zielfestlegungen lediglich aus den RO-Grundsätzen sonstige RO-Erfordernisse entwickelt würden.

Zusammenfassen läßt sich die Betrachtung der bergrechtlichen Zulassungsverfahren dahingehend, daß bei dem wichtigsten Verfahren, dem bundesrechtlichen Betriebsplanverfahren, eine Berücksichtigungsfähigkeit der landesplanerischen Beurteilung nur in eng umgrenzten Teilbereichen anzutreffen ist.

---

1) BVerwG, Urt. v. 18.03.1983 - 4 C 17.81 -, DVBl. 1983, 893; Urt. v. 24.02.1978 - 4 C 12.76 -, BVerwGE 55, 272 (277); OVG Münster, Urt. v. 23.05.1984 - 7 A 1691/82 -, S. 8.
2) Vgl. insgesamt zum uneinheitlichen Bild der Raumordnungsklauseln Schmidt-Aßmann, Raumordnungsklauseln, S. 27 ff.
3) Vgl. zu den sonstigen Erfordernissen der Raumordnung und Landesplanung sowie zur landesplanerischen Beurteilung als sonstiges Erfordernis der Raumordnung oben S. 35 ff.; Bielenberg/Erbguth/Söfker ROLaPlaR, M 310 Rn. 4 ff., M 312 Rn. 21 ff., K § 5 Rn. 74 b.
4) V. V. zu § 3 (2.1) AbgrG; abgedr. bei Linke, AbgrG, S. 17; kritisch dazu Linke, AbgrG, § 3 II 2.

B. Genehmigungstatbestände mit behördlichem Ermessensspielraum

Gleichstrukturiert mit gesetzlich fixierten Genehmigungsvoraussetzungen und einem daneben eröffneten Ermessensspielraum sind die §§ 7 Abs. 2 AtG, 6 WHG und 6 Abs. 2 LuftVG.

I. Das atomrechtliche Genehmigungsverfahren nach § 7 Abs. 2 AtG[1]

Zahlreich sind die Veröffentlichungen zur Standortvorsorgeplanung für (Kern-)Kraftwerke insbesondere deshalb, weil das atomrechtliche Genehmigungsverfahren keine Planungsvorschriften enthält und die Standortfrage die Schlüsselrolle schlechthin spielt[2]. Vorliegend geht es jedoch um die Frage, wie in Plänen und Programmen der Raumordnung vorhandene oder fehlende Planaussagen zu Kernkraftwerken - ggf. modifiziert oder konkretisiert durch ein landesplanerisches Abstimmungsverfahren - in das atomrechtliche Genehmigungsverfahren nach §§ 7 Abs. 2 AtG, 14 AtVfV integriert werden.

1. Struktur der Genehmigungsentscheidung

Bei der atomrechtlichen Genehmigung nach § 7 Abs. 2 AtG handelt es sich um eine grundsätzlich als Kontrollerlaubnis konstruierte Verwaltungsentscheidung, die wegen der Bedeutung und Risiken der Entscheidung über die Nutzung von Kernenergie und weil dabei technisches Neuland beschritten wurde, ausnahmsweise mit einem Versagungsermessen kombiniert wurde[3].

---

1) Gesetz über die friedliche Verwendung der Kernenergie und den Schutz gegen ihre Gefahren (AtG) i. d. F. der Bekanntmachung v. 31.10.1976 (BGBl. I S. 3053); zu dem gleichstrukturierten, aber unbedeutsameren § 9 Abs. 2 AtG gelten die Überlegungen zu § 7 Abs. 2 AtG entsprechend.

2) Exemplarisch Holzhauser, Standortvorsorge; Blümel, Standortvorsorgeplanung, DVBl. 1977, 301 ff.; Brocke, Rechtsfragen landesplanerischer Standortvorsoge.

3) BVerfG, Beschl. v. 08.08.1978 - 2 BvL 8/77 -, BVerfGE 49, 89 (144); Wahl, Genehmigung, DVBl. 1982, 51 (60 f.).

2. Berücksichtigung der landesplanerischen Beurteilung über die "öffentlichen Interessen" in § 7 Abs. 2 Nr. 6 AtG

Nach § 7 Abs. 2 Nr. 6 AtG darf die atomrechtliche Genehmigung nur erteilt werden, wenn überwiegende öffentliche Interessen, insbesondere im Hinblick auf die Reinhaltung des Wassers, der Luft und des Bodens, der Wahl des Standortes der Anlage nicht entgegenstehen.

Zunächst besteht Einigkeit darüber, daß diese Vorschrift ihrer Struktur nach nicht geeignet ist, der Genehmigungsbehörde im Wege vergleichender Standortüberlegungen die Wahl eines optimalen Standortes oder die Prüfung von Standortalternativen zu ermöglichen[1]. Grundsätzlich trägt der Unternehmer das Risiko der Standortwahl[2]. Im Wege einer Negativauslese ist die Genehmigung zu versagen, wenn der Standort ungeeignet ist, weil öffentliche Interessen entgegenstehen[3].

Dennoch hat sich in der Praxis eine raumplanerische Standortvorsorge als unbedingt notwendig herausgestellt. Faktisch wird daher kein potentieller Betreiber eines Kernkraftwerks sein Vorhaben auf nicht von der Landesplanung und Energieplanung vorgesehenen Flächen durchführen wollen[4]. Deshalb gewinnt auch das ROV - unabhängig davon, ob Ziele vorhanden sind oder nicht - für die Standortentscheidung an Bedeutung und wird auch regelmäßig in fast allen Bundesländern vorab durchgeführt[5].

---

1) Breuer, Strukturen, Der Staat, Bd. 20, 1981, 393 (407); Wahl, Genehmigung, DVBl. 1982, 51 (60 f.); Degenhart, Kernenergierecht, S. 57 mit Nachweisen der Rechtsprechung.
2) Badura, Standortentscheidung, BayVBl. 1976, 515 (517 f.).
3) Breuer, Strukturen, Der Staat, Bd. 20, 1981, 393 (408).
4) Blümel, Standortvorsorgeplanung, DVBl. 1977, 301 ff.; Degenhart, Kernenergierecht, S. 199 ff.; Wahl, Genehmigung, DVBl. 1982, 51 (61); ders., Probleme, DÖV 1981, 597 (600 ff.); Brocke, Rechtsfragen landesplanerischer Standortvorsorge, S. 49 ff.
5) Kröncke, Genehmigung, S. 62.

Damit stellt sich in dringendem Maße die Frage, ob und in welchem Umfang Belange der Raumordnung und Landesplanung als überwiegende öffentliche Interessen der Wahl des Standortes nach § 7 Abs. 2 Nr. 6 AtG entgegenstehen können[1].

Es wird die Ansicht vertreten, die in § 7 Abs. 2 Nr. 6 AtG angeordnete Umweltverträglichkeitsprüfung beziehe sich nur auf nuklearspezifische Gesichtspunkte[2]. Begründet wird diese Auffassung mit dem gesetzessystematischen Zusammenhang zwischen § 7 Abs. 2 Nr. 6 AtG mit seinen Standortanforderungen und § 7 Abs. 2 Nr. 3 AtG, wonach aus technischer Sicht Schadensvorsorge gewährleistet sein muß. Als Begründung dient ferner der in § 1 Abs. 2 AtG niedergelegte Gesetzeszweck, "Leben, Gesundheit und Sachgüter vor den Gefahren der Kernenergie zu schützen und durch Kernenergie oder ionisierende Strahlen verursachte Schäden auszugleichen". Außerdem würde die atomrechtliche Genehmigungsbehörde andernfalls anderen behördlichen, teils landesrechtlichen, Verfahren vorgreifen[3].

---

[1] Wegen der Parallelität zu §§ 4 ff. BImSchG soll in diesem Zusammenhang lediglich verwiesen werden auf die mittelbare Berücksichtigung von Belangen der Raumordnung über neben § 7 Abs. 2 AtG erforderliche Baugenehmigungen bzw. eine insoweit der Atombehörde durch die Landesbauordnungen übertragenen Prüfungskompetenz (BVerwG, Urt. v. 21.06.1967 - IV C 36.66 - BVerwGE 27, 253 (256); BVerwG, Urt. v. 14.02.1969 - IV C 215.65 -, BVerwGE 31, 263 (271)) oder über selbständige bzw. von § 8 Abs. 2 AtG erfaßte immissionsschutzrechtliche Genehmigungen (§§ 4, 13 BImSchG); vgl. dazu Henseler, Kompetenzkonflikte, DVBl. 1982, 390 (394); für ausschließlich mittelbare Berücksichtigungen wohl Rauschning, in: 5. Deutsches AtomR-Symposium, S. 83 (84); unklar insoweit Henseler, a. a. O., S. 394 f.

[2] Der Begriff "Umweltverträglichkeitsprüfung" meint hier nicht eine UVP i. S. d. EG-Richtlinie, vgl. dazu unten S. 252; BayVGH, Urt. v. 09.04.1979 - Nr. 167 VI 77 -, DVBl. 1979, 673 (677) = BayVBl. 1979, 625; Lukes/Vollmer/Mahlmann, Grundprobleme, S. 30; Hansmann, in: 5. Deutsches AtomR-Symposium, S. 93 (94); Fischerhof, AtG, § 7 Rn. 20; Breuer, Strukturen, Der Staat, Bd. 20, 1981, 393 (407 f.).

[3] Vgl. die unter Fn. 2 Genannten sowie insgesamt zum Streitstand Henseler, Kompetenzkonflikte, DVBl. 1982, 390 (391, 394).

Die Gegenansicht, die der Atombehörde eine umfassende Prüfung gerade auch der nicht nuklearspezifischen Belange zubilligt, stützt sich zur Begründung im wesentlichen darauf, daß § 7 Abs. 2 Nr. 6 AtG aufgrund seiner Stellung im Gesetz die anderen Belange erfassen müsse, weil § 7 Abs. 2 Nr. 1 bis Nr. 5 AtG bereits lückenlos den Schutzzweck des § 1 AtG konkretisierten[1].

Dieser Argumentation wird entgegengehalten, die mit der Kernenergieanlage verbundenen nuklaren Risiken ließen sich auch durch eine Schadensvorsorge nach dem Stand von Wissenschaft und Technik nicht völlig ausschalten. Da die Entscheidung, ob das verbleibende Restrisiko einer konkreten Anlage noch tolerabel sei, wesentlich von ihrem Standort beeinflußt werde, seien jenseits von § 7 Abs. 2 Nr. 3 auch im Rahmen von § 7 Abs. 2 Nr. 6 AtG nuklearspezifische Überlegungen anzustellen[2]. Sind solche Gesichtspunkte folglich nicht auf § 7 Abs. 2 Nr. 1 bis 5 AtG beschränkt, ist auch der Schluß, § 7 Abs. 2 Nr. 6 AtG erfasse gerade die anderen Belange, nicht zwingend.

Wenig überzeugend ist die Begründung, die Wald für die Auslegung des § 7 Abs. 2 Nr. 6 AtG als Raumordnungsklausel liefert[3]. Nach seiner Auffassung soll sich diese Auslegung aus der Begründung zu Art. 3 Entw. BayLPlG (1968) ergeben, in dem es heißt, "... die ... Einzelbelange der Raumordnung und Landesplanung ... sind zu beachten, wenn die anzuwendenden Fachgesetze verlangen, daß die Erfordernisse der Raumordnung berücksichtigt werden. Das Gleiche gilt, wenn Gründe des "öffentlichen Wohls", das "öffentliche Interesse" und ähnliche Gesichtspunkte berücksichtigt werden müssen, welche die Erfordernisse der Raumordnung einschließen"[4].

---

1) OVG NW, Urt. v. 20.02.1975 - VII A 911/69 -, ET 1975, 220 (222); VG Würzburg, Urt. v. 25.03.1977 - Nr. W 115 II 74 -, NJW 1977, 1649 (1651); Rauschning, in: 5. Dt. AtomR-Symposium, S. 83 (84 ff.); Vieregge, ebd., S. 101 (102); Obenhaus, ebd., S. 73 (77); Mattern/Raisch, AtG, § 7 Rn. 22; Winters, Atomrecht, S. 30; Lukes/Hanning, Umweltverträglichkeitsprüfung, DB 1977, 1981 (1982 f.).

2) Henseler, Kompetenzkonflikte, DVBl. 1982, 390 (391).

3) Wald, Gemeinden, S. 174 ff.; ihm folgend Kröncke, Genehmigung, S. 62 f.

4) BayLT-Beil 1332, S. 15; abgedr. bei Forsthoff/Blümel, Fachplanungsrecht, S. 123.

Zunächst kann aus einer Begründung für ein Landesgesetz nicht auf die Auslegung einer bundesgesetzlichen Generalklausel geschlossen werden. Außerdem kann die Begründung zu Art. 3 Entw. BayLPlG auch so verstanden werden, daß die dort aufgeführten Generalklauseln nicht regelmäßig Erfordernisse der Raumordnung aufnehmen, sondern daß es auch Klauseln geben kann, bei denen dies gerade nicht der Fall ist. Erwähnt seien in diesem Zusammenhang nur die Schwierigkeiten mit den öffentlichen Belangen in §§ 34 und 35 BBauG und dem "öffentlichen Interesse" in § 48 Abs. 2 BBergG[1].

Richtig ist vielmehr, daß jede Raumordnungs- oder Allgemeinwohlklausel einer sorgfältigen Einzelanalyse bezüglich der Verarbeitungsfähigkeit von Raumordnungsbelangen bedarf[2].

Anerkannt ist - wie bei zahlreichen anderen Allgemeinwohlklauseln auch -, daß fachfremde öffentliche Belange nur in dem Umfang mitgeprüft werden dürfen, in dem sie nicht anderen - insoweit kompetenteren - Fachbehörden zur außenverbindlichen Entscheidung zugewiesen sind[3]. Mangels außengerichteter Genehmigungswirkung kann das ROV nicht als "anderes Verfahren" in diesem Sinne angesehen werden, in dem die Erfordernisse der Raumordnung überprüft würden[4].

Die enge, nur nuklearspezifische Belange berücksichtigende Auslegung des Merkmals der "überwiegenden öffentlichen Interessen" in § 7 Abs. 2 Nr. 6 AtG hätte zur Folge, daß die besonders raumbedeutsamen Entscheidungen über die Genehmigung des Standortes eines Kernkraftwerkes unabhängig von den Vorgaben der Raumordnung ergehen müßten.

Keinen Ausweg bietet die von Breuer als einem Vertreter der engen, an § 1 Nr. 2 AtG orientierten Auslegung vorgeschlagene Lösung, auf der Ebene des nachgeordneten Versagungsermessens raumplanerische

---

1) Vgl. S. 177, 194.
2) Schmidt-Aßmann, Raumordnungsklauseln, S. 30; <u>Hartwig</u>, Rechtswirkungen, NVwZ 1985, 8.
3) <u>Henseler</u>, Kompetenzkonflikte, DVBl. 1982, 390 (391 f.) m. w. N.
4) Der Aspekt der Kompetenzkonflikte und -überschneidungen wäre bei einer Ausgestaltung des Raumordnungsverfahrens und der landesplanerischen Beurteilung mit Genehmigungswirkung zu beachten.

Gesichtspunkte zu berücksichtigen. Nach seiner Auffassung ist aufgrund des behördlichen Versagungsermessens die selektive Ablehnung einer beantragten Anlagengenehmigung unter raumplanerischen Gesichtspunkten zulässig, wenn der vorgesehene Standort zwar nicht ungeeignet und unvereinbar mit § 7 Abs. 2 Nr. 6 AtG, im Hinblick auf die Schutzgüter des § 1 Nr. 2 AtG und das kollektive Restrisiko jedoch nicht optimal geeignet ist[1].

Ein solches, am Gesetzeszweck orientiertes Verständnis des Versagungsermessens hätte zur Folge, daß für das Versagungsermessen ein anderer, weiterer Gesetzeszweck zu gelten hätte, als bei der engen, mit §§ 1 Nr. 2 und 7 Abs. 2 Nr. 3 AtG begründeten Auslegung des § 7 Abs. 2 Nr. 6 AtG.

Da der Gesetzeszweck jedoch eine rechtsstaatliche Grenze des behördlichen Versagungsermessens bildet[2], muß er einheitlich bestimmt sein und feststehen und kann nicht bei der Auslegung von Tatbestandsmerkmalen (§ 7 Abs. 2 Nr. 6 AtG) anders gesehen werden als als Grenze behördlichen Ermessens. Für eine weite, auch nicht nuklearspezifische Belange, folglich auch die Erfordernisse der Raumordnung berücksichtigende Auslegung des "überwiegenden öffentlichen Interesses" in § 7 Abs. 2 Nr. 6 AtG spricht derselbe Grund, der die Einführung des zusätzlichen tatbestandslosen Versagungsermessens rechtfertigt. Da mit dem Bau von Kernkraftwerken technisches und mit dem Atomgesetz gesetzgeberisches Neuland beschritten wurde, konnte angesichts der hohen potentiellen Gefahren der nach § 7 Abs. 1 AtG genehmigungspflichtigen Anlagen der Exekutive ein zusätzliches Versagungsermessen eingeräumt werden[3].

---

1) Breuer, Strukturen, Der Staat, Bd. 20, 1981, S. 393 (409); ders., in: 7. Deutsches AtomR-Symposium, S. 170.
2) Zu § 7 Abs. 2 AtG BVerwG, Beschl. v. 08.08.1978 - 2 BvL 8/77, BVerwGE 49, 89 (147); Henseler, Kompetenzkonflikte, DVBl. 1982, 390 (397).
3) BVerwG, Beschl. v. 08.08.1978 - 2 BvL 8/77, BVerwGE 49, 89 (146 f.); die Sonderstellung der Materie wird ferner durch das öffentliche Eigentum an den spaltbaren Stoffen deutlich (Art. 86 f. EURATOM-Vertrag).

Deshalb erscheint es gerechtfertigt - da gesetzliche Tatbestandsmerkmale ein höheres Maß an Rechtsstaatlichkeit gewähren, als Ermessensvorschriften -, bereits bei der Auslegung von § 7 Abs. 2 Nr. 6 AtG ein Höchstmaß an Sicherheit anzustreben. Das bedeutet, daß die nach § 7 Abs. 2 Nr. 6 AtG vorzunehmende Abwägung mit entgegenstehenden überwiegenden öffentlichen Interessen nur dann sinnvoll vorgenommen werden kann, wenn sie umfassend erfolgt und sich nicht nur auf die speziellen Probleme erstreckt, die sich aus der Abwehr nuklearspezifischer Gefahren ergeben[1].

Die in § 7 Abs. 2 Nr. 6 AtG aufgeführten Gesichtspunkte der Reinhaltung des Wassers, der Luft und des Bodens sind nur eine beispielhafte Auflistung[2]. Darüber hinaus sind z. B. Fragen des Natur- und Landschaftsschutzes, der Planung und der Raumordnung zu berücksichtigen[3]. Als Ergebnis der Auslegung von § 7 Abs. 2 Nr. 6 AtG bleibt festzuhalten, daß bereits auf der Tatbestandsebene und nicht erst im Rahmen des Versagungsermessens bei der Entscheidung über die Anlagengenehmigung bezüglich des Standortes die Belange der Raumordnung zu berücksichtigen sind. So können entgegenstehende, im ROV konkretisierte RO-Ziele eine Genehmigungsversagung erfordern. Das gleiche gilt, wenn im ROV aus den RO-Grundsätzen konkrete sonstige RO-Erfordernisse herauskristallisiert wurden.

II. Wasserrechtliche Erlaubnisse und Bewilligungen nach §§ 2 ff. WHG[4]

Zwar ist die erlaubnispflichtige Gewässerbenutzung nicht auf den ersten Blick eine raumbedeutsame Maßnahme - offenkundig ist dies etwa bei Planfeststellungen für einen Gewässerausbau nach § 31 WHG -[5] doch gibt es auch raumrelevante Gewässerbenutzungen, etwa Grundwas-

---

1) So im Ergebnis auch Henseler, Kompetenzkonflikte, DVBl. 1982, 390 (395) und Lukes/Hanning, Umweltverträglichkeitsprüfung, DB 1977, 1981 (1982), die eine Parallele zu § 35 Abs. 3 BBauG ziehen.
2) Mattern-Raisch, AtG, § 7 Rn. 12.
3) Lukes/Hanning, Umweltverträglichkeitsprüfung, DB 1977, 1981 (1983).
4) Wasserhaushaltsgesetz i. d. F. der Bek. v. 23.09.1986 (BGBl. I, S. 1529).
5) Vgl. unten S. 226.

serabsenkungen größeren Ausmaßes[1], die eine Untersuchung der wasserrechtlichen Erlaubnisse und Bewilligungen auf ihre Verarbeitungsfähigkeit hinsichtlich raumordnerischer Aussagen rechtfertigen.

1. Struktur der Genehmigungsentscheidung

Auf die Erteilung einer wasserrechtlichen Erlaubnis oder Bewilligung (§ 2 WHG) besteht kein Rechtsanspruch. Dies ergibt sich aus der Formulierung von § 6 WHG ("sind zu versagen"). Die Genehmigungsbehörde ist folglich nicht verpflichtet, selbst bei etwa vorliegender Gemeinwohlverträglichkeit, eine Bewilligung oder Erlaubnis zu erteilen[2]. Vielmehr obliegt den zuständigen Behörden ein umfassendes Bewirtschaftungsermessen[3].

2. Berücksichtigung der landesplanerischen Beurteilung über das Tatbestandsmerkmal "Wohl der Allgemeinheit" in § 6 WHG

Der Begriff des Wohls der Allgemeinheit, bei dessen Beeinträchtigung nach § 6 WHG die Erlaubnis oder die Bewilligung zu versagen sind, spielt im gesamten Wasserhaushaltsgesetz und in allen Landeswassergesetzen eine entscheidende Rolle[4].

Er erfüllt bei der Versagung einer wasserrechtlichen Genehmigung oder einer privatnützigen Planfeststellung eine Doppelfunktion: Einerseits bildet er als Tatbestandsmerkmal einen zwingenden Versagungsgrund, andererseits ist er Richtschnur für das Bewirtschaftungsermessen bzw. die planerisch-gestaltende Entscheidung über den Planfeststellungsantrag[5].

---

1) Vgl. Thurn, Schutz natürlicher Gewässerfunktionen, S. 24.
2) BVerfG, Beschl. v. 15.07.1981 - 1 BvL 77/78 -, BVerfGE 58, 300 (328).
3) Gieseke/Wiedemann/Czychowski, WHG, § 6 Rn. 2; Sieder/Zeitler/Dahme, WHG § 6 Rn. 2.
4) Breuer, Umweltschutz, Bitburger Gespräche 1983, 65 (70 f.); Thurn, Schutz natürlicher Gewässerfunktionen, S. 76 ff.
5) Breuer, Strukturen, Der Staat, Bd. 20, 1981, 393 (406).

Im vorliegenden Zusammenhang interessiert, ob und ggf. inwieweit die Generalklausel "Wohl der Allgemeinheit" dafür vorgesehen und geeignet ist, Erfordernisse der Raumordnung und Landesplanung in Form der durch ein ROV konkretisierten Ziele oder der landesplanerischen Beurteilung als selbständigem Raumordnungsbelang aufzunehmen und auch außenwirksam umzusetzen.

a) Ziele als Prüfungsmaßstab im ROV

Die Auslegung dieser wasserrechtlichen Generalklausel ist heftig umstritten.

Nicht überzeugend wäre ein Umkehrschluß aus § 15 Abs. 2 Nr. 1 hessLWG mit dem Ergebnis, das Wohl der Allgemeinheit umfasse keine Raumordnungsbelange, da die Vorschrift des hessischen Landeswassergesetzes entgegenstehende Gesichtspunkte der Raumordnung neben dem Wohl der Allgemeinheit als Versagungsgrund anerkenne. Denn zunächst ist das Landesrecht nicht in der Lage, die Auslegung von bundesrechtlichen Rahmenregelungen zu bestimmen[1]. Darüber hinaus läßt sich § 15 Abs. 2 Nr. 1 hessLWG wegen seiner Formulierung "Gesichtspunkte der Raumordnung", die nicht auf die anerkannte raumordnerische Begriffsbildung mit Zielen, Grundsätzen und sonstigen Erfordernissen zurückgreift, als bloßer Merk- bzw. Erinnerungsposten für Raumordnungsbelange oder als Bestimmung des Stellenwerts der Raumordnung im Rahmen der Abwägung auffassen[2].

Mit der Begründung, nur bei Berücksichtigung aller nur erdenklichen anderen Belange könne eine am Gemeinwohl orientierte Ermessensentscheidung in Ausübung des Bewirtschaftungsermessens ergehen, vertrat die früher h. M. eine extrem weite Auslegung der Allgemeinwohlklausel[3].

---

1) Vgl. oben S. 148.
2) Zu diesen beiden Bedeutungsinhalten von Raumordnungsklauseln vgl. Forsthoff/Blümel, Fachplanungsrecht, S. 118.
3) Gieseke/Wiedemann/Czychowski, WHG, § 6 Rn. 22, BT-Drs. 2/2072, S. 23; Dyong, Verwirklichung, S. 228; vgl. auch die umfangreichen Nachweise bei Thurn, Schutz natürlicher Gewässerfunktionen, S. 76; Stortz, Anm., ZfW 1979, 47 ff.; Sieder/Zeitler/Dahme, WHG, § 6 Rn. 6 ff.

Diese Auslegung hat das Bundesverwaltungsgericht mit seinem Urteil vom 10.02.1978 zu einer privatnützigen wasserrechtlichen Planfeststellung in Frage gestellt[1]. Es führt aus:

"Die Frage, unter welchen Voraussetzungen eine Beeinträchtigung des Wohls der Allgemeinheit zu erwarten ist, findet im WHG eine Antwort ausschließlich nach dem Maßstab seiner eigenen Regelungen, d. h. in einem allein wasserwirtschafltichen Zusammenhang und über diesen hinaus nur, soweit das WHG andere öffentliche Belange ausdrücklich in seine Tatbestände einbezieht (vgl. z. B. neuerdings § 31 Abs. 1 a WHG im Hinblick auf 'Bild- und Erholungseignung der Gewässerlandschaft'). Ob ein Ausbauvorhaben das Gemeinwohl unter anderen als wasserhaushaltsrechtlichen Gesichtspunkten in dem Sinne beeinträchtigt, daß seine Versagung deswegen zwingend geboten ist, muß demnach grundsätzlich nach dem für diese anderen Gesichtspunkte jeweils maßgebenden sachlich-rechtlichen Vorschriften beurteilt werden."

Noch deutlicher formuliert das Bundesverfassungsgericht in seinem Naßauskiesungsbeschluß zu § 6 WHG[2]:

"Der Zweck der Vorschrift - auf den bei der Auslegung abzustellen ist - ist die Ordnung des Wasserhaushalts, nicht aber der Schutz von Arbeitsplätzen oder die Verhinderung unerwünschter Bauvorhaben. Fehlt es an einem unmittelbaren wasserwirtschaftlichen Bezug, so kann darauf die Ablehnung eines Antrags nicht gestützt werden."

Grundsätzlich sind diese restriktiven Tendenzen in der Rechtsprechung zu begrüßen. Aus rechtsstaatlichen Gründen, etwa der verfassungs- und einfachrechtlichen Kompetenzordnung sowie dem Bestimmtheitsgebot, können die wirksamen wasserrechtlichen Instrumentarien wie das Genehmigungserfordernis, das Bewirtschaftungsermessen und die Planfeststellung nicht dazu dienen, ungeprüft und ungefiltert jedem

---

1) Urt. v. 10.02.1978 - 4 C 25.75 -, BVerwGE 55, 220 (229).
2) Beschl. v. 15.07.1981 - 1 BvL 77/78 -, BVerfGE 58, 300 (348).

fachfremden Belang zur Durchsetzung zu verhelfen[1]. Dies gilt uneingeschränkt für die Fälle, in denen in einem anderen fachlichen Genehmigungs- oder Planfeststellungsverfahren die insoweit kompetentere Fachbehörde bereits eine Entscheidung getroffen hat oder eine Entscheidung fällen wird[2].

Gleichzeitig ist in der Literatur aber anerkannt, daß Programme und Pläne, z. B. der Raumordnung und Landesplanung, sofern ihnen ein hohes Maß an Konkretheit zukommt, geeignet sind, das Wohl der Allgemeinheit zu konkretisieren und zu konstituieren[3]. Insoweit umfaßt das Wohl der Allgemeinheit auch Belange nichtwasserwirtschaftlicher Art[4].

Dieses Ergebnis ist nicht unvereinbar mit der neueren Linie in der Rechtsprechung. Das Bundesverwaltungsgericht unterscheidet zwei Arten von Allgemeinwohl: Einerseits das Wohl der Allgemeinheit aus rein wasserhaushaltsrechtlichen Gründen einschließlich der ausdrücklich erwähnten öffentlichen Belange (§ 31 Abs. 1 a WHG), andererseits das Wohl der Allgemeinheit aus anderen als wasserhaushaltsrechtlichen Gründen[5].

---

1) Vgl. dazu Breuer, Umweltschutz, Bitburger-Gespräche 1983, 65 (75) und Thurn, Schutz natürlicher Gewässerfunktionen, S. 78, 83 ff. mit sorgfältiger Analyse der Reaktionen von Rechtsprechung und Literatur auf die gewandelte höchstrichterliche Rechtsprechung; nach Sieder/Zeitler/Dahme, WHG, § 6 Rn. 7 a, soll das Bundesverwaltungsgerichts-Urteil v. 10.02.1978 nicht auf § 6 WHG übertragbar sein, da es auf den Besonderheiten der privatnützigen Planfeststellung beruhe. Diese Auffassung ist abzulehnen, da § 6 WHG im Urteil erwähnt wird, er einen allgemeingültigen Planungsleitsatz darstellt und der Begriff insgesamt einheitlich auszulegen ist.

2) Sieder/Zeitler/Dahme, WHG, § 6 Rn. 9 a; Gieseke/Wiedemann/ Czychowski, WHG, § 6 Rn. 2 a; Thurn, Schutz natürlicher Gewässerfunktionen, S. 82 ; BVerwG, Beschl. v. 22.11.1979 - 4 B 162.79 -, DVBl. 1980, 168.

3) Gieseke/Wiedemann/Czychowski, WHG, § 6 Rn. 27 ff.; Sieder/Zeitler/ Dahme, WHG, § 6 Rn. 16; Breuer, Strukturen, Der Staat, Bd. 20, 1981, 393 (406); ders., Umweltschutz, Bitburger-Gespräche 1983 65 (76 ff.); Dyong, Verwirklichung, S. 227; Uechtritz, Naßauskiesung, VBlBW 1984, 5 (9 f.); Cholewa/Dyong/von der Heide, ROG, Bd. I, Vorbem. VII Rn. 31.

4) Breuer, Strukturen, Der Staat, Bd. 20, 1981, 393 (406).

5) BVerwG, Urt. v. 10.02.1978 - 4 C 25.75 -, BVerwGE 55, 220 (229).

Ob nichtwasserwirtschaftliche Gründe als Wohl der Allgemeinheit
i. S. d. § 6 WHG einen zwingenden Versagungsgrund bilden können,
beurteilt sich grundsätzlich nach den insoweit einschlägigen Vorschriften. Für Pläne und Programme der Raumordnung und Landesplanung
sowie diese ausfüllende und konkretisierende landesplanerische Beurteilungen bedeutet dies, daß sich ihre Rechtswirkungen - gerade
auch bezogen auf die Verhinderung einer wasserrechtlichen Bewilligung - aus dem Recht der Raumordnung und Landesplanung ergeben[1].
Da Ziele der Raumordnung und Landesplanung und landesplanerische
Beurteilungen grundsätzlich keine Drittwirkung haben[2], kann ihnen
zunächst kein zwingender Versagungsgrund i. S. d. Wohls der Allgemeinheit nach § 6 WHG entnommen werden.

Konkrete Pläne der Landesplanung, etwa Regionalpläne, die z. B. positive oder negative Aussagen über Flächen für den Kiesabbau enthalten[3], sowie die entsprechende landesplanerische Beurteilung können
demnach nur als "partielle Vorentscheidungen" für das Wohl der Allgemeinheit angesehen werden[4]. Sie bieten eine wesentliche Erkenntnisquelle für die Wasserbehörde bei der in Ausübung des Bewirtschaftungsermessens vorzunehmenden Abwägungsentscheidung[5].

Als Ergebnis der Auslegung des Begriffs "Wohl der Allgemeinheit"
aus § 6 WHG steht daher fest, daß er durchaus geeignet ist, landesplanerische Zielaussagen sowie auf diesen beruhende landesplanerische
Beurteilungen in sich aufzunehmen. Zwingende Versagungsgründe entstehen allerdings erst im Zusammenspiel mit wasserwirtschaftlichen
Gründen[6].

---

1) Vgl. bezogen auf Ziele der Raumordnung und Landesplanung auch
Gieseke/Wiedemann/Czychowski, WHG, § 6 Rn. 28; Honert/Rüttgers,
LWG, Erl. zu § 2.
2) Wahl, Rechtsfragen I, S. 2, 73; Schmidt-Aßmann, Umweltschutz,
S. 156; kritisch bereits Erbguth, Bundes- und Landesrecht, S. 214 f.
3) Vgl. dazu ausführlich Uechtritz, Naßauskiesung, VBlBW 1984, 5 ff.
4) Gieseke/Wiedemann/Czychowski, WHG, § 6 Rn. 28; Uechtritz, Naßauskiesung, VBlBW 1984, 5 (10).
5) Vgl. zur Bedeutung des Abwägens Wahl, Genehmigung, DVBl. 1982,
51 (55 f.).
6) Uechtritz, Naßauskiesung, VBlBW 1984, 5 (10 f.); insoweit entsteht eine dem § 34 BBauG vergleichbare Situation, in der Aussagen
der Raumordnung zur Fortschreibung und Verstärkung von tatsächlich Vorhandenem herangezogen werden können, vgl. dazu oben S. 187;
vgl. auch Bielenberg/Erbguth/Söfker, ROLaPlaR, R 100 Rn. 33.

b) Grundsätze und sonstige Erfordernisse der Raumordnung als Prüfungsmaßstab im ROV

Soweit Grundsätze und sonstige Erfordernisse der Raumordnung und Landesplanung Beurteilungsgrundlage im ROV waren und dort sonstige RO-Erfordernisse aufgestellt wurden, findet die landesplanerische Beurteilung als eigenständiger öffentlicher Belang im Rahmen der Abwägung Berücksichtigung, nicht jedoch als zwingender Versagungsgrund im Rahmen des Wohls der Allgemeinheit.

III. Luftverkehrsrechtliche Genehmigungen gem. § 6 Abs. 2 LuftVG[1]

Aufgrund der Raumordnungsklausel in § 6 Abs. 2 LuftVG, nach der vor der Erteilung der luftverkehrsrechtlichen Genehmigung zu prüfen ist, ob der geplante Flughafen den Erfordernissen der Raumordnung und Landesplanung, folglich nicht nur den Zielen und Grundsätzen, sondern auch der landesplanerischen Beurteilung als sonstigem Erfordernis, entspricht, bestehen bezüglich der Berücksichtigungsfähigkeit landesplanerischer Aussagen wenig Probleme.

1. Struktur der Genehmigungsentscheidung

Soweit kein Planfeststellungsverfahren nach § 8 LuftVG nachfolgt, ist die Genehmigung nach § 6 LuftVG einzige, letzte und endgültige Bewilligungsgrundlage für die Anlage und den Betrieb eines Flughafens. Sie ist einerseits Unternehmergenehmigung, andererseits Planungsentscheidung[2].

Unternehmergenehmigung ist die Entscheidung als Kontrollerlaubnis mit zwingenden Versagungsgründen insoweit, als es nach § 6 Abs. 2 S. 2 LuftVG um die Abwehr von Gefahren für die öffentliche Ordnung oder Sicherheit sowie um die Geeignetheit des Standorts geht; ge-

---

1) LuftVG v. 01.08.1922 (RGBl. I, S. 681) i. d. F. v. 14.01.1981 (BGBl. I, S. 61).
2) BVerwG, Urt. v. 11.10.1969 - IV C 55.66 -, ZLW 1969, 129 (136); Urt. v. 22.03.1974 - IV C 42.73 -, ZLW 1974, 277; Urt. v. 07.07. 1978 - 4 C 79.76 u. a. -, BVerwGE 56, 110 ff.; VG Frankfurt, Urt. v. 27.12.1983 - VI/V E 3183/82 - HStGZ 1985, 337; Badura, Standortentscheidung, BayVBl. 1976, 515 ff.

fahrenabwehrenden Charakter haben auch die Prüfungsfragen des Fluglärmschutzes. Planungsentscheidung ist die Flughafengenehmigung, weil nach § 6 Abs. 2 S. 1 LuftVG die Erfordernisse der Raumordnung, der Landesplanung und des Städtebaus angemessen zu berücksichtigen sind[1].

Als solche stellt sie eine Ermessensentscheidung dar[2]; in die zu treffende Abwägung - sie ist Wesen jeder rechtsstaatlichen Planungsentscheidung, folglich auch der luftverkehrsrechtlichen Genehmigung -[3] sind ebenenspezifisch die auf der jeweiligen Entscheidungsstufe zu berücksichtigenden Belange einzustellen[4].

2. Berücksichtigung der landesplanerischen Beurteilung über die Raumordnungsklausel in § 6 Abs. 2 S. 1 LuftVG

§ 6 Abs. 2 S. 1 LuftVG enthält eine "echte" Raumordnungsklausel. Da nach dieser Vorschrift zu prüfen ist, ob der zu genehmigende Flughafen den Erfordernissen der Raumordnung entspricht, sind die ROV-Ergebnisse nicht nur mittelbar als Mittel zur Zielkonkretisierung, sondern als eigenständige Erfordernisse der Raumordnung und Landesplanung zu berücksichtigen[5].

3. Genehmigung nach § 6 LuftVG und anschließende Planfeststellung nach §§ 8 ff. LuftVG

Weitgehend ungeklärt und umstritten ist der Regelungsgehalt einer luftrechtlichen Genehmigung nach § 6 LuftVG im Falle eines nachfolgenden Planfeststellungsverfahrens nach § 8 LuftVG.

---

1) So ist das "entspricht" zu verstehen, da nur eine sprachliche Neufassung beabsichtigt war (BT-Drs. 7/3879, S. 31; 7/5251, S. 140); Badura, Standortentscheidung, BayVBl. 1976, 515 (516); Göb, Planungsermessen, structur 1972, 217; Erbguth, Umweltverträglichkeitsprüfungen, BayVBl. 1983, 129 (134).
2) Giemulla/Lau/Barton, LuftVG, § 6 Rn. 69.
3) Vgl. BVerwG, Urt. v. 11.10.1968 - IV C 55.66 -, ZLW 1969, 129 (137).
4) Giemulla/Lau/Barton, LuftVG, § 6 Rn. 79; Hoppe/Schlarmann, Rechtsschutz, Rn. 158.
5) Forsthoff/Blümel, Fachplanungsrecht, S. 114 ff.; Hofmann, LuftVG, § 6 Rn. 11 f.

Die Rechtsprechung sieht in der Genehmigung eine vorklärende Entscheidungsstufe, die dem Flughafenunternehmer das Recht einräume, das Planfeststellungsverfahren zu beantragen, und die geeignet sei, ungeeignete Standorte auszuscheiden, nicht aber fähig sei, die im abschließenden Planfeststellungsverfahren zu treffende Abwägungsentscheidung im Wege von Vorwegfestlegungen zu binden[1].

In der Literatur werden die faktischen Vorwirkungen der Genehmigung nach § 6 LuftVG für die gesamte Region, in der das Flughafenprojekt verwirklicht werden soll, betont und hieraus im Hinblick auf Art. 19 Abs. 4 GG Konsequenzen für den Rechtsschutz Drittbetroffener und der Gemeinden abgeleitet[2].

Ausgehend vom Verwaltungsaktscharakter der Genehmigung sowie dem notwendig eigenen Regelungsgehalt von Teilentscheidungen wird zudem vertreten, im Genehmigungsverfahren nach § 6 LuftVG würde für das Planfeststellungsverfahren verbindlich entschieden, ob der Standort des Projekts die Erfordernisse der Raumordnung und Landesplanung angemessen berücksichtige[3].

Der Meinungsstreit ist nur zu entscheiden, sofern und soweit er sich auf das Verhältnis des ROV zur Flughafenplanung auswirkt.

Zunächst ist darauf hinzuweisen, daß die Raumordnungsklausel des § 6 Abs. 2 S. 1 LuftVG als ein der fachplanerischen Zielverwirklichung dienender "Leitsatz" im Planfeststellungsverfahren ent-

---

1) BVerwG, Urt. v. 11.02.1978 - 4 C 13.78 -, ZLW 1979, 245 (254 f.) = DÖV 1979, 517 ff.; zustimmend Harbeck, Flughäfen, ZLW 1983, 209 ff.

2) Schmidt-Aßmann, Rechtsschutz, DVBl. 1981, 334 (337 f.); Bäumler, Rechtsschutz, DÖV 1981, 43 (45); Sailer, Planungsentscheidungen, BayVBl. 1981, 545 ff.

3) Giemulla/Lau/Barton, LuftVG, § 6 Rn. 80; Schmidt-Aßmann, Rechtsschutz, DVBl. 1981, 334 (337 f.); Lau, Rechtsschutz, S. 135 ff. (144 ff.).

sprechend anzuwenden ist[1]. Daher kann sich das als "gesetzgeberische Fehlleistung"[2] bezeichnete ungeklärte Verhältnis zwischen §§ 6 und 8 LuftVG für die Berücksichtigungsfähigkeit der landesplanerischen Beurteilung nur dann als von Bedeutung erweisen, wenn diesbezüglich Unterschiede zwischen der Genehmigung und Planfeststellung bestehen. Differenzen können sich - bei gleicher Raumordnungsklausel - nur aus der Entscheidungsstruktur als Genehmigung oder Planfeststellung ergeben. Da es vorliegend nicht um die den Charakter der Entscheidung nach § 6 Abs. 2 LuftVG als Kontrollerlaubnis und Unternehmergenehmigung begründenden Elemente der Gefahrenabwehr geht[3], können sich tragende Unterscheidungsmerkmale lediglich aus den planerischen Teilelementen der zu vergleichenden Zulassungstatbestände ergeben.

Soweit nicht mit der Rechtsprechung § 6 LuftVG allenfalls als mittelbare Planungsentscheidung angesehen wird, sondern mit einem Teil der Literatur als Teilregelung mit Planungsentscheidung, bestehen im Abwägen keine Unterschiede. Das Gebot, die von einer Planung berührten Belange gegeneinander und untereinander gerecht abzuwägen (Abwägungsgebot), ergibt sich unabhängig von einer gesetzlichen Normierung aus dem Wesen einer rechtsstaatlichen Planung und gilt deshalb für jede Planungsentscheidung, auch die luftrechtliche Genehmigung[4]. Bestehen

---

1) Geiger, Verkehrsflughäfen, NuR 1982, 127 (131); Giemulla/Lau Barton, LuftVG, § 9 Rn. 32; BVerwG, Urt. v. 07.07.1978 - 4 C 79.76 u. a. -, BVerwGE 56, 110 (122); "Leitsatz" wird hier nicht in der Definition von BVerwG, Urt. v. 22.03.1985 - 4 C 73.82 -, DVBl. 1985, 899 ff. (in Klarstellung zu BVerwG, Urt. v. 14.02. 1975 - 4 C 21.74 -, BVerwGE 48, 56 (61 ff.)) verstanden, wonach unter "Planungsleitsätze" nur solche zwingenden Vorschriften zu verstehen seien, die im Rahmen der planerischen Abwägung nicht überwunden werden könnten; a. A. neuerdings Bielenberg/Erbguth/ Söfker, ROLaPlaR, R 100 Rn. 38.

2) Schmidt-Aßmann, Rechtsschutz, DVBl. 1981, 334 (336); Bäumler, Rechtsschutz, DÖV 1981, 43 (49); Wahl, Genehmigung, DVBl. 1982, 51 (59).

3) Vgl. BVerwG, Urt. v. 11.12.1978 - 4 C 13.78 -, ZLW 1979, 245 (254) = DÖV 1979, 517 (520).

4) So wörtlich Giemulla/Lau/Barton, LuftVG, § 6 Rn. 79; vgl. auch OVG Münster, Urt. v. 27.10.1976 - XIII A 1827/75 -, DVBl. 1977, 291 (292).

folglich im Abwägen - auch bezüglich der Erfordernisse der Raumordnung und Landesplanung - keine Unterschiede zwischen §§ 6 und 8 LuftVG, so ist es für die Berücksichtigung der landesplanerischen Beurteilung unerheblich, ob sie im Rahmen einer für die Planfeststellung verbindlichen Teilregelung und ersten Entscheidungsstufe nach § 6 LuftVG oder erst im Wege der den Standort abschließend festlegenden Planfeststellung nach § 8 LuftVG erfolgt.

IV. Energieaufsichtliches Verfahren nach § 4 Abs. 2 EnWG[1]

1. Struktur der behördlichen Entscheidung

Nicht in das Schema der Kontrollerlaubnisse mit planerischem behördlichen Ermessensspielraum paßt das energiebehördliche Beanstandungs- und Untersagungsverfahren nach § 4 Abs. 2 EnWG. Die energiewirtschaftliche Betätigung ist nicht von vornherein verboten, sondern kann nur unter den Voraussetzungen des § 4 Abs. 2 EnWG beschränkt werden (Erlaubnis mit Untersagungsvorbehalt)[2].

2. Berücksichtigung der landesplanerischen Beurteilung über "Gründe des Gemeinwohls"

Umstritten ist, ob zu den Gründen des Gemeinwohls i. S. d. § 4 Abs. 2 S. 2 EnWG auch Belange der Raumordnung und Landesplanung und damit auch die ROV-Ergebnisse zählen[3].

Abgelehnt wird dies von Stimmen in der Literatur mit dem Hinweis darauf, die Auslegung der Allgemeinwohlklausel habe streng nach dem Gesetzeszweck zu erfolgen. Da dieser nur in der Aufrechterhaltung einer sicheren und preiswürdigen Energieversorgung bestehe, könnten

---

[1] Gesetz zur Förderung der Energiewirtschaft (EnWG) v. 13.12.1935, RegBl. I, S. 14, 151 (BGBl. III 752-1).
[2] Büdenbender, Energierecht, Rn. 176.
[3] Temesl, Elektrische Leitungen, EW 1982, 354 geht davon aus, das ROV würde erst nach dem energieaufsichtlichen Verfahren durchgeführt, während Joachim, RO- und Entschädigungsprobleme, ET 1981, 873 (875) einen zeitlichen Vorrang des ROV, teilweise auch eine Gleichzeitigkeit der beiden Verfahren konstatiert.

Belange der Raumordnung und Landesplanung im Rahmen der Investitionskontrolle nach § 4 Abs. 2 EnWG nicht berücksichtigt werden. Die Raumordnung sei vielmehr auf ihre eigenen Durchsetzungsmöglichkeiten verwiesen[1].

Diese Auffassung wird als anachronistisch bezeichnet und mit dem Hinweis auf die Praxis der Energieaufsichtsbehörde, die von sich aus die Belange der Raumordnung und Landesplanung berücksichtige, als überholt angesehen[2].

Eine (rechtswidrige) Praxis kann jedoch einer mit anerkannten juristischen Auslegungsmethoden gewonnenen Interpretation eines Tatbestandsmerkmals nicht entgegengehalten werden.

Das Letztentscheidungsrecht über die Raumansprüche des beabsichtigten Vorhabens, etwa bezogen auf Standorte oder Trassenführung, liegt nicht bei der Energieaufsichtsbehörde, sondern bei den fachlich zuständigen Behörden, die die immissionsschutz-, atom-, wasserwirtschafts-, bau- und naturschutzrechtlichen Genehmigungen erteilen. Daher konzentriert sich die Prüfung der Energieaufsichtsbehörde auf die strukturpolitischen Aspekte des Vorhabens, z. B. ob die beabsichtigte Trassenführung mit einer geordneten Raumentwicklung in Einklang steht, welche Folgen die Stillegung einer Anlage für die anzustrebende Struktur hat, ob die Kapazität einer geplanten Leitung dem nach den Zielen der Raumordnung und Landesplanung zu erwartenden Bedarf entspricht. Damit bleibt die Prüfung jedenfalls ihrem Wesen nach eine Prüfung nach energiewirtschaftlichen Maßstäben[3].

Ausgehend von der Tatsache, daß bezüglich der Raumnutzung die Aufsichtsbehörde nicht verbindlich entscheidet - nur insoweit ergeben sich die bekannten Probleme der Reichweite der Raumordnung, auch vor dem Hintergrund von Art. 74 Nr. 18 und 75 Nr. 4 GG - bestehen keine

---

1) Büdenbender, Energierecht, Rn. 179; ders., Energieversorgung, JuS 1978, 150 (153); Börner, Energieanlagen, S. 14 f.; Danner, in: Obernolte/Danner, EnWR, § 4 Anm. 3 f.; Temesl, Elektrische Leitungen, EW 1982, 354 ff.
2) Blümel, Standortvorsorgeplanung, DVBl. 1977, 301 (309).
3) Evers, Energieversorgung, S. 110 ff.

Bedenken dagegen, die RO-Belange einschließlich der ROV-Ergebnisse zur Auffüllung und Konkretisierung energiewirtschaftlicher Gesichtspunkte heranzuziehen und bei den Beanstandungs- oder Untersagungsentscheidungen nach § 4 Abs. 2 EnWG zu berücksichtigen[1].

Auf die besonderen Schwierigkeiten, die überwiegend privatrechtlich organisierten Energieversorgungsunternehmen an die landesplanerischen Beurteilungen zu binden, wurde bereits mehrfach hingewiesen[2].

Für Energieleitungen bestehen neben dem energieaufsichtlichen Verfahren in der Regel keine Genehmigungsverfahren[3]. Die Entscheidung über den endgültigen Trassenverlauf fällt im Enteignungsverfahren nach § 11 EnWG i. V. m. den Landesenteignungsgesetzen[4]. Regelmäßig wird der im ROV beurteilte und ggf. mangels eigener energierechtlicher Planungsebene in kompetenzrechtlich bedenklicher Weise (fachplanerisch) festgestellte Verlauf der Trasse dem Enteignungsverfahren zugrunde gelegt.

C. Einzelne Planfeststellungsverfahren

Im folgenden sollen einige fachgesetzlich geregelte Planfeststellungsverfahren auf ihre Offenheit bezüglich der Belange der Raumordnung und Landesplanung hin untersucht werden.

I. Straßenrechtliche Planfeststellungen

Als sehr raumbedeutsame Maßnahmen bedürfen die gemeinnützigen Planfeststellungen für Straßen jeder Kategorie im Spannungsfeld zwischen Raumordnung und Fachplanung besonderer Aufmerksamkeit.

---

1) Vgl. Evers, Energieversorgung, S. 112, speziell zum ROV, S. 249 ff. im Ergebnis auch Wesener, Energieversorgung, S. 373 f.; Papier, Staatliche Einwirkungen, S. 540; Joachim, RO- und Entschädigungsprobleme, ET 1981, 873 (875).

2) Vgl. oben S. 20 und oben S. 62; diese Schwierigkeiten bestehen nicht bei den kommunalen Eigenbetrieben, vgl. Temesl, Elektrische Leitungen, EW 1982, S. 354 (355 f.).

3) Vgl. zu § 14 ba-wüLPlG oben S. 53 und Papier, Möglichkeiten, S. 47, 55 ff.

4) Wesener, Energieversorgung, S. 197 ff.; Joachim, RO- und Entschädigungsprobleme, ET 1981, 873 (875).

1. Planung von Bundesfernstraßen

Regelmäßig sind Bundesfernstraßen Gegenstand von Raumordnungsverfahren, so daß die Integration der landesplanerischen Beurteilung von besonderem Interesse ist.

a) Dreistufigkeit des Planungsverfahrens

Bei der Planung von Bundesfernstraßen wird zwischen den drei Stufen der Bedarfsplanung, dem Linienbestimmungsverfahren nach § 16 FStrG und dem Planfeststellungsverfahren nach §§ 17 ff. FStrG unterschieden[1].

b) Allgemeine Raumordnungsbindung

Obwohl auch die Bedarfsplanung für Bundesfernstraßen an die Vorgaben der Bundesraumordnung und die Pläne und Programme der Länder gebunden ist[2], interessiert im Rahmen der vorliegenden Untersuchung nur die Berücksichtigung raumordnerischer Aussagen im Rahmen der Linienbestimmung und der fernstraßenrechtlichen Planfeststellung.

c) Berücksichtigung der landesplanerischen Beurteilung über § 16 Abs. 1 FStrG

Nach § 16 Abs. 1 FStrG bestimmt der Bundesminister für Verkehr im Einvernehmen mit den an der Raumordnung beteiligten Bundesministern und im Benehmen mit den Landesplanungsbehörden die Planungs- und Linienführung der Bundesfernstraßen. Obwohl diese Raumordnungsklausel dem Wortlaut nach nur einen verfahrensrechtlichen Inhalt hat, ist doch allgemein anerkannt, daß diese Klausel voraussetzt, daß die ma-

---

1) Blümel, Straßenplanung, S. 309 (314); vgl. insgesamt Kodal/Krämer, Straßenrecht, S. 801 ff.

2) Gesetz über den Ausbauplan für die Bundesfernstraßen v. 27.07.1957 (BGBl. I, S. 1189); Gesetz über den Ausbau der Bundesfernstraßen in den Jahren 1971 - 1985 v. 30.06.1971 (BGBl. I, S. 873, geändert durch Gesetz v. 05.08.1976 (BGBl. I, S. 2093, i. d. F. v. 20.08. 1980 (BGBl. I, S. 1614); Fernstraßenausbaugesetz i.d.F. der Bekanntmachung der Neufassung vom 21.04.1986, BGBl. S. 559; Kodal/Krämer, Straßenrecht, S. 808 ff.

teriellen Erfordernisse der Raumordnung zu beachten sind[1]."Erfordernisse der Raumordnung" wird dabei als Oberbegriff verstanden, der die Ziele, Grundsätze und sonstige Erfordernisse der Raumordnung und Landesplanung umfaßt.

In der Praxis gut funktioniert das Zusammenspiel von ROV und Linienbestimmungsverfahren (LBV). In den Fällen, in denen neben dem ROV das LBV erforderlich war, wurde das ROV durchgeführt und im LBV lediglich darauf Bezug genommen. Sowohl in diesen Fällen als auch dann, wenn kein LBV erfolgte, wird in den seltensten Fällen im Planfeststellungsverfahren wesentlich von den Ergebnissen des ROV abgewichen[2].

Da sich die fernstraßenrechtliche Raumordnungsklausel in der Vorschrift über das LBV befindet und nicht bei den Regelungen der Planfeststellung nach §§ 17 ff. FStrG, stellt sich die Frage, ob und ggf. wie landesplanerische Aussagen, insbesondere die landesplanerische Beurteilung, über die für die gemeinnützige straßenrechtliche Planfeststellung als raumbedeutsame Planung geltenden §§ 5 Abs. 4 und 3 Abs. 1 ROG hinausgehend, in der außenwirksamen Planfeststellungsentscheidung Berücksichtigung finden können. Zwei grundsätzliche Möglichkeiten bieten sich an: Entweder beeinflussen die Belange der Raumordnung mittelbar die straßenrechtliche Planfeststellung in demselben Umfang, wie das Linienbestimmungsverfahren nach § 16 Abs. 1 FStrG für die anschließende Planfeststellung verbindlich ist, oder die Raumordnungsklausel wird entsprechend im Planfeststellungsverfahren angewandt.

Zunächst ist die Entscheidung des BMV im Linienbestimmungsverfahren für das Planfeststellungsverfahren nicht in der Weise verbindlich, daß sie zwingende (Tatbestands-)Voraussetzung für die Planfeststel-

---

1) Forsthoff/Blümel, Fachplanungsrecht, S. 68 ff., 128 ff.; Blümel, Straßenplanung, S. 309 (333 ff.); Suderow, Fachplanungen, S. 70 f.; Hinweis des BMV zu § 16 FStrG v. 02.01.1974, VkBl. 1974, 76 ff.

2) Salzwedel, Umweltverträglichkeitsuntersuchungen, S. 93.

lung wäre[1]. Das heißt, eine über § 16 Abs. 1 FStrGV ermittelte Berücksichtigung der landesplanerischen Beurteilung als sonstiges Erfordernis der Raumordnung kommt u. U. nicht in Betracht. Eine behördeninterne Bindung kommt dem LBV und damit insoweit mittelbar auch dem ROV als sonstigem Erfordernis sowie wiederum mittelbar über die Prüfungsmaßstäbe Ziele und Grundsätze dagegen in der Weise zu, daß die Planfeststellungsbehörde diese ihrer Abwägungsentscheidung zugrunde zu legen hat[2].

Dennoch ist die Planfeststellungsbehörde nicht daran gehindert, von der Linienbestimmung durch den BMV zugunsten einer Alternativtrasse abzuweichen, wenn dies aufgrund überwiegender privater oder öffentlicher Interessen im Rahmen der Abwägung angezeigt erscheint[3].

Daneben besteht die Möglichkeit, aufgrund des Planfeststellungsauftrags, die Zulässigkeit des Vorhabens aufgrund aller öffentlichen und privaten Belange festzustellen, die landesplanerische Beurteilung direkt als sonstiges Erfordernis der Raumordnung zu berücksichtigen[4]. Soweit - wie hier - [5] darüber hinaus für die Steuerung der außengerichteten Bodennutzungsentscheidung durch ROV-Ergebnisse Raumordnungs- oder Allgemeinwohlklauseln gefordert werden[6], läßt sich § 16 Abs. 1 FStrG im Planfeststellungsverfahren entsprechend anwenden, so daß auch dort die sonstigen Erfordernisse der Raumordnung zu beachten sind[7].

---

1) Kügel, Planfeststellungsbeschluß, S. 133.
2) BVerwG, Urt. v. 26.06.1981 - 4 C 5.78 -, BVerwGE 62, 342 (345 f.) = NVwZ 1982, 502; Urt. v. 14.02.1975 - NJW 1975, 1373 (1374); Hoppe/Schlarmann, Rechtsschutz, Rn. 53 b; vgl. allgemein Suderow, Fachplanungen, S. 95.
3) Kügel, Planfeststellungsbeschluß, S. 134; Steinberg, Rechtsschutz, NVwZ 1983, 209 (210); Kodal/Krämer, Straßenrecht, S. 909.
4) Vgl. Bielenberg/Erbguth/Söfker, ROLaPlaR, M 312 Rn. 317; Suderow, Fachplanungen, S. 75.
5) Vgl. oben S. 169.
6) VG Regensburg, Urt. v. 02.02.1982 - Nr. RO 6 K 81 A.0335 -, S. 5 f.
7) Vgl. Fickert, Planfeststellung, Erl. Nr. 1 Rn. 7 (S. 71); Blümel, Straßenplanung, S. 309 (336); vgl. zur Anwendung von § 6 LuftVG als "Planungsleitsatz" im Rahmen von § 8 ff. LuftVG BVerwG, Urt. v. 07.07.1978 - 4 C 79.75 u. a. - BVerwGE 56, 110 (122); Geiger, Verkehrsflughäfen, NuR 1982, 127 (131).

2. Landesstraßenrechtliche Planfeststellungen

Die Verknüpfungsmöglichkeiten zwischen ROV-Ergebnissen und landesstraßenrechtlichen Fachplanungsentscheidungen sollen überblicksartig kurz dargestellt werden.

a) Raumordnungsklauseln in den Landesstraßengesetzen

Mit Ausnahme von Baden-Württemberg verfügen alle Landesstraßengesetze auf der Planungsebene über Raumordnungsklauseln. Soweit in ihnen auf die sonstigen Erfordernisse der Raumordnung und Landesplanung Bezug genommen wird[1], ist das ROV-Ergebnis als sonstiges Erfordernis der Raumordnung und Landesplanung bei analoger Anwendung der Klauseln im Planfeststellugnsverfahren direkt berücksichtigungsfähig. Daneben bleibt die Beachtlichkeit aufgrund der verwaltungsinternen Bindung an die vorbereitende Planung im Linienbestimmungsverfahren.

Zusätzlich ist die mittelbare Berücksichtigung als Mittel zur Zielkonkretisierung über die Ziel- und Grundsatzbindung nach §§ 3 Abs. 1 und 5 Abs. 4 ROG gegeben, die bei der gemeinnützigen straßenrechtlichen Planfeststellung direkt Platz greift, sowie die Einordnung als bei der Abwägung ohne besonderen Stellenwert zu berücksichtigender öffentlicher Belang.

b) Linienbestimmungsverfahren

Im folgenden soll auf das Verhältnis des ROV zum Linienbestimmungsverfahren in Nordrhein-Westfalen und Rheinland-Pfalz, dort auch zum Planfeststellungsverfahren, eingegangen werden[2].

Auffallend ist die große Ähnlichkeit des durch die Novellierung des nordrhein-westfälischen Straßen- und Wegegesetzes 1983 eingeführten LBV mit den ROV in den anderen Bundesländern[3]. Die zu leistende

---

1) Art. 35 Abs. 2 bayStrWG; §§ 32 hessStrG, 4 Abs. 1 rh-pf StrG, 38 saarlStrG.
2) Vorschriften über ein LBV enthält auch § 37 ndsStrG.
3) Straßen- und Wegegesetz des Landes NW i. d. F. der Bek. v. 01.08.1983, GV NW, S. 306.

Abstimmungsaufgabe und die Verfahrensschritte nach § 37 Abs. 2 bis 7 nwStrWG entsprechen bezüglich der Beteiligten, des Erörterungstermins, des Entscheidungsvorgangs einschließlich der ggf. notwendigen Kabinettsentscheidung und der Behandlung von Alternativtrassen dem in den Ländern überwiegend aufgrund von Verwaltungsvorschriften geregelten Ablauf des ROV sowie dessen landesplanungsrechtlich geregelten Auftrag.

Sollte in Nordrhein-Westfalen ein ROV eingeführt werden, so stünden - wie Zoubek bemerkt - zwei nahezu identische Abstimmungsverfahren nebeneinander zur Verfügung. Die beklagte Doppelprüfung würde - da sich auch das LBV im wesentlichen mit den überörtlichen Aspekten der zu projektierenden Trasse beschäftigt - perfektioniert. Außerdem träte eine weitere Schwächung der Landesplanung ein, da durch § 37 nwStrWG ein erheblicher Teil der abstimmungsbedürftigen Fälle von der Verfahrenszuständigkeit der Landesplanungsbehörden auf die Landesstraßenbehörden verlagert würde. Verstärkt würde die Tendenz zur Schwächung der Raumordnung noch dadurch, daß dem LBV ein eigenes, zusätzliches Sicherungsinstrument - eine Veränderungssperre bis zu vier Jahren - an die Hand gegeben wurde[1].

Vorbildlich im Sinne der Berücksichtigung des ROV geregelt ist die Verknüpfung der straßenrechtlichen Linienbestimmung und Planfeststellung mit dem ROV in Rheinland-Pfalz. Nach § 4 Abs. 1 S. 2 rh-pfStrG hat die Straßenbaubehörde frühzeitig die Landesplanungsbehörde zu beteiligen, die ihrerseits dann das raumplanerische Verfahren nach § 18 rh-pfLPlG durchführt (S. 3), dessen Ergebnis dann wiederum bei der Planfeststellung zu beachten ist (§ 4 Abs. 1 S. 3 a. E. rh-pfStrG). In dieser Vorschrift findet sich die einzige Raumordnungsklausel, die ganz gezielt auf das ROV-Ergebnis Bezug nimmt. Zusammen mit der der landesplanerischen Beurteilung nach § 18 rh-pfLPlG beigelegten Regelungswirkung ergibt sich somit für das ROV-Ergebnis im Rahmen der landesstraßenrechtlichen Planfeststellung aus raumordnerischer Sicht eine optimale Durchsetzungsmöglichkeit[2].

---

1) Zoubek, Sicherungsinstrumente, S. 154.
2) Vgl. zur Regelungswirkung oben S. 74 sowie insgesamt Schefer, Raumplanerisches Verfahren, IzR 1979, 157 (159) und Brenken/Schefer, Landesplanungsgesetz, § 18 Anm. 2; Wahl, Wirkungen, S. 58 f.

II. Wasserstraßenrechtliche Planfeststellungen

Der wasserstraßenrechtlichen Planfeststellung nach §§ 14 ff. WaStrG[1]) ist, wie bei der fernstraßenrechtlichen Planung, ein Linienbestimmungsverfahren nach § 13 WaStrG vorgelagert. Bezogen auf die Berücksichtigungsfähigkeit landesplanerischer Aussagen, insbesondere in der Form der landesplanerischen Beurteilung, ergeben sich daher zahlreiche Parallelen zwischen der wasserstraßenrechtlichen und der straßenrechtlichen Planfeststellung.

1. § 13 Abs. 2 WaStrG

Eine neue Raumordnungsklausel enthält § 13 Abs. 2 WaStrG. Danach sind bei der Planung und Linienführung von Wasserstraßen die Erfordernisse der Raumordnung und Landesplanung zu beachten, soweit keine rechtsverbindlichen Programme oder Pläne nach § 5 ROG vorhanden sind oder diese keine Bestimmungen über die Planung und Linienführung enthalten, wobei § 6 ROG entsprechend anzuwenden ist. Im Hinblick auf die Beachtlichkeit der ROV-Ergebnisse im Planfeststellungsverfahren interessiert bei dieser Raumordnungsklausel insbesondere, ob zu den Erfordernissen der Raumordnung auch die sonstigen Erfordernisse zählen, wie sich dies mit der ggf. gleichzeitig bestehenden Zielbindung verträgt und in welchem Verhältnis des LBV zum Planfeststellungsverfahren steht.

a) Berücksichtigung der landesplanerischen Beurteilung über die "Erfordernisse der Raumordnung" in § 13 Abs. 2 WaStrG

Teilweise wird die Auffassung vertreten, die Raumordnungsklausel des § 13 Abs. 2 WaStrG habe mit der Formulierung "Erfordernisse der Raumordnung" nur rechtsbestätigenden Charakter, da der BMV bereits an die Ziele und Grundsätze der Raumordnung und Landesplanung gebunden sei[2]). Überzeugender ist demgegenüber die umgekehrte Argumentation. Gerade weil für die gemeinnützige wasserstraßenrecht-

---

1) Bundeswasserstraßengesetz v. 02.04.1968 (BGBl. II, S. 173), zuletzt geändert durch Gesetz v. 01.06.1980 (BGBl. I, S. 649).
2) Friesecke, WaStrG, § 13 Rn. 6; Mintzel, WaStrG, § 13 Rn. 2 ff.

liche Planfeststellung bereits eine umfassende Raumordnungsbindung nach §§ 5 Abs. 4 und 3 Abs. 1 ROG, die mittelbar auch die landesplanerische Beurteilung mit entsprechenden Prüfungsmaßstäben als tatsächliche Gegebenheit zur Zielkonkretisierung erfaßt, besteht, ergibt die Klausel in § 13 Abs. 2 WaStrG nur einen Sinn, wenn sie auch die sonstigen Erfordernisse der Raumordnung und damit direkt die ROV-Ergebnisse erfaßt[1]. Für diese Auslegung spricht auch, daß § 13 Abs. 2 S. 1 a. E. WaStrG eine Subsidiaritätsregelung für den Fall fehlender einschlägiger Zielaussagen enthält.

b) <u>Zielbindung und Bindung an ROV-Ergebnisse</u>

Gleichzeitig ist § 13 Abs. 2 S. 1 WaStrG eine Kollisionsnorm für das Zusammentreffen von Verknüpfungsregelung zwischen der Raumordnung und der wasserstraßenrechtlichen Planfeststellung[2]. Während § 13 Abs. 2 S. 1 2. Halbs. a. E. WaStrG Raum läßt für die Berücksichtigung des ROV-Ergebnisses als Abschluß der Abstimmung mit anderen im selben Raum durchgeführten oder geplanten Projekten in Form des sonstigen Erfordernisses der Raumordnung, scheint § 13 Abs. 2 S. 1 1. Halbs. WaStrG dies für den Fall, daß in Plänen oder Programmen der Landesplanung Aussagen über den Verlauf der Wasserstraßen enthalten sind, auszuschließen. Dieser dem Wortlaut nach möglichen Auslegung ist jedoch nur bedingt zuzustimmen. Die in einem ROV im Rahmen des Feststellungs- und Abstimmungsverfahrens aufgrund von einschlägigen Zielen über diese hinausgehenden gewonnenen Erkenntnisse sind im LBV verwertbar[3]. Die "Sperre" des § 13 Abs. 2 S. 1 1. Halbs. WaStrG greift nur für die Zielaussagen als solche ein. Zusätzliche, hierauf aufbauende, die Ziele interpretierende, ausdeutende und ggf. modifizierende landesplanerische Aussagen als ROV-Ergebnis bleiben als Erfordernis der Raumordnung berücksichtigungs-

---

1) <u>Forsthoff/Blümel</u>, Fachplanungsrecht, S. 130 ff.; <u>Suderow</u>, Fachplanungen, S. 73 ff.
2) Vgl. dazu oben S. 165.
3) Vgl. zu den ROV für den Rhein-Main-Donau-Kanal BVerwG, Urt. v. 12.07.1985 - 4 C 40.83 -, UPR 1985, 373 ff. <u>und die</u> Raumordnungsberichte der Bayerischen Staatsregierung Nr. 1 - 7.

fähig. So gesehen bestätigt § 13 Abs. 2 S. 1 1. Halbs. WaStrG (nur) das oben gefundene Ergebnis, daß bei einem Zusammentreffen des Geltungsanspruchs der Ziele nach § 5 Abs. 4 ROG und der sonstigen Erfordernisse der Raumordnung aufgrund einer Raumordnungsklausel die Zielbindung Vorrang hat und nicht durch die Berücksichtigung des ROV-Ergebnisses als Abwägungsmaterial in Form des sonstigen Erfordernisses der Raumordnung in der fachbehördlcihen Abwägung unterlaufen werden darf[1].

c) ROV und Linienbestimmungsverfahren

An die verwaltungsinterne Vorabentscheidung im LBV ist die wasserstraßenrechtliche Planfeststellungsbehörde - entsprechend der fernstraßenrechtlichen Planfeststellung -[2] in der Weise gebunden, daß sie der Abwägung zugrunde zu legen ist, im Einzelfall aber von ihr abgewichen werden darf[3]. In demselben geringen Umfang tritt dann auch eine "Bindung" an die landesplanerische Beurteilung ein.

Daneben bleibt es auch hier bei der Möglichkeit, § 13 Abs. 2 WaStrG als Planungsleitsatz im Planfeststellungsverfahren nach §§ 14 ff. WaStrG entsprechend anzuwenden und so zu einer Beachtlichkeit des ROV-Abschlusses als sonstigem Erfordernis der Raumordnung und Landesplanung zu gelangen[4].

2. § 18 WaStrG

Eine weitere Möglichkeit zur Berücksichtigung des ROV-Abschlusses bietet ggf. das Tatbestandsmerkmal "Wohl der Allgemeinheit" in § 18 Nr. 1 und 2 WaStrG.

---

1) Vgl. dazu oben S. 165.
2) Vgl. dazu oben S. 217.
3) Zur Übertragung der fernstraßenrechtlichen Grundsätze auf das Wasserstraßenrecht vgl. Kügel, Planfeststellungsbeschluß, S. 133 und BVerwG, Urt. v. 12.07.1985 - 4 C 40.83 -, UPR 1985, 373 f.
4) Vgl. zu § 16 Abs. 1 FStrG Fickert, Planfeststellung, Erl. Nr. 1 Rn. 7 (S. 71); Blümel, Straßenplanung, S. 309 (336); vgl. zur Anwendung von § 6 LuftVG im Rahmen von §§ 8 ff. LuftVG BVerwG, Urt. v. 07.07.1978 - 4 C 79.76 u. a. -, BVerwGE 56, 110 (122).

Aufgrund der Raumordnungsbindung des Bundes nach §§ 3 Abs. 1 und 5 Abs. 4 ROG ist es möglich, bei gemeinnützigen wasserstraßenrechtlichen Planfeststellungen landesplanerische Beurteilungen als sonstiges Erfordernis der Raumordnung und Landesplanung über das Tatbestandsmerkmal "Wohl der Allgemeinheit" in § 18 Nr. 1 WaStrG, das entsprechend dem WHG auszulegen ist und als rechtliche Grenze der planerischen Gestaltungsfreiheit beim Ausbau und Neubau von Wasserstraßen ausgestaltet ist[1], in die Abwägungsentscheidung einfließen zu lassen.

Bei privatnützigen wasserstraßenrechtlichen Planfeststellungen nach §§ 12 Abs. 5 und 14 ff. WaStrG sind bei der Auslegung der Allgemeinwohlklausel aus § 18 Nr. 1 und Nr. 2 WaStrG im Hinblick auf die Fähigkeit, landesplanerische Aussagen zu verarbeiten, ihr Genehmigungscharakter sowie die strukturellen Besonderheiten im Verhältnis zur gemeinnützigen Planfeststellung zu beachten[2].

Während bei der gemeinnützigen Planfeststellung dem planerischen Abwägen vorgelagert ist die Bejahung der Frage, ob dem Erlaß des - Dritte potentiell belastenden - Planfeststellungsbeschlusses nach Maßgabe der gesetzlichen Planungsziele und -leitsätze im konkreten Fall gerechtfertigt ist, ist bei der privatnützigen Planfeststellung vor Eintritt in die planerische Abwägung umgekehrt zu prüfen, ob und unter welchen Voraussetzungen eine von dem wasser-(straßen)-rechtlichen Ausbauunternehmer im Sinne einer Genehmigung beantragte Planfeststellung aus Rechtsgründen unzulässig ist und deshalb versagt werden muß[3].

---

1) Friesecke, WaStrG, § 18 Rn. 4; vgl. oben S. 92; BVerwG, Urt. v. 12.07.1985 - 4 C 40.83 -, UPR 1985, 373 (374 f.).
2) Vgl. allgemein zur privatnützigen wasserstraßenrechtlichen Planfeststellung Friesecke, WaStrG, §§ 12 Rn. 16 f., 14 Rn. 1 a. E.
3) BVerwG, Urt. v. 10.02.1978 - 4 C 25.75 -, BVerwGE 55, 220 (227) = NJW 1978, 2310; Friesecke, WaStrG, § 14, Rn. 1.

Damit stellt sich auch hier die bereits oben aufgeworfene Frage, ob und ggf. in welchem Umfang landesplanerische Aussagen - insbesondere die landesplanerischen Beurteilungen - in Gestalt des Wohls der Allgemeinheit zu einem zwingenden Versagungsgrund werden können[1].

Zu ihrer Beantwortung ist auf die oben getroffene Unterscheidung zwischen den Zielen, Grundsätzen und sonstigen Erfordernissen als Prüfungsmaßstab im ROV sowie der landesplanerischen Beurteilung als eigener Erkenntnisquelle zurückzugrefen. Damit gilt auch hier, daß sich aus den durch das ROV konkretisierten Zielen der Raumordnung und Landesplanung wesentliche Anhaltspunkte für ein Verstoß des privatnützigen wasserstraßenrechtlichen Vorhabens gegen das Wohl der Allgemeinheit i. S. d. § 18 Nr. 1 und Nr. 2 WaStrG und in Verbindung mit wasserstraßenrechtlichen Belangen für einen zwingenden Versagungsgrund gewinnen lassen, während Grundsätze und sonstige Erfordernisse der Raumordnung und Landesplanung als Prüfungsmaßstab sowie das ROV-Ergebnis als selbständige raumordnerische Erkenntnisquelle lediglich zu einer Beachtung der landesplanerischen Beurteilung als Abwägungsgesichtspunkt im Rahmen der Planfeststellung nach §§ 14 ff. WaStrG berechtigen[2].

III. Wasserhaushaltsrechtliche Planfeststellungen

Insbesondere im Wasserhaushaltsrecht wird zwischen privatnützigen und gemeinnützigen Planfeststellungen unterschieden[3]. Auf die sich hieraus ergebenden Unterschiede für die Berücksichtigung landesplanerischer Aussagen wurde bereits mehrfach hingewiesen[4].

---

1) Vgl. dazu oben S. 209.
2) Vgl. dazu oben S. 210.
3) BVerwG, Urt. v. 10.02.1978 - 4 C 25.75 -, BVerwGE 55, 220 (226) = NJW 1978, 2310.
4) Vgl. dazu oben S. 86.

1. Gemeinnützige wasserhaushaltsrechtliche Planfeststellung

Aufgrund der Raumordnungsbindung dieser Planfeststellungen als raumbedeutsame Maßnahmen i. S. d. ROG - seien sie von juristischen Personen des öffentlichen Rechts oder solchen des Privatrechts, die öffentliche Aufgaben wahrnehmen beantragt -[1], bilden landesplanerische Aussagen einerseits eine Grenze der planerischen Gestaltungsfreiheit, andererseits sind die Ergebnisse des ROV als sonstiges Erfordernis der Raumordnung im Rahmen der planerischen Abwägung zu berücksichtigen.

2. Privatnützige wasserhaushaltsrechtliche Planfeststellung

Den Ausgangspunkt für die Berücksichtigungsfähigkeit landesplanerischer Erkenntnisse im privatnützigen wasserhaushaltsrechtlichen Planfeststellungsverfahren mit Genehmigungscharakter bilden die Planfeststellungsvorschriften der Landeswassergesetze i. V. m. §§ 31 und 6 WHG[2]. Dabei muß zwischen zwingenden Versagungsgründen i. S. d. Wohls der Allgemeinheit - aus wasserwirtschaftlichen und sonstigen Gründen - und der Abwägungsentscheidung im Planfestellungsverfahren differenziert werden, die von der planerischen Gestaltungsfreiheit und dem Bewirtschaftungsermessen geprägt wird[3].

a) Landesplanerische Beurteilung als zwingender Versagungsgrund
i. S. d. §§ 6 und 31 WHG

Die oben im Zusammenhang mit den wasserhaushaltsrechtlichen Zulassungstatbeständen vorgenommene Auslegung des Begriffs "Wohl der Allgemeinheit" in § 6 WHG hatte ergeben, daß sich zwingende Versagungsgründe nur aus auf Zielen beruhenden landesplanerischen Beurteilungen in Ergänzung zu wasserwirtschaftlichen Belangen herleiten

---

1) BayVGH, Urt. v. 23.04.1985 - Nr. 8 B 83 A. 3018 -, BayVBl. 1985, 626 (627);vgl. zur Raumordnungsbindung Privater, die öffentliche Aufgaben wahrnehmen auch oben S. 63.
2) Uechtritz, Naßauskiesung, VBlBW 1984, 5 (9 f.).
3) BVerwG, Urt. v. 10.02.1978 - 4 C 25.75 -, BVerwGE 55, 220 (226 f.); Brohm, Verfassungsrechtliche Probleme, S. 79.

lassen[1].

Grundsätze und sonstige Erfordernisse als Prüfungsmaßstab sowie die landesplanerische Beurteilung als solche ermöglichen demgegenüber eine Berücksichtigung nur in der Abwägungsentscheidung[2].

Da § 6 WHG als Planungsleitsatz auch im Rahmen von § 31 WHG Anwendung findet[3], was sich mittelbar auch aus § 31 Abs. 2 WHG ergibt, der anordnet, daß der Gewässerausbau nicht dem öffentlichen Interesse widersprechen darf, wobei das öffentliche Interesse mit dem Begriff "Wohl der Allgemeinheit" gleichgesetzt werden kann[4], gilt diese Auslegung bei notwendig gleichem Bedeutungsgehalt im gesamten Wasserhaushaltsrecht auch für die privatnützige Planfeststellung. Eine stärkere Durchschlagskraft einer auf Zielen beruhenden negativen landesplanerischen Beurteilung eines wasserrechtlichen privaten planfeststellungsbedürftigen Vorhabens ließe sich erreichen, wenn die Ziele der Raumordnung und Landesplanung sowie das dies konkretisierende ROV-Ergebnis nicht nur innerhalb des "Wohls der Allgemeinheit" mit den zu machenden Einschränkungen beachtlich wären, sondern als entgegenstehende öffentliche Belange i. S. d. § 35 Abs. 1 und Abs. 3 BBauG zu einer Versagung der Planfeststellung führen müßten[5].

Der VGH Baden-Württemberg bejaht die Anwendung des § 35 Abs. 1 BBauG im Rahmen einer privatnützigen Planfeststellung nach § 31 WHG[6]. Er

---

1) Zu weitgehend daher Dyong, Verwirklichung, S. 228, der generell den Zielen Beachtlichkeit über das "Wohl der Allgemeinheit" einräumen will.
2) Vgl. dazu oben S. 35 und S. 106.
3) Vgl. zu §§ 6 und 8 ff. LuftVG BVerwG, Urt. v. 07.07.1978 - 4 C 79.76 -, BVerwGE 56, 127 (131) und Geiger, Verkehrsflughäfen, NuR 1982, 127 (131) und oben S. 212 f. sowie Giesecke/Wiedemann/Czychowski, WHG, § 31 Rn. 32.
4) Henseler, Buchbspr., NuR 1982, 66 f.; a. A. Giesecke/Wiedemann/Czychowski, WHG, § 6 Rn. 20.
5) Vgl. dazu die raumordnungsrechtliche Relevanz der §§ 34 f. BBauG für die immissionsschutzrechtliche Genehmigung oben S. 177 ff. zur Bedeutung des "Entgegenstehen" in § 35 Abs. 1 BBauG als RO-Klausel vgl. Schmidt-Aßmann, Raumordnungsklauseln, S. 30, 39; ders., Entwicklungstendenzen, VBlBW 1986, 2 (9).
6) Urt. v. 09.08.1984 - 5 S 1251/83 -, S. 11 ff.

argumentiert wie folgt: Eine Beeinträchtigung des Wohls der Allgemeinheit aus nicht wasserwirtschaftlichen Gründen mit der Folge der zwingenden Versagung der Planfeststellung aus Rechtsgründen könne sich aus den Vorschriften des Bauplanungsrechts ergeben, die auch aufgrund der formellen Konzentrationswirkung im Planfestetellungsverfahren zu beachten seien. Einem nach § 35 Abs. 1 BBauG privilegiertem Außenbereichsvorhaben (Naßauskiesung, Fischteich) könnten daher entsprechend der neuen Rechtsprechung des BVerwG (Urt. v. 12.01.1984) zur Ziegeltung im Rahmen von § 35 Abs. 1 BBauG genügend konkrete Ziele der Raumordnung und Landesplanung als öffentliche Belange i. S. d. § 35 Abs. 3 1. Spiegelstrich BBauG entgegengehalten werden[1].

Da sich das ROV als zulässiges Hilfsmittel zur Erreichung des von § 35 Abs. 1 und 3 BBauG geforderten Konkretheitsgrades der Ziele Raumordnung und Landesplanung erwiesen hat[2], könnte die landesplanerische Beurteilung zur Ausfüllung des Tatbestandsmerkmals "Wohl der Allgemeinheit" als zwingender Versagungsgrund herangezogen werden.

Demgegenüber lehnt teilweise das Bundesverwaltungsgericht und die neuere Rechtsprechung des Bayerischen Verwaltungsgerichtshofs bei wasserrechtlichen Planfeststellungen den bauplanungsrechtlichen Ansatz mit seiner Konsequenz der Einbeziehung der öffentlichen Belange aus § 35 Abs. 1 und 3 BBauG und damit auch der landesplanerischen Beurteilung ab[3].

---

1) So zur Anwendbarkeit der §§ 29 ff. BBauG - allerdings ohne Raumordnungsbezug - auch die frühere Rechtsprechung des BayVGH, vgl. Urt. v. 27.10.1978 - Nr. 79 VIII 78 -, BayVBl. 1979, 22.
2) Vgl. oben S. 177 ff.
3) BVerwG, Urt. v. 03.04.1981 - 4 C 11.79 -, BayVBl. 1981, 436 f.; Urt. v. 09.11.1984 - 7 C 15.83 -, DÖV 1985, 150 f. zu §§ 7 f. AbfG; a. A. Urt. v. 13.04.1984 - 4 C 69.80 -, NuR 1984, 242 (243), ohne sich mit der früheren Rechtsprechung auseinanderzusetzen; BayVGH, Urt. v. 23.04.1985 - Nr. 8 B 83 A. 3018 -, BayVBl. 1985, 626 (627 f.); vgl. allgemein zum Verhältnis Bauleitplanung - privilegierte Fachplanung, Schlarmann, Fachplanung, S. 38 ff.

Begründet wird diese Auffassung mit dem Hinweis auf § 38 BBauG. Die Bedeutung dieser Vorschrift liege darin, für die aufgezählten Fälle eine Ausnahme von dem bebauungsrechtlichen Grundsatz zu machen, alle von § 29 BBauG erfaßten Vorhaben nur nach §§ 30 bis 37 BBauG zu beurteilen. Im Rahmen der insoweit durchzuführenden Fachplanung überlasse das BBauG die Entscheidung über die bebauungsrechtliche Zulässigkeit des Planvorhabens vielmehr der durch die Planfeststellungsbehörde zu treffenden Planungsentscheidung, wodurch deren Konzentrationswirkung zum Ausdruck komme[1].

Diese Auslegung des § 38 BBauG habe trotz der mißverständlichen Formulierung des "unberührt bleiben" in Satz 1, die darauf hinzudeuten scheine, daß §§ 29 ff. BBauG neben den Fachplanungsgesetzen anzuwenden seien, zu gelten, da der Gesetzgeber gerade die Freistellung von den bauplanungsrechtlichen Vorschriften beabsichtigt habe[2].

Dieser Rechtsprechung ist zuzustimmen. Aus der Nichtanwendbarkeit der §§ 29 ff. BBauG folgt, daß sich aus bauplanungsrechtlichen Gesichtspunkten kein zwingender Versagungsgrund i. S. d. Wohls der Allgemeinheit aus nichtwasserwirtschaftlichen Gründen ergehen kann[3].

Die bauplanungsrechtlichen Belange finden (erst) auf der Stufe der Abwägung Berücksichtigung, die allerdings nicht den Regeln des Bauplanungsrechts folgt, sondern den Grundsätzen des Fachplanungsrechts, die eine eigenständige planerische Abwägung, die sich am Gesetzeszweck sowie den gesetzlichen Planungsleitsätzen und Planungsleitzielen zu orientieren hat, voraussetzt.

Als Ergebnis bleibt folglich festzuhalten, daß negative landesplanerische Beurteilungen als Mittel zur Zielkonkretisierung nicht über die bauplanungsrechtlichen Vorschriften der §§ 29 ff. BBauG zu einem zwingenden Versagungsgrund i. S. d. Wohls der Allgemeinheit in seiner nicht wasserwirtschaftlichen Ausprägung aufgewertet werden können.

---

1) <u>BVerwG</u>, Urt. v. 03.04.1981 - 4 C 11.79 -, BayVBl. 1981, 436 f.
2) <u>BVerwG</u>, Urt. v. 09.11.1984 - 7 C 15.83 -, DÖV 1985, 150 f.
3) <u>BayVGH</u>, Urt. v. 23.04.1985 - Nr. 8 B 83 A. 3018 -, BayVBl. <u>626</u> (627 f.).

b) Landesplanerische Beurteilungen in der fachplanerischen Abwägung

Soweit nicht in Ergänzung oder planerischer Festschreibung wasserwirtschaftliche Gründe durch Ziele der Raumordnung und Landesplanung sowie die diese ausfüllenden landesplanerischen Beurteilungen zwingende Versagungsgründe im Sinne des Wohls der Allgemeinheit begründet werden, bilden die Ziele der Raumordnung eine Grenze der der wasserhaushaltsrechtlichen privatnützigen Planfeststellung innewohnenden planerischen Gestaltungsfreiheit und ist die landesplanerische Beurteilung, basierend auf Zielen, Grundsätzen und sonstigen Erfordernissen als sonstiges Erfordernis der Raumordnung auf der Schwelle unterhalb des Wohls der Allgemeinheit als Versagungsgrund aus Rechtsgründen im Rahmen des Wohls der Allgemeinheit in der vom Bewirtschaftungsermessen überlagerten fachbehördlichen Abwägungsentscheidung zu beachten[1].

IV. Luftverkehrsrechtliche Planfeststellungen

Unproblematisch ist die Integration landesplanerischer Aussagen, insbesondere auch der landesplanerischen Beurteilung als sonstiges Erfordernis der Raumordnung, in das luftverkehrsrechtliche Planfeststellungsverfahren nach §§ 8 ff. LuftVG. Aufgrund von § 6 Abs. 2 S. 1 LuftVG, der die Prüfung verlangt, ob der geplante Flughafen den Erfordernissen der Raumordnung - als Oberbegriff auch die sonstigen Erfordernisse umfassend und als Planungsleitsatz in §§ 8 ff. LuftVG entsprechend anzuwenden -[2] entspricht, ist die Einbeziehung der raumplanerischen Gesichtspunkte in das Planfeststellungsverfahren gewährleistet. Einer Differenzierung zwischen privatnützigen und gemeinnützigen Planfeststellungen bedarf es diesbezüglich nicht, da §§ 6 und 8 ff. LuftVG selbst hinreichend deutlich den Umfang der Berücksichtigungsfähigkeit der landesplanerischen Beurteilung für die Bodennutzungsebenen angeben.

Auch die regelmäßig vorab zu erteilende luftverkehrsrechtliche Genehmigung nach § 6 LuftVG mit ihrem umstrittenen Regelungsgehalt

---
1) Vgl. dazu oben S. 210.
2) BVerwG, Urt. v. 07.07.1978 - 4 C 79.76 u. a. -, BVerwGE 56, 110 (122); Geiger, Verkehrsflughäfen, NuR 1982, 127 (131); vgl. auch oben S. 211.

berührt wegen der Gleichartigkeit der zu treffenden Abwägungsentscheidung im Genehmigungs- und Planfeststellungsverfahren die Berücksichtigungsfähigkeit der raumordnerischen Aussagen nicht[1].

V. Atomrechtliche Planfeststellungsverfahren

Ausgehend von der umfassenden Raumordnungsbindung des Bundes bietet § 9 b AtG für Anlagen der Endlagerung des Bundes genügend Raum zur Berücksichtigung der sonstigen Erfordernisse der Raumordnung und somit auch der Ergebnisse von Raumordnungsverfahren. Indem § 9 b Abs. 3 S. 1 AtG als materielle Voraussetzung für die Planfeststellung u. a. auf § 7 Abs. 2 Nr. 6 AtG verweist, findet dessen oben begründete Auslegung, die sonstigen Erfordernisse der Raumordnung mitzuumfassen, auch im Rahmen der Planfeststellung Anwendung. Darüber hinaus besteht die Möglichkeit, durch landesplanerische Beurteilungen konkretisierte Ziele heranzuziehen, um eine Beeinträchtigung des Wohls der Allgemeinheit in Form eines zwingenden Versagungsgrundes nach § 9 b Abs. 3 S. 2 Nr. 1 AtG festzustellen.

VI. Abfallrechtliche Planfeststellungen

Das Abfallgesetz enthält in § 2 Abs. 2 S. 2 AbfG eine "echte" Raumordnungsklausel, nach der die Ziele und Erfordernisse der Raumordnung zu berücksichtigen sind. § 2 AbfG gilt als Grundsatznorm des Abfallrechts für alle abfallrechtlichen Maßnahmen, d. h. insbesondere auch für die Aufstellung der Abfallbeseitigungspläne nach § 6 AbfG und die abfallrechtliche Planfeststellung bzw. Plangenehmigung nach § 7 AbfG.

Da § 2 Abs. 2 S. 2 AbfG bezüglich der Erfordernisse der Raumordnung, zu denen auch die Grundsätze zählen, über §§ 5 Abs. 4 und 3 Abs. 1 ROG hinausgeht, wird insoweit konstitutiv eine Beachtenspflicht begründet. Sie gilt sowohl für die Grundsätze der Raumordnung als auch für auf diesen und den Zielen sowie sonstigen Erfordernissen beruhende landesplanerische Beurteilungen einschließlich der ROV-Ergebnisse als eigenständige abwägungserhebliche RO-Belange.

---

1) Vgl. dazu oben S. 213.

VII. Planfeststellungen nach § 36 BBahnG

Das Bundesbahngesetz enthält keine Raumordnungsklausel. Die Planfeststellung für Neubaustrecken oder wesentliche Änderungsvorhaben der Deutschen Bundesbahn nach § 36 BBahnG[1] unterliegt als raumbedeutsame Maßnahme der Raumordnungsbindung nach §§ 5 Abs. 4 und 3 Abs. 1 ROG. Landesplanerische Beurteilungen können die für das Bundesbahnvorhaben einschlägigen Ziele und Grundsätze der Raumordnung konkretisieren und interpretieren[2], eine Abstimmung mit anderen raumbedeutsamen Planungen und Maßnahmen herbeiführen und auf diese Weise eine mittelbare Berücksichtigung erlangen. Ein eigenständiges Gewicht im Sinne einer durch eine Raumordnungs- oder Allgemeinwohlklausel zum Ausdruck gebrachten besonderen Bedeutung kann ihnen indes nicht zukommen. Aus diesem Grund wurde bereits mehrfach die Einführung einer Raumordnungsklausel in das BBahnG gefordert[3].

Die Einzelanalyse ausgewählter Planfeststellungs- und Genehmigungstatbestände hat ergeben, daß die Wirkungsweise der landesplanerischen Beurteilung als uneinheitlich zu bezeichnen ist.

Sind die RO-Ziele zu beachten, so ist - bei bestehender Verbindlichkeit der ROV-Ergebnisse - die Zielinterpretation durch die RO-Behörde maßgeblich. Gleichzeitig kann die landesplanerische Beurteilung immer als tatsächliche Gegebenheit zur Erreichung des jeweils erforderlichen Konkretheitsgrades der RO-Ziele herangezogen werden. Regelmäßig richtet sich ihre Wirkung zudem nach der der Ziele: können diese als "entgegenstehende öffentliche Belange" (vgl. § 35 Abs. 1 BBauG) ein Vorhaben verhindern, so teilt die landesplanerische Beurteilung diese Wirkungsweise; können die Ziele nur zur Verstärkung einer vorhandenen Gegebenheit oder fachspezifischer Belange herangezogen werden, so unterliegt auch die zielbezogene landesplanerische Feststellung dieser Einschränkung.

---

1) BBahnG v. 13.12.1971 (BGBl. I, S. 955), zuletzt geändert durch Gesetz v. 22.12.1981 (BGBl. I, S. 1689).
2) Vgl. zu den Raumordnungsverfahren für die Neubaustrecke Hannover - Würzburg Exposé der Regierung von Unterfranken, Arbeitsmaterial der ARL Nr. 66, S. 215 ff.
3) Vgl. auch Finger, BBahnG, § 36 Anm. 3.

Erlauben die RO- oder Allgemeinwohlklauseln eine Berücksichtigung der sonstigen RO-Erfordernisse oder sind diese aufgrund des umfassenden Abäwgungsauftrags an die Planfeststellungsbehörden ohnehin zu beachten, dann ist das ROV-Ergebnis als eigenständiger RO-Belang ebenso zu berücksichtigen, wie die in ihm aus den RO-Grundsätzen entwickelten sonstigen RO-Erfordernisse. Diese Beachtung hat in der Form zu geschehen, daß die landesplanerische Beurteilung in die Abwägung als abwägungserheblicher Belang einzustellen ist. In der Abwägung selbst darf die Zielbindung durch Abweichen von den zielbezogenen ROV-Aussagen nicht relativiert werden. Sofern auch eine Bindung an im ROV vorgenommene Bewertungen der RO-Grundsätze und sonstigen RO-Erfordernisse besteht, sind diese ebenfalls mit dem durch die Landesplanungsbehörde vorgegebenen Gewicht in die Abwägung einzustellen.

Ob die ROV-Entscheidung jedoch überhaupt, und wenn ja, mit welchem Gewicht in die außengerichtete Entscheidung der Fachbehörde eingeht, richtet sich - wie bereits mehrfach betont - nach der am Gesetzeszweck orientierten Auslegung der einzelnen RO- oder Allgemeinwohlklauseln.

§ 8 Fortentwicklung der Verknüpfungsregelungen

Die Steuerungsfähigkeit der landesplanerischen Beurteilung ließ sich im Ergebnis nur durch eine Gesamtbetrachtung ihrer raumordnungsrechtlichen Verbindlichkeit und der Offenheit der fachgesetzlichen Tatbestände für RO-Belange bestimmen. Dieser Zweigleisigkeit entsprechend konzentrieren sich auch die Fortentwicklungsmöglichkeiten einerseits auf die raumordnungsrechtliche Wirkung des ROV und andererseits auf die fachgesetzlichen Verknüpfungsregelungen.

A. Bindungswirkung der landesplanerischen Beurteilung de lege ferenda

Die insgesamt schwach und uneinheitlich ausgeprägte Verbindlichkeit der landesplanerischen Beurteilung wird zum Anlaß genommen, im Zusammenhang mit der beabsichtigten rahmenrechtlichen Verankerung des ROV im ROG auch über eine bundesrechtliche Regelung der Wirkungen des ROV-Ergebnisses nachzudenken[1].

I. Anwendung von §§ 5, 6 ROG auf das ROV-Ergebnis

Die ARL schlägt bei Anerkennung der sonstigen Erfordernisse der Raumordnung als Prüfungsmaßstab in einem § 6 a ROG vor:
"(3) Auf das Raumordnungsverfahren finden § 5 Abs. 4 und § 6 (ROG) entsprechende Anwendung."[2] Vorteil einer solchen Vorschrift wäre, daß die Notwendigkeit entfiele, in jedem Flächenstaat gesondert die Verbindlichkeit der landesplanerischen Beurteilung über anzuordnende Regelungswirkung oder Verwaltungsvorschriften erst zu begründen. Je nach Auslegung dieser Bestimmung können sich die bereits angesprochenen Probleme im Hinblick auf eine ggf. verfassungsrechtlich unzulässige Selbstbindung des Bundes an Landesrecht wiederholen und verstärken. Die entsprechende Anwendung von § 6 und § 5 Abs. 4 ROG

---

1) ARL, Stellungnahme, DVBl. 1985, 433 (436); Hoppe, RuL, Rn. 855 ff.; Cupei, Umweltverträglichkeitsprüfung, DVBl. 1985, 813 (830); vgl. ausführlich unten S. 266 ff., 295, dort auch allgemein zur Rahmenkompetenz des Bundes.

2) ARL, Stellungnahme, DVBl. 1985, 433 (436) - Klammerzusatz v. Verfasser; alternativ sollen die Länder vorschreiben können, daß §§ 5 Abs. 4, 6 ROG entsprechend anzuwenden sind.

kann bedeuten, daß eine Bindung der Bundesfachplanung nur eintritt, wenn die Voraussetzungen dieser Vorschriften erfüllt sind. Das hieße, da § 5 Abs. 4 ROG nur die Zielbindung anordnet, daß auch nur bei Zielen als Prüfungsmaßstab im ROV eine Bindung des Bundes an die landesplanerische Beurteilung einträte. Diese Auslegung brächte Klarheit hinsichtlich der zielbezogenen ROV-Abschlüsse, nicht jedoch bezüglich der u. U. ebenfalls geprüften und abgewogenen RO-Grundsätze und sonstigen RO-Erfordernisse.

Hier wird indes eine Erweiterung der Prüfungsmaßstäbe einheitlich auf alle RO-Erfordernisse befürwortet[1]. Gleichzeitig geht der Gesetzgebungsvorschlag selbst von einer Überprüfung des Vorhabens anhand aller RO-Erfordernisse aus. Außerdem verlangen die EG-rechtlichen Anforderungen an ein ROV mit integrierter UVP nach diesem umfassenden Beurteilungsmaßstab, um so alle raumrelevanten Umweltbelange im ROV erfassen zu können[2].

Daher soll der vorgeschlagene § 6 a Abs. 3 ROG so verstanden werden, daß die entsprechende Anwendung von § 5 Abs. 4 ROG und § 6 ROG bedeutet, auf alle Ergebnisse der landesplanerischen Beurteilung, d. h. auf die Prüfungsmaßstäbe Ziele, Grundsätze und sonstige Erfordernisse, bezogen zu sein, und darüber hinaus sogar auf die Ergebnisse der UVP (§ 6 a Abs. 2 ROG). Das Ergebnis wäre eine weitgehende (Raumordnungs)Bindung des Bundes über die Ziele und Ländergrundsätze hinaus an die Stellungnahmen der Landesplanungsbehörden zu den RO-Grundsätzen, an die hieraus entwickelten sonstigen Erfordernisse der Raumordnung, an die Stellungnahmen hierzu sowie zu den sonstigen Erfordernissen der Raumordnung und Landesplanung (Vorstellungen, Schubladenpläne, nicht förmlich aufgestellte Ziele) und damit mittelbar an die letztgenannten sonstigen Erfordernisse der Raumordnung selbst, schließlich auch - bei allerdings geringem materiellen Gehalt[3] -

---

1) Vgl. oben S. 36.
2) Vgl. unten S. 290.
3) Vgl. dazu Cupei, Umweltverträglichkeitsprüfung, DVBl. 1985, 813 (819); Bunge, Umweltverträglichkeitsprüfung, ZfU 1984, 405 (411 ff.) und insgesamt zur Umweltverträglichkeitsprüfung unten S. 252 ff.

an die von Landesbehörden getroffene UVP-Entscheidung.

Eine solche ROG-Änderung hätte weitreichende Konsequenzen für die RO-Systematik[1]. Durch eine über § 5 Abs. 4 ROG begründete "Einheitsbindung" des ROV-Abschlusses würde die grundsätzliche Trennung von RO-Zielen und RO-Grundsätzen partiell aufgehoben und gleichzeitig die sonstigen RO-Erfordernisse auch rahmenrechtlich als eigenständige RO-Belangkategorie anerkannt. Die hier vertretene weite Auslegung des Novellierungsvorschlags begegnet keinen durchgreifenden verfassungsrechtlichen Bedenken.

Die Raumordnung i. S. d. Art. 75 Nr. 4 GG als überörtliche, übergeordnete und zusammenfassende Planung nach der Definition des Bundesverfassungsgerichts[2] erfordert weder die Existenz von Zielen und Grundsätzen noch gebietet sie zwingend, daß die z. Z. bestehende bundesgesetzliche Zäsur zwischen verbindlichen Zielen und allein den jeweiligen Adressaten zur (ausschließlichen) Eigenabwägung überantworteten Grundsätzen unverrückbar erhalten bleibt[3]. Vielmehr ist es dem ROG-Gesetzgeber überlassen, zu bestimmen, mit welchen Mitteln Raumordnung betrieben wird, so daß er auch festlegen kann, daß die materiellen Vorgaben in Form der Grundsätze nicht nur im Zielaufstellungsverfahren, sondern auch im ROV verbindlich abgewogen werden.

Dem steht auch nicht das Ressortprinzip entgegen[4]. Zum "Kernbereich" der den jeweiligen Fachbehörden übertragenen Aufgaben gehört nicht das Abwägen der RO-Grundsätze. Denn diese sind infolge ihrer Weite ohnehin nicht geeignet, eine exakte Steuerung der fachplanerischen Bodennutzungstätigkeit zu leisten[5]. Werden sie im ROV zu sonstigen RO-Erfordernissen verdichtet, so bilden diese RO-Belange per se nur einen Abwägungsbelang bei der der Fachbehörde verbleibenden Letzt-

---

1) Die möglichen Auswirkungen auf § 1 Abs. 4 BBauG sollen hier nicht erörtert werden.
2) Rechtsgutachten v. 16.06.1954 - 1 PBv 2/52 -, BVerfGE 3, 407 (425).
3) Vgl. dazu Schmidt-Aßmann, Entwicklungstendenzen, VBlBW 1986, 2 (9).
4) Vgl. oben S. 46.
5) BVerwG, Urt. v. 12.07.1985 - 4 C 40.83 -, UPR 1985, 373.

entscheidung[1]. Deshalb bildet entgegen der Auffassung Schmidt-Aßmanns eine im ROV de lege ferenda bindend vorgenommene Vorwegabwägung der RO-Grundsätze keinen schweren und planungssystematisch nicht vertretbaren Eingriff in die Planungskompetenz der jeweiligen Verwaltungsträger[2].

Ebenfalls können aus dem Bund-Länder-Verhältnis herrührende Bedenken einer unzulässigen Selbstbindung des Bundes nicht erfolgreich geltend gemacht werden[3]. Denn durch die vorgeschlagene Inbezugnahme von § 6 ROG ist gewährleistet, daß sich der Bund von den im ROV hinsichtlich der RO-Grundsätze getroffenen Entscheidungen der Landesplanungsbehörden freizeichnen kann. Notfalls ist eine extensive Auslegung dieser Bestimmung vorzunehmen, um jede potentiell unzulässige Bindung zu vermeiden.

II. Allgemeine rahmenrechtliche Ermächtigung für den Landesgesetzgeber

Der Ausschuß "Recht und Verfahren" der MKRO schlägt innerhalb eines § 6 a ROG vor:
"(2) Die Länder regeln insbesondere, ...
2. wie das Ergebnis des Raumordnungsverfahrens in nachfolgende Verfahren eingebracht wird."[4] Nach Auffassung der MKRO kommen vor allem Regelungen in Betracht, nach denen die Verfahrensergebnisse in die Abwägung einzustellen oder sonst zu verwerten sind.

Dieser Änderungsvorschlag ließe den Ländern einen weiten Spielraum für die Ausgestaltung der Verbindlichkeit der landesplanerischen Beurteilung. Sowohl die Einordnung als Abwägungsbelang oder als Leitlinie für die fachbehördliche Abwägung als auch als unverbind-

---

1) Vgl. oben S. 153 ff.
2) Schmidt-Aßmann, Entwicklungstendenzen, VBlBW 1986, 2 (9).
3) Vgl. dazu S. 150.
4) Vgl. unten S. 292.

lich empfehlendes Gutachten oder als verbindlich regelnde Feststellung der Bewertung der RO-Belange für die Abwägungsentscheidung erscheinen möglich.

Bei der Qualifizierung als Abwägungsbelang sind die Zielbindung nach § 5 Abs. 4 ROG und die Natur der RO-Ziele als Produkt einer letztverbindlichen landesplanerischen Abwägungsentscheidung zu berücksichtigen[1].

Weder darf die strikte Zielbeachtenspflicht dadurch relativiert werden, daß auf Zielen beruhende Verfahrensergebnisse - soweit sie nicht über die Ziele hinausgehende Erkenntnisse als sonstige Erfordernisse der Raumordnung beinhalten - zur Disposition der nach außen verbindlich entscheidenden Fachbehörde gestellt werden, noch darf die Zielqualität dadurch beeinträchtigt werden, daß sie unter einen erneuten Abwägungsvorbehalt gestellt wird[2].

III. ROV mit Außenwirkung gegenüber Privaten

Die Schwierigkeiten mit der Bestimmung der auch aus den unterschiedlichen Prüfungsmaßstäben resultierenden Verbindlichkeit der ROV-Ergebnisse entfielen, würde die landesplanerische Beurteilung nicht nur gegenüber selbständigen öffentlichen Planungsträgern, sondern auch gegenüber Privatpersonen mit Außenwirkung versehen[3]. Als Verwaltungsakt erhielte das Verfahrensergebnis Stabilität über eine normierte Bindungswirkung durch die in §§ 42 ff. VwVfG verankerte beschränkte Aufhebbarkeit für die Behörde und die verwaltungsprozeßrechtlich abgestützte Bestandskraft infolge der den Adressaten und Drittbetroffenen auferlegten Anfechtungslast innerhalb von Rechtsmittelfristen[4].

---

1) Vgl. oben S. 26.
2) Vgl. dazu oben S. 104.
3) Brenken, Weiterentwicklung, S. 56 f.; gegen die Annahme eines Doppelcharakters gegenüber Planungsträgern und Privaten Schmidt-Aßmann, Entwicklungstendenzen, VBlBW 1986, 2 (10).
4) Schmidt-Aßmann, Entwicklungstendenzen, VBlBW 1986, 2 (9); ders., Ordnungsidee, S. 27 ff.

Die Ausgestaltung des ROV als bürgergerichteter Verwaltungsakt müßte nicht nur verfassungsrechtlich zulässig sein, sondern darüber hinaus auch sinnvoll und erforderlich zur Behebung der festgestellten Defizite.

Ohne ROG-Änderung könnten die Landesgesetzgeber einen landesplanerischen Durchgriff der ROV-Ergebnisse auf die Bodennutzungsebene nur vorsehen, wenn es sich dabei nicht um vom Bundesgesetzgeber mit den §§ 30 ff. BBauG abschließend geregeltes Bodenrecht i. S. d. Art. 74 Nr. 18 GG handelt[1].

Nach der Rechtsprechung des Bundesverfassungsgerichts und der h. M. in der Literatur erfolgt die kompetenzrechtliche Zuordnung eines Sachverhalts nach dem jeweiligen Zweck einer Regelung, der Funktion des betreffenden Gesetzes[2]. Zur Materie "Bodenrecht" i. S. d. Art. 74 Nr. 18 GG gehören dabei nur solche Vorschriften, die den Grund und Boden unmittelbar zum Gegenstand rechtlicher Ordnung haben, also die rechtlichen Beziehungen des Menschen zum Grund und Boden regeln[3]. Dies muß alleiniger oder überwiegender Zweck der Vorschrift sein, so daß Normen, die die Bodennutzung z. B. aus Gesichtspunkten des Naturschutzes oder des Bauordnungsrechts regeln, kein Bodenrecht i. S. d. verfassungsrechtlichen Kompetenznorm darstellen[4].

---

1) Vgl. oben S. 54 ff., 196 ; BVerwG, Urt. v. 18.03.1983 - 4 C 17.81 -, DVBl. 1983, 893; Grooterhorst, Freiraumschützende Ziele, NuR 1985, 222 (224).

2) BVerfG, Beschl. v. 09.12.1972 - 1 BvR 111/68 -, BVerfGE 32, 319 (326); Beschl. v. 25.04.1972 - 1 BvL 13/67 -, BVerfGE 33, 52 (63 f.); Beschl. v. 28.10.1975 - 2 BvL 9/74 -, BVerfGE 40, 261 (266 ff.); Lerche, Gesetzgebungskompetenz, JZ 1972, 468 (470); Steinberg, Baumschutzsatzungen, NJW 1981, 550 (552); Grooterhorst, Freiraumschützende Ziele, NuR 1985, 222 (224) m. w. N.; Bielenberg/Erbguth/Söfker, ROLaPlaR, J 610 Rn. 23, m. w. N.; a. A. Schmidt-Aßmann, Fortentwicklung, S. 86.

3) BVerfG, Rechtsgutachten v. 16.06.1954 - 1 PBv 2/52 -, BVerfGE 3, 407 (424 f.).

4) Grooterhorst, Freiraumschützende Ziele, NuR 1985, 222 (224).

Wird im ROV für den Bürger außenverbindlich festgestellt, daß sein Vorhaben oder das des Nachbarn auf der vorgesehenen Fläche aus Gründen der Landesplanung zulässig, unzulässig oder nur mit Modifikationen zulässig ist, würde der Landesgesetzgeber nicht etwa eine nicht-bodenrechtliche landesplanerische Regelung mit dem Boden als Regelungsobjekt schaffen, die nur die Raumverträglichkeit des Projekts vorklärt, sondern beabsichtigt und gezielt auf die Bodennutzung durch Private einwirken, indem neben den §§ 30 ff. BBauG zusätzlich die festgestellte Raumverträglichkeit gleichsam zur Zulässigkeitsvoraussetzung erhoben wird. Ebenso wäre z. B. auch eine gegenüber Privaten wirkende Untersagung im Wege einer landesrechtlichen Ausgestaltung des § 7 ROG Bodenrecht i. S. d. Art. 74 Nr. 18 GG[1].

Will folglich der Landesgesetzgeber den unmittelbaren bodenrechtlichen Durchgriff des ROV ermöglichen, so müßte das ROG entsprechend geändert werden.

Eine solche ROG-Änderung müßte aus den dargelegten Gründen über den Kompetenztitel "Bodenrecht" erfolgen. Dabei könnte der Bundesgesetzgeber entweder eine Rahmenregelung vorsehen oder den Landesgesetzgeber zur Regelung ermächtigen. Beide Möglichkeiten wären als Minus zu einer Vollregelung nach Art. 74 Nr. 18 GG zulässig[2].

Unschädlich wäre in diesem Zusammenhang, daß sich das ROG dann teils auf die Rahmenkompetenz des Art. 75 Nr. 4, teils auf die konkurrierende Vollkompetenz des Art. 74 Nr. 18 GG stützte[3].

---

[1] Vgl. Bielenberg/Erbguth/Söfker, ROLaPlaR, K § 7 Rn. 19.

[2] Maunz, in: Maunz/Dürig/Herzog/Scholz, GG, Art. 72 Rn. 12 f.; eine Vollregelung dürfte wegen des ROV als landesplanerischem Verfahren, für das nur die Rahmenkompetenz besteht, wegen einer insoweit vorhandenen Sperrwirkung des Art. 75 Nr. 4 GG unzulässig sein, vgl. Schmidt-Aßmann, Fortentwicklung, S. 28 f.

[3] Schmidt-Aßmann, Maßnahmen, S. 135 f.; Bielenberg/Erbguth/Söfker, ROLaPlaR, J 610 Rn. 33.

Ein unzulässiges Kombinieren von Kompetenzmaterien zur Schaffung neuer, von der Verfassung nicht vorgesehener Gesamtmaterien läge bei einer Norm, die die Einführung des ROV mit bürgergerichteten Rechtswirkungen zuließe und damit ein Instrument im Schnittbereich von Raumordnung (Art. 75 Nr. 4 GG), Bodenrecht (Art. 74 Nr. 18 GG) und sonstigen speziellen Fachmaterien schaffen würde, bereits deshalb nicht vor, weil mit dem landesplanerischen Sicherungsinstrument ROV nur ein kleiner Teilausschnitt der berührten Kompetenzmaterien erfaßt und somit keine neue Gesamtmaterie begründet würde[1].

Ein ROV mit unmittelbarem bodenrechtlichen Durchgriff wäre eine partielle Durchbrechung des Dogmas der mediatisierten Geltung der Raumordnung und Landesplanung, die nur zulässig ist, soweit dieses Dogma nicht verfassungsfest abgesichert ist. Schmidt-Aßmann weist nach, daß die lediglich im einfachen Gesetzesrecht zum Ausdruck kommende Mediatisierung wegen der vorhandenen rechtsstaatlichen Bezüge nicht zur völligen Disposition des Gesetzgebers gestellt werden darf[2].

In erster Linie ist die Mediatisierung Ausfluß der Rechtsstaatlichkeit als Gebot der Planungsübersichtlichkeit. Der Bürger rechnet mit Bodennutzungsregelungen seitens der Bauleitplanung und der Fachplanungen, wobei zwischen beiden die nachrichtliche Übernahme nach § 9 Abs. 4 BBauG ein Mindestmaß an Erkennbarkeit gewährleistet. Die dagegen bestehende Charakterisierung der Landesplanung als überörtliche und überfachliche Planung schließt zwar eine Änderung ihrer Wirkungsweise von Verfassungs wegen nicht generell aus, doch bedarf es einer ausdrücklichen Kundmachung dieser Änderung, um die Übersichtlichkeit des Planungssystems zu wahren[3].

---

[1] Vgl. zur Kompetenzkombination Bielenberg/Erbguth/Söfker, ROLaPlaR, J 610 Rn. 32 f.; Maunz, in: Maunz/Dürig/Herzog/Scholz, GG, Art. 70 Rn. 47; tendenziell anders wegen der Besonderheiten des § 14 baWüLPlG oben S. 56 dort m. w. N.
[2] Fortentwicklung, S. 81 ff.
[3] Schmidt-Aßmann, Fortentwicklung, S. 82.

Prägend für das Mediatisierungsdogma ist außerdem die Rechtsformfrage der RO-Ziele. Außenrechtsformen garantieren ein höheres Maß an Rechtsstaatlichkeit als Verwaltungsvorschriften. Viele Ziele ergehen jedoch als Innenrechtsnormen. Um dennoch eine indirekte Bodennutzungsregelung auch dieser Ziele erreichen zu können, bedarf es am rechtsstaatlichen Bestimmtheitsgrundsatz orientierter Außenrechtsnormen[1], wozu vor allem die RO-Klauseln zählen[2]. Ein außenverbindliches ROV würde dieses System verändern[3], ohne daß daraus jedoch seine verfassungsrechtliche Unzulässigkeit herzuleiten wäre, weil die Transformationsnormen nicht obsolet würden.

Insgesamt ist eine ROG-Vorschrift, die die bürgergerichtete Verwaltungsaktsqualität einer landesplanerischen Beurteilung ermöglicht, vor dem Hintergrund des verfassungsrechtlich gestützten Mediatisierungsdogma auch deshalb als zulässig anzusehen, weil kein Durchgriff auf dem Hauptfeld landesplanerischer Aktivitäten, der Planung selbst, erfolgen würde, sondern - wie für das Untersagungsverfahren auch - im Bereich der akzessorischen Sicherungsinstrumente[4]. Nachdem die kompetenz- und verfassungsrechtliche Zulässigkeit einer ROG-Vorschrift, die ein unmittelbar die Bodennutzung mit Verwaltungsaktsqualität regelndes ROV zuläßt, festgestellt werden konnte, bleibt zu erörtern, ob ein solches ROV zweckmäßig ist.

Konsequenz des Verwaltungsaktscharakters wäre für die betroffenen Privatpersonen neben dem Anfechtungsrecht auch die entsprechende Anfechtungslast. Um feststellen zu können, mit welchem Vorbringen sie u. U. im Genehmigungs- oder Planfeststellungsverfahren präklu-

---

1) Schmidt-Aßmann, Fortentwicklung, S. 82.
2) Vgl. dazu S. 159 und Schmidt-Aßmann, RO-Klauseln, S. 39.
3) Vgl. oben S. 166.
4) So im Ergebnis auch, wenn auch ohne Begründung, für das Untersagungsverfahren Schmidt-Aßmann, Fortentwicklung, S. 93, ihm folgend Bielenberg/Erbguth/Söfker, ROLaPlaR, K § 7 Rn. 19 und für das ROV Entwicklungstendenzen, VBlBW 1986, 2 (10).

diert sind - nur dann hätte ihnen gegenüber eine verbindliche Teilentscheidung über die RO-Belange einen Sinn - müßte für alle Beteiligten eindeutig feststehen, über welche Punkte mit Abschluß des ROV rechtsverbindlich entschieden ist[1]. Da die verschiedenen, nicht immer klar konturierten Prüfungsmaßstäbe in ihren Auswirkungen auf den einzelnen insbesondere bei angestrebter frühzeitiger Durchführung des ROV nicht immer ohne weiteres sofort erkennbar sind, könnte sich die durch das Anfechtungsrecht vermeintlich bessere Rechtsposition letztlich als Nachteil erweisen[2]. Untrennbar mit dem Anfechtungsrecht und der Anfechtungslast verbunden wäre die Stellung als förmlich Beteiligter in einem umfassend auszugestaltenden Beteiligungsverfahren[3]. Dies wäre aus rechtsstaatlichen Gründen erforderlich, um den mit einer eventuellen Präklusion einhergehenden Rechtsverlust zu rechtfertigen. Damit ginge die in seiner Flexibilität liegende Attraktivität des ROV für die beteiligten Stellen zumindest teilweise verloren[4].

Auf die weitreichenden Folgen für den verwaltungsgerichtlichen Rechtsschutz bei einer Außenverbindlichkeit der ROV-Abschlußentscheidung, die im Ergebnis entscheidend gegen eine solche Lösung sprechen, weist zutreffend Hoppe hin[5].

Die Verdoppelung der prinzipalen und umfassenden gerichtlichen Überprüfung sowohl der landesplanerischen Beurteilung als auch der Genehmigungs- oder Planfeststellungsentscheidung führt infolge der Verdoppelung der Prozeßdauer zu einer Verlängerung der Gesamtverfahrenszeit, die den Spareffekt einer verbindlichen Teilabschichtung bei weitem aufzehrt.

---

1) Schmidt-Aßmann, Entwicklungstendenzen, VBlBW 1986, 2 (9); Cupei, Umweltverträglichkeitsprüfung, DVBl. 1985, 813 (820).
2) Vgl. zu dieser Argumentation: Wahl, Bürgerbeteiligung, S. 139 f.; Schoeneberg, Umweltverträglichkeitsprüfung, S. 227 ff.
3) Schmidt-Aßmann, Entwicklungstendenzen, VBlBW 1986, 2 (10 f.). Vgl. zur Bürgerbeteiligung im ROV unten S. 304 im Zusammenhang mit der UVP und allgemein die Beiträge in: Blümel, Frühzeitige Bürgerbeteiligung; umfassend auch Schoeneberg, Umweltverträglichkeitsprüfung, S. 216 ff.
4) Vgl. oben S. 78 ff.
5) Beratungen des Arbeitskreises "Verfahrensmäßige Instrumente der Raumplanung zur Berücksichtigung von Umwelterfordernissen" der ARL; vgl. Cupei, Richtlinie, NuR 1985, 297 (301 Fn. 35).

Bei einer positiven landesplanerischen Beurteilung mit Auflagen kann der Antragsteller gegen die Auflagen mit einer Anfechtungsklage vorgehen, während die Drittbetroffenen den gesamten Bescheid angreifen können. Das Gericht kann die angegriffene Auflage aufheben oder die ROV-Entscheidung bestätigen. Auf Antrag der Drittbetroffenen wird der Bescheid, falls er nicht rechtmäßig ist, aus verfahrensrechtlichen Gründen aufgehoben oder aus materiellen Gründen die RO-Behörde zur Neubescheidung verpflichtet. In beiden Fällen müßte ein neues ROV mit einer durchschnittlichen Verfahrensdauer von 3 - 12 Monaten durchgeführt werden.

Nach rechtskräftiger Entscheidung - Berufung und Revision bleiben bewußt unberücksichtigt -[1] schlösse sich das Genehmigungs- oder Planfeststellungsverfahren an, das wiederum einer gerichtlichen Kontrolle zugeführt werden kann. Auf die Anfechtungsklage der Antragsteller gegen eine belastende Auflage oder der Anlieger bzw. Nachbarn gegen die Entscheidung als solche oder anläßlich der Verpflichtungsklage des Unternehmers bei abgelehnter Genehmigung hat das Gericht zum zweiten Mal alle verwaltungsprozessualen Möglichkeiten von der Aufhebung der Entscheidung aus formellen oder materiellen Gründen über stattgebende Urteile bis hin zur Bescheidungsurteilen.

So muß der potentielle Vorhabenbetreiber damit rechnen, im Extremfall in allen drei Instanzen im gerichtlichen Verfahren um das ROV zu obsiegen, vielleicht auch noch in der Berufungsinstanz bezüglich der Genehmigung zu gewinnen, um dann schließlich nach der Revisionsentscheidung über die fachbehördliche Genehmigung nach dem Bundes-Immissionsschutzgesetz oder dem Wasserhaushaltsgesetz nach Jahren bescheinigt zu bekommen, daß sein Vorhaben letztlich doch unzulässig ist.

In etwa dieselbe Abfolge von gerichtlichen Verfahren ergibt sich, wenn das ROV zunächst mit einem ablehnenden Bescheid endet, der Unternehmer mit Hilfe der Verwaltungsgerichte im Endeffekt eine positive landesplanerische Beurteilung erstreitet und dann die Genehmigung oder Planfeststellung Streitgegenstand wird.

---

1) Äußerst problematisch ist, inwieweit die auf Landesplanungsrecht beruhende ROV-Entscheidung überhaupt revisibel ist.

Zu kaum lösbaren Schwierigkeiten führt es, wenn nicht gewährleistet wird, daß die Fachbehörde ihre Entscheidung aussetzt, solange das ROV rechtshängig ist. Bisher ist es jedenfalls in Bayern möglich, das ROV und Genehmigungsverfahren zeitgleich zu betreiben[1].

Außerdem würden Gerichtsverfahren um landesplanerische Beurteilungen aufwendig und langwierig, weil zahlreiche selbständige, im Genehmigungs- und insbesondere Planfeststellungsverfahren zu beteiligende Planungsträger beigeladen werden müßten, um ihnen gegenüber der Entscheidung über das ROV Rechtskraft verleihen zu können.

B. Weiterentwicklung der Raumordnungsklauseln

Das uneinheitliche Bild der Raumordnungs- und Allgemeinwohlklauseln bietet ebenfalls Gelegenheit, über Verbesserungen in bezug auf die Einbeziehung der RO-Belange unter Einschluß der ROV-Ergebnisse nachzudenken. Dabei sollte auf Patent- oder Einheitslösungen verzichtet werden. Die verschiedenen Genehmigungs- und Planfeststellungstatbestände mit unterschiedlichen Entscheidungsstrukturen erfordern eine differenzierte Betrachtung hinsichtlich der RO-Klauseln, die dem speziellen Anliegen der jeweiligen Vorhabenzulassungsverfahren gerecht werden muß[2].

Inwieweit neue Raumordnungsklauseln zu schaffen oder vorhandene zu modifizieren sind, bedarf einer genauen Analyse der jeweiligen Fachverfahren.

Ein Beispiel für eine solche Einzelanalyse ist die Untersuchung von Schmidt-Aßmann zur Umwandlungsgenehmigung nach § 9 BWaldG[3]. Entgegen der h. M. handele es sich bei der Genehmigungsentscheidung über eine Waldumwandlung nicht um eine durch ein nachvollziehendes Abwägen gekennzeichnete gebundene Entscheidung, sondern um eine plane-

---

1) Heigl/Hosch, Landesplanung, Art. 23 Rn. 61; vgl. zur Parallelproblemproblematik bei Vorbescheid und Teilgenehmigung Büdenbender/Mutschler, Bindungs- und Präklusionswirkung, Rn. 277 ff
2) Schmidt-Aßmann, Raumordnungsklauseln, S. 38.
3) Schmidt-Aßmann, Umwandlungsgenehmigung, NuR 1986, 98 ff.

rische Abwägung[1]. Konsequenz dieser Auslegung wäre, daß - wenn auch die RO-Ziele und landesplanerische Beurteilungen mangels spezieller Anordnung ein privates Vorhaben nicht verhindern könnten - die ROV-Ergebnisse als sonstige RO-Erfordernisse über das Tatbestandsmerkmal "Belange der Allgemeinheit" mit den Interessen der Waldbesitzer abgewogen werden könnten. Für eine solche Abwägung wäre als gebundene Entscheidung kein Raum, da entgegenstehende RO-Belange gegenüber Privaten keinen Versagungsgrund bilden könnten.

Demgegenüber enthalten einige Landeswaldgesetze bereits Raumordnungsklauseln, die die Erteilung einer Umwandlungsgenehmigung ausschließen, wenn RO-Ziele oder sonstige RO-Erfordernisse entgegenstehen[2]. Aufgrund spezialgesetzlicher Anordnungen wirkt eine negative landesplanerische Beurteilung auch gegenüber Privaten vorhabenhindernd. Weil den Ländern über § 9 Nr. 2 BWaldG die Befugnisse zu solchen weitergehenden Einschränkungen der Genehmigungserteilung eröffnet werden, besteht zur Zeit kein Bedürfnis, eine bundesgesetzliche RO-Klausel mit dem Inhalt einzuführen, entgegenstehende RO-Erfordernisse könnten eine Versagung rechtfertigen.

Nur ein eingeschränkter Bedarf für eine Raumordnungsklausel besteht im immissionsschutzrechtlichen Genehmigungsverfahren herkömmlicher Ausprägung. In der erweiterten Auslegung der Bundesverwaltungsgerichtsrechtsprechung zur Zielgeltung in § 35 Abs. 1 BBauG ist gewährleistet, daß im ROV konkretisierte RO-Ziele dem Vorhaben als Versagungsgrund entgegengehalten werden können. Erst eine völlige Neuordnung des immissionsschutzrechtlichen Genehmigungsverfahrens weg von der Kontrollerlaubnis hin zu einem Verfahren mit einer vorgeschalteten Standortplanung wird dem ROV einen erweiterten Einsatzbereich eröffnen[3].

---

1) Schmidt-Aßmann, Umwandlungsgenehmigung, NuR 1986, 98 (100 ff.); a. A. Klose/Orf, Forstrecht, § 9 Rn. 162 ff.; OVG Münster, Urt. v. 14.07.1982 - 20 A 2637/80 -, NuR 1983, 322 (323); VGH Mannheim, Urt. v. 21.04.1983 - 5 S 1649/82 -, NuR 1984, S. 148 f.
2) Vgl. § 12 Abs. 2 hessForstG.
3) Vgl. ausführlich zu den zahlreichen Vorschlägen für eine bessere Verknüpfung von Immissionsschutz und Landesplanung Erbguth, Immissionsschutz, S. 86 ff.

Die landesplanerischen Standortvorsorgepläne - sie sollen im Wege einer "positiven Planung" durch Flächenfreihaltung eine zukunftsorientierte Standortsicherung bewirken -[1] sowie sonstige Zielaussagen könnten im ROV vorhabenbezogen konkretisiert werden. Zusammen mit den spezifisch immissionsschutz-, planungs-, verteilungs- und bewirtschaftungsrechtlichen Gesichtspunkten des Vorsorgegrundsatzes nach § 5 Nr. 2 BImSchG (angereichert durch die Grenzwerte und Daten der TA-Luft und der Luftreinhaltepläne)[2] könnten sie außerdem über eine Raumordnungsklausel mit der im Verfahren nach §§ 4 ff. BImSchG anzusiedelnden Standortplanungs- oder Planfeststellungsentscheidung verknüpft werden[3].

Dabei könnte dann mit Hilfe der soeben genannten Gesichtspunkte des Vorsorgegrundsatzes das Ausschöpfen der Immissionsbelastung eines Gebietes im Interesse der künftigen Ansiedlung von Industrieanlagen verhindert werden[4].

Auf die kontrovers geführte Diskussion, ob der Vorsorgegrundsatz planerische Elemente enthalte, käme es bei einer solchen planungsorientierten Ausgestaltung des immissionsschutzrechtlichen Vorhabenzulassungsverfahrens nicht an. Bisher wird z. T. vertreten, bereits aus der gesetzlichen Verankerung des Vorsorgegrundsatzes folge, daß er mit den vorgenannten Inhalten im Genehmigungsverfahren wirke[5]. Auch ein Vergleich zwischen dem wasserwirtschaftlichen Bewirtschaftungsermessen und dem Immissionsschutzrecht zeige, daß eine strikte Gesetzesbindung, die eine Planung ausschließe, im Bundes-Immissions-

---

1) Brocke, Rechtsfragen landesplanerischer Standortvorsorge, S. 1 ff.

2) Erbguth/Schoeneberg, EG-Richtlinie, S. 84 f.; Erbguth/Püchel, Luftreinehaltepläne, NVwZ 1982, 649 ff.

3) Ansatzweise Jarass, Kontrolle, JuS 1984, 351 (353); Erbguth/ Schoeneberg, EG-Richtlinie, S. 84 f.; grundsätzlich zum Abkoppeln der planerischen Standortentscheidung Hoppe, Staatsaufgabe, VVDStRL 38, 295.

4) Feldhaus, Vorsorgegrundsatz, DVBl. 1980, 133 ff.; Soell, Probleme, ZRP 1980, 105 ff.; Sellner, Vorsorgegrundsatz, NJW 1980, 1258 ff.; Salzwedel, Probleme, S. 49 ff.

5) Feldhaus, Vorsorgegrundsatz, DVBl. 1980, 133 ff.; Soell, Probleme, ZRP 1980, 105 ff.; Sellner, Vorsorgegrundsatz, NJW 1980, 1258 ff.; Salzwedel, Probleme, S. 49 ff.; sowie umfangreiche weitere Nachweise bei Erbguth, Umweltrecht, S. 225 mit Fn. 8.

schutzgesetz unangebracht sei[1]. Da den Genehmigungsbehörden bei der Anwendung der TA-Luft Beurteilungsspielräume eröffnet seien, sei ihnen trotz der Gesetzesbindung ein "unechtes" Bewirtschaftungsermessen zugestanden, das auch im Einzelfall zur Geltung komme[2].

Die Gegenposition sieht § 5 Nr. 4 BImSchG wie im Atomrecht als Gebot einer gefahrenunabhängigen Risikovorsorge im Sinne eines verschärften sicherheitstechnischen Postulats. Ein planerischer Ermessens- und Gestaltungsspielraum sei jedoch unvereinbar mit dem Charakter der immissionsschutzrechtlichen Anlagengenehmigung als strikt gebundenem Verwaltungsakt[3].

Dem folgt im wesentlichen Erbguth, indem er einerseits dem Vorsorgegrundsatz planerische Elemente zugesteht, diese jedoch als ressourcenbezogene Bewirtschaftungsmaßnahmen auf die planerische Ebene verweist, die dem Genehmigungstatbestand gerade nicht innewohnt, und andererseits eine Bindung der (Kontrollerlaubnisse an die planerischen Vorgaben fordert[4].

Diesen Forderungen entspricht der hier gemachte Vorschlag zur Neuordnung des Verfahrens nach §§ 4 ff. BImSchG, mit der eine Berücksichtigung der ROV-Ergebnisse erreicht werden könnte.

Eine Raumordnungsklausel, die die mittelbare Zielgeltung gegenüber dem Bergwerkseigentümer anordnet, enthält das Bundesberggesetz nicht, so daß die über § 5 Abs. 4 ROG bestehende raumordnungsrechtliche Bindung der Bergbehörden an die Ziele der Raumordnung und Landesplanung, auch konkretisiert und ausgedeutet durch ein ROV[5], nicht an den Antragsteller weitergegeben werden kann[6].

---

1) Sendler, Eigentum, UPR 1983, 33 (43); dagegen Erbguth, Umweltrecht, S. 230 f.
2) Salzwedel, Beurteilungsspielraum, RdWWi 15 (1967), 35, 36 ff., 52 f.; ders., Probleme, S. 48.
3) Breuer, Umweltrecht, S. 722; vgl. dazu jedoch die Fälle fehlender Grundrechtsfähigkeit oben S. 98 ff.
4) Umweltrecht, S. 229 ff.
5) Vgl. dazu oben S. 194.
6) Weller, Bundesberggesetz, S. 44; Boldt/Weller, BBergG, § 55 Rn. 53.

Eine solche Klausel wäre wünschenswert, einmal im Hinblick auf die Raumrelevanz des Bergbaus, zum anderen, um eine ggf. im ROV durchzuführende UVP (besser) in das Genehmigungsverfahren integrieren zu können[1]. Auch könnte eine solche bundesgesetzliche RO-Klausel im Betriebsplanzulassungsverfahren die Diskussion um die wahrscheinlich aus Kompetenzgründen bestehende Verfassungswidrigkeit des § 24 Abs. 5 nwLPlG mit seinem Durchgriff der Braunkohlenpläne auf die Betriebspläne beenden[2].

Eine Verknüpfung des Betriebsplanzulassungsverfahrens mit den RO-Erfordernissen hätte zudem den Vorteil, daß das planungs- und raumordnungssystematisch schwer einzuordnende nordrhein-westfälische "Gesamtkonzept zur Nordwanderung des Steinkohlebergbaus" zugunsten einer zielförmigen Landesplanung vermieden worden wäre. Jedenfalls würde aber - unter der Voraussetzung einer ausreichenden Beteiligung der Landesplanung an der Konzepterstellung - über die sonstigen RO-Erfordernisse ein rechtsnormativer Anknüpfungspunkt geschaffen[3].

---

1) Vgl. dazu unten S. 275 ; Zoubek, Sicherungsinstrumente, S. 153 f. und Hoppe, Gelenkfunktion, UPR 1983, 105 (114); bemerkenswert ist in diesem Zusammenhang, daß die regelmäßig raumrelevanten Bergbauvorhaben aus dem Anhang 1 der EG-Richtlinie herausgenommen wurden und nach Anhang 2 Nr. 2 i. V. m. Art. 4 Abs. 2 der EG-Richtlinie nur einer fakultativen UVP unterstellt werden (Richtlinie des Rates vom 27.06.1985 über die Umweltverträglichkeitsprüfung bei bestimmten öffentlichen und privaten Projekten, Abl. EG vom 05.07.1985, Nr. L 175/40, S. 44 ff.).

2) Für eine Nichtigkeit des § 24 Abs. 5 nwLPlG, da §§ 50 ff. BBergG abschließend seien, Hoppe, Bergbauberechtigungen, DVBl. 1982, 101 ff.; ders., Gelenkfunktion, UPR 1983, 105 ff.; Erbguth, Braunkohlenplanung, DVBl. 1982, 1 ff.; dagegen Depenbrock/Reiners, Landesplanungsgesetz, Einf. 4.33 (S. 107), da die Verknüpfung Fachrecht - Raumordnungsrecht eine Frage des Landesplanungsrechts sei und insoweit das ROG für das Bergrecht keine Regelungen getroffen habe; vgl. auch Kamphausen, Rechtsprobleme, DÖV 1984, 146 (147 f.); Kühne, Bedeutung, DVBl. 1984, 709 (714 f.); Schleifenbaum/Kamphausen, Stellenwert, UPR 1984, 43 (45 f.).

3) Vgl. zum "Gesamtkonzept der Nordwanderung des Steinkohlebergbaus an der Ruhr" aus dem Jahre 1986; Erklärung des Ministers für Umwelt, Raumordnung und Landwirtschaft, LÖLF-Mitteilungen 2/1986, 18; Schmidt, Naturschutz und Bergbau, LÖLF-Mitteilungen 2/1986, 16 ff.; Herforth, Ökologie-Ziel, LÖLF-Mitteilungen 2/1986, 10 ff.

Soweit für den Bau von Leitungstrassen für die Stromversorgung Planfeststellungsverfahren gefordert werden, ist dem zuzustimmen[1], da für andere bandartig verlaufende Infrastruktureinrichtungen wie Straßen, Wasserstraßen usw. mit diesem Instrumentarium erfolgreich gearbeitet wird[2]. Ein solches Verfahren sollte mit einer RO-Klausel versehen werden, die den Durchgriff der RO-Belange einschließlich der ROV-Ergebnisse vorsehen sollte. Als Träger öffentlicher Belange und als Planungsträger sollten die privatrechtlich organisierten EVU dieser RO-Bindung unterstellt werden[3].

Weniger aufwendig wäre es, das Anzeige- und Untersagungsverfahren nach § 4 EnWG mit einer RO-Klausel zu versehen[4], die ebenfalls den Durchgriff vorsehen sollte. Eine solche RO-Klausel könnte direkt auf das ROV und eine dort durchgeführte UVP Bezug nehmen[5] und die Untersagung der Trasse vorsehen, wenn sie raumordnerisch negativ beurteilt wurde.

Sollten zudem in Regionalplänen Energieversorgungskonzepte aufgestellt werden[6], lieferte eine RO-Klausel in § 4 EnWG die erforderliche Verknüpfung mit dem energieaufsichtlichen Verfahren, in dem auch de lege lata bereits frühzeitig Gemeinwohlbelange zu prüfen sind.

---

1) Börner, Energieanlagen, S. 42 ff., 50 ff.; Papier, Möglichkeiten, S. 59 ff.
2) Wesener, Energieversorgung, S. 371.
3) Vgl. oben S. 61 ff.
4) Wesener, Energieversorgung, S. 373.
5) Vgl. unten S. 275; Schoeneberg, Umweltverträglichkeitsprüfung, S. 171 ff.
6) Erbguth, Regionale Energieversorgungskonzepte, DVBl. 1983, 305 ff.

Dritter Teil: Weiterentwicklung des ROV als Umweltverträglichkeitsprüfung (UVP)

§ 9 UVP und Raumordnungsverfahren

Im Zusammenhang mit der Ausarbeitung und Verabschiedung der EG-Richtlinie über die Umweltverträglichkeitsprüfung bei bestimmten öffentlichen und privaten Projekten[1] verstärkt sich die Diskussion um die Weiterentwicklung des ROV im Hinblick auf ein Leitverfahren für die UVP im Rahmen der Umsetzung der EG-Richtlinien in das nationale Genehmigungs- und Planfeststellungsrecht[2]. Aus der Wahl der Rechtsform EG-Richtlinie ergibt sich, daß gem. Art. 189 Abs. 3 EG-Vertrag zwar das Ziel gemeinschaftsrechtlich verbindlich ist, jedoch den Mitgliedstaaten die Wahl überlassen bleibt, mit welchen Formen und Mitteln sie das vorgeschriebene Ziel erreichen wollen[3].

A. Umweltverträglichkeitsprüfung

Im folgenden wird unter "Umweltverträglichkeitsprüfung"[4] das von der EG-Richtlinie zur Ermittlung und Bewertung von Umweltauswirkungen bestimmter Vorhaben durch Behörden- und Öffentlichkeitsbeteiligung sowie Informationspflichten für den Betreiber geforderte Verfahren verstanden. Damit wird der Begriff UVP in einem engeren Sinne ausgelegt (qualifizierte UVP als eine Prüfung, die bestimmte qualifizierende Elemente enthält oder bestimmten Mindestanforderungen genügt)[5]. Es wird weder der weitestgehenden Definition des Begriffs gefolgt, nach der jede Form vor-

---

1) Richtlinie des Rates v. 27.06.1985, ABl.EG Nr. L 175/40.

2) Erbguth/Schoeneberg, Umsetzung, WiVerw 1985, 102 (126); Bunge, UVP im Verwaltungsverfahren; von der Heide, Umsetzung der EG-Richtlinie, der landkreis 1986, 502 ff.

3) Vgl. dazu Fuß, Richtlinie, DVBl. 1965, 378 (379).

4) Zur mißverständlichen und vieldeutigen Definition des Begriffs vgl. Cupei, Umweltverträglichkeitsprüfung, DVBl. 1985, 813 (814) m. zahlr. N.

5) Vgl. zum Charakter der EG-Richtlinie als einem Katalog von Mindestanforderungen: Beschlußempfehlung des Innenausschusses v. 11.11.1983, BT-Drs. 10/613, S. 5 Ziff. 10.

heriger Rechenschaftslegung über mögliche Einwirkungen auf die menschliche Umwelt als UVP gilt (z. B. Genehmigungs- oder Planfeststellungsverfahren), noch die engstmögliche Auslegung - formelle UVP, bei deren Prüfung enumerativ aufgezählte Kriterien zu berücksichtigen sind - zugrunde gelegt[1].

I. Entwicklung der UVP

Bereits 1969 wurde in den USA mit dem "National Environmental Policy Act" (NEPA) in einem Bundesgesetz eine UVP als formalisiertes Verfahrensinstrument zur umfassenden Begutachtung der Auswirkungen eines Vorhabens auf die Umwelt geschaffen[2]. Obwohl dabei im Gegensatz zur EG-Richtlinie unter "Umwelt" dem Begriff "environment" entsprechend die gesamte Umwelt einschließlich der sozialen Faktoren wie Infrastruktur, Wirtschaft und Arbeitsmarkt verstanden wird, gilt dieses Gesetz als eines der Vorbilder für die EG-UVP[3].

Seit 1983 hat die Schweiz in Art. 9 des neuen Schweizerischen Umweltschutzgesetzes eine UVP gesetzlich verankert[4].

Auch in den Niederlanden liegt schließlich bereits ein Gesetzesentwurf vor, der detaillierte Regelungen über eine UVP in das Umweltgesetz von 1979 einfügen soll[5].

---

1) Vgl. zu dieser Unterscheidung Lummert, Umweltverträglichkeitsprüfung, S. 137 f.; Erbguth, Umweltverträglichkeitsprüfungen, BayVBl. 1983, 129 (130 f.); Cupei, Richtlinie, NuR 1985, 297 f.

2) Delogu, Umweltverträglichkeitserklärung, S. 11; Carrel, Überprüfung, S. 63 ff.; Hanisch, Erfahrungen, S. 86 ff.; Erbguth/Schoeneberg, EG-Richtlinie, S. 67 f.

3) Schoeneberg, Umweltverträglichkeitsprüfung, S. 5; Bunge, Umweltverträglichkeitsprüfung, ZfU 1984, 405 (406); Erbguth/Schoeneberg, EG-Richtlinie, S. 67 ff.

4) Bundesgesetz über den Umweltschutz v. 07.10.1983; Lendi, Raumordnung, RuR 1983, S. 32 ff.; ders., Umweltverträglichkeitsprüfung, S. 99, 107 ff.; Knebel/Sundermann, Schweizerisches Umweltschutzgesetz, UPR 1983, 8 ff.

5) Bunge, Milieu-Effectrapportage, ZfU 1983, 389 ff.; Erbguth/Schoeneberg, EG-Richtlinie, S. 71 f.; Schoeneberg, Entwicklungslinien, DVBl. 1984, 929 (930 f.).

Erste UVP-Ansätze gab es in der Bundesrepublik Deutschland auf Bundesebene schon mit dem gescheiterten "Gesetz über die Prüfung der Umweltverträglichkeit öffentlicher Maßnahmen" aus dem Jahre 1973[1], das später zu dem wenig effektiven Geschäftsordnungsbeschluß "Grundsätze der Prüfung der Umweltverträglichkeit öffentlicher Maßnahmen des Bundes" ageschwächt wurde[2].

Auf Länderebene hat die Bayerische Staatsregierung - wie die Bundesregierung - Grundsätze für die Prüfung der Umweltverträglichkeit öffentlicher Maßnahmen des Freistaates Bayern beschlossen[3], auf die nach I 1 der Bek.ROV zu Art. 23 bayLPlG Bezug genommen wird[4]. Gleichzeitig wird mit dieser Verwaltungsvorschrift angeordnet, daß im ROV Vorhaben öffentlicher und sonstiger Planungsträger auch auf ihre Vereinbarkeit mit den raumbedeutsamen und überörtlichen Belangen des Umweltschutzes überprüft werden[5].

In Hessen werden seit 1974 die Bebauungsplanentwürfe der Gemeinden durch die Hessische Landesanstalt für Umwelt, die als Träger öffentlicher Belange zwingend zu beteiligen ist, auf die Berücksichtigung der Umweltbelange hin überprüft[6].

---

1) Ein derartiges Bundesgesetz wurde auch im Umweltgutachten 1974, Teilz. 680 gefordert; vgl. zu diesem Gesetzgebungsvorschlag insgesamt Henneke, Raumplanerische Verfahren, S. 31; Salzwedel, Umweltverträglichkeitsuntersuchungen, S. 21; Schoeneberg, Umweltverträglichkeitsprüfung, S. 10.
2) GMBl. 1975, 717; Cupei, Umweltverträglichkeitsprüfung, DVBl. 1985, 813 (814); Hartkopf, Verantwortung, NuR 1981, 113 (114); Schoeneberg, Entwicklungslinien, DVBl. 1984, 929 (931); ders., Umweltverträglichkeitsprüfung, S. 11.
3) Beschl. der Staatsregierung v. 12.09.1978 (LUMBl. S. 186).
4) Bek. ROV v. 27.03.1984, LUMBl., S. 29 f.
5) Hierin sehen Kroher/Pössinger, Neufassung, LUMBl. 1984, Nr. 3 v. 15.05.1984 zu Recht die wichtigste Änderung der Bekanntmachung.
6) Das Verfahren basiert im wesentlichen auf den Vorschlägen von Henneke, Raumplanerische Verfahren, S. 139 ff.; Heintze, Erfahrungen, S. 173 ff.

II. Die Richtlinie der EG zur Umweltverträglichkeitsprüfung

Ebenso kurz wie auf die Entwicklung der UVP soll nun auf das Gesetzgebungsverfahren und die wesentlichen Inhalte der EG-Richtlinie zur UVP eingegangen werden.

1. Gang des Verfahrens

Die EG-Richtlinie über die Umweltverträglichkeitsprüfung bei bestimmten öffentlichen und privaten Projekten basiert auf den EG-Aktionsprogrammen für den Umweltschutz von 1973 und 1977[1]. Hierauf aufbauend wurden zunächst zwei Grundsatzstudien zur Einführung von Umweltverträglichkeitserklärungen in der EG sowie zur UVP in Raumordnungsplänen angefertigt, die dem zur Verabschiedung vorgelegten Dokument ENV 80 vom 24.05.1984 zugrunde lagen. Nach langjähriger Vorbereitung und fünfjährigen, zähen, von Rückschlägen begleiteten Verhandlungen wurde die EG-Richtlinie am 27.06.1985 von den Umweltministern verabschiedet, im Amtsblatt der EG veröffentlicht sowie den Mitgliedstaaten am 03.07.1985 offiziell "bekanntgegeben"[2].

2. Wesentliche Inhalte der EG-Richtlinie

Ziel der Richtlinie ist es, zur Durchsetzung der in den Aktionsprogrammen der EG zum Umweltschutz enthaltenen Grundsätze beizutragen. Zur Verwirklichung des Vorsorgeprinzips sollen in den Mitgliedstaaten UVP-Grundsätze eingeführt bzw. vorhandene Konzepte ergänzt werden. Dies soll geschehen, um Wettbewerbsverzerrungen durch unterschiedliche Umweltrechtsvorschriften zu vermeiden und die Umwelt zu schützen sowie die Lebensqualität insgesamt zu verbessern[3]. Ihre

---

1) ABl. EG Nr. C 112 v. 20.10.1973; Abl. EG Nr. C 139 v. 13.06.1977.
2) Vgl. ausführlich zum Gang des Verfahrens Cupei, Richtlinie der EG, WiVerw 1985, 63 (64 ff.); ders., Umweltverträglichkeitsprüfung, DVBl. 1985, 813 ff.; ders., Richtlinie, NuR 1985, 297 (298 f.); Erbguth/Schoeneberg, Umsetzung, WiVerw 1985, 102 (103).
3) Cupei, Umweltverträglichkeitsprüfung, DVBl. 1985, 813 (815).

Rechtsgrundlage findet die EG-UVP-Richtlinie daher in erster Linie in Art. 100 und 235 des EWG-Vertrages.

a) Aufbau der EG-Richtlinie

Art. 3 der Richtlinie definiert die UVP: Die UVP identifiziert, beschreibt und bewertet in geeigneter Weise nach Maßgabe eines jeden Einzelfalls gem. den Art. 4 bis 11 die unmittelbaren und mittelbaren Auswirkungen eines Projekts auf die natürliche Umwelt sowie die Sachgüter und das kulturelle Erbe der Mitgliedstaaten.

Art. 1 Abs. 2 und 4 Abs. 1 und 2 i. V. m. den Anhängen I und II der Richtlinie umschreiben den (zwingenden bzw. fakultativen) Anwendungsbereich der Richtlinie.

Art. 5 bis 9 der Richtlinie regeln schließlich die Kernaussagen zur UVP als Verfahren mit Bestimmugen über
- Informationspflichten der Projektträger, die in Zusammenhang mit einem Genehmigungsantrag zu erfüllen sind (Art. 5 i. V. m. Anhang III),
- Anhörungen bzw. Beteiligungen der potentiell in ihrem Aufgabenbereich betroffenen Behörden (Art. 6 Abs. 1),
- Information der Öffentlichkeit und Konsultation der betroffenen Öffentlichkeit (Art. 6 Abs. 2 und 3).

b) Die EG-Richtlinie als Verfahrensregelung

Von besonderer Bedeutung für die Umsetzung der EG-Richtlinie in das nationale Vorhabenzulassungs- und Planfeststellungsrecht ist die Frage, ob die UVP-Richtlinie in erster Linie materielles Recht oder Verfahrensrecht beinhaltet. Ein Novellierungsbedarf ergibt sich entweder bei den materiellen Genehmigungsvoraussetzungen oder im Bereich des (Verwaltungs)Verfahrensrechts[1]. Überwiegend wird der ver-

---

1) Carlsen, Umweltverträglichkeitsprüfung, NuR 1984, 48 f.;
Schemel, Umweltverträglichkeitsprüfung, S. 52 f.

fahrensrechtliche Charakter der UVP-Richtlinie betont[1], der mögliche materiell-rechtliche Gehalt tritt demgegenüber in den Hintergrund[2]. Cupei differenziert zwischen drei Aspekten einer UVP. Der Verfahrensaspekt - auf den allein die EG-Richtlinie sich beziehe - beinhaltet die rechtsstaatlich geordnete, vorgegebene Ablauffolge von bestimmten Aktivitäten und Arbeitsschritten; die inhaltlichen (mareriellen) Aspekte geben an, was anhand welcher Maßstäbe und Kriterien generell oder im Einzelfall als umweltverträglich oder -unverträglich anzusehen ist; die methodischen und arbeitstechnischen Aspekte geben Auskunft über die Methoden, Techniken und Arbeitshilfen (von der Checkliste bis zum Gutachten)[3], die notwendig sind, um problemadäquat eine UVP durchführen zu können[4].

Dieser Einteilung folgend stellen die meisten Normen des EG-Richtlinienverfahrens verfahrensrechtliche Anforderungen an das nationale Planungs- und Genehmigungsrecht. Dies gilt sowohl für die ausführlichen normierten Informationspflichten der Betreiber (Art. 5 i. V. m. Anhang III) als auch für die Öffentlichkeitsinformation und -beteiligung (Art. 6), die insgesamt als die zentralen Vorschriften der Richtlinie angesehen werden können.

Die dem Richtlinienzweck der frühen Information über Umweltauswirkungen entsprechend vom Projektträger nach Art. 5 Abs. 2 der Richtlinie vorzulegenden Angaben müssen mindestens umfassen
- eine Beschreibung des Vorhabens nach Standort, Art und Umfang,
- die notwendigen Angaben zur Feststellung und Beurteilung der Auswirkungen, die das Vorhaben voraussichtlich auf die Umwelt haben wird,

---

1) Erbguth/Schoeneberg, Umsetzung, WiVerw 1985, 102 (104); Schoeneberg, Entwicklungslinien, DVBl. 1984, 929 (931); Bunge, Umweltverträglichkeitsprüfung, ZfU 1984, 405 (406); Cupei, Darstellung, S. 4.
2) Erbguth/Schoeneberg, Umsetzung, WiVerw 1985, 102 (104); Cupei, Umweltverträglichkeitsprüfung, DVBl. 1985, 813 (819).
3) Vgl. dazu ausführlich Schoeneberg, Umweltverträglichkeitsprüfung, S. 201 ff.
4) Cupei, Darstellung, S. 3 f.; vgl. auch Schemel, Umweltverträglichkeitsprüfung, S. 52 ff.

- eine Beschreibung der Maßnahmen, die geplant sind, um bedeutende nachteilige Auswirkungen zu vermeiden und einzuschränken und ggf. auszugleichen,
- eine nicht technische Zusammenfassung der genannten Angaben.

Alle Angaben sind im Genehmigungsverfahren nach Art. 8 der Richtlinie zu berücksichtigen[1].

Materiell-rechtliche Ansätze lassen Art. 3, 5 Abs. 2 und Art. 8 der Richtlinie erkennen.

Eine inhaltliche Komponente weist der Auftrag an die UVP in ihrer Definitionsnorm des Art. 3 der Richtlinie auf, die Auswirkungen des Vorhabens u. a. auf den Menschen, Boden, Wasser, Luft, Klima und die Landschaft sowie entsprechende Wechselrelationen zu bewerten. Damit wird deutlich, daß die UVP mehr sein soll als ein bloßes Sammeln oder gutachtenmäßiges Erfassen isolierter Umweltdaten. Gefordert werden vielmehr wertende Betrachtungen und Aussagen im Sinne von umweltverträglich, umweltunverträglich oder umweltverträglich, wenn bestimmte Maßgaben erfüllt werden.

Bewerten heißt, die ermittelten Umweltdaten ins Verhältnis zu setzen, sowohl zum Vorhaben als auch zueinander. Dabei ist der Wert der Einzelbelange zu ermitteln, der sich durch die Vernetzung mit anderen Belangen erhöhen oder abschwächen kann. Für die Bewertung der Belange und ihres Verhältnisses zueinander (Auswirkungen) bedarf es eines Maßstabes; denn bewerten heißt, maßstabsgerecht zueinander in Relation setzen. Diesen Maßstab liefert die EG-Richtlinie nicht[2].

Die Genehmigungs- und Planfeststellungsentscheidungen werden weiterhin ausschließlich nach den materiell-rechtlichen Vorschriften der einschlägigen nationalen Fachgesetze getroffen[3], so daß auch die

---

1) Erbguth/Schoeneberg, Umsetzung, WiVerw 1985, 102 (104), ohne allerdings auf Art. 8 der Richtlinie Bezug zu nehmen; vgl. auch Steinberg, Einfügung, NuR 1983, 169.
2) Seeliger, Umweltverträglichkeitsprüfung, UPR 1982, 177 (181) zum Richtlinienentwurf von 1980 (DOK.ENV 106).
3) Seeliger, Umweltverträglichkeitsprüfung, UPR 1982, 177 (181).

von der UVP-Richtlinie geforderte Bewertung der Umweltauswirkungen eines Vorhabens nur jeweils mit Blick auf das nationale Planungs- oder Vorhabenzulassungsrecht vorgenommen werden kann[1].

Die EG-Richtlinie zur UVP stellt also trotz einiger materiell-rechtlicher Ansätze und der Notwendigkeit, die materiellen Kriterien der nationalen Planungs- und Umweltrechtsbestimmungen bei ihrer Anwendung heranzuziehen, in erster Linie verfahrensrechtliche Anforderungen an das Umweltrecht der Mitgliedstaaten[2]. Bestätigt wird die Betonung des Verfahrenscharakters der UVP auch durch ihre Entstehungsgeschichte[3]. Insbesondere die USA, deren UVP als Vorbild der EG-Richtlinie diente, gingen von einem rein verfahrensrechtlichen Ansatz aus.

Das verfahrensrechtliche Verständnis der EG-Richtlinie hat zur Folge, daß die mit ihrer Umsetzung in das nationale Recht verbundenen Probleme in den Bereich des (Verwaltungs)Verfahrensrechts gehören.

B. Umsetzung der EG-Richtlinie in das Planungs- und Vorhabenzulassungsrecht der Bundesrepublik Deutschland

Mit der Bekanntmachung der am 27.06.1985 beschlossenen EG-Richtlinie über die Umweltverträglichkeitsprüfung gegenüber den Mitgliedstaaten am 03.07.1985 wurden zwei für die Umsetzungsdiskussion bedeutsame Fristen in Gang gesetzt. Im Außenverhältnis müssen die Mitgliedstaaten gem. Art. 12 Abs. 1 der Richtlinie diese innerhalb von drei Jahren nach ihrer Bekanntgabe umgesetzt haben. Im Innenverhältnis hat die Bundesregierung dem Bundestag spätestens ein Jahr nach ihrer Verabschiedung einen Bericht zuzuleiten, in dem sie die

---

1) Vgl. zur Frage der Gewichtung betroffener Umweltbelange Hoppe, Staatsaufgabe, VVDStRL 38 (1980), S. 211 (279 f.); ders., FS Scupin, S. 737 (743); Schlarmann/Erbguth, Durchsetzung, S. 251 ff.

2) So im Ergebnis die h. M. Cupei, Umweltverträglichkeitsprüfung, DVBl. 1985, 813 (819); ders., Richtlinie, NuR 1985, 297 (300); Erbguth/Schoeneberg, Umsetzung, WiVerw 1985, 102 (103); Bleckmann, Großvorhaben, WiVerw 1985, 86 (88); Bunge, Umweltverträglichkeitsprüfung, ZfU 1984, 405 (406).

3) Vgl. dazu oben S. 253; Bunge, Umweltverträglichkeitsprüfung, ZfU 1984, 405 (406).

von ihr für eine optimale Umsetzung der Richtlinie für erforderlich gehaltenen Maßnahmen im einzelnen darlegt[1].

I. Stand der Umsetzungsdiskussion

Bevor auf die im Rahmen dieser Untersuchung besonders interessierenden Überlegungen, das ROV für eine UVP im Sinne der EG-Richtlinie fruchtbar zu machen, eingegangen wird, soll kurz der Stand der Umsetzungsdiskussion aufgezeigt werden, weil gerade im Hinblick auf das ROV Überschneidungen bzw. Ergänzungen mit anderen Integrationsansätzen möglich erscheinen.

1. UVP als eigenständiges Verfahren

Während zu Beginn der EG-rechtlichen UVP-Diskussion vielfach gefordert wurde, dem amerikanischen Vorbild entsprechend ein eigenständiges zusätzliches UVP-Verfahren einzuführen[2], bringt nunmehr Art. 2 Abs. 2 der Richtlinie - entsprechend der nationalen und internationalen h. M. - klar zum Ausdruck, daß die UVP im Rahmen der bestehenden Verfahren zur Genehmigung der Projekte durchgeführt werden kann, oder falls solche nicht bestehen, im Rahmen anderer Verfahren oder der Verfahren, die einzuführen sind, um den Zielen der Richtlinie zu entsprechen. Damit wird deutlich, daß keine neuen d. h. zusätzlichen, gleichsam vorgeschalteten Verfahren eingeführt werden müssen, wenn bereits geeignete Verfahrensansätze im Recht der Mitgliedstaaten vorhanden sind, obwohl dies auch nicht ausgeschlossen wird[3].

Mit Bleckmann ist davon auszugehen, daß die Mitglieder der EG in Anwendung sachgerechten Ermessens frei entscheiden können, ob und ggf. innerhalb welcher bereits existierender Verfahren sie die

---

1) Plenarprotokoll 10/38 des Deutschen Bundestages über die 38. Sitzung vom 25.11.1983, S. 2656 (2663) in Verbindung mit der Beschlußempfehlung des Innenausschusses v. 15.11.1983, BT-Drs. 10/613, S. 4 unter 8.
2) Henneke, Raumplanerisches Verfahren, S. 31 f.
3) Cupei, Richtlinie, NuR 1985, 297 (300).

Prüfung vornehmen wollen, oder ob sie neue Verfahren schaffen, sofern nur die vorhandenen Genehmigungs- oder Prüfungsverfahren geeignet sind, die UVP in ihnen sinnvoll durchzuführen[1].

2. UVP und Planfeststellungsverfahren

Bereits frühzeitig hat Salzwedel festgestellt, daß zwischen den straßenrechtlichen Planfeststellungsverfahren und der EG-rechtlichen UVP so weitgehende Übereinstimmungen bestehen, daß ohne größere Änderungen die EG-Richtlinie umgesetzt werden könnte[2].

Darüber hinaus bestehen generell wenig Schwierigkeiten, die Planfeststellungsverfahren den EG-rechtlichen Vorgaben anzugleichen. Denn ihrer Normstruktur nach sind sie bereits darauf angelegt, in einem rechtsstaatlich ausgeformten Verfahren schlechthin alle planerischen Gesichtspunkte in die Abwägung einzubeziehen, um so die optimale Verortung des Vorhabens in der räumlichen Umgebung zu erreichen[3].

Deshalb sollte der von Salzwedel für § 75 VwVfG bzw. die jeweiligen Planfeststellungsgesetze angeregte Formulierungsvorschlag "Eine UVP ist Bestandteil des Verfahrens; ihre wesentlichen Ergebnisse und ihre abschließende Bewertung sind in den Planfeststellungsbeschluß aufzunehmen" als Diskussionsgrundlage nicht aus den Augen verloren werden[4]. Sollten überörtliche raumbedeutsame Umweltbelange in einer Teil-UVP im Rahmen des ROV geprüft werden[5], so wären für die Umsetzungsproblematik die für das Verhältnis ROV-Planfeststellungsverfahren gewonnenen Ergebnisse relevant[6]. Die Raumordnungs- und

---

1) Bleckmann, Großvorhaben, WiVerw 1985, 86 (89 f.); ders., Umweltverträglichkeitsprüfung, S. 47 f.
2) Salzwedel, Umweltverträglichkeitsuntersuchungen, S. 103 f.
3) Erbguth/Schoeneberg, Umsetzung, WiVerw 1985, 102 (112); vgl. auch oben S. 88 ff.
4) Salzwedel, Umweltverträglichkeitsuntersuchungen, S. 103 f.; Cupei, Umweltverträglichkeitsprüfung, DVBl. 1985, 813 (819).
5) Vgl. dazu sogleich S. 266 ff., 283 ff.
6) Vgl. dazu oben S. 216 ff.

Allgemeinwohlklauseln müßten sich erneut als Verknüpfungsregelungen bewähren[1]. Als problematisch und untersuchungsbedürftig erwiese sich, wie überörtliche, raumbedeutsame Umweltbelange bei privatnützigen Planfeststellungen über das Tatbestandsmerkmal "Wohl der Allgemeinheit" bei restriktiver, Raumordnungsbelange nur in der Kombination von Raumordnungsziel und ROV sowie tatsächlichen Umständen zulassender Auslegung vorhabenhindernd zu berücksichtigen wären[2].

Die nicht als Raumordnungsbelange berücksichtigungsfähigen überörtlichen, raumbedeutsamen Umweltbelange sowie die örtlichen bzw. nicht räumlichen Belange müßten auf andere Weise - jenseits eines zwingenden Versagungsgrundes - in die wasserrechtlichen Zulassungsverfahren eingebracht werden. Ansatzpunkte hierfür bieten das Bewirtschaftungsermessen, das Wohl der Allgemeinheit und ggf. einzuführende Raumordnungs- oder UVP-Klauseln[3].

3. UVP und Genehmigungsverfahren

Die Struktur der deutschen Genehmigungstatbestände sowie die Notwendigkeit, teilweise mehrere parallele Genehmigungen einholen zu müssen, erschwert die Umsetzung der EG-Richtlinie.

a) Immissionsschutzrechtliche Genehmigung

Besonders kontrovers diskutiert wird die Umsetzung der UVP in das Bundes-Immissionsschutzgesetz[4], aber auch in andere Genehmigungsverfahren, sofern der Antragsteller als Träger von Grundrechten eine gebundene Entscheidung begehrt[5]. Teilweise wird geltend gemacht,

---

1) Vgl. These Nr. 7 der ARL, DVBl. 1985, 728.
2) Vgl. dazu oben S. 205 ff., S. 227.
3) Vgl. These Nr. 7 der ARL, DVBl. 1985, 728; zur Umsetzung der UVP in das Landeswasserrecht vgl. insgesamt Böttcher, Umweltverträglichkeitsprüfung, insbes. S. 369 f.
4) Cupei, Umweltverträglichkeitsprüfung, DVBl. 1985, 813 (820 f.).
5) Z. B. für die bergrechtlichen Zulassungsverfahren Seeliger, Umweltverträglichkeitsprüfung, UPR 1982, 177 (180).

die Entscheidungsstruktur der immissionsschutzrechtlichen Genehmigung nach §§ 4 ff. BImSchG als Kontrollerlaubnis und gebundene Entscheidung sei mit dem UVP-Konzept nicht vereinbar[1]. Oben wurde jedoch bereits ausgeführt, daß der normstrukturelle Unterschied zwischen Kontrollerlaubnissen und Planungsentscheidungen - insbesondere bezogen auf die Genehmigung nach §§ 4 ff. BImSchG - nicht so groß ist[2], so daß er hier eine unterschiedliche Behandlung der EG-Richtlinie nicht rechtfertigen kann. Denn einerseits hat die neuere Entwicklung im raumbezogenen Zulassungsrecht gezeigt, daß der Begriff des Abwägens nicht mehr Planungsentscheidungen i. e. S. vorbehalten ist, sondern gemeinsamer Nenner einer generellen Neuorientierung des öffentlichen Rechts geworden ist, der nicht für einen Sachbereich allein reklamiert werden kann und der[3] zur Kennzeichnung der sachlichen Unterschiede zwischen einer Planungsentscheidung i. e. S. und der "Unternehmergenehmigung mit planungsrechtlichem Einschlag" nur eine Differenzierung zwischen einem nachvollziehenden und einem gestaltenden Abwägen gestattet[4]. Andererseits ist in § 5 Ziff. 2 BImSchG der das gesamte Umweltrecht prägende Vorsorgegrundsatz verankert, der gerade den Grund für die Verabschiedung der UVP-Richtlinie bildet[5]. Damit steht im Grundsatz fest, daß auch die immissionsschutzrechtliche Genehmigung mit einer UVP kombiniert werden kann.

Soweit die UVP im ROV durchgeführt werden soll, ist zu beachten, daß die Analyse der §§ 4 ff. BImSchG bezüglich ihrer Offenheit für raumplanerische Aussagen ergeben hat, daß nur eine beschränkte Berück-

---

1) Steinberg, Einfügung, NuR 1983, 169 (171 ff.); Stellungnahme der angehörten Wirtschaftsverbände im Bericht des Innenausschusses, BT-Drs. 10/628, S. 3; Seeliger, Umweltverträglichkeitsprüfung, UPR 1982, 177 (180).

2) Vgl. oben S. 104.

3) Erbguth/Schoeneberg, Umsetzung, WiVerw 1985, 102 (117) im Anschluß an Wahl, Genehmigung, DVBl. 1982, 51 (62).

4) Erbguth/Schoeneberg, Umsetzung, WiVerw 1985, 102 (117) im Anschluß an Weyreuther, Bauen im Außenbereich, S. 18, 282; zum Begriff der Unternehmergenehmigung mit planungsrechtlichem Einschlag Badura, Standortentscheidung, BayVBl. 1976, 515 sowie oben S. 109 ff.

5) Erbguth/Schoeneberg, EG-Richtlinie, S. 85; vgl. oben S. 248 zum äußerst umstrittenen Gehalt des Vorsorgegrundsatzes in § 5 Ziff. 2 BImSchG, der u. U. einen - ggf. nicht vorhandenen - planerischen Gestaltungsfreiraum voraussetze, vgl. nur Jarass, BImSchG, § 5 Rn. 36; Kutscheidt, Immissionsschutzrecht, S. 251 f.; Sendler, Eigentum, UPR 1983, 33 (43).

sichtigungsfähigkeit insbesondere der landesplanerischen Beurteilung über die bauplanungsrechtlichen Vorschriften zu verzeichnen ist[1]. Soweit diese Verknüpfung mit einer solchen "raumplanerischen UVP" nicht ausreicht, muß daher - insbesondere für die nicht räumlichen Umweltaspekte - nach anderen Lösungsmöglichkeiten gesucht werden, die etwa in einer entsprechenden Auslegung des Vorsorgegrundsatzes nach § 5 Ziff. 2 BImSchG[2], Umwelt- oder Raumordnungsklauseln oder einem Versagungsermessen im immissionsschutzrechtlichen Genehmigungsverfahren oder der Einführung eines Planfeststellungsverfahrens für umweltbelastende Großvorhaben bestehen können[3].

b) Parallele Genehmigungsverfahren

Bei der Umsetzung der UVP in mehrere gleichzeitig erforderliche Gestattungsverfahren (horizontales Splitting), etwa nach Wasser- und Immissionsschutzrecht oder Atomrecht, muß gewährleistet sein, daß die umfassenden, bereichsübergreifenden und gesamthaften Identifizierungen, Beschreibungen und Bewertungen der voraussichtlichen Umweltauswirkungen der geplanten Projekte durch die UVP in gleicher Weise in jedem Sektoralverfahren mit der gleichen umfassenden Aussage beachtet werden[4]. Auch wenn die ROV-Ergebnisse in den außengerichteten, bodennutzungsorientierten Genehmigungsentscheidungen nicht durchgängig berücksichtigungsfähig sind, so bietet doch das ROV in seiner Ausprägung als Mittel zur Binnenkoordination bei der Vorabprüfung der Genehmigungschancen für den Fall mehrerer erforderlicher Genehmigungen mit seinem querschnittsorientierten übergreifenden Ansatz[5] auch für eine in ihm durchgeführte UVP die Chance, hieran zu partizipieren.

---

1) Vgl. oben S. 176 ff.
2) Vgl. dazu Cupei, Darstellung, S. 38 ff.
3) Vgl. dazu ausführlich Cupei, Umweltverträglichkeitsprüfung, DVBl. 1985, 813 (820) m. w. N.
4) Cupei, Richtlinie, NuR 1985, 297 (301).
5) Schoeneberg, Umweltverträglichkeitsprüfung, S. 182 ff.; ders., Entwicklungslinien, DVBl. 1984, 929 (937); Erbguth/Schoeneberg, EG-Richtlinie, S. 93; vgl. auch oben S. 37 ff.

4. UVP und Naturschutzrecht

Detaillierte Umsetzungsvorschläge für eine Integration der UVP in das Naturschutzrecht liegen sowohl für die Landschaftsplanung als auch insbesondere für die Eingriffsregelung des § 8 BNatSchG[1] bereits vor[2]. Zwischen dem Naturschutzrecht und der EG-Richtlinie bestehe weitgehend Zielkonformität. Die Eingriffsregelung des § 8 BNatSchG (bei Fachplanungen und privaten Vorhaben), die eine separate UVP gewährleiste und im "Huckepackverfahren" wirksam werde, biete eine vorbildliche und "eine ökologische Bewertung voraussetzende Regelung" an, die strukturell geeignet sei, die UVP in weiten zielkonformen Bereichen zu übernehmen[3]. Kritisch wird zu § 8 BNatSchG als Leitverfahren für eine EG-UVP angemerkt, das Tatbestandsmerkmal des Eingriffs in Natur und Landschaft sei aufgrund der Systematik des deutschen Umweltrechts eingeschränkt, etwa dann, wenn Veränderungen der Grundflächengestalt lediglich mittelbar über spezialgesetzlich geschützte Umweltmedien wie Luft und Wasser herbeigeführt werden[4]. Auch sei der Verbindung der verfahrensrechtlichen UVP mit materiellen Rechtsfolgen des § 8 BNatSchG - Verbot vermeidbarer Beeinträchtigungen, Gebot von Ausgleichsmaßnahmen bei unvermeidbarer Beeinträchtigung, Untersagung des Eingriffs - mit Vorbehalten zu begegnen, zumal sich die Untersagung bei großen und wirtschaftlich bedeutenden Vorhaben als nicht durchgreifend erwiesen habe[5]. Im Verfahren nach § 8 BNatSchG könnten daher auch nur Teilbeiträge zu einer EG-UVP geleistet werden.

---

1) Bundesnaturschutzgesetz v. 20.12.1976, BGBl. I S. 3574.
2) Carlsen, Umweltverträglichkeitsprüfung, UPR 1984, 48 (49 ff.); Cupei, Richtlinie, NuR 1985, 297 (304 ff.); mit ausführlicher Darstellung eines auf einer Tagung des Arbeitskreises Europäische Integration e. V. zum Thema "UVP als europäisches Problem" v. 12. - 14.07.1984 behandelten Artikelgesetzes sowie des Entwurfs der Stellungnahme des Beirats für Naturschutz und Landschaftspflege zu "UVP für raumbezogene Planungen und Vorhaben".
3) Carlsen, Umweltverträglichkeitsprüfung, NuR 1984, 48 (50).
4) Erbguth/Schoeneberg, Umsetzung, WiVerw 1985, 102 (125); Breuer, Bedeutung, NuR 1980, 89 ff.; Gassner, Eingriffe, NuR 1984, 81 ff.
5) Erbguth/Schoeneberg, EG-Richtlinie, S. 92; Pielow, Verursacherhaftung, NuR 1980, 89 (92).

Diese lägen zudem auf der Verwirklichungsebene des bereits stark konkretisierten Einzelvorhabens, nicht aber auf vorgelagerter Entscheidungsebene, wie sie für eine effektive UVP zumindest auch zu fordern sei. Dies gewährleiste eher das ROV als querschnittsorientierte, fachübergreifende und frühzeitige Überprüfung des Projekts an gesamträumlichen Maßstäben[1]. Vermieden werden sollte ein Kompetenzgerangel zwischen Naturschutz und Landesplanung, in dem versucht wird, die neue Aufgabe UVP an sich zu ziehen, um so die eigene Position aufzuwerten und die vorhandene Durchsetzungsschwäche auszugleichen[2]. Vielmehr bestehen gegenseitige Ergänzungsmöglichkeiten zwischen beiden Verfahren. So könnte das Naturschutzrecht neben einer der Verwirklichungsebene vorzubehaltenen Anwendung des § 8 BNatSchG verstärkt materielle Vorgaben in Form von Teilplänen der Raumordnung und Landesplanung entwickeln, die ihrerseits den Prüfungsmaßstab im ROV für die gesamträumliche frühzeitige Grobprüfung liefern[3].

5. UVP und Raumordnungsverfahren

Bereits während der Erarbeitungsphase der EG-Richtlinie konzentrierte sich im politischen Raum und in der Rechtswissenschaft die Umsetzungsdiskussion auf das ROV[4]. Der Innenausschuß hat bereits 1982 in seiner Beschlußempfehlung zu dem Vorschlag einer Richtlinie des Rates über die UVP bei bestimmten öffentlichen und privaten Vorhaben - EG-Dok. - Nr. 7972/80 - die Bundesregierung ersucht, zu der Frage einer Einführung der UVP in das ROV Stellung zu nehmen[5].

In ihrem diesbezüglichen Bericht über den Sachstand bei der Harmonisierung und Weiterentwicklung der vorhandenen Ansätze auf dem Gebiet der UVP (nationales UVP-Konzept) betont die Bundesregierung

---

1) Erbguth/Schoeneberg, Umsetzung, WiVerw. 1985, 102 (126).
2) Vgl. etwa Carlsen, Umweltverträglichkeitsprüfung, NuR 1984, 48 (50); Erbguth/Schoeneberg, EG-Richtlinie, S. 92 f.
3) Ähnlich Erbguth, Bodenschutzrecht, NuR 1986, 137 (139), für die Landschaftsplanung als Leitplanung des Bodenschutzes und damit Vorgabe für die Raumordnung.
4) Erbguth, Umweltverträglichkeitsprüfung, NuR 1982, 161 ff., der wohl als erster diesen Vorschlag unterbreitet hat.
5) BT-Drs., 10/613, S. 4; Beschl. des BT v. 25.11.1983; vgl. auch Plenarprotokoll 10/38, S. 2657.

die Notwendigkeit weiterer wissenschaftlicher Forschung sowie der sorgfältigen Abstimmung zwischen Bund und Ländern, hält die UVP im vertikalen Splitting (z. B. Planungs- und Genehmigungsebene) für den Ausnahmefall und weist auf die Schwierigkeiten einer durchgängigen Öffentlichkeitsbeteiligung hin[1].

In der Beschlußempfehlung zu dem Entschließungsantrag der Fraktionen der CDU/CSU und FDP zur Erklärung der Bundesregierung zum Thema "Unsere Verantwortung für die Umwelt"[2] hat der Innenausschuß empfohlen, die Bundesregierung solle gemeinsam mit den Ländern prüfen, "ob und wie im gesamten Bundesgebiet das ROV als Instrument für die frühzeitige Prüfung der Umweltverträglichkeit raumbedeutsamer Planungen und Maßnahmen besser genutzt werden kann, ob es z. B. im Raumordnungsgesetz bundesrahmenrechtlich geregelt werden sollte"[3].

In ihren "Programmatischen Schwerpunkten der Raumordnung" gibt die Bundesregierung ihre Auffassung zum Ausnahmecharakter des vertikalen Splittings (z. B. im ROV und Genehmigungsverfahren) auf: Zwar werde in der Regel nicht eine abschließende oder gar detaillierte UVP eines konkreten Vorhabens bereits auf dieser Stufe des Planungs- und Entscheidungsverfahrens (ROV)[4] vorgenommen werden können; gleichwohl erscheine es möglich, bestimmte z. B. standortbezogene Vorfragen in bezug auf ihre Umweltauswirkungen bereits im ROV zu analysieren und zu bewerten und damit die Entscheidungsvorbereitung für öffentliche, aber auch private Standortentscheidungen zu verbessern. Daher unterstütze sie die Länder bei ihren Anstrengungen, Umweltbelange im Rahmen der ROV verstärkt zu berücksichtigen[5].

---

1) BT-Drs. 10/2143.
2) BT-Drs. 10/383.
3) BT-Drs. 10/870, S. 3 f.
4) Klammerzusatz vom Verfasser.
5) BT-Drs. 10/3146, S. 14.

In seiner Beschlußempfehlung zum Raumordnungsbericht 1982 und den programmatischen Schwerpunkten der Raumordnung hat der Ausschuß für Raumordnung, Bauwesen und Städtebau angeregt, der Bundestag möge die Überlegungen von Bund und Ländern begrüßen, eine Novellierung des ROG mit dem Ziel vorzusehen, ROV der Länder rahmenrechtlich festzuschreiben und darin die erste Stufe einer UVP zu integrieren[1].

Schon auf ihrer Sitzung am 31.03.1985 hatte die Ministerkonferenz für Raumordnung (MKRO) unter TOP 8 eine entsprechende Entschließung gefaßt[2]. Sie begrüßt ein solches abgestuftes UVP-Konzept, da die in den Zielen und Grundsätzen der Raumordnung und Landesplanung vorhandenen bzw. leicht zu berücksichtigenden Umweltbelange im ROV vorhabenspezifisch konkretisiert und umgesetzt werden könnten, was allerdings eine bundesweite Durchführung des ROV voraussetze.

Die Umweltministerkonferenz (UMK) hat in ihrer 24. Sitzung am 24.04.1985 die Auffassung vertreten, zur frühen Erfassung von Umweltauswirkungen als ein Beitrag zu gezielter Umweltpolitik sei die Umsetzung der EG-Richtlinie in einem in geeigneten Teilbereichen gestuften Prüfungsverfahren zulässig, z. B. durch Prüfung der Umweltverträglichkeit im ROV und im nachfolgenden Vorhabenzulassungsverfahren[3].

Begründet wird die Forderung nach einer Zweistufigkeit überwiegend mit Zweckmäßigkeitserwägungen aus der Verwaltungspraxis: Es gelte, das bereits vorhandene Instrumentarium zu nutzen. Die bewährte Stu-

---

1) BT-Drs. 10/4012, S. 3, Ziff. 5.
2) Hoppe, RuL, Rn. 851; Cupei, Umweltverträglichkeitsprüfung, DVBl. 1985, 813 (819); bereits am 28.02.1974 hatte die MKRO auf die Übereinstimmung von Umweltschutz und Raumordnung, materiell bezogen auf die Pläne, formell bezogen auf die Abstimmungsverfahren (ROV) hingewiesen, Schriftenreihe "Raumordnung" des BMBau, H. 06.019, S. 27.
3) Beschl. der 24. UMK zu TOP 11; vgl. dazu auch MdB Gerlach, in: Plenarprotokoll 10/38, v. 25.11.1983, S. 2657; Hoppe, RuL, Rn. 852; Cupei, Umweltverträglichkeitsprüfung, DVBl. 1985, 813 (820).

fung in eine medienübergreifende, querschnittsbezogene Grobprüfung eines Standortes unter Raumgesichtspunkten (Makrostandortvoraussetzungen)[1] sollte beibehalten werden, so daß sich eine Integration der UVP in beide Verfahren anböte[2].

Insbesondere Bayern, das jahrzehntelang erfolgreich mit dem ROV gearbeitet hat[3], unterstützt diese Argumentation[4].

Soweit in der rechtswissenschaftlichen Literatur die Umsetzungsdiskussion aufgenommen wurde, stehen rechtssystematische Überlegungen[5], die Untersuchung der Affinitäten zwischen ROV und UVP[6] und die Teilproblematik der ggf. EG-rechtlich geforderten durchgängigen Öffentlichkeitsbeteiligung[7] im Vordergrund.

Ansonsten bleibt es fast immer bei einer Auflistung der zu lösenden Probleme, angefangen von dem Gebot, Doppelprüfungen zu vermeiden über die Forderung nach sinnvoller Abgrenzung zwischen der UVP im ROV und im Zulassungsverfahren bis hin zur Frage der Ausgestaltung des Verhältnisses ROV-Fachverfahren einschließlich evtl. Verbindlichkeiten der landesplanerischen Stellungnahme und der das Bund-Länderverhältnis berührenden Problematik, inwieweit von Landesbehörden im ROV durchgeführte UVP für in Bundeseigen- oder Bundesauftragverwaltung abzuwickelnde Bundesmaßnahmen mit Rechtswirkung versehen werden

---

1) Vgl. zu diesem Begriff Hucke/Seidel/Zimmermann, Analyse, S. 251 f., 259.
2) Cupei, Umweltverträglichkeitsprüfung, DVBl. 1985, 813 (819); Hucke/Seidel/Zimmermann, Analyse, S. 251 f., 259.
3) Vgl. dazu oben S. 138 ; Goppel, Raumordnungsverfahren, BayVBl. 1982, 716 (718).
4) Kroher/Pössinger, Neufassung, LUMBl. 1984, S. 31.
5) Erbguth/Schoeneberg, Umsetzung, WiVerw 1985, 102 (111 ff.); dies., EG-Richtlinie, S. 79 ff.; Steinberg, Einfügung, NuR 1983, 169 (171 f.).
6) Schoeneberg, Umweltverträglichkeitsprüfung, S. 171 ff.; ders., Verbesserter Umweltschutz, der landkreis 1983, 332 (334); Erbguth/Zoubek, Umweltschutz, DVBl. 1982, 1172 (1173); Hoppe, FS Scupin, S. 751 ff.
7) Vgl. dazu allgemein Wahl, Bürgerbeteiligung, S. 124 ff. und unten S. 305 ff.; Erbguth/Schoeneberg, Umsetzung, WiVerw 1985, 102 (108 f.); Cupei, Richtlinie, NuR 1985, 297 (302).

können[1].

II. EG-rechtliche Zulässigkeit des "vertikalen Splittings"

Eine Stufung der EG-UVP im ROV und im Vorhabenzulassungs- bzw. Planfeststellungsverfahren ist nur zulässig, wenn die EG-Richtlinie eine solche Art der Transformation in das nationale Genehmigungs- und Planungsrecht gestattet.

1. Auslegung der EG-Richtlinie

Prägendes Merkmal der EG-UVP ist ihre gesamthafte, bereichsübergreifende Betrachtungsweise[2]. Damit sollen u. a. Prüfungs- und Wahrnehmungslücken sowie der Transfer von problematischen Umweltauswirkungen von einem Umweltmedium auf ein anderes vermieden werden, was nahelegt, als Normalfall der UVP die Beschreibung, Identifizierung und Bewertung der Umweltauswirkungen in einem einzigen Verfahren anzusehen.

Dennoch ist eine vertikale Stufung der EG-UVP EG-rechtlich nicht unzulässig. Unabhängig von der Streitfrage, ob bereits der Wortlaut einzelner Bestimmungen der Richtlinie (Art. 1 Abs. 2, 2 Abs. 1, 5 Abs. 1 Lit. a) oder ihre Entstehungsgeschichte eindeutige Hinweise auf eine mögliche Mehrstufigkeit geben[3], gestattet jedenfalls die teleologische Auslegung ein "vertikales Splitting". Denn Zweck der

---

[1] Bunge, Umweltverträglichkeitsprüfung, ZfU 1984, 405 (417 f.); Cupei, Umweltverträglichkeitsprüfung, DVBl. 1985, 813 (820); Thesen der ARL, DVBl. 1985, 728 f.; Steinberg, Einfügung, NuR 1983, 169 (174).

[2] Abschlußbericht der Arbeitsgruppe UVP (Sukopp u. a.) des Beirats für Naturschutz und Landschaftspflege, H. 313 der Schriftenreihe Angewandte Wissenschaft des Bundesministers für Ernährung, Landwirtschaft und Forst, S. 11 ff., 19 ff.; Carlsen, Umweltverträglichkeitsprüfung, NuR 1984, 48 (50 f.); Steinberg, Einfügung, NuR 1983, 169; Schoeneberg, Umweltverträglichkeitsprüfung, S. 12 ff.

[3] Dafür Cupei, Richtlinie der EG, WiVerw 1985, 63 (78); ders., Richtlinie, NuR 1985, 297 (302); ders.,Umweltverträglichkeitsprüfung, DVBl. 1985, 813 (817); dagegen ausführlich und grundlegend Bleckmann, Großvorhaben, WiVerw 1985, 87 (95 ff.); ders., Umweltverträglichkeitsprüfung, S. 52 ff.

EG-Richtlinie ist es, dem Vorsorgeprinzip entsprechend möglichst frühzeitig, umfassend, medienübergreifend und gesamthaft alle Umweltauswirkungen eines Vorhabens zu erfassen[1]. Sind, wie in der Bundesrepublik Deutschland, aufeinander aufbauend mehrere Verfahrensstufen zeitlich nacheinander geschaltet mit zunehmendem Konkretheitsgrad vorhanden, so entspricht es der aus dem Gebot der Vorsorge abgeleiteten Forderung nach frühester Erfassung und Berücksichtigung der Umweltauswirkungen, bereits in den vorgelegerten Verfahrensstadien mit der UVP zu beginnen. Aus dem Zweck der UVP-Richtlinie ergibt sich daher, daß eine gestufte Umsetzung in die nationale Rechtsordnung - hier in ein ROV und ein nachfolgendes Genehmigungs- oder Planfeststellungsverfahren - zulässig ist[2].

2. Überblick über die EG-rechtlichen Anforderungen an eine Verfahrensstufung

Um dem Ziel der EG-UVP-Richtlinie gem. Art. 183 Abs. 3 EWG-Vertrag auch im vertikal gestuften Verfahren gerecht zu werden, muß gewährleistet sein, daß die aufgeteilte UVP im Endergebnis einer in einem einzigen Verfahren durchgeführten UVP qualitativ gleichwertig ist. Auf jeder Stufe der Planung und/oder Entscheidungsvorbereitung, bei jedem Verfahrensschritt und in jedem Verfahren muß die UVP stufenspezifisch umfassend und detailliert sein[3].

Dabei stellt sich die Frage, ob sämtliche verfahrensrechtlichen Voraussetzungen auf jeder Stufe erfüllt sein müssen, oder ob von der Entlastungsfunktion einer Stufung in verfahrensrechtlicher Sicht profitiert werden kann[4].

---

1) Erbguth/Schoeneberg, Umsetzung, WiVerw 1985, 102 (107, 120); Hucke/Seidel/Zimmermann, Analyse, S. 254 f.

2) So im Ergebnis auch die h. M., vgl. etwa Cupei, Umweltverträglichkeitsprüfung, DVBl. 1985, 813 (820); Bleckmann, Großvorhaben, WiVerw 1985, 86 (99 f.); Erbguth/Schoeneberg, Umsetzung, WiVerw 1985, 102 (120 f.); These Nr. 1 der ARL, DVBl. 1985, 728; Bunge, UVP und Verwaltungsverfahren, S. 60.

3) So wörtlich Cupei, Umweltverträglichkeitsprüfung, DVBl. 1985, 813 (817) mit Hinweisen auf das Beratungsverfahren für die EG-Richtlinie; ders., Richtlinie, NuR 1985, 297 (301); ders., Richtlinie der EG, S. 77 f.; ders., Darstellung, S. 15; Schemel, Umweltverträglichkeitsprüfung, S. 52, regt an, die UVP auf jeder Entscheidungsebene "möglichst als in sich abgeschlossenes Untersuchungspaket" durchzuführen.

4) Erbguth/Schoeneberg, EG-Richtlinie, S. 87 f.

Dies gilt etwa für die Problematik, ob in jedem Teilverfahren gem. Art. 6 Abs. 2 der Richtlinie eine umfassende Öffentlichkeitsbeteiligung zu erfolgen hat und ob der Projektbetreiber bereits für vorgelagerte Verfahren sämtlichen Informationspflichten gem. Art. 5 Abs. 2 der Richtlinie i. V. m. Anhang III nachkommen muß oder ob er etwa zwischen großräumigen und örtlichen Umweltauswirkungen differenzieren darf, wie es dem unterschiedlichen Detailliertheitsgrad der Verfahrensstufen entspricht.

In jedem Fall erforderlich ist es, daß die im vorgelagerten Verfahren (z. B. einem ROV) gewonnenen UVP-Erkenntnisse, die naturgemäß globaler, großräumig gesamthaft und medienübergreifend sind, in vollem Umfang in das nachfolgende Verhabenzulassungsverfahren integriert werden[1].

a) ROV als Verfahren zur Genehmigung i. S. d. Art. 2 Abs. 2 der Richtlinie

Ausgeschlossen wäre eine Zweiteilung der UVP bereits dann, wenn es sich beim ROV nicht um ein bestehendes Verfahren i. S. d. Art. 2 Abs. 2 der Richtlinie handelt, das zur Genehmigung des Projekts durchgeführt wird. Es darf nicht ein "anderes Verfahren" i. S. d. Art. 2 Abs. 2 der Richtlinie sein, da in dessen Rahmen nur dann die UVP durchgeführt werden darf, wenn Genehmigungsverfahren nicht bestehen. Damit ist unmittelbar der Regelungsgehalt der das ROV abschließenden landesplanerischen Beurteilung angesprochen. Der Wortlaut "Verfahren zur Genehmigung" nach Art. 2 Abs. 2 erste Alternative der Richtlinie läßt sowohl die Auslegung zu, daß nur solche Verfahren in Betracht kommen, die in engem unmittelbaren Zusammenhang mit der außenwirksamen Entscheidung stehen, diese also determinieren, als auch, daß hierzu jedes Verfahren zählt, das nur irgendwie die Entscheidungsfindung fördert.

---

[1] Vgl. Beschl. der UMK v. 24.04.1985 zu TOP 11; These Nr. 5 der ARL, DVBl. 1985, 728 f.; Bunge, Umweltverträglichkeitsprüfung, ZfU 1984, 405 (414 f.).

Bereits aufgrund des Projektbezugs des ROV[1], der dieses Verfahren von den Planungsverfahren abgrenzt, die nicht Gegenstand der Richtlinie sind[2], ließe sich argumentieren, deshalb sei es ein Verfahren zur Genehmigung i. S. d. Art. 2 Abs. 2 erste Alternative der Richtlinie. Diese Auffassung kollidiert jedoch mit der Systematik der Richtlinie. Es wird in Art. 1 Abs. 2 der Richtlinie die Genehmigung definiert als die Behördenentscheidung, die dem Träger das Recht zur Projektdurchführung verleiht; Art. 2 Abs. 2 der Richtlinie differenziert zwischen bestehenden Verfahren zur Genehmigung, anderen Verfahren und einzuführenden Verfahren; Art. 5 Abs. 1 lit. a der Richtlinie geht von mehreren Stadien eines Genehmigungsverfahrens aus. In der gültigen Fassung der Richtlinie sind Pläne und Planungsverfahren nicht Gegenstand einer UVP. Da in ihnen jedoch regelmäßig wichtige Vorentscheidungen fallen, die die Genehmigung u. U. präjudizieren, mithin die außengerichtete Entscheidung steuern, müßten auch die Planungen bei weiter Auslegung des Begriffs des "Genehmigungsverfahrens" in Art. 2 Abs. 2 der Richtlinie hierzu zählen. Das ist jedoch, wie bereits dargelegt, nicht der Fall.

Aus dem Unterschied zwischen bestehenden Genehmigungsverfahren und anderen Verfahren in Art. 2 Abs. 2 der Richtlinie läßt sich ableiten, daß nicht alle Verfahren, die das Projekt in irgendeiner Weise betreffen, Genehmigungsverfahren i. S. d. Vorschrift sind. Da letztlich die Genehmigung die Umweltbeeinträchtigung erlaubt, müssen die Verfahren, die die UVP aufnehmen sollen, auf diese Gestattung hin ausgerichtet sein. Es muß also ein noch näher zu bezeichnender Zusammenhang zwischen den einzelnen Verfahrensschritten und der außenwirksamen Abschlußentscheidung bestehen.

Problemlos als "Verfahren zur Genehmigung" nach Art. 2 Abs. 2 der Richtlinie und als "Stadium des Genehmigungsverfahrens" nach Art. 5 Abs. 1 der Richtlinie lassen sich die einzelnen Verfahrensschritte im sog. gestuften Verwaltungsverfahren einordnen. Solche Verfahrensstufen herkömmlicher Art sind dadurch gekennzeichnet, daß komplexe Genehmigungsentscheidungen für Kernkraftwerke oder emittierende Großanlagen nach dem Atom- bzw. Bundes-Immissionsschutzgesetz in

---

1) Vgl. dazu oben S. 17 ff.
2) *Cupei*, Richtlinie, NuR 1985, 297 (300).

Standortvorbescheide, Standortteilgenehmigungen und weitere Teilentscheidungen aufgespalten werden. Die Teilregelungen werden von der Genehmigungsbehörde gegenüber dem Antragsteller getroffen und entfalten - vom atomrechtlichen positiven Gesamturteil einmal abgesehen - eine weitgehende Bindungs- und Präklusionswirkung[1].

Demgegenüber stellen die Linienbestimmungen nach § 16 FStrG und die luftverkehrsrechtliche Genehmigung nach § 6 LuftVG nur unechte Verfahrensstufen dar, obwohl durch die "Verzahnung von Genehmigung und Planfeststellung innerhalb eines insoweit mehrstufigen Verwaltungsverfahrens" gesprochen werden kann[2]. Denn diesen Entscheidungen fehlt - von den Gemeinden u. U. einmal abgesehen - die Außenwirkung, so daß nur verwaltungsintern Vorklärungen und Problemabschichtungen vorgenommen werden können.

Auch diese beschränkte Verbindlichkeit beeinflußt zumindest durch das verbindliche Ausscheiden ungeeigneter Trassen oder Standorte den nachfolgenden außengerichteten Planfeststellungsbeschluß so stark, daß auch diese (unechten) Verfahrensstufen als "Verfahren zur Genehmigung" i. S. d. Art. 2 Abs. 2 der Richtlinie anzusehen sind. Soweit dem ROV eine behördeninterne Verbindlichkeit beigelegt wird, ist seine Wirkung mit den "unechten" Verfahrensstufen vergleichbar[3], so daß es ebenfalls als Genehmigungsverfahren i. S. d. Art. 2 Abs. 2 der Richtlinie anzusehen ist.

Selbst diese beschränkte Innenverbindlichkeit fehlt dem unverbindlichen ROV-Abschluß, der gutachterlich lediglich den Ausschnitt "Raumverträglichkeit" beurteilt. Da insoweit die Planfeststellungs- oder Genehmigungsbehörden von den Verfahrensergebnissen abweichen können, fehlt es an einer Steuerung der Genehmigung i. S. d. Art. 1 Abs. 2 der Richtlinie. Aus diesem Grund liegt kein "Verfahren zur Genehmigung" nach Art. 2 Abs. 2 der Richtlinie vor, so daß so ausgestaltete ROV - bei bestehendem Genehmigungsverfahren - kein Leitverfahren für die EG-UVP sein können.

---

1) <u>Büdenbender/Mutschler</u>, Bindungs- und Präklusionswirkung, Rn. 166 ff., 206.
2) BVerwG, Urt. v. 22.03.1974 - IV C 42.73 -, BayVBl. 1975, 395; <u>Badura</u>, Standortentscheidung, BayVBl. 1976, 515 (518).
3) <u>Schmidt-Aßmann</u>, Entwicklungstendenzen, BVlBW 1986, 2.

b) Ermittlung der EG-rechtlichen Anforderungen an die Verbindlichkeit der ersten Verfahrensstufe (ROV) für die zweite Verfahrensstufe (nachfolgende Verfahren)

Wird die EG-UVP zweistufig eingeführt, so ist zu untersuchen, welche Verbindungslinien zwischen der ersten Stufe ROV und der zweiten Stufe Genehmigung bestehen müssen, da anerkannt ist, daß durch die Zweiteilung nicht die Anforderungen an eine Gesamt-UVP i. S. d. EG-Richtlinie unterlaufen werden dürfen[1].

Wird der überörtliche UVP-Teil im ROV durchgeführt, so stellt sich die Frage der (notwendigen) Verbindlichkeit für die nachfolgenden Verfahren.

Aufschluß über die EG-rechtlichen Anforderungen an die Verbindlichkeit des UVP-Ergebnisses kann Art. 8 der Richtlinie geben. Danach sind die UVP-Ergebnisse im Rahmen des Genehmigungsverfahrens zu berücksichtigen. Unklar ist zunächst, ob dabei das Genehmigungsverfahren im engeren Sinne (Art. 1 Abs. 2 der Richtlinie) oder das im Rahmen des Art. 2 Abs. 2 der Richtlinie von den Mitgliedstaaten gewählte Verfahren gemeint ist. Nach Bleckmann sei letzteres angesprochen, da nach Art. 2 Abs. 3 der Richtlinie die UVP in dem Verfahren durchzuführen sei, für das sich die Mitgliedstaaten nach Art. 2 Abs. 2 der Richtlinie entschieden haben[2].

Diese Auslegung hätte zur Konsequenz, daß die in das ROV vorgelagerte Teil-UVP nur in dessen Rahmen zu berücksichtigen wäre. Eine Verbindung mit der zweiten Stufe, der außengerichteten Behördenentscheidung, wäre nicht gewährleistet. Das widerspricht jedoch der Zielrichtung der EG-Richtlinie, die Bewertung örtlicher und überörtlicher raumbedeutsamer Umweltauswirkungen in die Genehmigung nach Art. 1 Abs. 2 der Richtlinie einfließen zu lassen. Daher kann der Begriff "Genehmigungsverfahren" in Art. 8 der Richtlinie nur so verstanden werden, daß er zumindest auch die außenwirksamen Entscheidungen umfaßt.

---
1) <u>Cupei</u>, Umweltverträglichkeitsprüfung, DVBl. 1985, 813 (819).
2) <u>Bleckmann</u>, Großvorhaben, WiVerw 1985, 86 (98 ff.).

Bedenken begegnet ferner die Auslegung Bleckmanns für den Begriff "zu berücksichtigen", der lediglich verlange, daß nachgewiesen werden müsse, daß die entscheidende Behörde die UVP-Ergebnisse in irgendeiner Weise zur Kenntnis genommen habe[1].

Zutreffend ist vielmehr die am Richtlinienzweck orientierte Auslegung, die nationalen Vorschriften, die die Entscheidungsfindung regelten, müßten die Berücksichtigungsfähigkeit der eingeholten Angaben gewährleisten[2].

Diesen Anforderungen genügen weitgehend die nationalen Vorhabenzulassungsbestimmungen, wenn sie über die Raumordnungs- und Allgemeinwohlklauseln die Berücksichtigungsfähigkeit der sonstigen Erfordernisse der Raumordnung sicherstellen[3].

Nicht geregelt und vom nationalen Vorhabenzulassungsrecht gefordert wird durch Art. 8 der Richtlinie, welches Gewicht im Einzelfall den Ergebnissen der UVP bei der Prüfung der Genehmigungsfähigkeit des Vorhabens zukommt[4]. Dies leisten auch die Verknüpfungsregelungen zwischen Raumordnungs- und Fachrecht nur in Ausnahmefällen[5]. Da Art. 8 der Richtlinie nur die Berücksichtigungsfähigkeit der nach Art. 5 - 7 der Richtlinie eingeholten Angaben zum Gegenstand hat, steht gleichzeitig fest, daß - im gestuften Verfahren - eine Verbindlichkeit der im ROV durchgeführten Teil-UVP EG-rechtlich aufgrund dieser Vorschrift nicht gefordert ist.

c) <u>Notwendigkeit einer EG-UVP bei behördenverbindlichem ROV</u>

Eine andere Frage ist, ob bei behördenverbindlicher Ausgestaltung des ROV auch im landesplanerischen Verfahren eine EG-UVP durchzuführen ist. Dabei ist zu differenzieren zwischen einem ROV mit und einem ROV ohne integrierter UVP.

---

1) <u>Bleckmann</u>, Großvorhaben, WiVerw 1985, 86 (98 ff.).
2) <u>Cupei</u>, Umweltverträglichkeitsprüfung, DVBl. 1985, 813 (816).
3) Vgl. dazu S. 170 ff.
4) <u>Cupei</u>, Umweltverträglichkeitsprüfung, DVBl. 1985, 813 (816).
5) Vgl. dazu oben S. 161.

Sollte die EG-UVP nur im Genehmigungs- oder Planfeststellungsverfahren durchgeführt werden, so muß trotz der Verbindlichkeit der landesplanerischen Beurteilung der zuständigen Behörde die Möglichkeit eröffnet bleiben, die überörtlichen raumbedeutsamen Umweltbelange selbst zu ermitteln und zu bewerten. Soweit dieser Ermittlungs- und Entscheidungsspielraum nicht gewährleistet ist, muß im ROV eine UVP durchgeführt werden, die in analoger Anwendung der Art. 5 - 7 der EG-Richtlinie zu bestehen hat, da es ansonsten zu einer Umgehung der Bestimmungen der EG-Richtlinie käme[1].

Wird eine Teil-UVP im ROV mit verbindlichem Verfahrensabschluß durchgeführt, so bleibt zu untersuchen, ob bereits auf dieser Verfahrensstufe alle EG-rechtlichen UVP-Anforderungen, insbesondere eine Betroffenenbeteiligung (Art. 6 Abs. 2 2. Spiegelstrich der Richtlinie) und Vorlage der detaillierten Unterlagen (Art. 5 der Richtlinie i. V. m. Anhang III), erfüllt sein müssen[2].

III. Funktionsäquivalenz von UVP und ROV

Um feststellen zu können, ob und ggf. mit Hilfe welcher Novellierung das ROV geeignet ist, Teilbereiche der UVP zu übernehmen, müssen beide Verfahren hinsichtlich ihrer Funktion und Wirkungsweise verglichen werden.

1. Übereinstimmungen zwischen UVP und ROV

Zwischen der UVP i. S. d. EG-Richtlinie und dem ROV bestehen zahlreiche strukturelle und verfahrenspraktische Gemeinsamkeiten, die eine Integration der UVP in das ROV (zunächst) sinnvoll erscheinen lassen.

a) Strukturelle Gemeinsamkeiten

Aufgabenstruktur und Wirkungsweise von UVP und ROV sind weitgehend deckungsgleich.

---
1) Vgl. zur Umgehung von EG-Bestimmungen Bleckmann, in: v. Groeben/v. Boeckh/Thiesing/Ehlermann, EWG-Vertrag, Art. 5 Rn. 24.
2) Vgl. dazu unten S. 305 ff.

aa) Umweltschutzfunktion der Raumordnungsinstrumentarien

Auf die materiellen und verfahrensrechtlichen Affinitäten zwischen Umweltschutz und Raumordnung wurde bereits frühzeitig hingewiesen[1]. Vielfältige Umweltbelange sind in den Bundes- und Ländergrundsätzen der Raumordnung festgeschrieben[2]. Dem tragen zunehmend die Ziele der Raumordnung und Landesplanung Rechnung, in denen nicht nur versucht wird, schädliche Nutzungsformen zu trennen, sondern - von einem Verständnis als Umweltplanung her - Vorranggebiete zum Schutz von Naturräumen oder für Erholungszwecke auszuweisen[3].

Auch die sonstigen Erfordernisse der Raumordnung und Landesplanung können sich auf Umweltbelange beziehen, etwa als noch nicht verbindliche Raumordnungspläne mit Umweltzielen, als landesplanerische Stellungnahmen zu Umweltfachplanungen oder als landesplanerische Beurteilung für ein umweltrelevantes anderes Projekt im selben Raum[4].

Diese Ziele, Grundsätze und in Bayern und Hessen auch die sonstigen Erfordernisse der Raumordnung und Landesplanung mit materiellen umweltschützerischen Inhalten bilden den Prüfungsmaßstab im ROV. Da an ihnen das geplante Vorhaben gemessen wird, werden auf diese Weise mit dem raumordnungsverfahrensrechtlichen Sicherungsinstrument ROV dessen Umweltauswirkungen erfaßt und bewertet.

---

1) Erbguth, Immissionsschutz, S. 31 ff.; ders., Umweltverträglichkeitsprüfung, NuR 1982, 161 (163); Kuhl, Umweltschutz, S. 28 ff., 92 ff.; grundlegend auch Schoeneberg, Umweltverträglichkeitsprüfung, passim; v. Lersner, Konvergenz, UPR 1984, 177 (182).

2) Vgl. die Zusammenstellung entsprechender Fundstellen in einer Anlage zur MKRO-Entschließung "Berücksichtigung des Umweltschutzes in der RO" v. 21.03.1985, abgedr. bei Hoppe, RuL, Rn. 848.

3) Erbguth, Umweltverträglichkeitsprüfung, NuR 1982, 161 (163); Erbguth/Zoubek, Umweltschutz, DVBl. 1982, 1172 (1174); Schemel, Umweltverträglichkeitsprüfung, S. 68.

4) Vgl. zu den sonstigen Erfordernissen der Raumordnung und Landesplanung oben S. 35 ff. und allgemein Bielenberg/Erbguth/Söfker, ROLaPlaR, M 310, Rn. 4, M 312 Rn. 24 f.

bb) Projektbezogenheit

Sowohl die EG-UVP als auch das ROV werden geprägt durch ihre Projektbezogenheit[1]. Während es bei der UVP darum geht, die Auswirkungen eines geplanten Vorhabens auf die Umwelt zu erfassen und zu bewerten, ist es Ziel des ROV, die Wirkungen des Projekts im Einzelfall zu ermitteln und zu ihnen wertend Stellung zu nehmen. Diese einzelfallbezogene Strukturgleichheit der Verfahren legt es nahe, ROV und UVP miteinander zu kombinieren. Hinzu kommt, daß das ROV aufgrund seiner Gelenkfunktion zwischen Plänen und Einzelvorhaben in der Lage ist[2], die fehlende Planungsbezogenheit der EG-Richtlinie, die ursprünglich beabsichtigt war[3], aber an zahlreichen politischen Schwierigkeiten scheiterte[4], zumindest teilweise auszugleichen[5], soweit die Prüfungsmaßstäbe Umweltbelange umfassen.

cc) Querschnittsprüfung

Als dem modernen Umweltschutz verpflichtetes verfahrensrechtliches Instrument verlangt die EG-UVP eine gesamthafte, bereichs- und medienübergreifende Beschreibung, Identifizierung und Bewertung aller Umweltauswirkungen eines geplanten Vorhabens einschließlich der Wechselwirkungen zwischen ihnen. Dieser querschnittsorientierte Ansatz ist im ROV bereits weitgehend verwirklicht. Feststellungs- und Abstimmungsaufgabe liefern - abstrahiert von fachlichen Details -

---

1) Schemel, Umweltverträglichkeitsprüfung, S. 69; Erbguth, Umweltverträglichkeitsprüfung, NuR 1982, 161 (163).
2) Vgl. dazu oben S. 39 ff.
3) Vgl. noch die Präambel zu EG-Dok. 7284/80, ENV 80 mit ihrem Planungsbezug im Gegensatz zu den Erwägungsgründen der verabschiedeten EG-Richtlinie Abl. EG v. 05.07.1985, Nr. L 175/40; insgesamt zur Entstehungsgeschichte Cupei, Richtlinie der EG, WiVerw 1985, 63 (64 ff.).
4) Erbguth/Schoenberg, Umsetzung, WiVerw 1985, 102 (105 f.).
5) Steinberg, Einführung, NuR 1983, 169 (174); Schoeneberg, Verbesserter Umweltschutz, der landkreis 1983, 332 (334); Erbguth/Schoeneberg, Umsetzung, WiVerw 1985, 102 (129 f.) gehen allerdings noch von der planungsbezogenen Präambel des EG-Dok 7284/80 ENV 80 aus; vgl. zu Bestrebungen einer Verbindung von UVP und Bauleitplanung im Zusammenhang mit den Beratungen zum Baugesetzbuch Cupei, Umweltverträglichkeitsprüfung, DVBl. 1985, 813 (820).

im Wege einer medienübergreifenden Grobprüfung einen umfassenden Überblick über die für das untersuchte Projekt relevanten Raumbelange einschließlich der Umweltschutzgesichtspunkte und bieten damit eine realistische Beurteilungsgrundlage für seine Raumverträglichkeit[1].

b) Verfahrenspraktische Gemeinsamkeiten

Die sich aus einer vergleichbaren Aufgabenstruktur ergebenden Auswirkungen auf die Verfahrenspraxis bewirken, daß auch insoweit die UVP vom ROV profitieren kann.

aa) Frühzeitigkeit des Verfahrens

Um das Ziel der EG-Richtlinie, Umweltvorsorge durch das frühzeitige Erfassen aller Umweltaspekte, erreichen zu können, ist die EG-UVP auf ein Leitverfahren angewiesen, das seinerseits in einem möglichst frühen Stadium der Verwirklichungsphase eines umweltrelevanten Projekts verankert ist. Diese Voraussetzung erfüllt das ROV in besonderer Weise. Es setzt bereits in einem Zeitpunkt ein, in dem sich das geplante Vorhaben noch nicht zu einem "Genehmigungs- bzw. Planfeststellungsfall" verdichtet hat[2].

Der informelle und formelle Konsensbildungsprozeß durch die Erstellung umfangreicher Antragsunterlagen, häufig bereits in Absprache mit der beratend tätig werdenden Genehmigungsbehörde, ist noch nicht so weit fortgeschritten, als daß die "Nullvariante" ausgeschlossen

---

1) Vgl. oben S. 23 ff. ; Schoeneberg, Umweltverträglichkeitsprüfung, S. 133 ff.; ders., Entwicklungslinien, DVBl. 1984, 929 (937); Erbguth/Zoubek, Umweltschutz, DVBl. 1982, 1172 ff.; Burger/Burkhardt/Schemel, Umweltverträglichkeitsprüfung, S. 67 ff., 74; Goppel, Großvorhaben, S. 144 f.; vgl. auch die in demselben Band abgedruckten Tagungsbeiträge der 6. Fortbildungstagung der Landes- und Regionalplaner in Bayern zum Thema "Raumordnung und Umweltschutz".
2) Schoeneberg, Umweltverträglichkeitsprüfung, S. 171.

erschiene[1].

Die relative Offenheit des Entscheidungsprozesses im ROV in zeitlicher Hinsicht bietet dem Umwelt- und Naturschutz die Chance, noch weitreichende Änderungen durchzusetzen[2]. Dies gilt insbesondere im Hinblick auf die Möglichkeit, im ROV auch Standortalternativen zu prüfen bzw. zumindest anzuregen[3].

bb) Objektivität des Verfahrens

Die umfassende Ermittlung und Bewertung aller umweltrelevanten Daten durch die EG-UVP i. S. einer ökologisch orientierten Gesamtschau verlangt nach einem objektiven Verfahren durch neutrale Stellen. Ein solches Verfahren ist das ROV mit seinem Prüfungs- und Abstimmungsauftrag. Die Landesplanungsbehörden haben eine gesamträumlich-ausgleichende Stellung, die es ihnen ermöglicht, querschnittsorientiert, keinen fachspezifischen Interessen oder bestimmten Ressortaufgaben verpflichtet[4] einen am "objektiven Gemeinwohl orientierten Entscheidungsprozeß"[5] als Mittler zwischen Ökonomie und Ökologie einzuleiten. Da im ROV noch keine definitiven Entscheidungen fallen, sondern die Entscheidung noch offen ist[6], wird die Konsensbereitschaft der mit der definitiven Entscheidung betrauten Behörden, die sich als Interessenvertreter ihres Ressorts verstehen, gefördert[7].

---

1) Erbguth, Umweltverträglichkeitsprüfung, NuR 1982, 161 (164); Erbguth/Zoubek, Umweltschutz, DVBl. 1982, 1172 (1177); Ihmels/Köppl, Landesplanung, § 11 Rn. 78; Hoppe, FS Scupin, S. 737 (752); Lehnis, Raumordnungsverfahren, S. 175; Burger/Burkhardt/Schemel, Umweltverträglichkeitsprüfung, S. 73 f.

2) Schoeneberg, Umweltverträglichkeitsprüfung, S. 172; aus diesem Grund forderte der Bund Naturschutz Bayern eine über § 29 Abs. 1 Ziff. 4 BNatSchG hinausgehende Beteiligung im ROV.

3) Vgl. dazu oben S. 19 ; Hucke/Seidel/Zimmermann, Analyse, S. 190.

4) Schoeneberg, Entwicklungslinien, DVBl. 1984, 929 (938); ders., Verbesserter Umweltschutz, der landkreis 1983, 332 (334); Erbguth, Umweltverträglichkeitsprüfung, NuR 1982, 161 (164); ders., Raumplanung, S. 86 ff.; Burger/Burkhardt/Schemel, Umweltverträglichkeitsprüfung, S. 74, betonen die Unabhängigkeit auch gegenüber Bundesstellen.

5) Schoeneberg, Umweltverträglichkeitsprüfung, S. 172.

6) Goppel, Großvorhaben, S. 149.

7) Schoeneberg, Umweltverträglichkeitsprüfung, S. 173.

Vielfach wird befürchtet, durch eine Verknüpfung von UVP und ROV könnten durch dessen umfassenden Koordinierungs-, Abwägungs- und Bündelungsauftrag die Umweltbelange "wegkoordiniert" werden und durch zu frühes Abwägen mit anderen Belangen der Entscheidungsprozeß zu ihren Lasten insgesamt intransparent werden[1].

Diesen Bedenken kann teilweise durch eine präzise Aufgabenbeschreibung des ROV und der UVP in den rahmenrechtlichen und landesrechtlichen ROV-Vorschriften begegenet werden; ansonsten ist es eine Frage des sog. Vollzugdefizits umweltrechtlicher Normen (insbesondere auch der Pläne), die nicht dem ROV als einem neutralen, objektiven Verfahren angelastet werden kann[2].

Zur Wahrung der notwendigen Neutralität der Landesplanung ist ihre Ressortierung von besonderer Bedeutung[3]. So sehr - wie in Bayern, Hessen, dem Saarland und Nordrhein-Westfalen - in diesem Zusammenhang die Zusammenlegung von Landesplanung und Umweltschutz zu begrüßen ist, muß doch beachtet werden, daß die Widerstände der Fachressorts und der Wirtschaft gegen eine Landesplanung, die in den Verdacht gerät (überwiegend) Umweltkoordinierung betreiben zu wollen, weiter wachsen würden[4].

Deshalb muß für den Adressaten einer landesplanerischen Beurteilung, die die UVP in das ROV integriert, erkennbar bleiben, welche Aussagen aus der Position der neutralen Raumordnung getroffen werden und welche umweltspezifischen Wertungen getroffen wurden.

---

1) Cupei, Umweltverträglichkeitsprüfung, DVBl. 1985, 813 (820); Schemel, Umweltverträglichkeitsprüfung, S. 71, betont den politischen Stellenwert des Umweltschutzes im ROV-Abwägungsprozeß; zur durch Weisung verhinderten ROV vgl. Cupei, Richtlinie, NuR 1985, 297 (301, Fn. 35); Burger/Burkhardt/Schemel, Umweltverträglichkeitsprüfung, S. 74; Carlsen, Umeltverträglichkeitsprüfung, NuR 1984, 48 (50).

2) Vgl. zur prinzipiell neutralen Stellung der Raumordnung zwischen Umwelt- und Fachinteressen jüngst Erbguth, Bodenschutzrecht, NuR 1986, 137 (139).

3) Timmer/Erbguth, Ressortierung, RuR 1980, 143 (149).

4) Vgl. nur Hermann, Energieversorgungskonzepte, DÖV 1985, 337 ff.; Böttcher, Umweltverträglichkeitsprüfung, S. 250 ff. sieht sogar die Gefahr, daß eine UVP in rechtsstaatlich bedenklicher Weise aufgrund der Verfahren mit der Erfassung der Umweltbelange diese im Abwägungsprozeß gegenüber Belangen ohne vergleichbares Verfahren bevorzugen würde.

2. Unterschiede zwischen UVP und ROV

Die auffälligen Übereinstimmungen zwischen UVP und ROV dürfen nicht den Blick für die vielfältigen Unterscheide zwischen beiden Verfahren verstellen. Die nachfolgende Untersuchung soll zeigen, daß zwischen dem ROV in seiner derzeitigen Ausgestaltung durch die Landesplanungsgesetze und den Anforderungen der EG-Richtlinie an eine UVP Differenzen bestehen, die dazu führen, daß sich allenfalls eine partielle Funktionsäquvalenz zwischen UVP und ROV konstatieren läßt, die für den Fall der Ausgestaltung der ROV zu einem Leitverfahren für die EG-UVP de lege ferenda einige Änderungen nach sich zieht.

Zwischen dem ROV und der EG-UVP bestehen Abweichungen im Verfahrensablauf.

a) Verfahrensgegenstand

Im folgenden sind die Verfahrensgegenstände im ROV und die einer UVP nach der EG-Richtlinie zu unterziehenden Vorhaben gegenüberzustellen.

aa) Raumbedeutsame Maßnahmen

Gegenstand eines ROV können nur überörtliche raumbedeutsame Planungen und Maßnahmen sein[1].

Die in Anhang I der Richtlinie aufgezählten Vorhaben (Nr. 1 Raffinerien; Nr. 2 Wärmekraftwerke; Nr. 3 Atomare Erd- und Zwischenlager; Nr. 4 Hüttenwerke; Nr. 5 Asbestherstellung und -verarbeitung; Nr. 6 integrierte chemische Anlagen; Nr. 7 Land- und Luftverkehrsanlagen; Nr. 8 Häfen; Nr. 9 bestimmte Abfallbeseitigungsanlagen), die nach Art. 4 Abs. 1 der Richtlinie zwingend einer UVP zu unterziehen sind, sind regelmäßig aufgrund ihrer Größe oder Bedeutung raumbeanspruchend oder raumbeeinflussend (= raumbedeutsam) und können somit Gegenstand eines ROV sein[2].

---
1) Vgl. oben S. 6 ff.
2) Vgl. oben S. 14 ff.

Demgegenüber bietet sich bei den in Anhang II erwähnten Projekten, die nach Art. 4 Abs. 2 der Richtlinie nach Maßgabe der Mitgliedstaaten einer fakultativen UVP unterworfen sind, ein differenzierteres Bild. Zwar sind auch zahlreiche der dort aufgelisteten Vorhaben regelmäßig überörtlich raumbedeutsam (Nr. 2 Bergbau in allen Erscheinungsformen; Nr. 3 Anlage der Energiewirtschaft; Nr. 10 Infrastrukturprojekte), doch werden weit häufiger bestimmte Produktionsverfahren, Produktionszweige oder Erscheinungsformen einer wirtschaftlichen oder industriellen Branche zum Anlaß ihrer Aufnahme in Anhang II genommen: Nr. 1 Landwirtschaft (e, f, Geflügel- und Schweinezucht); Nr. 4 Bearbeitung von Metallen (d Oberflächenveredelung, k Röst- und Sinteranlagen); Nr. 7 Nahrungs- und Genußmittelgewerbe (e Süßwaren- und Siruperstellung). Solche Vorhaben können nur Gegenstand eines ROV sein, wenn sie das Merkmal der Raumbedeutsamkeit erfüllen.

Für die Umsetzungsdiskussion bedeutet dies folgendes: Kommt es im Raumordnungsgesetz oder/und den landesplanungsrechtlichen ROV-Vorschriften zu einer Formulierung wie "das Raumordnungsverfahren schließt eine Überprüfung der Verträglichkeit des Vorhabens mit den raumbedeutsamen und überörtlichen Belangen des Umweltschutzes ein"[1], so wäre für die raumbedeutsamen Vorhaben des Anhangs I und II bereits eine Transformationsnorm für eine UVP auf der ersten Stufe geschaffen und damit insoweit die Pflicht aus Art. 4 Abs. 1 der Richtlinie i. V. m. Anhang I erfüllt.

Gleichzeitig läge mit dem Merkmal der Raumbedeutsamkeit ein Kriterium vor, mit dessen Hilfe der nationale Gesetzgeber zwischen den Vorhaben des Anhangs II differenzierte und nach seiner Wahl gem. Art. 4 Abs. 2 S. 1 und 2 der Richtlinie bestimmte Vorhaben seiner Prüfungspflicht unterstellte und andere von ihr ausnähme. Den um-

---

1) Vgl. etwa MKRO-Leitlinie in der Entschließung vom 21.03.1985; Novellierungsvorschlag der ARL für § 6 a ROG, DVBl. 1985, 433 (436 f.); Vorschlag des Bayerischen Staatsministeriums für Landesentwicklung und Umweltfragen, vgl. zu einem Überblick über die Änderungsvorschläge sowie eine erste Bewertung Hoppe, RuL, Rn. 853 ff.

gekehrten Weg wählt I Nr. 2 bayBek. ROV, indem fingiert wird, daß Vorhaben mit erheblichen Umweltauswirkungen regelmäßig als überörtlich raumbedeutsam anzusehen sind[1]. Für die wenigen nicht raumbedeutsamen Projekte aus Anhang I müßte der nationale Gesetzgeber nach Art. 4 Abs. 1 der Richtlinie i. V. m. Art. 5 und 189 Abs. 3 EWG-Vertrag eine UVP-Regelung treffen, für die nicht raumbedeutsamen Anlagen aus Anhang II könnte er es nach Art. 4 Abs. 2 der Richtlinie tun. In beiden Fällen käme sinnvollerweise nur eine einstufige, in das Planfeststellungs- oder Genehmigungsverfahren integrierte UVP in Betracht, da insoweit das ROV - sollte es nicht in durchgreifender, raumordnungsrechtssystematisch bedenklicher Weise geändert werden - als Verknüpfungsverfahren mit Gelenkfunktion auf mittlerer Ebene ausscheidet und eine neue mittlere Verfahrensstufe nicht empfohlen werden kann[2].

bb) Private und öffentliche Vorhabenträger

Die EG-Richtlinie unterscheidet nicht, wie sich bereits dem Titel "Über die UVP bei bestimmten öffentlichen und privaten Projekten" entnehmen läßt, zwischen Vorhaben in öffentlicher und privater Trägerschaft. Die Untersuchungen zum ROV haben ergeben, daß überwiegend auch geplante genehmigungs- oder planfeststellungsbedürftige Anlagen von natürlichen und juristischen Personen des Privatrechts Gegenstand eines ROV sein können. Soweit dies nicht der Fall ist[3], empfiehlt sich eine Änderung bzw. Klarstellung der ROV Vorschriften. Dies ist trotz der hier vertretenen einschränkenden Auslegung des Begriffs der raumbedeutsamen Maßnahme möglich[4], da diese im Hinblick auf § 5 Abs. 4 ROG erfolgte und dazu diente, einen direkten Durchgriff landesplanerischer Aussagen auf die Bodennutzung durch Private zu ver-

---

[1] Bek. ROV v. 27.03.1984, LUMBl., S. 29; Cupei, Darstellung, S. 51 schlägt als Differenzierungskriterium die Schwere möglicher Umweltbeeinträchtigungen vor.

[2] Insoweit treffen die für eine Integration sprechenden Gründe zu, vgl. dazu oben S. 260.

[3] Vgl. dazu oben S. 20 ff.; Erbguth, Raumordnungsverfahren, IzR 1979, 173 (179).

[4] Vgl. oben S. 9.

hindern, nicht aber ihr mittelbares Wirksamwerden über die insoweit zwingend erforderlichen Raumordnungs- und Allgemeinwohlklauseln (nur soweit eine raumordnungsorientierte Auslegung möglich ist) auszuschließen[1].

cc) Änderungsvorhaben

Nach Art. 4 Abs. 2 der Richtlinie i. V. m. Anhang II Nr. 12 können die Mitgliedstaaten eine UVP für Änderungen von Projekten aus Anhang I vorsehen. In diesem Zusammenhang wird die Auffassung vertreten, Änderungsvorhaben könnten nicht Gegenstand eines ROV sein[2]. Dem kann in dieser Allgemeinheit nicht gefolgt werden. Sicherlich ist der Flächenverbrauch bei Änderungen vorhandener Anlagen häufig geringer als bei Neubauvorhaben, doch ist dies keineswegs immer so. So sind Erweiterungsbauten zu bestehenden Industrieanlagen ebenso raumbeanspruchend wie etwa die Verbreiterung einer Bundesfernstraße um eine oder mehrere Spuren. Auch die Komponente der Raumbeeinflussung durch Änderungsvorhaben, etwa durch die ggf. genehmigungsbedürftige Stillegung von Anlagen oder Verkehrsverbindungen oder die Änderung der Befeuerung eines Wärmekraftwerkes von Steinkohle auf Braunkohle, sollte nicht übersehen werden.

Einen interessanten Nebenaspekt bietet zudem die möglicherweise notwendig werdende Erfassung von flächenfreisetzenden Maßnahmen durch den Begriff der raumbedeutsamen Maßnahme, etwa wenn es um die (planerische) Beurteilung des sog. Rückbaus von Straßen oder um die Bewältigung der mit sich abzeichnenden Industriebrachen einhergehenden Probleme geht. Auch aus diesem Grund ist davon auszugehen, daß Änderungsvorhaben durchaus Gegenstand einer UVP im ROV sein können.

Zusammenfassend läßt sich zur Funktionsäquivalenz von ROV und UVP unter dem Aspekt des Verfahrensgegenstandes festhalten, daß dem Begriff der raumbedeutsamen Maßnahme eine zentrale Funktion zukommt.

---

1) Vgl. dazu oben S. 166 ff.
2) Hucke/Seidel/Zimmermann, Analyse, S. 193.

Nicht raumbedeutsame Vorhaben, die einer UVP unterzogen werden müssen, erzwingen eine Sonderregelung; wird eine fakultative UVP nicht raumbedeutsamer Vorhaben gewünscht, so kann dies nur außerhalb des ROV geregelt werden. Insgesamt kann daher bezüglich des Verfahrensgegenstandes nur von einer teilweisen Funktionsäquivalenz zwischen ROV und UVP gesprochen werden[1].

b) Prüfungsmaßstab

Zwischen den Prüfungsmaßstäben im ROV und in der EG-UVP sind hinsichtlich des Inhalts, des Raumbezuges und der Detailliertheit Unterschiede zu verzeichnen.

aa) Erfordernisse der Raumordnung und Umweltbelange

Prüfungsmaßstab im ROV als verfahrensmäßig ausgeprägtem Sicherungsinstrument sind zunächst die Ziele, überwiegend die Grundsätze und in Bayern und Hessen auch die sonstigen Erfordernisse der Raumordnung und Landesplanung[2]. Soweit in ihnen Umweltbelange enthalten sind, sind das ROV und die raumordnerische UVP identisch. Da jedoch im ROV alle raumrelevanten Belange - nicht nur die des Umweltschutzes - berücksichtigt werden, kann die UVP immer nur ein Teilelement des ROV sein[3].

---

1) Vgl. dazu Erbguth/Schoeneberg, Umsetzung, WiVerw 1985, 102 (127); dies., EG-Richtlinie, S. 93.
2) Vgl. oben S. 23 ff.
3) Hoppe/Erbguth, Möglichkeiten, DVBl. 1983, 1213 (1220); Erbguth/Schoeneberg, Umsetzung, WiVerw 1985, 102 (127); Hucke/Seidel/Zimmermann, Analyse, S. 192 f.; Schemel, Umweltverträglichkeitsprüfung, S. 76; Steinberg, Einfügung, NuR 1983, 169 (174); vgl. auch Cupei, Umweltverträglichkeitsprüfung, DVBl. 1985, 813 (820) und Bunge, Umweltverträglichkeitsprüfung, ZfU 1984, 405 (414).

bb) Erforderlicher Raumbezug der Umweltbelange und Detailliertheit der Prüfung

Gegenstand eines ROV können aus rechtssystematischen Gründen nur raumbedeutsame überörtliche Umweltbelange sein, die einer vorklärenden Grobprüfung aus gesamträumlicher Sicht unterzogen werden. Demgegenüber muß sich eine umfassende EG-UVP detailliert mit allen Umweltbelangen, d. h. auch den örtlichen und nicht raumbedeutsamen auseinandersetzen[1].

Daher kann das ROV immer nur ein Teilelement einer Gesamt-UVP sein. Für eine vertikale Stufung der UVP in das ROV und das Vorhabenzulassungsverfahren hat dies zur Konsequenz, daß, um dem gesamthaften Charakter der EG-rechtlichen UVP-Anforderungen gerecht zu werden, eine Integration der ggf. im ROV abgeschichteten Prüfung der überörtlichen raumbedeutsamen Umweltbelange in das bodennutzungsorientierte Genehmigungs- oder Planfeststellungsverfahren gewährleistet sein muß, wodurch den Rechtswirkungen der landesplanerischen Beurteilung als ROV-Abschluß ein besonderer Stellenwert zukommt[2].

Insgesamt läßt sich die partielle Funktionsäquivalenz zwischen ROV und UVP bezüglich des Prüfungsgegenstandes und -maßstabes mit dem Bild zweier sich überschneidender Kreise verdeutlichen: Das ROV ist horizontal umfassend angelegt, da alle Belange erfaßt werden, und vertikal beschränkt, da nur raumbedeutsame überörtliche Vorhaben an entsprechenden Maßstäben gemessen werden. Andererseits ist die UVP vertikal umfassend konzipiert, da alle Vorhaben an allen Umweltmaßstäben gemessen werden, dagegen horizontal begrenzt, weil nur Umweltbelange berücksichtigt werden. Im Schnittbereich beider Kreise befinden sich die überörtlichen raumbedeutsamen Vorhaben sowie die überörtlichen und raumbedeutsamen Umweltbelange.

---

1) Hucke/Seidel/Zimmermann, Analyse, S. 192 f.; Schemel, Umweltverträglichkeitsprüfung, S. 67 ff.
2) Vgl. oben S. 50 ff., 116 ff.; Bunge, Umweltverträglichkeitsprüfung, ZfU 1984, 405 (414); Art. 8 der EG-Richtlinie.

cc) Rechtssystematisches Verhältnis der raumbedeutsamen Umweltbelange zu den Prüfungsmaßstäben im ROV und Konsequenzen für die Novellierung

Anhand des Überschneidungsbereichs zwischen UVP und ROV läßt sich der Novellierungsbedarf ermitteln.

(1) Rechtssystematisches Verhältnis

Soweit überörtliche raumbedeutsame Umweltbelange Gegenstand landesplanerischer Aussagen in Zielen, Grundsätzen und sonstigen Erfordernissen der Raumordnung und Landesplanung und damit Prüfungsmaßstäbe im ROV sind, sind die UVP und das landesplanerische Feststellungs- und Abstimmungsverfahren identisch. Die landesplanerische Beurteilung entfaltet dann die ihr beigelegten Rechtswirkungen und ist ansonsten auf die Berücksichtigungsfähigkeit in den Fachgesetzen über Raumordnungs- und Allgemeinwohlklauseln sowie eine mögliche Verbindlichkeit für die fachbehördliche Abwägung angewiesen.

Soweit raumbedeutsame überörtliche Umweltbelange nicht Gegenstand von Aussagen der Landesplanung sind, stellt sich die Frage ihrer rechtssystematischen Verknüpfung mit den Prüfungsmaßstäben im ROV, denn weit häufiger werden überörtliche raumbedeutsame Umweltbelange durch Beteiligung der für die Umweltbelange zuständigen Fachbehörden (Wasserwirtschaft, Forstwirtschaft, Bodenkultur, Geologie, Klima, Naturschutz, Immissionsschutz) und Fachverbände (z. B. Naturschutz) als im ROV zu beteiligende Träger öffentlicher Belange erstmals zur Sprache gebracht[1]. Die so ermittelten Umweltbelange sind jedoch selbst keine Prüfungsmaßstäbe im ROV; sie sind in die raumordnerische Abwägungsentscheidung im Feststellungs- oder Abstimmungsverfahren einzustellende Belange, die mit den anderen überörtlichen raumbedeutsamen Belangen, die u. U. für das zu überprüfende Vorhaben sprechen, konkurrieren müssen, wobei sich der Ausgang der raumordnerischen

---
1) Schemel, Umweltverträglichkeitsprüfung, S. 73; vgl. instruktiv zum Verfahrensablauf Lehnis, Raumordnungsverfahren, S. 173 ff.; Regierung von Oberbayern zu den ROV für einen Container-Bahnhof im Raume München, ARL-Materialien Bd. 66, S. 199 ff.; These Nr. 3 Spiegelstrich 2 und 3 der ARL, DVBl. 1985, 728 f.

Schlußentscheidung nach den landesrechtlich festgesetzten Prüfungsmaßstäben der Ziele, Grundsätze und u. U. der sonstigen Erfordernisse der Raumordnung und Landesplanung richtet[1]. Diese Umweltbelange sind insbesondere auch keine sonstigen Erfordernisse der Raumordnung und Landesplanung, weil die Landesplanung zu ihnen bisher weder in Plänen, Programmen noch sonstigen Stellungnahmen aus raumordnerischer Sicht Stellung bezogen hat. Erst die wertende Betrachtung der überörtlichen raumbedeutsamen Umweltbelange vor dem Hintergrund der im Sicherungsinstrument ROV anzuwendenden Prüfungsmaßstäbe anläßlich des zu überprüfenden Vorhabens bringt der landesplanerischen Beurteilung die in den Fachgenehmigungs- und Planfeststellungsverfahren über die Raumordnungs- und Allgemeinwohlklauseln zu berücksichtigende Rechtsqualität "sonstige Erfordernisse der Raumordnung und Landesplanung"[2]. Eine EG-UVP verlangt dem Richtlinienzweck entsprechend jedoch auch eine isolierte Ermittlung und Bewertung der Auswirkungen des Vorhabens anhand aller relevanten Umweltbelange, die nicht (nur) im Rahmen der Abwägung mit den Belangen des Verkehrs, der Wirtschaft usw. vorgenommen wird, sondern als eigenständige, abtrennbare Umweltauswirkungsanalyse erkennbar bleibt[3]. D. h., die überörtlichen, raumbedeutsamen, umweltrelevanten Faktoren, die im ROV zusammengestellt bzw. ermittelt werden, müssen selbst die Qualität von Prüfungsmaßstäben erhalten, um so - zunächst isoliert, vor dem Einschmelzen in eine Abwägung - den EG-rechtlich geforderten Überblick über alle Umweltauswirkungen des geplanten Vorhabens zu erreichen[4].

---

1) Vgl. dazu auch Hoppe/Erbguth, Möglichkeiten, DVBl. 1983, 1213 (1228), die sorgfältig zwischen der UVP und ihrer Berücksichtigung im ROV differenzieren.
2) Vgl. dazu oben S. 35 ff., 109.
3) Dazu Schemel, Umweltverträglichkeitsprüfung, S. 52, der fordert, die UVP auf den jeweiligen Entscheidungsebenen möglichst als in sich abgeschlossenes Untersuchungspaket durchzuführen, allerdings als solches integriert in den Ablauf der Planung und der Abwägung zwischen den unterschiedlichen Belangen.
4) Vgl. Söfker, Raumordnung und Umweltschutz, S. 20; dies entspricht der Forderung Bunges, Umweltverträglichkeitsprüfung, ZfU 1984, 404 (414), für eine UVP die Untersuchungsmaßstäbe im ROV zugunsten der Umweltbelange zu ändern; der Novellierungsvorschlag von Bartlsperger, abgedr. unten S. 293 sieht ausdrücklich neben den RO-Erfordernissen die überörtlichen raumbedeutsamen Umweltbelange als Prüfungsmaßstab vor.

Das Ergebnis der UVP anhand der überörtlichen raumbedeutsamen Umweltbelange sollte aus Gründen der Erkennbarkeit in der landesplanerischen Beurteilung gesondert ausgewiesen werden[1].

Diese Erkennbarkeit ist auch erforderlich, da das Ergebnis der "isolierten UVP" anhand des neuen Prüfungsmaßstabs "überörtliche raumbedeutsame Umweltbelange" nicht automatisch die Qualität "sonstige Erfordernisse der Raumordnung und Landesplanung" mit der Folge der Berücksichtigungsfähigkeit über die fachgesetzlichen Raumordnungs- und Allgemeinwohlklauseln erhält, sondern erst, wenn die Landesplanungsbehörden im ROV vorhabenbezogen und aus gesamträumlicher Sicht wertend zu ihnen Stellung bezogen haben[2].

(2) Bewertung der Novellierungsvorschläge

Die EG-rechtlich geforderte Erweiterung der Prüfungsmaßstäbe im ROV müßte in den Novellierungsvorschlägen zum Ausdruck kommen und rahmenrechtlich zulässig sein.

(a) Darstellung der Novellierungsvorschläge

Die MKRO legt in ihrer Entschließung vom 21.03.1985 folgende Leitlinie vor:

"Das Raumordnungsgesetz sollte um eine Regelung ergänzt werden, nach der die Länder die Rechtsgrundlagen für ein Verfahren zur Abstimmung raumbedeutsamer Vorhaben von überörtlicher Bedeutung mit den Erfordernissen der Raumordnung und Landesplanung schaffen sollen (Raumordnungsverfahren), das gleichzeitig auch eine Überprüfung der Verträglichkeit des Vorhabens mit den raumbedeutsamen und überörtlichen Belangen des Umweltschutzes einschließt".

Ihr Ausschuß "Recht und Verfahren" legte einen in der Öffentlichkeit bekannt gewordenen Änderungsvorschlag seiner Arbeitsgruppe "Regelung des ROV im ROG" vor:

---

1) Vgl. Bek. ROV des Bay. Staatsministeriums für Landesentwicklung und Umweltfragen v. 27.03.1984, LUMBl., S. 29 I 1 VI 2.8.
2) Vgl. dazu Hoppe/Frhguth, Möglichkeiten, DVBl. 1983, 1213 (1220).

"Nach § 6 wird folgender § 6 a eingefügt:

§ 6 a
Raumordnungsverfahren

(1) Die Länder schaffen Rechtsgrundlagen für ein Verfahren, in dem raumbedeutsame Planungen und Maßnahmen von überörtlicher Bedeutung untereinander und mit den Erfordernissen der Raumordnung und Landesplanung abgestimmt werden (Raumordnungsverfahren). Das Raumordnungsverfahren schließt die Prüfung der Verträglichkeit mit den überörtlichen raumbedeutsamen Belangen des Umweltschutzes ein.

(2) Die Länder regeln insbesondere
1. die Beteiligung der in § 4 Abs. 5 genannten Stellen und der Öffentlichkeit;
2. wie das Ergebnis des Raumordnungsverfahrens in nachfolgende Verfahren eingebracht wird.

(3) Das Ergebnis des Raumordnungsverfahrens ersetzt nicht die Genehmigungen, Planfeststellungen oder sonstigen behördlichen Entscheidungen nach anderen Rechtsvorschriften.

(4) Für die Länder Berlin, Bremen und Hamburg gilt die Verpflichtung nach Absatz 1 Satz 1 nicht. Schaffen diese Länder Rechtsgrundlagen für Raumordnungsverfahren, finden die Absätze 1 bis 3 Anwendung."

Noch differenzierter und detaillierter ist der Novellierungsvorschlag der ARL:

"Hinter § 6 des Raumordnungsgesetzes vom 08.04.1965 (BGBl. I, S. 306), zuletzt geändert durch ... wird eingefügt:

§ 6 a
Raumordnungsverfahren

(1) Die Länder können Rechtsvorschriften erlassen über Verfahren, durch die
1. die Übereinstimmung von raumbedeutsamen Planungen und Maßnahmen mit den Erfordernissen der Raumordnung festgestellt wird oder
2. raumbedeutsame Planungen und Maßnahmen öffentlicher und sonstiger Planungsträger unter Abwägung aller die räumliche Entwicklung und Struktur beeinflussenden Faktoren aufeinander abgestimmt werden.

(2) Dabei sind die raumbedeutsamen Planungsmaßnahmen auch auf ihre Umweltverträglichkeit zu prüfen; dazu etwa erforderliche, besonders zeit- und kostenaufwendige Prüfungen der Umweltverträglichkeit können nachfolgenden Verfahren für die Genehmigung der Planung oder Maßnahme überlassen werden.

(3) Auf die Raumordnungsverfahren finden § 5 Abs. 4 und § 6 entsprechende Anwendung."

Alternativ könnte für Abs. 3 folgende Fassung erwogen werden:

"(3) Die Länder können vorschreiben, daß die Ergebnisse der Raumordnungsverfahren entsprechend den § 5 Abs. 4 und § 6 zu berücksichtigen sind."[1]

Das Bayerische Staatsministerum für Landesentwicklung und Umweltfragen favorisiert eine Erweiterung des § 4 ROG um einen Abs. 6:

"(6) Die Länder haben die Rechtsgrundlagen für ein Verfahren zu schaffen, das dazu dient, die von den in Abs. 5 genannten Stellen oder von sonstigen Planungsträgern beabsichtigten raumbedeutsamen Vorhaben von überörtlicher Bedeutung unter Gesichtspunkten der Raumordnung aufeinander abzustimmen und auch ihre Vereinbarkeit mit den Erfordernissen der Raumordnung und Landesplanung zu überprüfen (Raumordnungsverfahren). Das Raumordnungsverfahren schließt auch die Überprüfung der in Satz 1 genannten Vorhaben auf ihre Verträglichkeit mit den raumbedeutsamen und überörtlichen Belangen des Umweltschutzes ein. Die im Einzelfall vorgeschriebenen Verwaltungsverfahren bleiben unberührt."[2]

In einer Vortragsveranstaltung der Sektion III der ARL stellte Bartlsperger einen weiteren Vorschlag als § 6 a oder § 7 a ROG vor[3]:

(1) Für raumbedeutsame Planungen und Maßnahmen öffentlicher Planungsträger sowie für raumwirksame öffentliche und private Vorhaben von überörtlicher Bedeutung prüfen die für die Raumordnung zuständigen Landesbehörden in einem förmlichen Verfahren (Raumordnungsverfahren), ob und unter welchen Voraussetzungen eine Übereinstimmung mit den Zielen und den Erfordernissen der Raumordnung und mit den überörtlichen raumbedeutsamen Belangen des Umweltschutzes besteht. Ein Raumordnungsverfahren ist durchzuführen für Planungen und Vorhaben, bei denen insbesondere aufgrund ihrer Art, ihrer Größe oder ihres Standorts mit erheblichen Auswirkungen auf die Umwelt zu rechnen ist. (Die Bundesregierung bestimmt durch Rechtsverordnung mit Zustimmung des Bundesrates diejenigen Planungen und Vorhaben, für die ein Raumordnungsverfahren durchzuführen ist.) Im übrigen können die zuständigen Behörden ein Raumordnungsverfahren von Amts wegen oder auf Antrag eines Planungs-, Maßnahmen- oder Vorhabenträgers einleiten.

(2) Die Träger von Planungen, Maßnahmen oder Vorhaben haben hierzu die für das Raumordnungsverfahren geeigneten und erforderlichen Angaben vorzulegen, soweit dies unter Berücksichtigung des Kenntnisstandes und des Prüfungsverfahrens billigerweise verlangt werden

---

1) ARL, Stellungnahme, DVBl. 1985, 433 (436 f.).
2) Vgl. insgesamt zu den Novellierungsvorschlägen Hoppe, RuL, Rn. 855 ff. mit einer ersten Bewertung, Rn. 857 ff.
3) Abgedr. bei von der Heide, Umsetzung der EG-Richtlinie, der landkreis 1986, 502 (504 f.).

kann. Die Vorlagen müssen insbesondere enthalten
1. eine Beschreibung von Planung, Maßnahme oder Vorhaben unter den Gesichtspunkten der Raumordnung,
2. Angaben zu voraussichtlichen Auswirkungen auf die überörtlichen raumbedeutsamen Belange des Umweltschutzes und über mögliche Maßnahmen zur Vermeidung, Einschränkung oder Ausgleichung solcher nachteiligen Auswirkungen,
3. eine Zusammenfassung der Beschreibung und Angaben.

(3) Die für das Raumordnungsverfahren zuständige Behörde beteiligt die von dem Gegenstand des Verfahrens berührten öffentlichen Planungsträger, anderen Träger öffentlicher Belange und Gemeinden sowie die berührten Vereinigungen, die nach § 29 Bundesnaturschutzgesetz anerkannt sind. Sie gibt das Verfahren öffentlich bekannt und macht seinen Gegenstand mit den Vorlagen einen Monat öffentlich zugänglich. Innerhalb angemessener Frist führt sie eine Anhörung durch. Benachbarten Ländern oder Staaten, die in überörtlichen raumbedeutsamen Belangen des Umweltschutzes berührt werden können, sind der Gegenstand des Verfahrens und die Vorlagen gleichzeitig mit der Unterrichtung der Öffentlichkeit oder auf ihren Antrag hin mitzuteilen. Den Beteiligten, der Öffentlichkeit und den unterrichteten benachbarten Ländern oder Staaten ist das Ergebnis des Raumordnungsverfahrens bekanntzugeben.

(4) Das Ergebnis des Raumordnungsverfahrens ist von den in § 4 Abs. 5 genannten Stellen bei Planungen und Maßnahmen sowie bei Genehmigungen, Planfeststellungen oder sonstigen behördlichen Entscheidungen über die Zulässigkeit von Vorhaben zu berücksichtigen.

(5) Das nähere regeln die Länder. Die Vorschriften dieses Gesetzes über das Raumordnungsverfahren gelten auch für die Länder Berlin, Bremen und Hamburg.

(b) <u>Rechtliche Würdigung</u>

Alle zum ROG gemachten Vorschläge zielen auf eine Integration der UVP bezüglich der überörtlichen raumbedeutsamen Umweltbelange in das ROV ab. Sie stimmen überwiegend darin überein, neben einer Umschreibung der Feststellungs- und Abstimmungsaufgabe des ROV anhand der Prüfungsmaßstäbe "Erfordernisse der Raumordnung" anzuordnen, daß "das ROV gleichzeitig auch eine Überprüfung der Verträglichkeit des Vorhabens mit den überörtlichen raumbedeutsamen Belangen des Umweltschutzes einschließt", bzw. wählen die Formulierung "Dabei (im ROV) ... auch auf ihre Umweltverträglichkeit zu prüfen"[1]. Das Einschließen der UVP bzw. der Auftrag, sie auch durchzuführen, läßt sich in zwei Richtungen auslegen. Entweder erfolgt die Erwäh-

---
1) Vgl. den Vorschlag der ARL oben S. 292 ; Klammerzusatz vom Verfasser.

nung der UVP nur deklaratorisch, weil alle überörtlichen raumbedeutsamen Umweltbelange per se Prüfungsmaßstab im ROV sind[1], oder eine UVP-Regelung mit konstitutivem Inhalt ist notwendig, weil das ROV in seiner derzeitigen Ausgestaltung und Ausrichtung auf die Prüfungsmaßstäbe Ziele, Grundsätze und sonstige Erfordernisse der Raumordnung und Landesplanung den EG-rechtlichen Anforderungen nicht entspricht, da nicht automatisch alle überörtlichen raumbedeutsamen Umweltbelange im ROV entsprechend gewürdigt werden können.

Wie oben dargelegt, entspricht nur eine ROV-Regelung mit erweitertem Prüfungsmaßstab den EG-rechtlichen Anforderungen an eine UVP. Da die vorgelegten Änderungsvorschläge eine Auslegung i. S. e. konstitutiv erweiterten Prüfungsmaßstabes des ROV um die überörtlichen raumbedeutsamen Umweltbelange zulassen bzw. wie der Vorschlag von Bartlsperger ausdrücklich vorsehen, sind sie insgesamt zu begrüßen[2].

(c) Rahmenkompetenz für eine ROG-Änderung

Die Pflicht der Bundesregierung als Adressat der EG-Richtlinie, gem. Art. 5 und 189 Abs. 3 EWG-Vertrag dafür Sorge zu tragen, daß der nationale Gesetzgeber die UVP-Richtlinie umsetzt, sollte zum Anlaß genommen werden, die schon lange geforderte rahmenrechtliche Verankerung des ROV[3] mit der Einfügung einer gesamträumlichen UVP zu verbinden.

Die Kompetenzproblematik um den die Rahmenkompetenz für die Raumordnung eröffnenden Art. 75 Nr. 4 GG stellt sich dabei in folgenden Richtungen: Art. 75 S. 1 i. V. m. Art. 72 Abs. 2 GG setzen eine Bedürfnisprüfung voraus; der zulässige Inhalt einer Rahmenvorschrift nach Art. 75 GG muß bestimmt werden; eine Abgrenzung der Gesetzgebungskompetenzen für den Umweltschutz ist notwendig; eine Umset-

---

1) So wohl Schemel, Umweltverträglichkeitsprüfung, S. 71; Bay. Staatsministerium für Landesentwicklung und Umweltfragen. Bek. ROV LUMBl. 1984, 29 ff., VI 2.8; Schoeneberg, Umweltverträglichkeitsprüfung, S. 130.
2) Vgl. auch Hoppe, RuL, Rn. 857 ff.
3) Zoubek, Raumordnungsverfahren, S. 228 ff.; Brenken, Weiterentwicklung, S. 57; Erbguth, ROLaPlaR, Rn. 244 ff.

zung der EG-Richtlinie durch Rahmenrecht muß zulässig sein[1].

(aa) Bedürfnisprüfung

Da Art. 75 S. 1 GG auf Art. 72 Abs. 2 GG Bezug nimmt, gilt die dort angeordnete Bedürfnisprüfung, ob einzelne Länder die Angelegenheit nicht wirksam regeln können (Nr. 1), die Regelung durch ein Landesgesetz die Interessen anderer Länder oder der Gesamtheit beeinträchtigen kann (Nr. 2) oder ob die Wahrung der Rechts- oder Wirtschaftseinheit eine bundesgesetzliche Regelung erfordert (Nr. 3), auch für die Rahmenkompetenz. Sie gilt ferner auch, wenn - wie beim ROG - eine vorhandene bundesrechtliche Regelung lediglich geändert oder ergänzt werden soll[2].

Die durch den weiten Gestaltungsspielraum des § 4 Abs. 5 ROG ermöglichte und durch die variantenreiche Ausformung des ROV durch die Länder bedingte Rechtszersplitterung begründet[3], insbesondere da es auch um Chancengleichheit bei der Ansiedlung umweltrelevanter Vorhaben geht, das Bedürfnis nach bundeseinheitlicher Regelung i. S. d. Art. 72 Abs. 2 Nr. 3 GG. Hinzu kommt, daß die EG-Richtlinie entsprechend der Verpflichtung aus Art. 89 Abs. 3 EWG-Vertrag zur Herstellung einheitlicher Verhältnisse im EG-Bereich - d. h. hier flächendeckend für das gesamte Bundesgebiet einschließlich der Länder - auch nur bundeseinheitlich umgesetzt werden kann und der Bund insoweit den verfassungsrechtlichen Rahmen voll ausschöpfen muß[4], so daß auch die Voraussetzungen von Art. 72 Abs. 2 Nr. 1 GG gegeben sind.

---

1) Vgl. umfassend zu Kompetenzen des Bundes auf dem Gebiet der Raumordnung nunmehr auch Erbguth, in: Bielenberg/Erbguth/Söfker, ROLaPlaR, J 610 Rn. 1 ff.
2) Maunz, in: Maunz/Dürig/Herzog/Scholz, GG, Art. 74, Rn. 18.
3) Schoeneberg, Umweltverträglichkeitsprüfung, S. 128.
4) Vgl. dazu sogleich S. 299; Riegel, EG-Richtlinien, EuR 1976, 79 (81 f.).

(bb) Regelungsintensität

Fraglich ist, ob die vorgeschlagenen Regelungen - insbesondere die detaillierten Novellierungsvorschläge der ARL, des Verfahrensausschusses der MKRO und von Bartlsperger[1] - noch als Rahmenvorschrift i. S. d. Art. 75 S. 1 GG angesehen werden können. Das Bundesverfassungsgericht hat zur Auslegung des Begriffs "Rahmenvorschrift" allgemein anerkannte Aussagen getroffen. Danach liegen einerseits bundesgesetzliche Rahmenvorschriften nur vor, wenn sie ausfüllungsbedürftige und -fähige Grundsatzregelungen enthalten, die den Ländern Substantielles zu regeln überlassen[2], andererseits muß nicht jede einzelne Vorschrift des Rahmengesetzes ausfüllungsbedürftig und -fähig sein, wenn nur das Gesetz als Ganzes den dargelegten Anforderungen genügt[3]. Abschließende Regelungen sind daher möglich, solange nur das Gesetz nach seiner objektiven Intention insgesamt auf Ausfüllungsbedürftigkeit angelegt ist[4]. Zu solchen den Rahmencharakter nicht sprengenden Teilregelungen zählen die sog. Definitionsnormen, die einen für ein Rechtsgebiet konstituierenden Begriff inhaltlich festlegen oder eine vorhandene Definition mit materiellen Inhalten anfüllen, aber auch die sog. Institutionsnormen, die konkrete Rechtsinstitute in das Rechtsgebiet einführen[5]. Die vorgeschlagenen ROG-Änderungen erfüllen diese Voraussetzungen als Institutionsnorm. Unabhängig davon, ob nur eine allgemeine Aufgabenbeschreibung des ROV als Sicherungsinstrument erfolgt, wie in den Vorschlägen der MKRO und des Bayerischen Staatsministeriums für Landesentwicklung und Um-

---

1) Vgl. oben S. 291 ff.
2) BVerfG, Urt. v. 01.12.1954 - 2 BvG 1/54 - BVerfGE 4, 115 ff.
3) BVerfG, Beschl. v. 21.01.1969 - 2 BvL 11/64 - BVerfGE 25, 142 (152); BVerfG, Beschl. v. 28.11.1973 - 2 BvL 42/71 - BVerfGE 36, 193 (202).
4) Hoppe, RuL, Rn. 69 ff.; Erbguth, in: Bielenberg/Erbguth/Söfker, ROLaPlaR, J 610, Rn. 35 ff.; Schoeneberg, Umweltverträglichkeitsprüfung, S. 130.
5) Hoppe/Erbguth, Möglichkeiten, DVBl. 1983, 1213 (1220); Schoeneberg, Umweltverträglichkeitsprüfung, S. 130; vgl. zur Rahmenkompetenz auch Zoubek, Raumordnungsverfahren, S. 228 ff.

weltfragen[1], oder detaillierte Regelungen für die Feststellungs- und Abstimmungsaufgabe sowie die Rechtswirkungen des ROV angeregt werden[2], wird der Charakter des ROG als Rahmengesetz nicht aufgehoben. Damit läßt sich als Ergebnis festhalten, daß die Rahmenkompetenz des Bundes gem. Art. 75 Nr. 4 GG für die Einführung eines ROV gegeben ist.

(cc) <u>Gesetzgebungskompetenz des Bundes für eine Verknüpfung von ROV und UVP</u>

Da die hier diskutierten Gesetzgebungsvorschläge entsprechend der zu untersuchenden Fragestellung einer Integration der EG-UVP in das ROV eine Durchführung der UVP anhand der überörtlichen raumbedeutsamen Umweltbelange im ROV vorsehen, stellt sich die anschließende Frage, ob dem Bundesgesetzgeber auch für diese Verknüpfung die Rahmenkompetenz zusteht.

In seinem Baurechtsgutachten zur Abgrenzung der Kompetenztitel Bodenrecht (Art. 74 Nr. 18 GG) und Raumordnung (Art. 75 Nr. 4 GG) hat das Bundesverfassungsgericht u. a. ausgeführt: "Da die Einpassung der Pläne ineinander zum allgemeinen Rahmen der Raumordnung gehört, könnten die Fragen der Rechtswirkung der Pläne verschiedener Stufen oder verschiedenen Inhalts durchgehend von dem Bundesgesetzgeber geregelt werden"[3].

Dieser Satz wird von der ganz h. M. dahingehend verallgemeinert, daß die Raumordnungskompetenz die Klärung der Verzahnung der Raumordnung mit anderen Materien oder die Abgrenzung ihres Regelungsbereichs nach außen umfaßt[4]. Vorliegend geht es um die Verbindung eines raumord-

---

1) Vgl. oben S. 291 ff.
2) Vgl. oben S. 291 ff. die Vorschläge der ARL, von <u>Bartlsperger</u> und des Verfahrensausschusses der MKRO.
3) BVerfG, Rechtsgutachten v. 16.06.1954 - 1 PBvV 2/52 -, BVerfGE 3, 407 (428).
4) Erbguth, Braunkohlenplanung, DVBl. 1982, 1 (10); v. Mangoldt/Klein, GG, Art. 75 Anm. X 2,3 i. V. m. Art. 74 Anm. XXXI 3 a; <u>Depenbrock/ Reiners</u>, Landesplanungsgesetz, Einf. 4.33.11, S. 108; <u>Grooterhorst</u>, Wirkung der Ziele, S. 117.

ordnerischen Verfahrensinstruments mit verfahrensrechtlichen Fragen für raumbedeutsame überörtliche Umweltbelange, so daß insgesamt die Rahmenkompetenz gem. Art. 75 Nr. 4 GG für die vorgeschlagenen Regelungen zu bejahen ist.

Auf die Streitfrage, ob die Verknüpfungsregelungen im Schnittbereich ausschließlich zur Kompetenz der Raumordnung und Landesplanung gehören[1], oder ob sich aus dem Konjunktiv "könnte" im Satz des Bundesverfassungsgerichts ergibt, daß der Kompetenztitel Raumordnung subsidiär gegenüber einem Spezialtitel aus dem Katalog des Art. 74 GG – hier dem Bodenrecht – ist[2], muß nicht eingegangen werden. Denn erstens bestehen umfassende Gesetzgebungsbefugnisse des Bundes auf dem Gebiet des Umweltschutzes, wenn es auch keinen einheitlichen Kompetenztitel Umweltschutz gibt (Art. 74 Nr. 24 GG, Art. 75 Nr. 3 und 4 GG (Wasserhaushalt) und zweitens ist der Raumordnungsbezug der UVP aufgrund der Beschränkung auf überörtliche raumbedeutsame Umweltbelange derart groß, daß nicht auf eine u. U. auch mögliche Kompetenzkombination zurückgegriffen werden muß[3], sondern von einer einheitlichen Rahmenkompetenz nach Art. 75 Nr. 4 GG ausgegangen werden kann, denn hat ein Gegenstand Sachbezüge zu einem anderen Gegenstand, so ist nach dem Schwerpunkt der Regelung zu entscheiden[4].

(dd) <u>Zulässigkeit der Transformation der EG-Richtlinie durch Rahmenvorschriften</u>

Anläßlich der Umsetzung der "Richtlinie betreffend die Qualitätsanforderungen an Oberflächenwasser für die Trinkwassergewinnung in den Mitgliedstaaten" der EG[5] wurde diskutiert, ob die Rahmenkompetenz

---

1) So <u>Depenbrock/Reiners</u>, Landesplanungsgesetz, Einf. 4.33.11, S. 108.
2) So <u>Grooterhorst</u>, Wirkung der Ziele, S. 117; problematisch, da sich der Satz auch als obiter dictum und Schlußfolgerung für Verknüpfungsregelungen aus den zuvor aufgezählten Bundeskompetenzen auffassen läßt, so daß "könnte" eine gleichberechtigte Kompetenzalternative aufzeigt.
3) Vgl. dazu oben S. 24 ; Erbguth, in: Bielenberg/Erbguth/Söfker, ROLaPlaR, J 610 R 32 f.; <u>Schmidt-Aßmann</u>, Maßnahmen, S. 136.
4) Vgl. für den Kompetenztitel Art. 75 Nr. 2 GG (Presse) <u>von Münch</u>, in: von Münch, GG, Art. 75 Rn. 23.
5) EG-Richtlinie v. 26.06.1975, ABl. EG Nr. L 194/34 v. 25.07.1975.

des Bundes gem. Art. 75 Nr. 4 GG (Wasserhaushalt) für die Einführung der EG-rechtlich geforderten Gewässergütestandards und Meß- bzw. Überwachungsverfahren ausreicht und ob eine Erfüllung der Verpflichtung aus Art. 189 Abs. 3 EWG-Vertrag auf Dauer überhaupt durch auf Rahmenkompetenzen beruhenden Vorschriften möglich ist[1]. Angesichts des zunehmenden Detailliertheitsgrades von EG-Richtlinien - auch die UVP-Richtlinie hält ins einzelne gehende Vorschriften über Bürgerbeteiligung und Informationspflichten für die Betreiber bereit - und der von der europarechtlichen h. M. angenommenen Unzulässigkeit ihrer Transformation durch Verwaltungsvorschriften[2], wird die Umsetzung durch die Rahmenkompetenz in Frage gestellt[3].

Diese Fragestellung trifft jedoch auf die hier untersuchte Problematik nicht zu. Die rahmenrechtliche Verankerung der UVP im ROV ist ohnehin nur als Teilbeitrag zur Umsetzung der EG-Richtlinie in das nationale Vorhabenzulassungsrecht gedacht. Für eine volle Transformation sind zusätzliche bundes- und landesrechtliche Vorschriften erforderlich. Die als zulässig erkannte vertikale Stufung der EG-UVP in eine vorbereitende (Planungs-)Ebene und die jeweiligen Fachverfahren basiert vielmehr darauf, daß die Entscheidungsfindung für umweltrelevante Vorhaben im nationalen Recht auf mehrere (Planungs-)Ebenen verteilt ist, die ihrerseits letztlich ihren Ursprung auch in der grundgesetzlichen Kompetenzverteilung (etwa Art. 74 Nr. 18 GG und Art. 75 Nr. 4 GG) hat. Deshalb ist eine Umsetzung der EG-Richtlinie durch Rahmenvorschriften nicht nur zulässig, sondern zur Erreichung der Gesamt-UVP auf mehreren Stufen aus kompetenzrechtlichen Gründen notwendig.

---

1) Weber, Richtlinie, S. 76, hält §§ 7 a und 36 b WHG für unzureichende Umsetzungsvorschriften; Riegel, EG-Richtlinie, EuR 1976, 79 (80, auch Fn. 8); Umweltgutachten 1974, X (Ziff. 18) u. S. 174 ff.; Oldekop, Richtlinien, S. 72, 99.
2) Riegel, EG-Richtlinien, EuR 1976, 79 (80 ff.); Bleckmann, Europarecht, S. 73 m. N. d. Rechtsprechung des EuGH, Daig, in: v. d. Groeben/v. Boeckh/Thiesing/Ehlermann, EWG-Vertrag, Art. 189 Rn. 38 ff.; Cupei, Umweltverträglichkeitsprüfung, DVBl. 1985, 813 (819) fordert aus verfassungsrechtlichen Gründen eine gesetzliche Regelung der Informationspflichten der Betreiber.
3) Riegel, EG-Richtlinien, EuR 1976, 79 (80 ff.).

Damit steht als Ergebnis fest, daß die Integration der UVP in das ROV aufgrund der Rahmenkompetenz nach Art. 75 Nr. 4 GG auch EG-rechtlich zulässig ist.

c) UVP und fakultatives ROV

Eine volle Funktionsäquivalenz von ROV und räumlicher UVP läßt sich nur erreichen, wenn durchgängig die Durchführung des ROV gewährleistet ist.

aa) ROV-Vorschriften als "Kann"-Bestimmung

In ihrer derzeitigen Ausgestaltung sind alle landesplanungsrechtlichen ROV-Vorschriften darauf angelegt, daß die Landesplanungsbehörden ein ROV durchführen können, aber nicht müssen[1].

Jedenfalls für die in Anhang I aufgezählten Vorhaben, die nach Art. 4 Abs. 1 der Richtlinie zwingend einer UVP zu unterziehen sind, muß bei grundsätzlicher Entscheidung für eine vertikale Stufung gewährleistet sein, daß das ROV mit der dann dort integrierten standortbezogenen gesamträumlichen Teil-UVP durchgeführt wird.

Aus diesem Grund ist bei der ROG-Änderung darauf zu achten, daß die Bundesländer sowohl verpflichtet werden, ROV einzuführen als auch die Fälle vorzuschreiben, in denen ein ROV zu erfolgen hat. Diesen Anforderungen genügen weitgehend die Novellierungsvorschläge der MKRO, ihres Verfahrensausschusses und des Bayerischen Staatsministeriums für Landesentwicklung und Umweltfragen[2], nicht aber der ARL-Vorschlag, der lediglich vorsieht, daß die Länder ROV-Vorschriften erlassen können[3].

---

1) Vgl. ausführlich Zoubek, Raumordnungsverfahren, S. 140 ff.; in §§ 13 Abs. 1 ba-wüLPlG, Art. 23 Abs. 2 bayLPlG, 14 Abs. 1 NROG, 18 Abs. 1 rh-pfLPlG, 13 Abs. 1 saarlLPlG wird ein Ermessen durch das "kann", in §§ 11 Abs. 1 hessLPlG und 14 Abs. 1 schl-hoLPlG durch ein "erforderlich" eingeräumt, dazu Erbguth, Probleme, S. 71; Hucke/Seidel/Zimmermann, Analyse, S. 193.
2) Vgl. oben S. 291 ff. ("sollen schaffen" bzw. "haben zu schaffen").
3) Vgl. oben S. 292 ; Bartlsperger sieht mit seiner Novellierung direkt ein bundesrechtliches ROV vor; vgl. S. 293.

bb) ROV in den Ländern Berlin, Bremen und Hamburg

Bisher wenig problematisiert wurde die Stufung der UVP für die Länder Berlin, Bremen und Hamburg[1].

Diese Länder haben von der Stadtstaatenklausel des § 5 Abs. 1 S. 5 ROG Gebrauch gemacht und keine eigenständige Landesplanung einschließlich der dazugehörigen Sicherungsinstrumente geschaffen, sondern die Landesplanung in die Flächennutzungsplanung integriert[2].

Da die Flächennutzungsplanung über keine Sicherungsinstrumente verfügt[3], fehlt es insoweit an einem dem ROV vergleichbaren Instrument, das als Leitverfahren für eine EG-UVP herangezogen werden könnte. Dennoch sollten diese Bundesländer nicht verpflichtet werden, eine u. U. systemwidrige ROV-UVP einzuführen. Da insbesondere bei den norddeutschen Küstenländern überörtliche raumbedeutsame Vorhaben regelmäßig Ländergrenzen überschreitende Auswirkungen haben dürften und deshalb die grenzüberschreitende gemeinsame Landesplanung eine besondere Bedeutung erhalten hat[4], sollten die geschaffenen Zwischenländerorganisationen, vor allem die unterhalb der Planungsräte geschaffenen Koordinierungs- und Bewilligungsausschüsse einschließlich der für konkrete Raumordnungsfragen einzurichtenden Ad-hoc-Arbeitskreise[5] dazu benutzt werden, in Anlehnung an die Landesplanungsgesetze von Niedersachsen und Schleswig-Holstein vorhabenbezogene ROV-UVP-Verfahren informeller Art durchzuführen[6].

---

1) Vgl. den Vorschlag des Verfahrensausschusses MKRO und Abs. 5 der Bartlsperger-Novelle; nunmehr umfassend auch Bunge, UVP im Verwaltungsverfahren, S. 62 f.
2) Bielenberg/Erbguth/Söfker, ROLaPlaR, K § 5 Rn. 36; Cholewa/Dyong/von der Heide, ROG, Bd. I, § 5 Rn. 31 ff.; ausführlich Bunse, Planungsinstrumentarium.
3) Vgl. dazu Zoubek, Sicherungsinstrumente, S. 27 ff.
4) Vgl. Bunse, Planungsinstrumentarium, S. 161 ff.
5) Vgl. dazu Bunse, Planungsinstrumentarium, S. 161 ff. und Cholewa/Dyong/von der Heide, ROG, Bd. II, Niedersachsen und Schleswig-Holstein IV, Grenzüberschreitende Regelungen.
6) Ob dieser Vorschlag allen formellen EG-rechtlichen Anforderungen an eine UVP vor dem Hintergrund der Problematik der Umsetzung durch Verwaltungsvorschriften genügt, bedarf noch der näheren Untersuchung; vgl. Bleckmann, Europarecht, S. 72 ff.

cc) UVP und subsidiäres ROV

Nach § 13 Abs. 5 S. 1 ba-wüLPlG soll ein ROV, sobald das Vorhabenzulassungsverfahren eingeleitet wurde, nur ausnahmsweise durchgeführt werden, wenn seine raumordnerische Bedeutung dies ausdrücklich rechtfertigt. Die vorhandenen rechtlichen Bedenken gegen diese Ausschaltung der Landesplanungsbehörden werden nur zurückgestellt, wenn gewährleistet ist, daß die Landesplanungsbehörde im Fachverfahren beteiligt wird und auf alle dort eingeholten Stellungnahmen zurückgreifen kann[1].

Aus Sicht der UVP bleibt anzumerken, daß bei einer solchen Subsidiaritätsklausel die Frühzeitigkeit der Erfassung der Umweltbelange nicht garantiert ist und daß die geforderte raumordnerische Bedeutung bei enger, im wesentlichen auf den Flächenverbrauch, die Beeinflussung der großräumigen Entwicklung oder die besonders weitreichenden Umweltauswirkungen abstellenden Auslegung[2] nicht alle u. U. betroffenen überörtlichen raumbedeutsamen Umweltbelange eine ROV-UVP auslösen können.

Auf die Subsidiaritätsklausel in § 13 Abs. 5 S. 1 ba-wüLPlG sollte daher verzichtet werden; jedenfalls aber muß durch den Landesgesetzgeber sichergestellt sein, daß die in Anhang I der Richtlinie aufgezählten Vorhaben immer als besonders raumbedeutsam anzusehen sind.

dd) UVP und paralleles ROV

Eine effektive UVP setzt ein möglichst frühzeitiges Erfassen und Bewerten der Umweltbelange voraus. Dies ist gefährdet, wenn - wie in Bayern - teilweise das ROV und das Fachplanungsverfahren parallel durchgeführt werden und lediglich eine Abstimmung der einzelnen Verfahrensschritte empfohlen wird[3].

---

1) Bielenberg/Erbguth/Söfker, ROLaPlaR, M 450 Rn. 16.
2) Angst/Kröner/Traulsen, Landesplanungsrecht, § 13 Rn. 13 b.
3) Vgl. zur Praxis in Bayern Heigl/Husch, Art. 23 Rn. 61 f.

Vielmehr sollte die landesplanerische Stellungnahme einschließlich der (überörtlichen) UVP vorliegen, bevor mit dem Fachverfahren begonnen wird. Dies schließt allerdings nicht aus, daß bereits ein Antrag auf Durchführung des Planfeststellungs- oder Genehmigungsverfahrens gestellt wird, schon um anhand der (vorläufigen) Unterlagen den Verfahrensgegenstand des ROV bestimmen zu können. Das Fachverfahren selbst sollte jedoch bis zum Abschluß des ROV ausgesetzt oder jedenfalls nicht durchgeführt werden.

d) UVP und Bürgerbeteiligung

Besonders kontrovers diskutiert wird die Eignung des ROV für die Durchführung der EG-UVP unter dem Aspekt der Bürger- bzw. Öffentlichkeitsbeteiligung[1].

aa) Öffentlichkeitsbeteiligung im ROV

Eine direkte Öffentlichkeits- bzw. Bürgerbeteiligung im ROV sehen die Landesplanungsgesetze nur in ganz begrenzten Ausnahmefällen vor[2]. Soweit Verfahrensgegenstand Vorhaben privater Planungsträger sind, können diese am Verfahren beteiligt werden[3]. Zusätzlich können nach §§ 18 Abs. 3 i. V. m. 22 Abs. 2 rh-pfLPlG natürliche und juristische Personen beteiligt werden, von denen Auskünfte über das untersuchte Vorhaben verlangt werden können[4]. Außerdem sehen einige Verwaltungsvorschriften als Kann-Bestimmung vor, daß ausnahmsweise weitere Privatpersonen hinzugezogen werden können[5].

---

1) Hucke/Seidel/Zimmermann, Analyse, S. 194 ff.; Bürger/Burkhardt/Schemel, Umweltverträglichkeitsprüfung, S. 74; Cupei, Umweltverträglichkeitsprüfung, DVBl. 1985, 813 (818); ders., Richtlinie, NuR 1985, 297 (302); Bunge, Umweltverträglichkeitsprüfung, ZfU 1984, 404 (415 ff.); Erbguth/Schoeneberg, Umsetzung, WiVerw 1985, 103 (108 f.).
2) Wahl, Bürgerbeteiligung, S. 129.
3) Vgl. dazu oben S. 20 ff.
4) Vgl. dazu Brenken/Schefer, Landesplanungsgesetz, § 22 Anm. 2; Schoeneberg, Umweltverträglichkeitsprüfung, S. 214 f.
5) Wahl, Bürgerbeteiligung, S. 129; Schnitker, Formale Beteiligung, IzR 1979, 87 ff.

Über diesen engen Beteiligtenkreis hinaus wird überwiegend eine mittelbare Bürgerbeteiligung bevorzugt, bei der die zu beteiligenden Gemeinden vor der Abgabe ihrer Stellungnahme im ROV ihrerseits eine Bürgerbefragung oder -anhörung durchführen[1].

Teilweise wird eine solche Beteiligungsform aufgrund der anderenfalls beseitigten gemeindlichen Legitimation zur alleinigen Geltendmachung der örtlichen Belange[2], teilweise - neben der Anhörung als nicht förmlich Beteiligte - wegen des verfassungs- und raumordnungsrechtlich verankerten Durchgriffsverbots für landesplanerische Maßnahmen für allein zulässig gehalten[3].

Welche Anforderungen an eine Bürger- bzw. Öffentlichkeitsbeteiligung im ROV als Leitverfahren für eine UVP aus EG-rechtlicher Sicht zu stellen sind, wie groß u. U. der Novellierungsbedarf ist und ob das ROV als Teil-UVP sogar ausscheiden muß, weil es die EG-rechtlichen Voraussetzungen nicht erfüllt, richtet sich nach den Bestimmungen über die Öffentlichkeitsbeteiligung in der EG-Richtlinie.

bb) Öffentlichkeitsbeteiligung in der EG-UVP

Bei der Auslegung des für die Öffentlichkeitsbeteiligung zentralen Art. 6 Abs. 2 der Richtlinie sind zwei Fragenkomplexe auseinanderzuhalten[4].

---

1) Entschließung "Bürgerbeteiligung in der Raumordnung und Landesplanung" der MKRO v. 01.01.1983, abgedr. u. a. in: Cholewa/Dyong/von der Heide, ROG, Bd. II, V. 3.16.1 und Bielenberg/Erbguth/Söfker, ROLaPlaR, BE 320 S. 13; Hoppe, RuL, Rn. 859; Losch, Raumordnungsverfahren, IzR 1979, 98 (99 f.).

2) Heigl/Hosch, Landesplanung, Art. 23 Rn. 30; Losch, Raumordnungsverfahren, IzR 1979, 98 ff.

3) Erbguth, in: Bielenberg/Erbguth/Söfker, ROLaPlaR, M 445 Rn. 12; a. A. Bielenberg, in: Bielenberg/Erbguth/Söfker, ROLaPlaR, M 445 Rn. 12; vgl. zur Bürgerbeteiligung insgesamt Wahl, Bürgerbeteiligung, S. 113 ff. und Schoeneberg, Umweltverträglichkeitsprüfung, 211 ff., 221 ff.; ders., Bürgerbeteiligung, UPR 1985, 39 ff. und grundlegend zu den Funktionen der Bürgerbeteiligung Blümel, Grundrechtsschutz, S. 23 ff.

4) Art. 2 Abs. 3 Nr. b verlangt eine informatorische Öffentlichkeitsbeteiligung bei der Bestimmung der Ausnahmen von den Anforderungen der Richtlinie; Art. 9 fordert die Mitteilung über die Entscheidung einschließlich der Gründe.

Einerseits muß geklärt werden, ob grundsätzlich eine direkte Bürgerbeteiligung verlangt wird und andererseits, ob eine solche Beteiligung bei der vertikalen Stufung der UVP in das ROV und das Vorhabenzulassungsverfahren auf beiden Stufen zu erfolgen hat.

Nach Art. 6 Abs. 2 1. Spiegelstrich der Richtlinie müssen die Mitgliedstaaten dafür sorgen, daß der Öffentlichkeit jeder Genehmigungsantrag und die nach Art. 5 eingeholten Informationen zugänglich gemacht werden. Diese Art der informatorischen Öffentlichkeitsbeteiligung bietet hinsichtlich der Umsetzungsdiskussion keine Schwierigkeiten. Ohne Änderung des Verwaltungsverfahrens "ROV" und ohne rechtssystematische Grenzen zu verletzen kann über ein ROV durch Presse, Informationsveranstaltungen usw. die Öffentlichkeit unterrichtet werden, wie dies bereits durchgehend geschieht[1].

Art. 6 Abs. 2 2. Spiegelstrich der Richtlinie verlangt von den Mitgliedstaaten, der betroffenen Öffentlichkeit Gelegenheit zu geben, sich vor Durchführung des Projekts dazu zu äußern. Ob insoweit eine direkte oder indirekte Öffentlichkeitsbeteiligung gefordert ist, läßt sich dem Wortlaut der Vorschrift nicht entnehmen, so daß in Ausübung des Umsetzungsermessens der Mitgliedstaaten nach Art. 89 Abs. 3 EWG-Vertrag nur eine mittelbare Bürgerbeteiligung vorgesehen werden könnte, mithin auch in der vorgelagerten ROV-UVP eine solche Beteiligungsform zulässig wäre.

Dieses Umsetzungsermessen wird in Art. 6 Abs. 3 der Richtlinie näher konkretisiert. Nach Art. 6 Abs. 3 1. Spiegelstrich kann der betroffene Personenkreis bestimmt werden; nach Art. 6 Abs. 3 4. Spiegelstrich kann bestimmt werden, in welcher Weise die Öffentlichkeit angehört werden soll, wobei als Beispiele angegeben werden eine Aufforderung zur schriftlichen Stellungnahme oder eine öffentliche Umfrage. Ob eine direkte Bürgerbeteiligung gefordert oder eine indirekte Beteiligungsform zumindest teilweise zulässig ist, läßt sich diesen Ermessenskonkretisierungen ebenfalls nicht entnehmen, so daß insgesamt der Wortlaut der Richtlinie keinen Aufschluß über die geforderten Beteiligungsformen gibt.

---

1) Schnitker, Formale Beteiligung, IzR 1979, 87 ff.; Steinberg, Einfügung, NuR 1983, 169 (175 f.); Schmidt-Aßmann, Entwicklungstendenzen, VBlBW 1986, 2 (6).

Die historische Auslegung rechtfertigt u. U. die Forderung nach direkter Öffentlichkeitsbeteiligung. Die in der Begründung des Ursprungstextes enthaltene Formulierung über eine Beteiligung von "ausgewählten Stellen"[1] sowie die Erläuterungen zu Art. 8 der früheren Vorschrift über die Öffentlichkeitsbeteiligung[2], in denen eine indirekte Beteiligung für überörtliche Vorhaben ausdrücklich erwähnt wird, haben in den geltenden Erwägungsgründen[3] keinen Niederschlag gefunden. Außerdem veranlaßte die diskutierte alleinige direkte Öffentlichkeitsbeteiligung Dänemark zu seinen Vorbehalten gegenüber der EG-Richtlinie, da dort viele Projekte aus Anhang I durch Parlamentsgesetz genehmigt werden, das schwerlich eine zusätzliche Bürgerbeteiligung verträgt[4].

Noch deutlichere Hinweise auf das Erfordernis einer (zumindest teilweisen) unmittelbaren Bürgerbeteiligung lassen sich der Systematik der EG-rechtlichen Beteiligungsvorschriften entnehmen. Gem. Art. 6 Abs. 2 1. Spiegelstrich der Richtlinie wird die umfassende Information der Öffentlichkeit angeordnet, wobei diese Unterrichtung vor allem durch Art. 6 Abs. 3 1. Spiegelstrich (Bestimmung des betroffenen Personenkreises), 2. Spiegelstrich (Ort der Einsichtnahme) und 3. Spiegelstrich (Art der Unterrichtung) näher präzisiert wird, während Art. 6 Abs. 2 2. Spiegelstrich i. V. m. Abs. 3 4. Spiegelstrich der Richtlinie die Anhörung der betroffenen Öffentlichkeit regelt und näher ausgestaltet. Umfassend informiert wird breit, um so die Betroffenen zu ermitteln, die dann im nächsten Verfahrensschritt beteiligt werden. Diese "trichterförmige" Ausgestaltung der Öffentlichkeitsbeteiligung durch die EG-Richtlinie läßt erkennen, daß deutliche qualitative Unterschiede zwischen der Unterrichtung und der Anhörung bestehen, und legt den Schluß nahe, daß nur eine direkte

---

1) Dok. 7072/80 v. 11.06.1980, ENV 106, Begründung, Ziff. 29.
2) Dok. 7072/80 v. 11.06.1980, ENV 106, Erläuterungen zu Art. 8.
3) EG-Richtlinie, ABl. EG Nr. L 175/40 v. 05.07.1985.
4) Vgl. nunmehr Erwägungsgründe a. a. O., 13. Absatz und Art. 1 Abs. 5 der Richtlinie; Cupei, Umweltverträglichkeitsprüfung, DVBl. 1985, 813 (818).

öffentlichkeitsbeteiligung eine Anhörung i. S. d. Art. 6 Abs. 2 2. Spiegelstrich der Richtlinie sein kann[1]. Auch die objektivteleologische Auslegung liefert letztlich keine Klarheit darüber, ob Art. 6 Abs. 2. 2. Spiegelstrich der Richtlinie durchgängig eine direkte Öffentlichkeitsbeteiligung als "öffentliche Meinung"[2] verlangt oder ob eine durch kommunale Gremien vermittelte Öffentlichkeit als "veröffentlichte Meinung"[3] ausreicht.

Die Anhörung der Öffentlichkeit nach Art. 6 Abs. 2 2. Spiegelstrich dient zwei gleichberechtigten Zwecken: Durch die trichterförmige Reduzierung auf die betroffene Öffentlichkeit sowie die Möglichkeit der Anordnung von Präklusionen (Art. 6 Abs. 3 5. Spiegelstrich) wird die Funktion als vorgelagerter Rechtsschutz deutlich. Aus der Zielsetzung des Art. 3 der Richtlinie und Abs. 6 und 10 der Erwägungsgründe[4] sowie der Entstehungsgeschichte läßt sich ablesen, daß gleichzeitig die Informationsbasis der entscheidenden Behörde verbessert werden soll.

Bunge vertritt die Auffassung, der zuletzt genannte Zweck sei vorherrschend, da jedenfalls für den Bereich der Bundesrepublik Deutschland mit den fachgesetzlichen Partizipationsregeln, die nicht ersetzt würden, eine ausreichende Beteiligung gewährleistet sei und der Zweck einer umfassenden Informationsbeschaffung eher durch ein Beteiligungsrecht als durch eine entsprechende "Pflicht" erreicht werden würde[5]. Diese Auslegung deckt sich jedoch nicht mit der Entstehungsgeschichte der EG-Richtlinie[6]. Auch ist eine beabsichtigte Erweiterung der

---

1) So im Ergebnis auch Cupei, Umweltverträglichkeitsprüfung, DVBl. 1985, 813 (818); ders., Richtlinie, NuR 1985, 297 (302); Hucke/Seidel/Zimmermann, Analyse, S. 196; offen gelassen von Erbguth/Schoeneberg, Umsetzung, WiVerw 1985, 102 (109).
2) So Cupei, Richtlinie, NuR 1985, 297 (302, Fn. 45).
3) Ablehnend Cupei, Richtlinie, NuR 1985, 297 (302).
4) ABL. EG Nr. 175/40.
5) Bunge, UVP im Verwaltungsverfahren, S. 27.
6) Vgl. Cupei, Umweltverträglichkeitsprüfung, DVBl. 1985, 813 (815) m. w. N.

Rechte der EG-Bürger nicht von vornherein auszuschließen. Schließlich wird eine solche Auslegung den Besonderheiten gestufter Entscheidungsprozesse mit vorgelagerten Beteiligungsmöglichkeiten und entsprechenden Präklusionsvorschriften (vgl. Art. 6 Abs. 3 5. Spiegelstrich der EG-Richtlinie) zur adäquaten Problemabschichtung nicht gerecht.

Denn die Funktion der Bürgerbeteiligung als vorgelagerter Rechtsschutz auf einer früheren Entscheidungsebene gewinnt in demselben Maße an Bedeutung, wie bereits in dem Vorverfahren (z. B. im ROV) verbindliche Entscheidungen oder Vorwegfestlegungen erfolgen.

Mit steigender Verbindlichkeit der ROV-UVP für die nachfolgenden Verfahren wachsen also die Anforderungen an die Beteiligungsform. Oder umgekehrt: Ob die EG-UVP im ROV eine direkte Bürgerbeteiligung erfordert, hängt von der Verbindlichkeit des Verfahrensergebnisses ab, sofern eine "echte" Integration der UVP in das ROV erfolgt und nicht lediglich im ROV Umweltdaten gesammelt und als Paket (ohne eigene Bewertungen) an die nachfolgenden Genehmigungsverfahren abgegeben werden[1].

Die direkte Bürgerbeteiligung erfüllt den Zweck der Bürgeranhörung, umfassende Informationsgrundlagen zu beschaffen, in optimaler Weise, wenn auch nicht verkannt werden soll, daß es der zu beteiligenden Öffentlichkeit schwer fallen wird, überörtliche und örtliche Belange zu trennen.

Soweit jedoch sichergestellt ist, daß die im Rahmen der Anhörung gewonnenen Erkenntnisse ungefiltert und ohne zusätzliche Wertung in den Entscheidungsprozeß auf der ersten Stufe (ROV) eingehen - vgl. etwa den Vorschlag von Schoeneberg, die Gemeinden zu verpflichten, die Stellungnahme der Beteiligten auch isoliert und ohne Wertung bzw. in Verknüpfung mit den kommunalen Belangen an die Landespla-

---

[1] Vgl. zu einer solchen UVP-Konzeption Schemel, Umweltverträglichkeitsprüfung, S. 52.

nungs- und UVP-Behörde weiterzuleiten[1] - kann der Gesetzeszweck erreicht werden, so daß aus diesem Grund EG-rechtlich nicht zwingend eine direkte Bürgerbeteiligung auf beiden Stufen einer im vertikalen Splitting vorgenommenen UVP erfolgen muß.

Als Ergebnis der obejktiv-teleologischen Auslegung steht damit fest, daß der Zweck der Öffentlichkeitsbeteiligung, Informationen zu beschaffen, bei entsprechenden Sicherungen auch durch indirekte Bürgerbeteiligung möglich ist, während die Rechtsschutzfunktion bei einer Ausgestaltung der ROV-UVP mit Verbindlichkeit u. U. auch für Dritte nur bei direkter Bürgerbeteiligung erfüllt werden kann.

---

1) Schoeneberg, Umweltverträglichkeitsprüfung, S. 230 ff.; ihm folgend Bunge, Umweltverträglichkeitsprüfung, ZfU 1984, 404 (416 f.).

§ 10 Zusammenfassung der Ergebnisse in Thesen

Erster Teil:

1. Gegenstand des ROV sind in allen Flächenstaaten, die mit Ausnahme von Nordrhein-Westfalen dieses Verfahren in ihren Landesplanungsgesetzen geregelt haben, die raumbedeutsamen Planungen und Maßnahmen von öffentlichen und privaten Planungsträgern (S. 6 ff.). Der Begriff "raumbedeutsame Maßnahmen" ist teleologisch so zu reduzieren, daß hierunter nicht Genehmigungsentscheidungen fallen; andernfalls käme es zu einem von § 5 Abs. 4 ROG nicht vorgesehenen unmittelbaren Durchgriff landesplanerischer Aussagen auf die private Bodennutzungstätigkeit. Dies schließt allerdings nicht aus, daß private genehmigungsbedürftige Vorhaben Verfahrensgegenstand sind, sondern begrenzt ihnen gegenüber nur die Außenwirkung der Verfahrensergebnisse (S. 9, 20 f.).

2. Innerhalb des ROV wird einheitlich in allen Ländern zwischen der Feststellungs- und der Abstimmungsaufgabe unterschieden (S. 23 ff.). Die Feststellungsaufgabe dient dazu, das geplante Vorhaben anhand der vorgegebenen Prüfungsmaßstäbe zu überprüfen und Maßgaben zu entwickeln, bei deren Vorliegen das Vorhaben raumverträglich ist. Die Abstimmungsaufgabe hat einerseits die Abstimmung des Projekts mit anderen raumbedeutsamen Planungen und Maßnahmen zum Gegenstand (S. 37) und dient andererseits zur Abstimmung des Vorhabens mit den RO-Belangen (S. 38).

3. Prüfungsmaßstab im ROV bilden einheitlich die RO-Ziele (S. 24). Dabei handelt es sich um in Plänen und Programmen niedergelegte landesplanerische Letztentscheidungen, die dem rechtsstaatlichen Bestimmtheitsgebot entsprechend räumlich und sachlich konkret sein müssen (S. 26). Obwohl einige Landesplanungsgesetze die RO-Grundsätze nicht ausdrücklich als Beurteilungsmaßstab vorsehen, gebietet dennoch die RO-Systematik, auch in diesen Fällen ein ROV lediglich anhand der RO-Grundsätze durchführen zu können (S. 30). RO-Grundsätze sind die in § 2 Abs. 1 ROG niedergelegten und zusätzlich von den Ländern aufzustellenden Abwägungsdirektiven, die noch einer Abwägung durch die

Landesplanungsbehörden oder die Fachbehörden bedürfen (S. 29). In Bayern und Hessen sind zusätzlich die sonstigen RO-Erfordernisse Prüfungsmaßstab (S. 35). Dies sind nicht in Ziel- oder Grundsatzform gegossene landesplanerische Erkenntnisse (z. B. nicht verbindliche oder konkrete Ziele), die dennoch den landesplanerischen Lenkungsprozeß beeinflussen (S. 36). Auch die landesplanerische Beurteilung als ROV-Ergebnis stellt ein sonstiges RO-Erfordernis dar (S. 36).

4. Das ROV ist systematisch der planerischen Ebene der Raumordnung mit dem Ziel ihrer Konkretisierung nachgeschaltet und den fachgesetzlichen Planfeststellungs- und Genehmigungstatbeständen vorgelagert. Anhand überörtlicher und überfachlicher standortbezogener Erwägungen erfolgt eine querschnittsorientierte projektbezogene Raumverträglichkeitsprüfung (S. 17).

5. Als abgeleitetes akzessorisches Sicherungsinstrument darf das ROV die systematischen und kompetenzrechtlichen Grenzen der Raumordnung und Landesplanung nicht überschreiten (S. 39 ff.). Hinsichtlich der räumlichen Konkretheit der landesplanerischen Beurteilung bedeutet dies, daß übergemeindliche und gemeindescharfe standortbezogene Aussagen problemlos zulässig sind, parzellenscharfe standortbezogene Aussagen problemlos zulässig sind, parzellenscharfe Festlegungen generell verboten sind und gebietsscharfe Festlegungen dann möglich sind, wenn ein landesplanerisches Bedürfnis besteht und das Verhältnismäßigkeitsprinzip gewahrt ist (S. 40 ff.). Hinsichtlich der fachlichen Konkretheit hat dies zur Konsequenz, daß im ROV die fachlichen Maßnahmen nicht ersetzt bzw. vorweggenommen werden dürfen (S. 43, 48 ff.). Weder die gemeindliche Planungshoheit (S. 42) noch vor allem das Ressortprinzip (S. 47) beschränken den Anwendungsbereich des ROV über die aufgezeigten kompetenzrechtlichen Grenzen hinaus.

6. Rechtsnatur und Rechtswirkung der landesplanerischen Beurteilung als ROV-Abschluß sind mangels klarer gesetzlicher Vorgaben die eigentlich umstrittenen Probleme des ROV und standen daher auch im Mittelpunkt der Untersuchung (S. 50 ff., 113 ff.). Die landesplanerische Beurteilung in der Form des Abstimmungsvorschlages ist

unverbindlich, da dies der Rechtsnatur eines Vorschlages entspricht
(S. 53). Für ein solches landesplanerisches Trassengenehmigungsverfahren auf der Schnittstelle zwischen Raumordnungs-, Boden- und
Fachplanungsrecht fehlt dem Landesgesetzgeber jedoch die Gesetzgebungskompetenz (S. 54 ff.).

7. Außenwirkung entfaltet die landesplanerische Beurteilung gegenüber hoheitlichen Planungsträgern, die nicht mit der Staatsverwaltung identisch sind, d. h. insbesondere gegenüber den Gemeinden
(S. 61). Privaten gegenüber besteht eine Außenwirkung nur, wenn
diese materielle Verwaltungstätigkeit ausüben, nicht aber, wenn in
Privatrechtsform, etwa durch EVU, die im Eigentum der öffentlichen
Hand stehen, öffentliche Aufgaben der Daseinsvorsorge wahrgenommen
werden (S. 62 ff.). § 11 hessLPlG, der durch den Verweis auf
§ 8 hessLPlG eine Außenwirkung der ROV-Ergebnisse gegenüber juristischen Personen des Privatrechts, deren Kapital sich überwiegend
in öffentlicher Hand befindet, anordnet, ist mit Bundesrecht nicht
vereinbar (S. 64).

8. Regelungswirkung kommt dem ROV-Ergebnis nur zu, soweit die Landesplanungsgesetze vorsehen, daß die RO-Behörden eine Erklärung ab-
geben über die Raumverträglichkeit des untersuchten Vorhabens, die
aus sich selbst heraus kraft der ihr innewohnenden Verbindlichkeit
den zugrunde gelegten Sachverhalt beurteilt (S. 70). § 5 Abs. 4 ROG
ist nicht in der Lage, die regelnde Wirkung eines zielbezogenen
ROV-Abschlusses zu begründen, da diese Vorschrift nicht auf das ROV
Bezug nimmt und außerdem den Geltungsanspruch gleichsam "von außen"
an das Verfahrensergebnis heranträgt (S. 68 ff.).

9. Deshalb hat lediglich die landesplanerische Beurteilung nach
§ 18 rh-pflPlG und nach § 14 schl-hoLPlG gegenüber Gemeinden Ver-
waltungscharakter (S. 74 f.). Soweit ansonsten Außenwirkung besteht,
ist die landesplanerische Beurteilung als schlicht hoheitliches
Handeln einzuordnen (S. 78). In ihrer behördeninternen Abstimmungs-
und Feststellungswirkung ist sie darüber hinaus wegen ihres stark
formalisierten Verfahrenscharakters als Akt sui generis, nämlich
als "außenwirksamkeitsdefizitärer hoheitlicher Administrativakt
mit partiellem Regelungsgehalt" zu bezeichnen (S. 83).

10. Bereits die Grundstrukturen der verschiedenen behördlichen Entscheidungsverfahren lassen Rückschlüsse auf ihre "Offenheit" für das ROV-Ergebnis zu (S. 84 ff.). Kontrollerlaubnisse als gebundene Entscheidungen, auf die die Träger von Grundrechten einen Anspruch haben (S. 85), können bei negativem Ausgang des ROV nur versagt werden, soweit die Tatbestände auf RO-Belange Bezug nehmen (S. 159 ff.). Demgegenüber sind die Planfeststellungsverfahren dem Grundsatz nach auf umfassende planerische Abwägung aller berührten privaten und öffentlichen Belange einschließlich der der Raumordnung angelegt (S. 89 ff.). Wegen des Genehmigungscharakters der privatnützigen Planfeststellungen können jedoch im ROV konkretisierte RO-Ziele nicht direkt gegenüber dem Bürger über § 5 Abs. 4 ROG wirken, sondern nur auf dem "Umweg" über die Tatbestandsmerkmale (S. 87). Soweit als Mischform zwischen den Grundmodellen der Kontrollerlaubnis und der Planfeststellung der Behörde ein Versagungsermessen eingeräumt wird, besteht die Möglichkeit, bei der insoweit zu treffenden Abwägungsentscheidung die landesplanerische Beurteilung zu berücksichtigen (S. 97 f.).

Zweiter Teil:

11. Sedes materiae des Verhältnisses des ROV zu den anschließenden Fachverfahren ist die fachbehördliche Abwägungsentscheidung. Die Rechtsprechung versucht mit Formulierungen wie "institutionalisierte, bindende Entscheidungshilfe" und "bloß tendenzielle Festlegung" sowohl dem fachbehördlichen Abwägungsrecht als auch dem Geltungsanspruch des ROV gerecht zu werden, ohne allerdings eine überzeugende Grenzziehung oder Begründung für die Verbindlichkeit der landesplanerischen Beurteilung liefern zu können (S. 102 ff.). Das exakte Steuerungsmaß der landesplanerischen Beurteilung läßt sich nur durch eine Gesamtschau einerseits ihrer Verbindlichkeit und andererseits der Fähigkeit der gesetzlichen Tatbestände, die ROV-Ergebnisse zu verarbeiten, beurteilen (S. 101, 159 ff.). Während ersteres den Umfang zulässiger Vorwegfestlegungen der zur Abwägungsentscheidung berufenen Fachbehörde angibt (S. 109, 113 ff.), beantwortet letzteres die Frage, ob und in welchem Umfang im ROV konkretisierte RO-Belange die Erteilung oder Versagung einer beantragten Genehmigung oder Planfeststellung zulassen oder erfordern S. 159 ff.).

12. Nach dem Prinzip der Selbstbindung der Verwaltung sind die RO-Behörden an ihre landesplanerischen Beurteilungen gebunden (S. 113 ff.). Sie haben sie bei ihrer weiteren Beteiligung im Genehmigungsverfahren ebenso zugrunde zu legen, wie bei den Stellungnahmen zu anderen Vorhaben, unabhängig davon, ob hierfür ein ROV durchgeführt wird oder die Landesplanung im fachbehördlichen Beteiligungsverfahren beteiligt wird. Bei einer wesentlichen Veränderung der Sach- oder Rechtslage, etwa, wenn neue Ziele aufgestellt oder neue Raumnutzungsansprüche bestehen, kann die Landesplanungsbehörde vom ROV-Ergebnis abweichen (S. 115).

13. Nach dem Prinzip der Selbstbindung der Verwaltung sind ebenfalls die Behörden der landesunmittelbaren Verwaltung gebunden, die dem ROV-Ergebnis zugestimmt haben (S. 117). Die landesplanerische Beurteilung mit Regelungswirkung in § 18 rh-pfLPlG und § 14 schl-hoLPlG begründet auf diese Weise ihre Verbindlichkeit (S. 74 f., 117). Als einziges Bundesland hat Baden-Württemberg über Verwaltungsvorschriften eine Bindungswirkung des ROV-Abschlusses nach § 13 ba-wüLPlG für Landesbehörden und Gemeinden angeordnet, indem alle Ressorts der an sich nur ressortintern wirkenden Verwaltungsvorschriften des Innenministeriums zugestimmt haben (S. 136). In den übrigen Ländern besteht mangels gesetzlicher oder untergesetzlicher Anordnung keine Bindungswirkung der landesplanerischen Beurteilung (S. 138).

14. Keine Bindung der landesplanerischen Beurteilung kann begründet werden durch eine bloße Ableitung aus dem Bindungsumfang der jeweiligen Prüfungsmaßstäbe. Danach soll für zielbezogene ROV-Aussagen die Zielbindung nach § 5 Abs. 4 ROG gelten, hinsichtlich der RO-Grundsätze soll verbindlich geprüft werden, ob die Fachbehörden diese sachgerecht abgewogen haben und bezüglich der sonstigen RO-Erfordernisse komme lediglich eine empfehlende Stellungnahme in Betracht. Jedoch sind die ROV-Ergebnisse gerade keine RO-Ziele; auch bestehen weder in § 2 Abs. 2 noch in § 3 Abs. 3 ROG sowie in den Landesplanungsgesetzen mit Ausnahme von § 13 ba-wüLPlG Anhaltspunkte dafür, daß eine landesplanerische Überprüfung der fachbehördlichen Abwägung bezüglich der RO-Grundsätze angeordnet sei, zumal das Abwägungsrecht der Landesplanung und das der Fach-

behörde gleichberechtigt nebeneinanderstehen. Vielmehr
bilden § 5 Abs. 4 und § 3 Abs. 2 ROG raumordnungssystematische Grenzen bei einer Ausgestaltung der Verbindlichkeit der ROV-Ergebnisse
durch den Landesgesetzgeber (S. 118 ff.).

15. Die Zuständigkeits- und Kompetenzverteilung ist ebenfalls nicht
in der Lage, eine Verbindlichkeit der landesplanerischen Beurteilung
zu begründen (S. 126 ff.).

RO-Behörden und Fachbehörden stehen gleichberechtigt nebeneinander
(S. 126). Beide sind mit Fragen der Raumordnung und Landesplanung
befaßt (S. 127). Aus den Funktionen der staatlichen Kompetenzverteilung folgt, daß die Maßgeblichkeit des Hoheitsaktes eines Hoheitsträgers für einen anderen gesetzlich positivierte Mitwirkungsrechte
voraussetzt (vgl. Einvernehmen mit der Landesplanungsbehörde nach
§ 4 Abs. 1 HessAbfG) oder ihm Regelungswirkung zukommt (S. 128 ff.).

16. Bei der Bestimmung der Reichweite der Verbindlichkeit der landesplanerischen Beurteilung de lege lata und de lege ferenda sind
die rechtssystematischen Grenzen der verschiedenen Prüfungsmaßstäbe
gegenüber dem jeweiligen Adressaten zu beachten (S. 140 ff.). Die
Zielbindung darf weder dadurch relativiert werden, daß eine geringere Reichweite der zielbezogenen ROV-Ergebnisse festgelegt wird,
noch dadurch, daß die Ziele selbst Abwägungsmaterial werden (S. 140,
238). Soweit die Länder über § 3 Abs. 2 ROG und die RO-Klauseln in
den Fachgesetzen des Bundes hinausgehend eine Geltung der RO-Grundsätze anordnen, ist es ihnen freigestellt, insoweit eine Stellungnahme im ROV vorzuschalten. Bei der Ausführung von Bundesgesetzen
in Bundesauftragsverwaltung durch Behörden der unmittelbaren Landesverwaltung besteht kein Unterschied in der Verbindlichkeit der ROV-Ergebnisse, da es sich dabei auch um materielle Landesverwaltung
handelt (S. 143 ff.).

17. Die Verbindlichkeit der landesplanerischen Beurteilung gegenüber
Vorhaben in Bundeseigenverwaltung und in Trägerschaft des Bundes
richtet sich nach dem Grad der zulässigen Selbstbindung des Bundes.
Da die in § 5 Abs. 4 ROG angeordnete Zielbindung des Bundes nur
wegen der Widerspruchsmöglichkeit nach § 6 ROG verfassungsrechtlich

noch zulässig ist, kann der Bund an zielbezogene ROV-Ergebnisse nur bei entsprechender Anwendung dieser Vorschrift gebunden sein (S. 149 ff.). Da eine entsprechende Vorschrift für die RO-Grundsätze und die sonstigen RO-Erfordernisse fehlt, kann die landesrechtliche Bindungswirkung der landesplanerischen Beurteilung das diesbezüglich über § 3 Abs. 2 ROG und die fachgesetzlichen RO-Klauseln gegebene Abwägungsrecht der Bundesstellen selbst für die Abwägungsphase "Bewertung der Belange" nicht beseitigen (S. 153 ff., 109 ff.).

18. Aus dem verfassungsrechtlich abgestützten Gebot der lediglich mittelbaren Berücksichtigung von RO-Belangen und dem Gesetzesvorbehalt in der Ausformung durch die Wesentlichkeitsrechtsprechung folgt (S. 48 ff., 159 ff., 240 ff.), daß für die Berücksichtigungs- und Durchsetzungsfähigkeit der landesplanerischen Beurteilung in den bodennutzungsorientierten außengerichteten Genehmigungs- und Planfeststellungsentscheidungen die Fassung der RO- und Allgemeinwohlklauseln in den gesetzlichen Tatbeständen entscheidend ist (S. 154 ff.). Diese Klauseln geben nicht nur an, ob die RO-Belange einschließlich der landesplanerischen Beurteilung zu berücksichtigen sind (mit dem im ROV ermittelten Gewicht), sondern treffen teilweise eine Auswahl unter den RO-Belangen, nehmen teilweise eine Gewichtung der RO-Belange untereinander vor und setzen diese auch ins Verhältnis zu fachlichen Belangen (S. 161 ff.). Die RO-Klauseln sind unverzichtbare Transformationsnormen für eine wirksame Steuerung der Bodennutzungstätigkeit (S. 166 ff.). Sie sind selbst dann erforderlich, wenn bei gemeinnützigen Planfeststellungen die Vorhabenträger der RO-Bindung unterliegen, denn systemgerecht werden die RO-Belange mit den Belangen Privater im Planfeststellungsverfahren erst durch die RO-Klauseln vergleich- und abwägbar (S. 168).

19. § 50 BImSchG und der planerische Gehalt des Vorsorgegrundsatzes nach § 5 Nr. 2 BImSchG sind von ihrer Funktion her nicht in der Lage, ROV-Ergebnisse in die Genehmigungsentscheidung zu integrieren (S. 171). Eine solche Integration erfolgt über die bauplanungsrechtlichen Vorschriften der §§ 30 ff. BBauG als nach § 6 Nr. 2 BImSchG

zu berücksichtigende "andere öffentlich-rechtliche Vorschriften" (S. 176 ff.). Wird für ein immissionsschutzrechtlich genehmigungsbedürftiges Vorhaben ein Bebauungsplan aufgestellt, so hat die Gemeinde bei bestehender Bindung an die zielbezogenen ROV-Ergebnisse diese bei der Erfüllung ihrer Anpassungspflicht nach § 1 Abs. 4 BBauG anzuwenden. Darüber hinaus sind alle nichtzielbezogenen Aussagen als sonstige RO-Erfordernisse in die Abwägung nach § 1 Abs. 6 und Abs. 7 BBauG einzustellen.

20. Nichtprivilegierte Außenbereichsvorhaben i. S. d. § 35 Abs. 2 BBauG können im ROV konkretisierte RO-Ziele und dort entwickelte sonstige RO-Erfordernisse als konkrete öffentliche Belange entgegengehalten werden (S. 177 ff.). Privilegierte Außenbereichsvorhaben können landesplanerische Beurteilungen als tatsächliche Gegebenheit zur Erreichung des notwendigen Konkretheitsgrades von RO-Zielen entgegengesetzt werden (S. 181 ff.). Als sonstiges RO-Erfordernis kann das Verfahrensergebnis dagegen nicht als "öffentlicher Belang" i. S. d. § 35 Abs. 1 BBauG wirken, da diese RO-Belange vorhabenbezogen punktuell entwickelt werden, der Landesplanung damit ein beliebig handhabbarer Ablehnungsgrund an die Hand gegeben wird und ihr so eine Planungskompetenz zugestanden wird, die im ROV nicht vorgesehen ist (S. 185 f.). Gegenüber Vorhaben im nicht beplanten Innenbereich wirkt die landesplanerische Beurteilung genau wie die RO-Ziele lediglich als Verstärkung einer vorhandenen Situation, die allein über die Zulässigkeit nach § 34 BBauG entscheidet (S. 187 ff.).

21. Im bergrechtlichen Betriebsplanzulassungsverfahren wirkt das ROV neben der u. U. verbindlich geregelten Zielinterpretation als Mittel zur Zielkonkretisierung und als sonstiges RO-Erfordernis nach § 55 Abs. 1 Nr. 6 und Nr. 7 BBergG nur für den Bereich der Abfallbeseitigung und der Wiedernutzbarmachung (S. 191 ff.). Eine Berücksichtigung über das "überwiegend öffentliche Interesse" in § 48 Abs. 2 BBergG ist nicht möglich (S. 194 ff.), erforderlich wäre hierfür eine allgemeine RO-Klausel (S. 250).

21. Im atomrechtlichen Genehmigungsverfahren ist die landesplanerische Beurteilung als "öffentliches Interesse" i. S. d. § 7 Abs. 1 Nr. 6 AtG geeignet, eine Genehmigungserteilung auszuschließen. Daneben besteht die Berücksichtigungsfähigkeit beim Versagungsermessen (S. 199 ff.). Über die Allgemeinwohlklausel in § 6 WHG

können im ROV konkretisierte RO-Ziele nur in Verbindung mit wasserwirtschaftlichen Gründen die Versagung einer Genehmigung oder einer wasserrechtlichen Planfeststellung als zwingender Versagungsgrund bewirken. Dagegen ist die Berücksichtigungsfähigkeit im Rahmen des Bewirtschaftungsermessens gegeben (S. 204 ff. 222 ff.). Eine luftverkehrsrechtliche (Planungs-) Genehmigung nach § 6 LuftVG und eine Planfeststellung nach § 8 LuftVG sind über die RO-Klausel in § 6 Abs. 2 LuftVG, die die Prüfung verlangt, ob das Vorhaben den Erfordernissen der Raumordnung entspricht, ausreichend mit dem ROV-Ergebnis kombiniert (S. 210 ff., 231). Im energieaufsichtlichen Verfahren nach § 4 EnWG ist die schwache Verknüpfung mit RO-Belangen über die dortige Allgemeinwohlklausel unschädlich, soweit ihre Berücksichtigung in nachfolgenden Bodennutzungsentscheidungen erfolgt (S. 214 ff.). Für Leitungstrassen, deren Feinplanung (systemwidrig) aufgrund der raumgeordneten Trasse im Enteignungsverfahren erfolgt, empfiehlt sich eine RO-Klausel in § 4 EnWG, die den Durchgriff des ROV-Ergebnisses auf die EVU als Planungsträger und Träger öffentlicher Belange vorsieht (S. 251).

23. In der Praxis gut funktioniert die Verbindung zwischen dem ROV und dem Linienbestimmungsverfahren nach § 16 FStrG bzw. den entsprechenden landesstraßenrechtlichen Bestimmungen (S. 217 ff.). Soweit das LBV den Planfeststellungsbeschluß präjudiziert, nimmt die landesplanerische Beurteilung an dieser Bindung teil. Daneben besteht eine direkte Berücksichtigungspflicht als Abwägungsbelang (S. 220). Systematisch exakt ist ebenfalls die Verbindung zwischen der wasserstraßenrechtlichen Planfeststellung und dem ROV über die RO-Klausel in § 13 Abs. 2 WaStrG hergestellt (S. 222 ff.).

24. Bei einer Weiterentwicklung der Verbindlichkeit der ROV-Ergebnisse bietet sich neben oder zusätzlich zur landesrechtlichen Einführung der Regelungswirkung eine Änderung des ROG an, die neben der Einführung des ROV eine entsprechende Geltung der §§ 5 Abs. 4 und 6 ROG vorsehen sollte (S. 235 ff.). Sofern daran gedacht wird, die Stellung der landesplanerischen Beurteilung als abwägungserheblichen öffentlichen Belang zu betonen, ist zu bedenken, daß auf diese Weise die Zielbindung nicht relativiert werden darf (S. 238).

Die Genehmigungswirkung des Verfahrens für Private führt zu erheblichen rechtssystematischen und verfahrenspraktischen Schwierigkeiten und ist daher abzulehnen (S. 239 ff.). Ob neue RO-Klauseln geschaffen oder bestehende modifiziert werden müssen, beurteilt sich danach, ob nach einer Einzelanalyse der Tatbestände ein Bedürfnis festzustellen ist. Weder § 4 BImSchG noch § 9 BWaldG erfordern z. Zt. eine RO-Klausel, während dies für das Verfahren nach § 55 BBergG und nach § 4 EnWG für Leitungstrassen durchaus angezeigt ist (S. 246 ff.).

Dritter Teil:

25. Nach der Verabschiedung der EG-Richtlinie über die Umweltverträglichkeitsprüfung bei bestimmten öffentlichen und privaten Projekten am 27.06.1985 besteht ein Umsetzungsbedarf in das nationale Recht, da EG-rechtlich das Ziel, nicht aber die Mittel zu seiner Erfüllung vorgegeben sind (S. 259 ff.). Die Umsetzungsdiskussion konzentriert sich darauf, ob zumindest Teilbereiche der UVP im ROV verwirklicht werden können (S. 277 ff.). Unter UVP i. S. d. EG-Richtlinie ist das zur Ermittlung und Bewertung von Umweltauswirkungen bestimmter Vorhaben durch Behörden- und Öffentlichkeitsbeteiligung sowie Informationspflichten für den Betreiber erforderliche Verfahren zu verstehen (S. 252).

26. ROV und UVP sind partiell funktionsäquivalent. Infolge des Umweltbezuges der Raumordnung deckt das ROV über seine Prüfungsmaßstäbe weite Teile einer räumlichen UVP ab. Hinsichtlich der Projektbezogenheit, der Ausgestaltung als Querschnittsprüfung, der Frühzeitigkeit und der Objektivität der Verfahren besteht Übereinstimmung (S. 277 ff.). Nicht erfaßt vom ROV werden demgegenüber örtliche und fachlich detaillierte Umweltaspekte. Dies erfolgt in jeweiligen Vorhabenzulassungsverfahren (S. 283 ff.).

27. Um die EG-rechtlich geforderte Gesamt-UVP durchführen zu können, muß bei der zulässigen Aufteilung in die zwei Stufen ROV und Genehmigungs- bzw. Planfeststellungsverfahren gewährleistet sein, daß die Ergebnisse der ersten Stufe in der nachfolgenden Stufe Geltung be-

anspruchen. Soweit das ROV durchgehend behördenverbindlich ausgestaltet wird, ist diese Voraussetzung erfüllt (S. 275). Die EG-rechtlich geforderte direkte Bürgerbeteiligung in der UVP kann für die Verfahrensstufe ROV in der Weise durchgeführt werden, daß die Gemeinden die Bürger anhören und das Ergebnis der Anhörung ohne eigene Wertung an die RO-Behörde weiterleiten.

Literaturverzeichnis

Achterberg, Norbert: Der Einfluß der Reinen Rechtslehre auf die Rechtstheorie in verschiedenen Ländern (Mit Beiträgen von Norbert Achterberg u. a.), Wien 1978 (Schriftenreihe des Hans Kelsen-Instituts, Bd. 2), zit.: Achterberg, Rechtstheorie 1978

Ders.: Die Rechtsordnung als Rechtsverhältnisordnung - Grundlegung der Rechtsverhältnistheorie -, Berlin 1982 (Schriften zur Rechtstheorie, Heft 100), zit.: Achterberg, Rechtsordnung

Angst, Dieter/Kröner, Karl-Heinz/Traulsen, Hans-Dietrich: Landesplanungsrecht für Baden-Württemberg, 2. Aufl., Stuttgart u. a. 1985, zit.: Angst/Kröner/Traulsen, Landesplanungsrecht

Akademie für Raumforschung und Landesplanung (ARL): Zur Durchführung von Umweltverträglichkeitsprüfungen im Raumordnungsverfahren. Thesen des Arbeitskreises der ARL (Hannover): "Verfahrensmäßige Instrumente der Raumplanung zur Berücksichtigung von Umwelterfordernissen", DVBl. 1985, 728 ff., zit.: These Nr. ... bzw. Thesen der ARL

Dies.: Stellungnahme der Akademie für Raumforschung und Landesplanung zu den "Materialien zum Baugesetzbuch", DVBl. 1985, 433 ff., zit.: ARL, Stellungnahme

Dies.: Stellungnahme der ARL zum Baugesetzbuch, ARL-Nachrichten Nr. 33 vom Januar 1985

Badura, Peter: Bundesverwaltung, Evangelisches Staatslexikon, 2. Aufl., Stuttgart 1975, Sp. 295 ff., zit.: Badura, Bundesverwaltung

Ders.: Das Planungsermessen und die rechtsstaatliche Funktion des Allgemeinen Verwaltungsrechts, in: Verfassung und Verfassungsrechtsprechung, Festschrift zum 25-jährigen Bestehen des Bayer. Verfassungsgerichtshofes, hrsg. vom BayVGH, München 1982, S. 157 ff., zit.: Badura, Planungsermessen

Ders.: Die Standortentscheidung bei der Unternehmergenehmigung mit planungsrechtlichem Einschlag, BayVBl. 1976, 515 ff., zit.: Badura, Standortentscheidung

Bäumler, Helmut: Rechtsschutz gegen Flughafenplanungen, DÖV 1981, 43 ff., zit.: Bäumler, Rechtsschutz

Bäumler, Helmut/Kopf, Hans-Christian/Schönefelder, Eike: Die Zuständigkeit des Bundes zur luftrechtlichen Planfeststellung, NJW 1980, 922 ff., zit,: Bäumler/Kopf/Schönefelder, Luftrechtliche Planfeststellung

Battis, Ulrich/Krautzberger, Michael/Löhr, Rolf-Peter: Bundesbaugesetz - BBauG, München 1985, zit.: Bearbeiter, in: Battis/Krautzberger/Löhr, BBauG

Bechmann, Arnim: Die Umweltverträglichkeitsprüfung in der räumlichen Planung - Zielsetzung, Rechtsgrundlagen, Praxis, in: Arnim Bechmann (Hrsg.), Die Umweltverträglichkeitsprüfung - Ein Planungsinstrument ohne politische Relevanz?, TU Berlin 1982, S. 20 ff., zit.: Bechmann, Räumliche Planung

Bender, Bernd: Zur normativen Tragweite des § 14 I WassHG,
NVwZ 1984, 9 ff., zit.: Bender, Normative Tragweite

Bielenberg, Walter: Die rechtliche Bindung der Bauleitplanung an
die Ziele der Raumordnung und Landesplanung, DÖV 1969, 376 ff.,
zit.: Bielenberg, Bindung

Ders.: Fachplanungsgesetze und Raumordnung, dargestellt am Beispiel
des Bundesfernstraßengesetzes mit dem Ausblick auf die Vier-
jahresplanung nach dem Gesetz über den Ausbauplan für die Bundesfernstraßen, IzR 1967, 173 ff., zit.: Bielenberg, Fachplanungsgesetze

Ders.: Zur politischen Koordinierung und zur Entwicklungsplanung in
der Raumordnung und im Städtebau, in: Reimut Jochimsen und
Udo E. Simonis (Hrsg.), Theorie und Praxis der Infrastrukturpo-
litik, Berlin 1970, S. 611 ff., zit.: Bielenberg, Koordinierung

Ders.: Schwerpunkte der Novelle zum Bundesbaugesetz, Teil X,
BlGBW 1977, 161 ff., zit.: Bielenberg, Schwerpunkte

Bielenberg, Walter/Erbguth, Wilfried/Söfker, Wilhelm: Raumordnungs-
und Landesplanungsrecht des Bundes und der Länder, Ergänzbarer
Kommentar und systematische Sammlung der Rechts- und Verwaltungsvorschriften, Bielefeld 1979, Loseblatt, Stand: Januar 1987,
zit.: Blelenberg/Erbguth/Söfker, ROLaPlaR

Bleckmann, Albert: Europarecht, 4. Aufl., Köln u. a. 1985, zit.:
Bleckmann, Europarecht

Ders.: Die Umweltverträglichkeitsprüfung von Großvorhaben im Europäischen Gemeinschaftsrecht, in: Ludwig Fröhler (Hrsg.). Die
Umweltverträglichkeitsprüfung, Linz 1985, S. 43 ff. (Schriftenreihe Kommunale Forschung in Österreich, 74), zit.: Bleckmann,
Umweltverträglichkeitsprüfung

Ders.: Die Umweltverträglichkeitsprüfung von Großvorhaben im Europäischen Gemeinschaftsrecht, WiVerw 1985, 86 ff., zit.: Bleckmann,
Großvorhaben

Blümel, Willi: Grundrechtsschutz durch Verfahrensgestaltung, in:
Willi Blümel (Hrsg.). Frühzeitige Bürgerbeteiligung bei Planungen,
Berlin 1982 (Schriftenreihe der Hochschule Speyer, Bd. 87),
zit.: Blümel, Grundrechtsschutz

Ders.: Die Standortvorsorgeplanung für Kernkraftwerke und andere umweltrelevante Großvorhaben in der Bundesrepublik Deutschland,
DVBl. 1977, 301 ff., zit.: Blümel, Standortvorsorgeplanung

Ders.: Die Straßenplanung im System der Raumplanung, in: Ein Vierteljahrhundert Straßenrechtsgesetzgebung, hrsg. von Richard
Bartlsperger, Willi Blümel und Hans-Wolfgang Schroeter, Hamburg
1980, S. 309 ff., zit.: Blümel, Straßenplanung

Ders.: Keine Zuständigkeit des Bundes zur luftrechtlichen Plantest-
stellung, NJW 1980, 1669 ff., zit.: Blümel, Luftrechtliche Planfeststellung

Börger, Michael: Genehmigungs- und Planungsentscheidungen unter dem Gesichtspunkt des Gesetzesvorbehalts, Münster 1987 (Beiträge SWR, Bd. 111), zit.: Börger, Rechtssystematisches Verhältnis

Börner, Bodo: Planungsrecht für Energieanlagen, Hannover 1973 (ARL-Abhandlungen, Bd. 69), zit.: Börner, Energieanlagen

Böttcher, Jens-Uwe: Umweltverträglichkeitsprüfung und planerisches Abwägungsgebot in der wasserrechtlichen Fachplanung, Dissertation Bonn 1983, zit.: Böttcher, Umweltverträglichkeitsprüfung

Boldt, Gerhardt/Weller, Herbert: Bundesberggesetz, Berlin, New York 1984, zit.: Boldt/Weller, BBergG

Book, Angelika: Bodenschutz durch räumliche Planung. Möglichkeiten im Bereich des Gesamt- und Fachplanungsrechts, Münster 1986 (Beiträge SWR, Bd. 109), zit.: Book, Bodenschutz

Bosch, Jürgen: Gemeindliche Planungen und das Erfordernis einer förmlichen Planung als öffentliche Belange i. S. d. §§ 34, 35 BBauG, BauR 1978, 268 ff., zit.: Bosch, Erfordernis

Brenken, Günter: Weiterentwicklung des Raumordnungsverfahrens?, in: Raumplanung und Eigentumsordnung, Festschrift für Werner Ernst zum 70. Geburtstag, München 1980, S. 47 ff., zit.: Brenken, Weiterentwicklung

Brenken, Günter/Schefer, Anton G. : Landesplanungsgesetz und Regionengesetz von Rheinland-Pfalz, (Loseblatt-)Kommentar, Wiesbaden 1983, zit.: Brenken/Schefer, Landesplanungsgesetz

Breuer, Rüdiger: Die Bedeutung des § 8 BNatSchG für Planfeststellungen und qualifizierte Genehmigungen nach anderen Fachgesetzen, NuR 1980, 89 ff., zit.: Breuer, Bedeutung

Ders.: Die Planfeststellung für Anlagen zur Endlagerung radioaktiver Abfälle, Berlin 1984, zit.: Breuer, Rechtsgutachten

Ders.: Die hoheitliche raumgestaltende Planung, Bonn 1968 (Bonner rechtswissenschaftliche Abhandlungen, Bd. 80), zit.: Breuer, Planung

Ders.: Planungsverfahren und atomrechtliches Verwaltungsverfahren, in: Siebtes Deutsches Atomrechts-Symposium - Referate und Diskussionsberichte, hrsg. von Rudolf Lukes, Köln u. a. 1983, S. 153 ff. (Schriftenreihe RTW, Bd. 31), zit.: Breuer, in: 7. Deutsches AtomR-Symposium

Ders.: Strukturen und Tendenzen des Umweltschutzrechts. Der Staat, Bd. 20 (1981), S. 393 ff., zit.: Breuer, Strukturen

Ders.: Umweltschutz und Gemeinwohl in der Rechtsordnung, dargestellt am Beispiel des Wasserrechts, in: Gesellschaft für Rechtspolitik Trier (Hrsg.), Bitburger Gespräche 1983, München 1983, S. 65 ff., zit.: Breuer, Umweltschutz, Bitburger Gespräche 1983

Breuer, Rüdiger: Zum rechtspolitischen Verhältnis von Immissionsschutz und Raumplanungsrecht, IzR 1980, 509 ff., zit.: Breuer, Immissionsschutz

Brocke, Helmut: Rechtsfragen der landesplanerischen Standortvorsorge für umweltbelastende Großanlagen, Münster 1979 (Beiträge SWR, Bd. 53), zit.: Brocke, Rechtsfragen landesplanerischer Standortvorsorge

Bröll, Helmut/Hannig, Olaf: Baurechtliche Anforderungen an Einkaufszentren und Verbrauchermärkte, BayVBl. 1979, 353 ff., zit.: Bröll/Hannig: Anforderungen

Brohm, Winfried: Landeshoheit und Bundesverwaltung, Baden-Baden 1968 (Planungsstudien 2), zit.: Brohm, Landeshoheit und Bundesverwaltung

Ders.: Verfassungsrechtliche Probleme der Planungsinstrumente und Planungsorganisation zur Lenkung des Kiesabbaus, in: Landesarbeitsgemeinschaft Baden-Württemberg: Probleme der Raumordnung in den Kiesabbaugebieten am Oberrhein, Hannover 1980, S. 75 ff. (Beiträge der ARL, Bd. 35), zit.: Brohm, Verfassungsrechtliche Probleme

Ders.: Verwirklichung überörtlicher Planungsziele durch Bauleitplanung, DVBl. 1980, 653 ff., zit.: Brohm, Verwirklichung

Brügelmann, u. a.: Bundesbaugesetz, Kohlhammer-Kommentar, mitbegründet von Hermann Brügelmann, weitergeführt von Gustav Grauvogel u. a., Loseblatt, Stand Februar 1986, zit.: Bearbeiter, in: Brügelmann u. a., BBauG

Buchner, Werner: Das Raumordnungsverfahren nach bayerischem Landesplanungsrecht, IzR 1979, 115 ff., zit.: Buchner, Raumordnungsverfahren

Ders.: Der Stellenwert des ROV im Verhältnis zur überfachlichen Planung und zum Genehmigungsverfahren, in: Regional- und Bauleitplanung - Sachstand, Konflikte, Perspektiven, Hrsg.: Institut f. Städtebau Berlin der dt. Akademie f. Städtebau und Landesplanung, Bd. 19, 1979, S. 85 ff., zit.: Buchner, Stellenwert

Büdenbender, Ulrich: Energierecht. Eine systematische Darstellung des gesamten Rechts der öffentlichen Energieversorgung, München, Köln 1982 (Handbuchreihe Energie, Bd. 15), zit.: Büdenbender, Energierecht

Ders.: Zur Einführung: Das Recht der öffentlichen Energieversorgung, JuS 1978, 150 ff., zit.: Büdenbender, Energieversorgung

Büdenbender, Ulrich/Mutschler, Ulrich: Bindungs- und Präklusionswirkung von Teilentscheidungen nach BImSchG und AtG, Köln u. a. 1979 (Schriftenreihe RTW, Bd. 19), zit.: Büdenbender/Mutschler, Bindungs- und Präklusionswirkung

Bull, Hans Peter: Die Staatsaufgaben nach dem Grundgesetz, 2. Aufl., Kronberg/Ts. 1977, zit.: Bull, Staatsaufgaben

Bunge, Thomas: Milieu-Effectrapportage. Der niederländische Entwurf eines Gesetzes über die Umweltverträglichkeitsprüfung, ZfU 1983, 389 ff., zit.: Bunge, Milieu-Effectrapportage

Ders.: Zur Umweltverträglichkeitsprüfung in der Bundesrepublik Deutschland - eine Zwischenbilanz, ZfU 1984, 405 ff., zit.: Bunge, Umweltverträglichkeitsprüfung

Ders.: Die Umweltverträglichkeitsprüfung im Verwaltungsverfahren, Köln, Bundesanzeiger, 1986, zit.: Bunge, UVP im Verwaltungsverfahren

Bunse, Benno: Das Planungsinstrumentarium der Stadtstaaten Hamburg und Bremen sowie der kreisfreien Städte Niedersachsens im Bereich der Raumordnung, Münster 1984 (Beiträge SWR, Bd. 94), zit.: Bunse, Planungsinstrumentarium

Burger, M./Burkhardt, D./Schemel, Hans-Joachim: Umsetzung der Umweltverträglichkeitsprüfung in praktisches Verwaltungshandeln - am Beispiel der raumwirksamen Aufgaben des Verteidigungsbereiches; Endbericht B - SZ 1369/02 zum Forschungsvorhaben des Umweltbundesamtes Nr. 101 02 054, Ottobrunn 1985, zit.: Burger/Burkhardt/Schemel, Umweltverträglichkeitsprüfung

Burmeister, Joachim: Verfassungsrechtliche Grundfragen der kommunalen Wirtschaftsbetätigung, in: Selbstverwaltung im Staat der Industriegesellschaft, Festgabe zum 70. Geburtstag von Georg Christoph von Unruh, hrsg. von Albert von Mutius, Heidelberg 1983, S. 623 (Lorenz-von-Stein-Institut, Schriftenreihe Bd. 4), zit.: Burmeister, Kommunale Wirtschaftsbetätigung

Carlsen, Claus: Die Umweltverträglichkeitsprüfung (UVP) in Naturschutz und Landschaftspflege, NuR 1984, 48 ff., zit.: Carlsen, Umweltverträglichkeitsprüfung

Carrel, Laurent Rancois: Die Überprüfung der Umweltverträglichkeit von Bundesmaßnahmen im amerikanischen Recht, Bern 1980, zit.: Carrel, Überprüfung

Cholewa, Werner/Dyong, Hartmut/von der Heide, Hans-Jürgen: Raumordnung in Bund und Ländern, Kommentar zum Raumordnungsgesetz des Bundes, 2. Aufl., Stuttgart 1982, Stand: 12. Lfg. Febr. 1986, zit.: Cholewa/Dyong/von der Heide, ROG, Bd. I, II

Cupei, Jürgen: Darstellung der verschiedenen Verfahrensmöglichkeiten für eine Umweltverträglichkeitsprüfung, in: Deutscher Naturschutzring (Hrsg.), Umweltverträglichkeitsprüfung - Chance und Herausforderung für die europäische Umweltpolitik, Bonn 1983, S. 3 ff. (Beiträge zum Natur- und Umweltschutz, Heft Nr. 8), zit.: Cupei, Darstellung

Ders.: Die Richtlinie der EG zur Umweltverträglichkeitsprüfung, WiVerw 1985, 63 ff., zit.: Cupei, Richtlinie der EG

Ders.: Die Richtlinie des Rates über die Umweltverträglichkeitsprüfung (UVP) bei bestimmten öffentlichen und privaten Projekten, NuR 1985, 297 ff., zit.: Cupei, Richtlinie

Cupei, Jürgen: Umweltverträglichkeitsprüfung (UVP), DVBl. 1985, 813 ff., zit.: Cupei, Umweltverträglichkeitsprüfung

David, Carl-Heinz: Zur rechtlichen und raumordnungspolitischen Funktion des Begriffs der Raumbedeutsamkeit, in: Verwirklichung der Raumordnung, Hannover 1982, S. 43 ff. (Veröffentlichungen der ARL, Forschungs- und Sitzungsberichte Bd. 145), zit.: David, Raumbedeutsamkeit

Ders.: Zum Verhältnis zwischen Raumordnungsbindung und Abwägungsgebot, in: Raumplanung und Eigentumsordnung, Festschrift für Werner Ernst zum 70. Geburtstag, München 1980, S. 73 ff., zit.: David, Raumordnungsbindung

Degenhart, Christoph: Kernenergierecht. Schwerpunkte - Entscheidungsstrukturen - Entwicklungslinien, 2. Aufl., Köln u. a. 1982 (Schriftenreihe RTW, Bd. 23), zit.: Degenhart, Kernenergierecht

Delogu, Orlando: Die Umweltverträglichkeitserklärung - die Regelung in den USA als mögliches Modell -, Berlin 1974 (Beiträge zur Umweltgestaltung, Bd. A 34), zit.: Delogu, Umweltverträglichkeitserklärung

Depenbrock, Johannes: Der Stellenwert des Raumordnungsverfahrens zu überfachlichen Planungen und zum Genehmigungsverfahren, in: Regional- und Bauleitplanung - Sachstand, Konflikte, Perspektiven, Hrsg.: Institut f. Städtebau Berlin der dt. Akademie f. Städtebau und Landesplanung, Bd. 19, 1979, S. 99 ff., zit.: Depenbrock, Stellenwert

Depenbrock, Johannes/Reiners, Herbert: Landesplanungsgesetz Nordrhein-Westfalen, Kommentar, Köln 1985, zit.: Depenbrock/Reiners, Landesplanungsgesetz

Dyong, Hartmut: Verwirklichung der Raumordnung durch die vollziehende Verwaltung, dargestellt am Beispiel von Einzelgenehmigungen im Baurecht, in: Verwirklichung der Raumordnung, Hannover 1982, S. 215 ff. (Veröffentlichungen der ARL, Forschungs- und Sitzungsberichte, Bd. 145), zit.: Dyong, Verwirklichung

Ehlers, Dirk: Die Rechtsnatur der Aufrechnung im öffentlichen Recht, NVwZ 1983, 446 ff., zit.: Ehlers, Rechtsnatur der Aufrechnung

Erbguth, Wilfried: Bundes- und Landesrecht auf dem Gebiet der Raumordnung und Landesplanung, Münster 1980 (Forschungsbericht des Sonderforschungsbereichs 26 - Raumordnung und Raumwirtschaft), zit.: Erbguth, Bundes- und Landesrecht

Ders.: Immissionsschutz und Landesplanung. Aktuelle Fragen im Verhältnis beider Rechtsgebiete, Münster 1982 (Beiträge SWR, Bd. 77), zit.: Erbguth, Immissionsschutz

Ders.: Die Koordination raumbedeutsamer Fachplanungen, BayVBl. 1981, 577 ff., zit.: Erbguth, Koordination

Ders.: Probleme des geltenden Landesplanungsrechts - Ein Rechtsvergleich -, Münster 1975 (Beiträge SWR, Bd. 19), zit.: Erbguth, Probleme

Erbguth, Wilfried: Raumbedeutsames Umweltrecht, Münster 1986 (Beiträge SWR, Bd. 102), zit.: Erbguth, Umweltrecht

Ders.: Das Raumordnungsverfahren als förmliches Sicherungsmittel - ein Überblick, IzR 1979, 173 ff., zit.: Erbguth, Raumordnungsverfahren

Ders.: Das Raumordnungsverfahren als formale Verträglichkeitsprüfung und ihr erweiterter Einsatz als aktives Planungsinstrument, IzR 1979, 90 ff., zit.: Erbguth, Verträglichkeitsprüfung

Ders.: Raumordnungs- und Landesplanungsrecht, Köln u. a. 1983 (Schriftenreihe Wahlfach, Bd. 9), zit.: Erbguth, ROLaPlaR

Ders.: Zu Rechtsfragen regionaler Energieversorgungskonzepte, DVBl. 1983, 305 ff., zit.: Erbguth, Regionale Energieversorgungskonzepte

Ders.: Umweltverträglichkeitsprüfung und Raumordnungsverfahren, NuR 1982, 161 ff., zit.: Erbguth, Umweltverträglichkeitsprüfung

Ders.: Umweltverträglichkeitsprüfung in der Raumplanung, in: Deutscher Naturschutzring (Hrsg.), Umweltverträglichkeitsprüfung - Chance und Herausforderung für die europäische Umweltpolitik, Bonn 1983, S. 86 ff. (Beiträge zum Natur- und Umweltschutz, Heft Nr. 8), zit.: Erbguth, Raumplanung

Ders.: Umweltverträglichkeitsprüfungen im Rechtssystem - ein kritischer Überblick, BayVBl. 1983, 129 ff., zit.: Erbguth, Umweltverträglichkeitsprüfungen

Ders.: Verfassungsrechtliche Fragen im Verhältnis Landesplanung und Braunkohlenplanung, DVBl. 1982, 1 ff., zit.: Erbguth, Braunkohlenplanung

Ders.: Weiterentwicklungsbedarf im Bodenschutzrecht?, NuR 1986, 137 ff., zit.: Erbguth, Bodenschutzrecht

Erbguth, Wilfried/Püchel, Gerald: Die Luftreinhaltepläne im Abwägungsvorgang der Bauleit- und Landesplanung, NVwZ 1982, 649 ff., zit.: Erbguth/Püchel, Luftreinhaltepläne

Erbguth, Wilfried/Schoeneberg, Jörg: Die Umsetzung der EG-Richtlinie über die Umweltverträglichkeitsprüfung vor dem Hintergrund rechtssystematischer Grundlagen der raumbezogenen Zulassungsverfahren in der Bundesrepublik Deutschland, WiVerw 1985, 102 ff., zit.: Erbguth/Schoeneberg, Umsetzung

Dies.: Die Umsetzung der EG-Richtlinie über die Umweltverträglichkeitsprüfung vor dem Hintergrund rechtssystematischer Grundlagen der raumbezogenen Zulassungsverfahren in der Bundesrepublik Deutschland, in: Ludwig Fröhler (Hrsg.), Die Umweltverträglichkeitsprüfung, Linz 1985, S. 65 ff. (Schriftenreihe Kommunale Forschung in Österreich, 74), zit.: Erbguth/Schoeneberg, EG-Richtlinie

Erbguth, Wilfried/Zoubek, Gerhard: Raumordnungsverfahren, Umweltschutz und Vereinheitlichung des Landesplanungsrechts, DVBl. 1982, 1172 ff., zit.: Erbguth/Zoubek, Umweltschutz

Erichsen, Hans-Uwe: Staatsrecht und Verfassungsgerichtsbarkeit I, 3. Aufl., München 1982, zit.: Erichsen, Staatsrecht I

Erichsen, Hans-Uwe/Martens, Wolfgang (Hrsg.): Allgemeines Verwaltungsrecht, 7. Aufl., Berlin, New York 1986, zit.: Bearbeiter, in: Erichsen/Martens, AllgVwR

Ernst, Werner/Hoppe, Werner: Das öffentliche Bau- und Bodenrecht, Raumplanungsrecht, 2. Aufl., München 1981, zit.: Bearbeiter, in: Ernst/Hoppe, ÖffBauBoR

Ernst, Werner/Suderow, Wolfgang: Die Zulässigkeit raumordnerischer Festlegungen für Gemeindeteile, Hannover 1976 (Schriften der Landesplanung Niedersachsen), zit.: Ernst/Suderow, Raumordnerische Festlegung

Ernst, Werner/Zinkahn, Willy/Bielenberg, Walter: Bundesbaugesetz, Kommentar, Loseblatt, München, Stand: Dezember 1985, zit.: Bearbeiter, in: Ernst/Zinkahn/Bielenberg, BBauG

Evers, Hans-Ulrich: Das Recht der Energieversorgung, 2. Aufl., Baden-Baden 1983, zit.: Evers, Energieversorgung

Ders.: Das Recht der Raumordnung, München 1973, zit.: Evers, Raumordnung

Ders.: Tendenzen zur Verrechtlichung der Raumordnung, BayVBl. 1982, 709 ff., zit.: Evers, Tendenzen

Feldhaus, Gerhard: Bundes-Immissionsschutzrecht, Bd. 1 A. (Loseblatt-) Kommentar, 2. Aufl., Mainz, Wiesbaden, Stand: 21. Lfg. - April 1985, zit.: Feldhaus, BImSchG

Ders.: Der Vorsorgegrundsatz des BImSchG, DVBl. 1980, 122 ff., zit.: Feldhaus, Vorsorgegrundsatz

Fickert, Hans Carl: Planfeststellung für den Straßenbau. Kommentar unter besonderer Berücksichtigung des Umweltschutzes mit Rechts- und Verwaltungsvorschriften zur Planfeststellung, Köln u. a. 1978, zit.: Fickert, Planfeststellung

Finger, Hans-Joachim: Kommentar zum Allgemeinen Eisenbahngesetz und zum Bundesbahngesetz, Darmstadt 1982, zit.: Finger, BBahnG

Fischerhof, Hans: Deutsches Atomgesetz und Strahlenschutzrecht, Bd. I, 2. Aufl., Baden-Baden 1978, zit.: Fischerhof, AtG

Forsthoff, Ernst/Blümel, Willi: Raumordnungsrecht und Fachplanungsrecht. Ein Rechtsgutachten, Frankfurt a. M., Berlin 1970 (Planungsstudien 7, hrsg. von Joseph H. Kaiser), zit.: Forsthoff/Blümel, Fachplanungsrecht

Friesecke, Albrecht: Bundeswasserstraßengesetz. Kommentar, 2. Aufl., Köln u. a. 1981, zit.: Friesecke, WaStrG

Frommhold, Gerhard: Das Raumordnungsverfahren nach hessischem Landesplanungsrecht, IzR 1979, 127 ff., zit.: Frommhold, Raumordnungsverfahren

Fuß, Ernst-Werner: Die "Richtlinie" des Europäischen Gemeinschaftsrechts, DVBl. 1965, 378 ff., zit.: Fuß, Richtlinie

Gaentzsch, Günter: Konkurrenz paralleler Anlagengenehmigungen, NJW 1986, 2787 ff., zit.: Gaentzsch, Konkurrenz

Gassner, Erich: Eingriffe in Natur und Landschaft - ihre Regelung und ihr Ausgleich nach § 8 BNatSchG, NuR 1984, 81 ff., zit.: Gassner, Eingriffe

Geiger, Harald: Die Planung von Verkehrsflughäfen, NuR 1982, 127 ff., zit.: Geiger, Verkehrsflughäfen

Ders.: Rechtsschutz im Verfahren nach dem Landbeschaffungsgesetz, BayVBl. 1981, 641 ff., zit.: Geiger, Landbeschaffungsgesetz

Giemulla, Elmar/Lau, Ulrich/Barton, Dirk: Luftverkehrsgesetz, Kommentar, Loseblatt, Frankfurt a. M., Stand: Oktober 1984 (Wirtschafts-Kommentar-Reihe, Bd. 100), zit.: Giemulla/Lau/Barton, LuftVG

Gieseke, Paul/Wiedemann, Werner/Czychowski, Manfred: Wasserhaushaltsgesetz unter Berücksichtigung der Landeswassergesetze, Kommentar, 4. Aufl., München 1985, zit.: Gieseke/Wiedemann/Czychowski, WHG

Göb, Rüdiger: Das staatliche Planungsermessen bei der Anlage von Flugplätzen, structur 1972, 217 ff., zit.: Göb, Planungsermessen

Goppel, Konrad: Das Raumordnungsverfahren als moderne Form des Verwaltungshandelns, BayVBl. 1982, 716 ff., zit.: Goppel, Raumordnungsverfahren

Ders.: Die Rechtswirkungen des Regionalplans, BayVBl. 1984, 229 ff., zit.: Goppel, Rechtswirkungen

Ders.: Umweltverträglichkeitsprüfung von Großvorhaben durch die Landesplanung, in: Raumordnung und Umweltschutz, Hannover 1984, S. 241 ff. (Arbeitsmaterial der ARL, Nr. 66), zit.: Goppel, Großvorhaben

Gräf, Horst/Hennecke, Joachim: Landesplanerische und städtebauliche Implikationen von Einzelhandelsgroßprojekten, ZfBR 1980, 218 ff., zit.: Gräf/Hennecke, Implikationen

Groeben, Hans von der/Boeckh, Hans von/Thiesing, Jochen/ Ehlermann, Claus-Dieter: Kommentar zum EWG-Vertrag, Bd. 2, Art. 137 - 248, 3. Aufl., Baden-Baden 1983, zit.: Bearbeiter, in: v. d. Groeben/ v. Boeckh/Thiesing/Ehlermann, EWG-Vertrag

Grooterhorst, Johannes: Die Aufstellung von Bebauungsplänen zur Verwirklichung freiraumschützender Ziele der Raumordnung und Landesplanung, NuR 1985, 222 ff., zit.: Grooterhorst, Freiraumschützende Ziele

Ders.: Die Wirkung der Ziele der Raumordnung und Landesplanung gegenüber Bauvorhaben nach § 34 BBauG, Münster 1985 (Beiträge SWR, Bd. 101), zit.: Grooterhorst, Wirkung der Ziele

Hanisch, Jochen: Erfahrungen mit Umweltverträglichkeitsprüfungen in westlichen Industriestaaten, in: Arnim Bechmann (Hrsg.), Die Umweltverträglichkeitsprüfung - Ein Planungsinstrument ohne politische Relevanz?, TU Berlin 1982, S. 83 ff., zit.: Hanisch, Erfahrungen

Hansmann, Klaus: Die Umweltverträglichkeitsprüfung im atomrechtlichen Genehmigungsverfahren, in: Fünftes Deutsches Atomrechts-Symposium - Referate und Diskussionsberichte, hrsg. von Rudolf Lukes, 1. Aufl., Köln u. a. 1977, S. 93 ff. (Schriftenreihe RTW, Bd. 14), zit.: Hansmann, in: 5. Deutsches AtomR-Symposium

Harbeck, Hans Otto: Rechtsschutz bei der Planung von Flughäfen, ZLW 1983, 209 ff., zit.: Harbeck, Flughäfen

Hartkopf, Günter: Über Verantwortung im Umweltschutz, NuR 1981, 113 ff., zit.: Hartkopf, Verantwortung

Hartwig, Walter: Rechtswirkungen von Zielen der Raumordnung und Landesplanung gegenüber privaten Planungsträgern, insbesondere bei §§ 34, 35 BBauG, NVwZ 1985, 8 ff., zit.: Hartwig, Rechtswirkungen

von der Heide, Hans Jürgen: Umsetzung der EG-Richtlinie zur Umweltverträglichkeitsprüfung in Praxis und Wissenschaft, der landkreis 1986, 502 ff., zit.: von der Heide, Umsetzung der EG-Richtlinie

Heigl, Ludwig: Stand und Tendenzen der Raumordnung und Landesplanung in der Bundesrepublik Deutschland, WiVerw 1976, 1 ff., zit.: Heigl, Stand

Heigl, Ludwig/Hosch, Rüdiger: Raumordnung und Landesplanung in Bayern, Kommentar (Loseblatt), München 1973, Stand: 14. Lfg. vom 31.01.1986, zit.: Heigl/Hosch, Landesplanung

Heintze, Gottfried: Erfahrungen mit der Umweltverträglichkeitsprüfung (UVP) der Bauleitplanung in Hessen, in: Arnim Blechmann (Hrsg.), Die Umweltverträglichkeitsprüfung - ein Planungsinstrument ohne politische Relevanz?, TU Berlin 1982, S. 173 ff., zit.: Heintze, Erfahrungen

Helbig, Alfred: Verrechtlichung der Raumordnung, insbesondere ihrer Programme und Pläne, BayVBl. 1982, 713 ff., zit.: Helbig, Verrechtlichung

Hendler, Reinhard: Grenzen der überörtlichen Planung aus der Sicht der gemeindlichen Planungshoheit, in: Regionale Raumordnung und gemeindliche Planungshoheit im Konflikt, Hannover 1982, S. 18 ff. (Schriftenreihe des Niedersächsischen Städteverbandes, Heft 10), zit.: Hendler, Grenzen

Henneke, Joachim: Raumplanerische Verfahren und Umweltschutz - unter besonderer Berücksichtigung der planerischen Umweltverträglichkeitsprüfung, Münster 1977 (Beiträge SWR, Bd. 40), zit.: Henneke, Raumplanerische Verfahren

Henrich, Franz-Walter: Kommunale Beteiligung in der Raumordnung und Landesplanung, Bd. I: Verfassungsrechtliche und rahmenrechtliche Grundlagen, Münster 1981 (Beiträge SWR, Bd. 72), zit.: Henrich, Beteiligung I

Henseler, Paul: Buchbesprechung zu: A. Friesecke, Bundeswasserstraßengesetz, Kommentar, 2. Aufl., Köln u. a. 1981, NuR 1982, 66 f., zit.: Henseler, Buchbspr.

Ders.: Kompetenzkonflikte paralleler Genehmigungsverfahren am Beispiel der Genehmigung von Atomanlagen, DVBl. 1982, 390 ff., zit.: Henseler, Konpetenzkonflikte

Herforth, Andreas: Ökologie-Ziel: "Erhalt vor Ersatz". Eine Darstellung des Konzepts der LÖLF, LÖLF-Mitteilungen 2/1986, 10 ff., zit.: Herforth, Ökologie-Ziel

Hermann, Hans Peter: Energieversorgungskonzepte im Spannungsfeld zwischen Politik und Recht, DÖV 1985, 337 ff., zit.: Hermann, Energieversorgungskonzepte

Hoffmann-Becking, Michael: Der feststellende Verwaltungsakt, DÖV 1972, 196 ff., zit.: Hoffmann-Becking, Feststellender Verwaltungsakt

Hofmann, Max: Luftverkehrsgesetz, Kommentar für die Praxis, München 1971, zit.: Hofmann, LuftVG

Hohberg, Heinz: Das Recht der Landesplanung, Hannover 1966 (Veröffentlichungen der ARL, Bd. 47), zit.: Hohberg, Landesplanung

Höhnberg, Ulrich: Rechtsschutz gegenüber Maßnahmen der Landesplanung, BayVBl. 1982, 722 ff., zit.: Höhnberg, Rechtsschutz

Ders.: Die Rechtsprechung zum Raumordnungsverfahren nach Bayerischem Landesplanungsrecht, in: Aktuelle Probleme der Raumordnung, Hannover 1983, S. 159 ff. (Arbeitsmaterial der ARL, Nr. 66), zit.: Höhnberg, Rechtsprechung

Holzhauser, Guido: Probleme der Standortvorsorge für umweltbelastende Großvorhaben aus bundesrechtlicher Sicht, Köln u. a. 1983 (Schriften Annales Universitatis Saraviensis, Rechts- und Wirtschaftswissenschaftliche Abteilung, Bd. 107), zit.: Holzhauser, Standortvorsorge

Honert, Siegfried/Rüttgers, Jürgen: Landeswassergesetz Nordrhein-Westfalen, Kommentar, Köln 1981 (Kommunale Schriften für Nordrhein-Westfalen, 42), zit.: Honert/Rüttgers, LWG

Hoppe, Werner: Bauplanungsrechtliche Grundsätze bei der Kollision und zur Ausbalancierung von Belangen, Jura 1979, 133 ff., zit.: Hoppe, Bauplanungsrechtliche Grundsätze

Ders.: Bergbauberechtigungen als verfassungskräftige Eigentumsposition und ihr Schutz gegenüber Planungen, DVBl. 1982, 101 ff., zit.: Hoppe, Bergbauberechtigungen

Ders.: Gelenkfunktion der Braunkohlenplanung zwischen Landesplanung und bergrechtlichem Betriebsplan?, UPR 1983, 105 ff., zit.: Hoppe, Gelenkfunktion

Ders.: Planung und Pläne in der verfassungsgerichtlichen Kontrolle, in: Bundesverfassungsgericht und Grundgesetz, Festgabe aus Anlaß des 25jährigen Bestehens des Bundesverfassungsgerichts, Erster Band, Verfassungsgerichtsbarkeit, Tübingen 1976, S. 663 ff., zit.: Hoppe, Festgabe BVerfG I

Ders.: Staatsaufgabe Umweltschutz, VVDStRL 38 (1980), S. 211 ff., zit.: Hoppe, Staatsaufgabe

Ders.: Zur Struktur von Normen des Planungsrechts, DVBl. 1974, 641 ff., zit.: Hoppe, Struktur

Ders.: Verfahren und gerichtliche Kontrolle bei der straßenrechtlichen Planfeststellung, in: Ein Vierteljahrhundert Straßenrechtsgesetzgebung, hrsg. von Bartlsperger u. a., Hamburg 1980, S. 403 ff., zit.: Hoppe, Planfeststellung

Ders.: Verwirklichung von Umweltschutz durch Raumordnung und Landesplanung, in: Recht und Staat im sozialen Wandel, Festschrift für Hans Ulrich Scupin zum 80. Geburtstag, Berlin 1983, S. 737 ff., zit.: Hoppe, FS Scupin

Ders.: Zur planungsrechtlichen Zulässigkeit von Kraftwerken und sonstigen Großvorhaben im "Außenbereich", NJW 1978, 1229 ff., zit.: Hoppe, Großvorhaben

Ders.: Die "Zusammenstellung des Abwägungsmaterials" und die "Einstellung der Belange" in die Abwägung "nach Lage der Dinge" bei der Planung, DVBl. 1977, 136 ff., zit.: Hoppe, Abwägungsmaterial

Hoppe, Werner/Bunse, Benno: Die Genehmigung von Gebietsentwicklungsplänen mit Maßgaben - Teil II, StädteT 1984, 468 ff., zit.: Hoppe/Bunse, Gebietsentwicklungspläne

Dies.: Verfahrensrechtliche Probleme bei der Errichtung von Anlagen zur Endlagerung radioaktiver Stoffe, DVBl. 1984, 1033 ff., zit.: Hoppe/Bunse, Endlagerung

Hoppe, Werner/Erbguth, Wilfried: Möglichkeiten und Aufgaben des Bundes im Bereich der Raumordnung zur Durchsetzung von Umwelterfordernissen, DVBl. 1983, 1213 ff., zit.: Hoppe/Erbguth, Möglichkeiten

Hoppe, Werner/Menke, Reinard: Das Recht der Raumordnung und Landesplanung in Bund und Ländern. Eine systematische Gesamtdarstellung mit Landesteil Rheinland-Pfalz, Köln u. a. 1986, zit.: Hoppe, RuL, bzw. Menke, in: Hoppe/Menke, RuL (Rh-Pf)

Hoppe, Werner/Schlarmann, Hans: Rechtsschutz bei der Planung von Straßen und anderen Verkehrsanlagen, 2. Aufl., München 1981 (Schriftenreihe der NJW, Heft 8), zit.: Hoppe/Schlarmann, Rechtsschutz

Hornig, Joachim: Fachplanung "Höchstspannungstrassen" des Landes Baden-Württemberg vom 03.02.1981, IzR 1985, 683 ff., zit.: Hornig, Fachplanung

Hosch, Rüdiger: Aktuelle Fragen des Raumordnungsverfahrens nach dem Bayerischen Landesplanungsgesetz, BayVBl. 1974, 331 ff., zit.: Hosch, Aktuelle Fragen

Ders.: Buchbesprechung zu Bielenberg/Erbguth/Söfker, Raumordnungs- und Landesplanungsrecht des Bundes und der Länder, BayVBl. 1984, 544, zit.: Hosch, Rezension

Ders.: Das Verhältnis des Raumordnungsverfahrens zu Fachgenehmigungs- und Planfeststellungsverfahren, BayVBl. 1979, 398 ff., zit.: Hosch, Verhältnis

Hucke, Jochen/Seidel, Gisela/Zimmermann, Monika: Analyse behördeninterner Voraussetzungen für die Durchführung der geplanten EG-Richtlinie zur Umweltverträglichkeitsprüfung, Berlin 1984 (Texte des Umweltbundesamtes, Nr. 5/84), zit.: Hucke/Seidel/Zimmermann, Analyse

Ihmels, Karl/Köppl, Michael: Hessisches Landesplanungsgesetz, Köln u. a. 1983, zit.: Ihmels/Köppl, Landesplanung

Ipsen, Hans Peter: Der Stadtstaat als Unternehmer und Träger der Fachaufsicht, in: Festschrift zum 125jährigen Bestehen der Juristischen Gesellschaft zu Berlin, hrsg. von Dieter Wilke, Berlin u. a. 1984, S. 265 ff., zit.: Ipsen, Stadtstaaten

Jarass, Hans D.: Bundes-Immissionsschutzgesetz, Kommentar, München 1983, zit.: Jarass, BImSchG

Ders.: Konkurrenz, Konzentration und Bindungswirkung von Genehmigungen, Berlin 1984 (Schriften zum öffentlichen Recht, Bd. 458), zit.: Jarass, Konkurrenz

Ders.: Die Kontrolle gefährlicher Anlagen nach dem BImSchG, JuS 1984, 351 ff., zit.: Jarass, Kontrolle

Ders.: Das Verhältnis des Raumordnungsverfahrens zu Fachgenehmigungs- und Planfeststellungsverfahren, BayVBl. 1979, 65 ff., zit.: Jarass, Verhältnis

Ders.: Wirtschaftsverwaltungsrecht und Wirtschaftsverfassungsrecht, 2. Aufl., Frankfurt a. M. 1984 (Juristische Lernbücher, Bd. 18), zit.: Jarass, WiVwR

Joachim, Horst: Raumordnungs- und Entschädigungsprobleme beim Bau von Energieleitungen, ET 1981, 873 ff., zit.: Joachim, RO- und Entschädigungsprobleme

Jochimsen, Reimut: Grundfragen einer zusammenfassenden Darstellung raumbedeutsamer Planungen und Maßnahmen gem. § 4 Abs. 1 ROG, Bad-Godesberg 1972 (Mitteilungen aus dem Institut für Raumordnung, Heft 76), zit.: Jochimsen, Grundfragen

Kamphausen, Peter: Rechtsprobleme der Braunkohlenpläne, DÖV 1984, 146 ff., zit.: Kamphausen, Rechtsprobleme

Kirschenmann, Dietrich: Zuständigkeiten und Kompetenzen im Bereich der Verwaltung nach dem 8. Abschnitt des Grundgesetzes, JuS 1977, 565 ff., zit.: Kirschenmann, Zuständigkeiten

Kisker, Gunter: Vertrauensschutz im Verwaltungsrecht, VVDStRL 32 (1974), 149 ff., zit.: Kisker, Vertrauensschutz

Klein, Günther: Zur Rechtsnatur und Bindungswirkung der Ziele der Landesplanung, Münster 1972 (Beiträge SWR, Bd. 1), zit.: Klein, Ziele

Klose, Franz/Orf, Siegfried: Forstrecht, Kommentar, Münster 1982, zit.: Klose/Orf, Forstrecht

Knack, Hans-Joachim, Verwaltungsverfahrensgesetz, 2. Aufl., Köln u. a. 1982, zit.: Knack, VwVfG

Knebel, Jürgen/Sundermann, Andrea: Der Entwurf eines schweizerischen Umweltschutzgesetzes - Bestandsaufnahme und Analyse in rechtsvergleichender Sicht zum deutschen Umweltrecht - UPR 1983, 8 ff., 52 ff., zit.: Knebel/Sundermann, Schweizerisches Umweltschutzgesetz

Knöpfle, Franz: Das Einvernehmen der Gemeinde nach § 36 BBauG und raumordnungsrechtliche Vorgaben, Hannover 1984 (ARL-Abhandlungen, Bd. 86), zit.: Knöpfle, Einvernehmen

Ders.: "Tatbestands"- und "Feststellungswirkung" als Grundlage der Verbindlichkeit von gerichtlichen Entscheidungen und Verwaltungsakten, BayVBl. 1982, 225 ff., zit.: Knöpfle, "Tatbestands"- und "Feststellungswirkung"

Koch, Til P./Menke, Antonius: Das Raumordnungsverfahren nach dem schleswig-holsteinischen Landesplanungsgesetz, IzR 1979, 169 ff., zit.: Koch/Menke, Raumordnungsverfahren

Kodal, Kurt/Krämer, Helmut: Straßenrecht, 4. Aufl., München 1985, zit.: Kodal/Krämer, Straßenrecht

Kölble, Josef: Ist Art. 65 GG (Ressortprinzip im Rahmen von Kanzlerrichtlinien und Kabinettsentscheidungen) überholt?, DÖV 1973, 1 ff., zit.: Kölble, Ressortprinzip

Körting, Ehrhart: Das Instrumentarium der Landesplanung, Dissertation, Braunschweig 1970, zit.: Körting, Instrumentarium

Köstering, Heinz: Behandlung von Einzelfällen in obersten Landesbehörden, StGR 1985, 151 ff., zit.: Köstering, Einzelfälle

Kopp, Ferdinand O.: Verwaltungsverfahrensgesetz, 3. Aufl., München 1983, zit.: Kopp, VwVfG

Koppe, Holger: Die regionalen Raumordnungspläne in Hessen - Eine Untersuchung zur Bindungswirkung und Zulässigkeit ihrer Aussagen - Dissertation, Frankfurt 1981, zit.: Koppe, Regionale Raumordnungspläne

Korbmacher, Günter: Bauleitplanung und Fachplanung in der Rechtsprechung des Bundesverwaltungsgerichts, DÖV 1978, 589 ff., zit.: Korbmacher, Bauleitplanung

Kröncke, Dirk: Die Genehmigung von Kernkraftwerken, Dissertation Köln u. a. 1982, zit.: Kröncke, Genehmigung

Kroher, Emil/Pössinger, Rudolf: Zur Neufassung der Bekanntmachung über die Durchführung von Raumordnungsverfahren, LUMBl. 1984, 29 ff., zit.: Kroher/Pössinger, Neufassung

Kügel, Wilfried J.: Der Planfeststellungsbeschluß und seine Anfechtbarkeit. Zugleich ein Beitrag zur Auslegung der §§ 74, 75 VwVfG, Berlin 1985 (Münstersche Beiträge zur Rechtswissenschaft, Bd. 10), zit.: Kügel, Planfeststellungsbeschluß

Kühl, Claus Jochen: Landesplanung in Schleswig-Holstein nach Gesetz und Wirklichkeit, Dissertation Kiel 1967, zit.: Kühl, Landesplanung

Kühne, Gunther: Die Bedeutung der Erfordernisse der Raumordnung und Landesplanung bei bergbaulichen Vorhaben, DVBl. 1984, 709 ff., zit.: Kühne, Bedeutung

Kuhl, Gerd: Umweltschutz im materiellen Raumordnungsrecht, Münster 1977 (Beiträge SWR, Bd. 39), zit.: Kuhl, Umweltschutz

Kutscheidt, Ernst: Öffentliches Immissionsschutzrecht, in: Jürgen Salzwedel (Hrsg.), Grundzüge des Umweltrechts, Berlin 1982, S. 117 ff. (Beiträge zur Umweltgestaltung, Bd. A 80), zit.: Kutscheidt, Immissionsschutzrecht

Larenz, Karl: Methodenlehre der Rechtswissenschaft, 5. Aufl., Berlin u. a. 1983, zit.: Larenz, Methodenlehre

Lau, Ulrich: Rechtsschutz bei der Planung von Flughäfen, Dissertation Münster 1977, zit.: Lau, Rechtsschutz

Laubinger, Hans-Werner: Der Umfang der Konzentrationswirkung der Planfeststellung, VerwArch. 77 (1986), 77 ff., zit.: Laubinger, Konzentrationswirkung

Lautner, Gerd: Anmerkung zum Urteil des VG Frankfurt vom 27.12.1983, HStGZ 1985, 340 f., zit.: Lautner, Anm.

Lautner, Gerd: Städtebaurecht, Landes- und Regionalplanungsrecht, unter besonderer Berücksichtigung der Rechtslage in Hessen, 2. Aufl., Darmstadt 1985, zit.: Lautner, Städtebaurecht

Lehnis, Felix: Raumordnungsverfahren, ein Instrument zur Verwirklichung der Raumordnung aus der Sicht der Verfahrenspraxis, in: Aktuelle Probleme der Raumordnung, Hannover 1983, S. 173 ff. (Arbeitsmaterial der ARL, Nr. 66), zit.: Lehnis, Raumordnungsverfahren

Leidig, Guido: Raumplanung als Umweltschutz. Untersuchungen zum umweltbezogenen Raumplanungsrecht unter besonderer Berücksichtigung interdisziplinärer Zusammenhänge, Frankfurt 1983, zit.: Leidig, Raumplanung

Lendi, Martin: Raumordnung und Umweltschutz, RuR 1983, 32 ff., zit.: Lendi, Raumordnung

Ders.: Die Umweltverträglichkeitsprüfung nach schweizerischem Recht, in: Ludwig Fröhler (Hrsg.), Die Umweltverträglichkeitsprüfung, Linz 1985, S. 97 ff. (Schriftenreihe Kommunale Forschung in Österreich, 74), zit.: Lendi, Umweltverträglichkeitsprüfung

Lerche, Peter: Die Gesetzgebungskompetenz von Bund und Ländern auf dem Gebiet des Presserechts, JZ 1972, 468 ff.

Lersner, Heinrich von: Zur Konvergenz von Raumordnung und Umweltschutz, UPR 1984, 177 ff., zit.: v. Lersner, Konvergenz

Linke, Bruno: Abgrabungsgesetz Nordrhein-Westfalen, Köln u. a. 1982, zit.: Linke, AbgrG

Löhr, Rolf-Peter: Gerichtliche Rechtsschutzmöglichkeiten der Gemeinden gegen Regionalpläne, DVBl. 1980, 13 ff., zit.: Löhr, Gerichtliche Rechtsschutzmöglichkeiten

Losch, Siegfried: Das Raumordnungsverfahren im Widerstreit der Meinungen, IzR 1979, 98 ff., zit.: Losch, Raumordnungsverfahren

Lukes, Rudolf/Hanning, August: Umweltverträglichkeitsprüfung im atomrechtlichen Genehmigungsverfahren, DB 1977, 1981 ff., zit.: Lukes/Hanning, Umweltverträglichkeitsprüfung

Lukes, Rudolf/Vollmer, Lothar/Mahlmann, Wilfried: Grundprobleme zum atomrechtlichen Genehmigungsverfahren. US-amerikanisches Genehmigungsverfahren, Heidelberg 1974 (Schriftenreihe Recht und Technik, Bd. 3), zit.: Lukes/Vollmer/Mahlmann, Grundprobleme

Lummert, Rüdiger: Brauchen wir die Umweltverträglichkeitsprüfung?, in: Gesellschaft für Umweltrecht (Hrsg.), Dokumentation zur 6. wissenschaftlichen Fachtagung der Gesellschaft für Umweltrecht e. V., Berlin 1982, S. 137 ff., zit.: Lummert, Umweltverträglichkeitsprüfung

Mache, Hans Michael/Müller, Gerd: Einflüsse von Raumordnung und Landesplanung beim Bau von Elektrizitätsfreileitungen (am Beispiel Hessens), VR 1985, 216 ff., zit.: Mache/Müller, Elektrizitätsfreileitungen

Mangoldt, Hermann von/Klein, Friedrich: Das Bonner Grundgesetz, Bd. I, 2. Aufl., Berlin 1966, zit.: v. Mangoldt/Klein, GG

Manner, Reinhard: Die rechtsstaatlichen Grundlagen des Planfeststellungsverfahrens, Dissertation München 1976, zit.: Manner, Grundlagen

Martens, Joachim: Zur Begriffsbestimmung des Verwaltungsaktes, DVBl. 1968, 322 ff., zit.: Martens, Begriffsbestimmung

Ders.: Die Rechtsprechung zum Verwaltungsverfahrensrecht, NVwZ 1982, 480 ff., zit.: Martens, Verwaltungsverfahrensrecht

Mattern, Karl Heinz/Raisch, Peter: Atomgesetz, Gesetz über die friedliche Verwendung der Kernenergie und den Schutz gegen ihre Gefahren vom 23.12.1959 mit den dazu erlassenen Rechtsverordnungen, den einschlägigen Vorschriften des Vertrages zur Gründung der Europäischen Atomgemeinschaft sowie dem Übereinkommen über die Haftung gegenüber Dritten auf dem Gebiet der Kernenergie, Berlin, Frankfurt a. M. 1961, zit.: Mattern/Raisch, AtG

Maunz, Theodor/Dürig, Günther/Herzog, Roman/Scholz, Rupert: Grundgesetz, Kommentar in 3 Bänden, Loseblatt, München, Stand: Mai 1986, zit.: Bearbeiter, in: Mainz/Dürig/Herzog/Scholz, GG

Maurer, Hartmut: Allgemeines Verwaltungsrecht, 4. Aufl., München 1985, zit.: Maurer, Allg VwR

Mayer, Franz: Allgemeines Verwaltungsrecht, 4. Aufl., Stuttgart 1977, zit.: Mayer, AllgVwR

Mayer, Klaus/Engelhardt, Dieter/Helbig, Alfred: Landesplanungsrecht in Bayern, mit Kommentar zum Bayerischen Landesplanungsgesetz, München 1973, zit.: Mayer/Engelhardt/Helbig, Landesplanungsrecht

Meyer, Hans/Borgs-Maciejewski, Hermann: Verwaltungsverfahrensgesetz, 2. Aufl., Frankfurt a. M. 1982, zit.: Meyer/Borgs, VwVfG

Mintzel, Kurt: Bundeswasserstraßengesetz, Kommentar, Berlin 1969, zit.: Mintzel, WaStrG

Münch, Ingo von (Hrsg.): Grundgesetz, Kommentar, Bd. 1, 3. Aufl, München 1985, Bd. 3, 2. Aufl., München 1983, zit.: Bearbeiter, in: v. Münch, GG

Niemeier, Hans-Gerhardt: Rechtliche und organisatorische Fragen, in: Grundriß der Raumordnung, hrsg. von der ARL, Hannover 1982, S. 289 ff., zit.: Niemeier, Fragen

Ders.: Das Recht der Raumordnung und Landesplanung in der Bundesrepublik Deutschland, Hannover 1976 (ARL-Abhandlungen, Bd. 75), zit.: Niemeier, Landesplanung

Ders.: Die Untersagung raumordnungswidriger Planungen und Maßnahmen, RuR 1979, 121 ff., zit.: Niemeier, Untersagung

Niemeier, Hans-Gerhart/Müller, Gottfried: Raumplanung als Verwaltungsaufgabe, Hannover 1964 (ARL-Abhandlungen, Bd. 43), zit.: Niemeier/ Müller, Verwaltungsaufgabe

Obenhaus, Werner: Die Umweltverträglichkeitsprüfung im atomrechtlichen Genehmigungsverfahren, in: Fünftes Deutsches Atomrechts-Symposium - Referate und Diskussionsberichte, hrsg. von Rudolf Lukes, 1. Aufl., Köln 1977, S. 73 ff. (Schriftenreihe RTW, Bd. 14), zit.: Obenhaus, in: 5. Deutsches AtomR-Symposium

Obernolte, Wolfgang/Danner, Wolfgang: Energiewirtschaftsrecht, München, Stand: Juli 1984, zit.: Bearbeiter, in: Obernolte/Danner, EnWR

Oldekop, Dieter: Die Richtlinien der EWG, Göttingen 1968 (Studien zum internationalen Wirtschaftsrecht und Atomenergierecht, Bd. 34), zit.: Oldekop, Richtlinien

Ossenbühl, Fritz: Verwaltungsvorschriften und Grundgesetz, Bad Homburg v. d. H. u. a. 1968, zit.: Ossenbühl, Verwaltungsvorschriften und Grundgesetz

Otte, Eggert: Bauen im unbeplanten Innenbereich (§ 34 BBauG), der landkreis 1978, 367 ff., zit.: Otte, Innenbereich

Paal, Ursula: Urteilsanmerkung zu: BayVGH, Urt. v. 21.05.1980 - Nr. 9 B - 2007/79 -, BayVBl. 1980, 242 ff., zit.: Paal, Urteilsanmerkung

Papier, Hans-Jürgen: Möglichkeiten und Grenzen der rechtsverbindlichen Festlegung und Freihaltung von Leitungstrassen durch die Regionalplanung, Münster 1983 (Beiträge SWR, Bd. 84), zit.: Papier, Möglichkeiten

Ders.: Recht der öffentlichen Sachen, 2. Aufl., Berlin u. a. 1984, zit.: Papier, Öffentliche Sachen

Paßlick, Hermann: Die Ziele der Raumordnung und Landesplanung, Münster 1986 (Beiträge SWR, Bd. 105), zit.: Paßlick, RO-Ziele

Pielow, Ludger: Verursacherhaftung nach dem Bundesnaturschutzgesetz, NuR 1979, 15 ff., zit.: Pielow, Verursacherhaftung

Piens, Reinhart/Schulte, Hans-Wolfgang/Graf Vitzthum, Stefan: Bundesberggesetz, Kommentar, Stuttgart u. a. 1983, zit.: Piens/Schulte/ Graf Vitzthum, BBergG

Püttner, Günter: Die Einwirkungspflicht - Zur Problematik öffentlicher Einrichtungen in Privatrechtsform -, DVBl. 1975, 353 ff., zit.: Püttner, Einwirkungspflicht

Ders.: Der Rat von Sachverständigen für Umweltfragen: Umweltgutachten 1974, Stuttgart 1974, zit.: Umweltgutachten 1974

Rauschning, Dietrich: Die Umweltverträglichkeitsprüfung im atomrechtlichen Genehmigungsverfahren, in: Fünftes Deutsches Atomrechts-Symposium - Referate und Diskussionsberichte, hrsg. von Rudolf Lukes, 1. Aufl., Köln u. a. 1977, S. 83 ff. (Schriftenreihe RTW, Bd. 14), zit.: Rauschning, in: 5. Deutsches AtomR-Symposium

Rengeling, Hans-Werner: Planfeststellung für die Endlagerung radioaktiver Abfälle, Köln u. a. 1984 (Schriftenreihe RTW, Bd. 33), zit.: Rengeling, Planfeststellung

Riegel, Reinhard: Überlegungen zum Problem EG-Richtlinien und nationale Rahmenkompetenz, EuR 1976, 79 ff., zit.: Riegel, EG-Richtlinien

Ronellenfitsch, Michael: Eingriffe in Natur und Landschaft bei der wasserwirtschaftlichen Planfeststellung, VerwArch. 1986, 177 ff., zit.: Ronellenfitsch, Eingriffe

Ders.: Energieversorgung und Raumordnung, WiVerw 1985, 168 ff., zit.: Ronellenfitsch, Energieversorgung

Sailer, Christian: Der Rechtsschutz von Gemeinden gegenüber staatlichen Planungsentscheidungen, BayVBl. 1981, 545 ff., zit.: Sailer, Planungsentscheidungen

Salzwedel, Jürgen: Beurteilungsspielraum und Ermessen bei der Entscheidung über Bewilligungen und Erlaubnisse, RdWWi 15 (1967), 35 ff., zit.: Salzwedel, Beurteilungsspielraum

Ders.: Umweltverträglichkeitsuntersuchungen bei Verkehrsplanungen, Bonn 1981 (Bundesminister für Verkehr (Hrsg.), Forschung, Straßenbau und Straßenverkehrstechnik, Heft 351), zit.: Salzwedel, Umweltverträglichkeitsuntersuchungen

Ders.: Probleme einer inneren Harmonisierung des deutschen Umweltrechts - Überschneidungen zwischen gewerbe-, bewirtschaftungs- und planungsrechtlichen Komponenten - in: Gesellschaft für Umweltrecht (Hrsg.), Dokumentation zur 5. wissenschaftlichen Fachtagung der Gesellschaft für Umweltrecht e. V., Berlin 1982, S. 33 ff., zit.: Salzwedel, Probleme

Schäfer, Hans: Die Bundesauftragsverwaltung, DÖV 1960, 641 ff., zit.: Schäfer, Bundesauftragsverwaltung

Schaetzell, Johannes: Gesetz über die Landesplanung - Landesplanungsgesetz Schleswig-Holstein (Erläuterungen), Wiesbaden 1962, zit.: Schaetzell, Landesplanung

Scharpf, Fritz W.: Politische Bedingungen der Wirksamkeit raumordnerischer Steuerungsinstrumente, RuR 1976, 289 ff., zit.: Scharpf, Steuerungsinstrumente

Schefer, Anton G.: Raumplanerisches Verfahren in Rheinland-Pfalz, IzR 1979, 157 ff., zit.: Schefer, Raumplanerisches Verfahren

Schefer, Anton G.: Rechtsqualität der abschließenden Beurteilung im Raumordnungsverfahren: Verwaltungsakt oder gutachtliche Stellungnahme, IzR 1979, 95 ff., zit.: Schefer, Rechtsqualität

Schemel, Hans-Joachim: Die Umweltverträglichkeitsprüfung (UVP) von Großprojekten, Berlin 1985 (Beiträge zur Umweltgestaltung A 97), zit.: Schemel, Umweltverträglichkeitsprüfung

Scheurer, Hans: Das Raumordnungsverfahren nach baden-württembergischem Landesgesetz, IzR 1979, 105 ff., zit.: Scheurer, Raumordnungsverfahren

Schink, Alexander: Zentralisierung kommunaler Aufgaben nach der Gebiets- und Funktionalreform, DVBl. 1983, 1165 ff., zit.: Schink, Zentralisierung

Schlarmann, Hans: Das Verhältnis der privilegierten Fachplanungen zur kommunalen Bauleitplanung, Münster 1980 (Beiträge SWR, Bd. 56), zit.: Schlarmann, Fachplanung

Schlarmann, Hans/Erbguth, Wilfried: Zur Durchsetzung von Umweltbelangen im Bereich der räumlichen Planung. Eine Untersuchung zum rechtlichen und administrativen Instrumentarium, Münster 1982 (Beiträge SWR, Bd. 76), zit.: Schlarmann/Erbguth, Durchsetzung

Schleifenbaum, Reinold/Kamphausen, Peter: Zum rechtlichen Stellenwert der Sondervorschriften für das Rheinische Braunkohlengebiet nach dem nordrhein-westfälischen Landesplanungsgesetz, UPR 1984, 43 ff., zit.: Schleifenbaum/Kamphausen, Stellenwert

Schmidt, Albert: Naturschutz und Bergbau: Chance für neue Ansätze, LÖLF-Mitteilungen 2/1986, 16 ff., zit.: Schmidt, Naturschutz und Bergbau

Schmidt-Aßmann, Eberhard: Aufgaben, Rechtscharakter und Entwicklungstendenzen des Raumordnungsverfahrens, VBlBW 1986, 2 ff., zit.: Schmidt-Aßmann, Entwicklungstendenzen

Ders.: Die Bedeutung von Raumordnungsklauseln für die Verwirklichung raumordnerischer Ziele, in: Verwirklichung der Raumordnung, Hannover 1982, S. 27 ff. (Veröffentlichungen der ARL, Forschungs- und Sitzungsberichte, Bd. 145), zit.: Schmidt-Aßmann, Raumordnungsklauseln

Ders.: Die Entscheidungsstruktur der Umwandlungsgenehmigung, NuR 1986, 98 ff., zit.: Schmidt-Aßmann, Umwandlungsgenehmigung

Ders.: Die Fortentwicklung des Rechts im Grenzbereich zwischen Raumordnung und Städtebau, Bonn 1977 (Schriftenreihe "Städtebauliche Forschung" des Bundesministers für Raumordnung, Bauwesen und Städtebau 03.055), zit.: Schmidt-Aßmann, Fortentwicklung

Ders.: Grundfragen des Städtebaurechts, Göttingen 1972, zit.: Schmidt-Aßmann, Grundfragen

Schmidt-Aßmann, Eberhard: Gesetzliche Maßnahmen zur Regelung einer praktikablen Stadtentwicklungsplanung - Gesetzgebungskompetenzen und Regelungsintensität, in: Raumplanung - Entwicklungsplanung, Hannover 1972, S. 101 ff. (Forschungs- und Sitzungsberichte der ARL, Bd. 80), zit.: Schmidt-Aßmann, Maßnahmen

Ders.: Konzentrierter oder phasenspezifischer Rechtsschutz?, DVBl. 1981, 334 ff., zit.: Schmidt-Aßmann, Rechtsschutz

Ders.: Rechtsstaatliche Anforderungen an Regionalpläne, DÖV 1981, 237 ff., zit.: Schmidt-Aßmann, Rechtsstaatliche Anforderungen

Ders.: Umweltschutz im Recht der Raumplanung, in: Jürgen Salzwedel (hrsg.), Grundzüge des Umweltrechts, Berlin 1982, S. 117 ff. (Beiträge zur Umweltgestaltung, Bd. A 80), zit.: Schmidt-Aßmann, Umweltschutz

Ders.: Der Verfahrensgedanke in der Dogmatik des öffentlichen Rechts, in: Peter Lerche/Walter Schmitt Glaeser/Eberhard Schmidt-Aßmann, Verfahren als staats- und verwaltungsrechtliche Kategorie, Heidelberg 1984, S. 1 ff. (Heidelberger Forum, Bd. 21), zit.: Schmidt-Aßmann, Verfahrensgedanke

Schmitt Glaeser, Walter/Meins, Jürgen W.: Recht des Immissionsschutzes, Königstein 1982, zit.: Schmitt Glaeser/Meins, Immissionsschutz

Schnitker, Rudolf: Formale Beteiligung öffentlicher Planungsträger und Mitwirkung Privater im Rahmen des Raumordnungsverfahrens, IzR 1979, 87 ff., zit.: Schnitker, Formale Beteiligung

Ders.: Das Raumordnungsverfahren nach dem niedersächsischen Landesplanungsgesetz, IzR 1979, 141 ff., zit.: Schnitker, Raumordnungsverfahren

Schöler, Hans Günther: Die Stellung des für die Raumordnung zuständigen Bundesministers im Rahmen der verfassungsmäßigen Verteilung der Verantwortung gem. Art. 65 GG, Münster 1976 (Beiträge SWR, Bd. 37), zit.: Schöler, Stellung des Raumordnungsministers

Schoeneberg, Jörg: Bürger- und Verbandsbeteiligung bei der Landesplanung, UPR 1985, 39 ff., zit.: Schoeneberg, Bürgerbeteiligung

Ders.: Umweltverträglichkeitsprüfung und Raumordnungsverfahren, Münster 1984 (Beiträge SWR, Bd. 96), zit.: Schoeneberg, Umweltverträglichkeitsprüfung

Ders.: Verbesserter Umweltschutz durch die Umweltverträglichkeitsprüfung, der landkreis 1983, 332 ff., zit.: Schoeneberg, Verbesserter Umweltschutz

Ders.: Verfahrensrechtliche Entwicklungslinien der Umweltverträglichkeitsprüfung bei raumbezogenen Projekten, DVBl. 1984, 929 ff., zit.: Schoeneberg, Entwicklungslinien

Scholz, Rupert: Verwaltungsverantwortung und Verwaltungsgerichtsbarkeit, VVDStRL 34 (1976), S. 145 ff., zit.: Scholz, Verwaltungsverantwortung

Schröder, Meinhard: Die richterliche Kontrolle des Planungsermessens, DÖV 1975, 308 ff., zit.: Schröder, Richterliche Kontrolle

Schrödter, Hans: Bundesbaugesetz, Kommentar, 4. Aufl., München 1980, zit.: Schrödter, BBauG

Schulte, Hans: Das Bundesberggesetz, NJW 1981, 88 ff., zit.: Schulte, Bundesberggesetz

Schultze, Hans Dieter: Die Einordnung der regionalen Bildungsplanung in die Ziele der Raumordnung und Landesplanung, Hannover 1975 (Arbeitsmaterial der ARL Nr. 1), zit.: Schultze, Einordnung

Schultze, Harald: Raumordnungspläne und gemeindliche Selbstverwaltung, Bonn 1970 (Schriftenreihe des Deutschen Verbandes für Wohnungswesen, Städtebau und Raumplanung, Heft 80), zit.: Schultze, Raumordnungspläne

Schuppert, Gunnar Folke: Die öffentliche Aufgabe als Schlüsselbegriff der Verwaltungswissenschaften, VerwArch. Bd. 71 (1980), 309 ff., zit.: Schuppert, Öffentliche Aufgabe

Seeliger, Jochen: Eine europäische Umweltverträglichkeitsprüfung, Auswirkungen auf das deutsche, französische und englische Recht, UPR 1982, 177 ff., zit.: Seeliger, Umweltverträglichkeitsprüfung

Sellner, Dieter: Immissionsschutzrecht und Industrieanlagen, München 1978, zit.: Sellner, Immissionsschutzrecht

Ders.: Zum Vorsorgegrundsatz im Bundes-Immissionsschutzgesetz, NJW 1980, 1255 ff., zit.: Sellner, Vorsorgegrundsatz

Sendler, Horst: Wer gefährdet wen: Eigentum und Bestandsschutz den Umweltschutz - oder umgekehrt?, UPR 1983, 33 ff., 73 ff., zit.: Sendler, Eigentum

Sieder, Frank/Zeitler, Herbert/Dahme, Heinz: Wasserhaushaltsgesetz, Bd. I und II, München, Loseblatt, Stand: Januar 1985, zit.: Sieder/Zeitler/Dahme, WHG

Simon, Alfons: Bayerische Bauordnung, (Loseblatt-)Kommentar, München 1984, Stand: September 1986, zit.: Simon, BayBO

Söfker, Wilhelm: Entschließung der MKRO zur Bürgerbeteiligung in der Raumordnung, RuR 1983, 109 ff., zit.: Söfker, Entschließung

Ders.: Raumordnung und Umweltschutz - Grundsatzfragen im Verhältnis beider Bereiche unter Berücksichtigung der Praxis in den Ländern, in: Raumordnung und Umweltschutz, Hannover 1984, S. 10 ff. (Arbeitsmaterial der ARL, Nr. 80), zit.: Söfker, Raumordnung und Umweltschutz

Soell, Hermann: Aktuelle Probleme und Tendenzen im Immissionsschutzrecht, ZRP 1980, 105 ff., zit.: Soell, Probleme

Steinberg, Rudolf: Baumschutzsatzungen und -verordnungen, NJW 1981, 550 ff., zit.: Steinberg, Baumschutzsatzungen

Ders.: Die Einführung einer Umweltverträglichkeitsprüfung in das deutsche Planungs- und Anlagengenehmigungsrecht, NuR 1983, 169 ff., zit.: Steinberg, Einfügung

Stelkens, Paul/Bonk, Heinz-Joachim /Leonhardt, Klaus: Verwaltungsverfahrensgesetz, Kommentar, 2. Aufl., München 1983, zit.: Bearbeiter, in: Stelkens/Bonk/Leonhardt, VwVfG

Stettner, Rupert: Grundfragen einer Kompetenzlehre, Berlin 1983 (Schriften zum öffentlichen Recht, Bd. 447), zit.: Stettner, Kompetenzlehre

Stich, Rudolf/Porger, Karl Wilhelm: Immissionsschutzrecht des Bundes und der Länder, Kommentar zum Bundes-Immissionsschutzgesetz (BImSchG) und Vorschriftensammlung, Bd. 1, Loseblatt, Stuttgart u. a., Stand: Mai 1986, zit.: Stich/Porger, BImSchG

Stortz, Heinz: Anmerkung zum Urteil des BVerwG vom 10.02.1978 - 4 C 25.75 -, ZfW 1979, 47 ff., zit,: Stortz, Anm.

Suderow, Wolfgang: Das Verhältnis der Fachplanungen zur Raumordnung und Landesplanung, Münster 1976 (Beiträge SWR, Bd. 36), zit.: Suderow, Fachplanungen

Temesl, Rudolf: Anmerkungen zu Problemen bei Raumordnungsverfahren für elektrische Leitungen, EW 1982, 354 ff., zit.: Temesl, Elektrische Leitungen

Thurn, Peter: Schutz natürlicher Gewässerfunktionen durch räumliche Planung. Möglichkeiten im Bereich des Wasserhaushalts-, Naturschutz- und Raumordnungsrechts, Münster 1986 (Beiträge SWR, Bd. 108), zit.: Thurn, Schutz natürlicher Gewässerfunktionen

Tiemann, Susanne: Die Schutzbereichsanordnung für Verteidigungsanlagen, NVwZ 1984, 759 ff., zit.: Tiemann, Schutzbereichsanordnung

Dies.: Neues zur Schutzbereichsanordnung für Verteidigungsanlagen, in: NVwZ 1985, 26 f., zit.: Tiemann, Verteidigungsanlagen

Timmer, Reinhard: Räumliche Wirkungen öffentlicher Finanzen - eine Literaturübersicht mit Anmerkungen zur raumordnungspolitischen Bedeutung, in: Vorträge und Berichte zur Raumplanung, Hannover 1983, S. 4 ff. (Veröffentlichungen der ARL, Arbeitsmaterial Nr. 63), zit.: Timmer, Räumliche Wirkungen

Timmer, Reinhard/Erbguth, Wilfried: Die Ressortierung der Raumordnung und Landesplanung - ein ungelöstes Problem?, RuR 1980, 143 ff., zit.: Timmer/Erbguth, Ressortierung

Uechtritz, Michael: Lenkung der Naßauskiesung durch die Regionalplanung?, VBlBW 1984, 5 ff., zit.: Uechtritz, Naßauskiesung

Ule, Carl Hermann/Laubinger, Hans-Werner: Bundes-Immissionsschutzgesetz, Kommentare, Rechtsvorschriften, Rechtsprechung, Teil 1, Kommentar zum BImSchG, Neuwied 1978, Loseblatt, Stand: 19. Erg.-Lfg., März 1983, zit.: Ule/Laubinger, BImSchG

Vieregge, U.: Die Umweltverträglichkeitsprüfung im atomrechtlichen Genehmigungsverfahren, in: Fünftes Deutsches Atomrechts-Symposium - Referate und Diskussionsberichte, hrsg. von Rudolf Lukes, Köln u. a. 1977, S. 101 ff. (Schriftenreihe RTW, Bd. 14), zit.: Vieregge, in: 5. Deutsches AtomR-Symposium

Wahl, Rainer: Bürgerbeteiligung bei der Landesplanung, in: Willi Blümel (Hrsg.). Frühzeitige Bürgerbeteiligung bei Planungen, Berlin 1982, S. 113 ff. (Schriftenreihe der Hochschule Speyer, Bd. 87), zit.: Wahl, Bürgerbeteiligung

Ders.: Genehmigung und Planungsentscheidung, DVBl. 1982, 51 ff., zit.: Wahl, Genehmigung

Ders.: Rechtsfragen der Landesplanung und Landesentwicklung. Erster Band: Das Planungssystem der Landesplanung, Zweiter Band: Die Konzepte zur Siedlungsstruktur in den Planungssystemen der Länder, Berlin 1978 (Schriften zum öffentlichen Recht, Bd. 341 I/II), zit.: Wahl, Rechtsfragen I, II

Ders.: Rechtliche Wirkungen landesplanerischer Festlegungen gegenüber gemeindlichen Planungen und Fachplanungen, in: Verwirklichung von Umweltschutz durch Raumordnung und Landesplanung, Hannover 1984, S. 47 ff. (Arbeitsmaterial Nr. 90 der ARL), zit.: Wahl, Wirkungen

Ders.: Aktuelle Probleme im Verhältnis der Landesplanung zu den Gemeinden, DÖV 1981, 597 ff., zit.: Wahl, Probleme

Wald, Alexander: Gemeinden im Atomanlagenverfahren nach § 7 AtG, Dissertation München 1978, zit.: Wald, Gemeinden

Wallerath, Maximilian: Allgemeines Verwaltungsrecht, Siegburg 1979, zit.: Wallerath, AllgVwR

Weber, Nikolaus: Die Richtlinie im EWG-Vertrag, Hamburg 1974, zit.: Weber, Richtlinie

Weidemann, Clemens: Die Rechtsnatur der Aufrechnung im Verwaltungsrecht - unter besonderer Berücksichtigung des Beamtenrechts, DVBl. 1981, 113 ff., zit.: Weidemann, Rechtsnatur der Aufrechnung

Ders.: Die Staatsaufsicht im Städtebaurecht als Instrument zur Durchsetzung der Raumordnung und Landesplanung, Münster 1982 (Beiträge SWR, Bd. 78), zit.: Weidemann, Staatsaufsicht

Ders.: Ziele der Raumordnung und Landesplanung als öffentliche Belange i. S. d. §§ 34, 35 BBauG?, NVwZ 1983, 441 ff., zit.: Weidemann, Ziele

Weidemann, Gunde: Bindung und Freiheit in der Raumordnung für Bund und Länder nach dem Raumordnungsgesetz, Köln 1971, zit.: Weidemann, G., Bindung

Weller, Herbert: Das neue Bundesberggesetz und die Braunkohleplanung, in: Räumliche Planung und Fachplanung, Hannover 1983, S. 36 ff. (ARL-Arbeitsmaterial Nr. 65), zit.: Weller, Bundesberggesetz

Wesener, Wolfgang: Energieversorgung und Energieversorgungskonzepte, Münster 1986 (Beiträge SWR, Bd. 106), zit.: Wesener, Energieversorgung

Weyreuther, Felix: Bauen im Außenbereich, Köln u. a. 1979, zit.: Weyreuther, Bauen im Außenbereich

Ders.: Die Bedeutung des Eigentums als abwägungserheblicher Belang bei der Planfeststellung nach dem Bundesfernstraßengesetz, DÖV 1977, 419 ff., zit.: Weyreuther, Bedeutung

Ders.: Rechtliche Bindung und gerichtliche Kontrolle planender Verwaltung im Bereich des Bodenrechts, BauR 1977, 293 ff., zit.: Weyreuther, Rechtliche Bindung

Winters, Karl-Peter: Atom- und Strahlenschutzrecht, München 1978, zit.: Winters, Atomrecht

Wolff, Hans J./Bachof, Otto: Verwaltungsrecht I, 9. Aufl., München 1974, zit.: Wolff/Bachof I

Zinkahn, Willy/Bielenberg, Walter: Raumordnungsgesetz des Bundes, Kommentar unter Berücksichtigung des Landesplanungsrechts, Berlin 1965, zit.: Zinkahn/Bielenberg, ROG

Zoubek, Gerhard: Das Raumordnungsverfahren - ein Instrument zur Verwirklichung der Raumordnung, BayVBl. 1982, 718 ff., zit.: Zoubek, Instrument

Ders.: Das Raumordnungsverfahren - Eine rechtsvergleichende Untersuchung des förmlichen landesplanerischen Abstimmungsinstrumentes, Münster 1978 (Beiträge SWR, Bd. 45), zit.: Zoubek, Raumordnungsverfahren

Ders.: Sektoralisierte Landesplanung, Münster 1983 (Beiträge SWR, Bd. 85), zit.: Zoubek, Sektoralisierte Landesplanung

Ders.: Sicherungsinstrumente in der Landesplanung, Münster 1986 (Beiträge SWR, Bd. 107), zit.: Zoubek, Sicherungsinstrumente

Ders.: Ziele der Raumordnung und Landesplanung, Thesenpapier zum Informations- und Erfahrungsaustausch des Zentralinstituts für Raumplanung an der Universität Münster mit dem BMBau am 26.11.1982, maschinenschriftl. (unveröffentlicht), zit.: Zoubek, Ziele

Zydek, Hans: Bundesberggesetz (BBergG) mit amtlicher Begründung und anderen amtlichen Materialien, Essen 1980, zit.: Zydek, BBergG (Materialien)

Sachregister

Abfallentsorgungsanlagen 87, 232

Abgrabungsgenehmigung 196

Abwägen

- als Entscheidungsmodus 104, 263
- Gewichtungsregeln 91, 110, 162
- im ROV 26, 33 ff.
- nachvollziehendes 26, 105, 157, 185
- planerisch gestaltendes 34, 88, 90, 105
- raumplanerisches 27, 34
- RO-Belange in der 106 ff., 169
- und Vorabbindungen 102 ff., 106, 138, 154

Allgemeinwohlklauseln 124, 155, 162, 202

Belange, öffentliche 179 ff., 185, 191

Betriebsplanzulassungsverfahren 190, 250

Beurteilung, landesplanerische

- als Abwägungsbelang 104, 106, 109, 148, 155, 165, 228
- als ROV-Ergebnis 51, 83
- als Verwaltungsakt 32, 53, 59 ff., 65 ff., 74, 76, 117, 132, 239 ff.
- Rechtswirkungen der 53, 57, 59, 66, 71 ff., 78 ff., 118 ff., 134, 138, 147, 209, 235, 276
- Rechtswirkungen gegenüber Privaten 54, 61, 64, 146, 155 f., 239 ff.

Bindungswirkung

- des ROV-Ergebnisses siehe Beurteilung, landesplanerische
- der RO-Ziele siehe Ziele der Raumordnung und Landesplanung, Bindungswirkung der

Bodennutzung 41

- Bodennutzungseffekt 17
- Verbot der Regelung durch die Landesplanung (Durchgriffsverbot) 44, 48, 54, 146, 166, 240 f.

Bundesauftragsverwaltung 143

Bundeseigenverwaltung 149

Bundesgesetze, Ausführung durch die Länder 142

Einwirkungspflicht 158

Energieversorgungsunternehmen 63, 99, 157, 216, 251

Erfordernisse der Raumordnung und Landesplanung, sonstige 155, 186 236, 287

- als ROV-Ergebnisse 36, 123, 180, 219, 222, 290
- Begriff 35
- Entwicklung aus den RO-Grundsätzen 35, 185

Genehmigungsverfahren 85, 97, 155

- atomrechtliche 198 ff.
- bergrechtliche 190 ff.
- immissionsschutzrechtliche 171 ff., 247, 262
- luftverkehrsrechtliche 210 ff.
- wasserrechtliche 204 ff.

Gesetzesvorbehalt 160, 168

Gesetzgebungskompetenzen

- Bodenrecht 48, 54, 196, 240, 242
- für die UVP 298 ff.
- Kompetenzkombinationen 56, 242
- Rahmenkompetenz für die Raumordnung 48, 54, 237, 242, 295

Grundrechte 85, 100, 160, 195

Grundsätze der Raumordnung und Landesplanung 29, 119, 140, 148, 153

Interessen, öffentliche 194, 199

Kompetenzen 130 ff.

- ausschließliche 129
- Kompetenzverteilung 126 ff.
- zur authentischen Zielinterpretation 121, 125 ff.
- zur Letztentscheidung 108

Kontrollerlaubnisse 85, 98 ff., 170 ff., 196, 198, 210

Konzentrationswirkung siehe Planfeststellung

Leitungstrassen 53, 215, 251

Linienbestimmungsverfahren 217, 220

Maßnahmen, raumbedeutsam 7 ff., 11, 13, 283

Naturschutzrecht 265

Optimierungsgebot 162

Planfeststellung 86
- abfallrechtliche 232
- atomrechtliche 232
- bahnrechtliche 233
- Bindungswirkung der - 94

- gemeinnützige 87, 111, 168, 225, 227
- Genehmigungswirkung der - 93
- Gestaltungswirkung der - 94
- Konzentrationswirkung der - 94 ff., 229
- luftverkehrsrechtliche 231
- privatnützige 87, 196, 225, 227
- RO-Belange in der - 88, 92 f.
- straßenrechtliche 217 ff.
- und ROV-Ergebnisse 218, 221
- wasserhaushaltsrechtliche 226 ff.
- wasserstraßenrechtliche 222

Planungen, raumbedeutsame 7, 11, 13

Planungsleitsätze, gesetzliche 93, 162, 212

Raumbedeutsamkeit 14 f.

- Raumbeanspruchung 15
- Raumbeeinflussung 16
- von Umweltbelangen siehe Umweltbelange, raumbedeutsame

Raumordnung 40 ff., 160, 237

Raumordnungsklauseln

- fachgesetzliche 163, 191, 197, 201, 211, 220, 222, 246, 249
- und ROV-Ergebnisse 95, 164, 197, 212, 222
- raumordnungsrechtliche 164, 217, 249

Raumordnungsverfahren

- Abstimmungsaufgabe 37, 52, 82, 294
- als förmliches Verwaltungsverfahren 82
- als Genehmigungsverfahren 53, 137, 244
- als Zielaufstellungsverfahren 58
- Betroffenenbeteiligung im - 10
- Detailliertheit, fachliche 44 f.
- Detailliertheit, räumliche 41
- Einzelvorhaben Privater 10, 21, 304
- Einzelvorhaben, raumbeanspruchende 18
- Einzelvorhaben, raumbeeinflussende 18
- Feststellungsaufgabe 23, 177 ff., 294
- Öffentlichkeitsbeteiligung 304
- Projektbezogenheit 17 ff., 179, 279
- Prüfungsmaßstäbe 24 ff., 140, 147, 151
- Rechtswirkungen der Verfahrensergebnisse siehe Beurteilung, landesplanerische
- Standortplanung im - 20
- zur Zielkonkretisierung 177 ff., 211, 229

Ressortprinzip 46 f., 237

Selbstbindung der Verwaltung 113, 117, 150

Selbstverwaltungsgarantie, gemeindliche 42

Sicherungsinstrumente 6, 39

Splitting, vertikales, siehe Umweltverträglichkeitsprüfung

Standortvorsorgeplanung 175, 199

Straßenplanung 217 ff.

Umweltplanung, raumbedeutsame 261, 278 ff., 284, 288, 294

Umweltverträglichkeitsprüfung
- als materielles Recht 258
- als Verfahrensrecht 256
- Begriff 252
- Öffentlichkeitsbeteiligung 305 ff.
- Splitting, vertikales 268, 270 ff.
- und Genehmigungsverfahren 261, 272
- und Planfeststellungsverfahren 261
- und ROV 266 ff., 277 ff., 289 ff.

Unternehmen, öffentliche 99, 157

Vorsorgegrundsatz, immissionsschutzrechtlicher 100, 172, 248

Waldumwandlungsgenehmigung 246

Wohl der Allgemeinheit 205 ff., 224

Ziele der Raumordnung und Landesplanung
- allgemeine 27, 177 ff.
- Bindungswirkung der - 68, 92, 118 ff., 165, 174, 223
- konkrete 26, 177 ff.
- mittelbare Wirkung der - 9

SCHRIFTENREIHEN

des Instituts für Siedlungs- und Wohnungswesen der Universität Münster (SW)

und

des Zentralinstituts für Raumplanung an der Universität Münster (ZI)

Die beiden Institute geben gemeinsam zwei Schriftenreihen heraus. In der Schriftenreihe BEITRÄGE ZUM SIEDLUNGS- UND WOHNUNGSWESEN UND ZUR RAUMPLANUNG werden Ergebnisse von wissenschaftlichen Untersuchungen, in der Schriftenreihe MATERIALIEN ZUM SIEDLUNGS- UND WOHNUNGSWESEN UND ZUR RAUMPLANUNG Ergebnisse von wissenschaftlichen Veranstaltungen und kleinere Beiträge aus den beiden Instituten veröffentlicht.

<u>Vertrieb</u>: Institut für Siedlungs- und Wohnungswesen der Westfälischen Wilhelms-Universität Münster, Am Stadtgraben 9, 4400 Münster
Tel.: (02 51) 83 29 69, 83 29 71

Vergriffene Bücher können in der Präsenzbibliothek des Instituts für Siedlungs- und Wohnungswesen und in den meisten Universitätsbibliotheken der Bundesrepublik Deutschland eingesehen werden.

BEITRÄGE

zum Siedlungs- und Wohnungswesen und zur Raumplanung

Band 1   Günter Klein
(ZI)
Zur Rechtsnatur und Bindungswirkung der Ziele der Landesplanung

Münster 1972, XIII und 185 Seiten   v e r g r i f f e n

Band 2   Gerd Hennings
(SW)
Grundlagen und Methoden des Einsatzes raumwirksamer Bundesmittel – dargestellt am Beispiel der Politikbereiche Raumordnungspolitik, regionale Gewerbestrukturpolitik und regionale Arbeitsmarktpolitik

Münster 1972, XI und 344 Seiten   v e r g r i f f e n

Band 3   Dieter Duwendag, Hansjörg Bucher, Günter Epping, Helmut Mrosek
(SW)
Wohnungsbedarfsprognose für die Bundesrepublik Deutschland 1985

Münster 1972, IX und 164 Seiten   v e r g r i f f e n

Band 4   Heinz-Günter Holdheide
(ZI)
Das Zusammenwirken der Gemeinde und der Baugenehmigungsbehörde nach dem Bundesbaugesetz

Münster 1973, XLV und 235 Seiten   v e r g r i f f e n

Band 5 (ZI) Siegfried Lange
Wachstumstheorie zentralörtlicher Systeme. Eine Analyse der räumlichen Verteilung von Geschäftszentren
Münster 1973, XVI und 140 Seiten   v e r g r i f f e n

Band 6 (SW) Ursula Höpping-Mosterin
Die Ermittlung des Flächenbedarfs für verschiedene Typen von Erholungs-, Freizeit und Naturschutzgebieten
Münster 1973, XII und 170 Seiten   v e r g r i f f e n

Band 7 (SW) Günter Epping
Städtebaulicher Erneuerungsbedarf und Infrastruktur. Ein methodischer Beitrag zur Erfassung und Bewertung der Beziehungen zwischen städtebaulicher Erneuerung und Infrastruktur
Münster 1973, VI und 195 Seiten, DM 16,-

Band 8 (SW) Günter Kroés (unter Mitwirkung von Wolfgang Gurk)
Nutzwertanalyse - Vergleichende Beurteilung von Aussiedlungen
Münster 1973, X und 119 Seiten   v e r g r i f f e n

Band 9 (SW) Peter Brasse
Der Beitrag der Abfallwirtschaft zur Verbesserung des Umweltschutzes
Münster 1973, 177 Seiten, DM 18,-

Band 10 (ZI) Peter Sedlacek
Zum Problem intraurbaner Zentralorte - dargestellt am Beispiel der Stadt Münster
Münster 1973, 80 Seiten   v e r g r i f f e n

Band 11 (ZI) Wolfgang Suderow
Der Entwurf eines Grundstücksneuordnungsverfahrens unter Berücksichtigung seiner Bezüge zu den geltenden Bodenordnungsmaßnahmen
Münster 1973, XVI und 151 Seiten, DM 15,-

Band 12 (ZI) Walter Klöppel
Die Mobilität des privaten Kapitals und ihre Bedeutung für die Regionalpolitik
Münster 1973, 173 Seiten, DM 16,-

Band 13 (ZI) — Wolfram Holdt
Industrieansiedlungsförderung als Instrument der Regionalpolitik
Münster 1974, VI und 235 Seiten   v e r g r i f f e n

Band 14 (SW) — Eugen Paul
Pfandbriefinstitute, Rentenmarkt und Realkredit – Strukturwandlungen während der Nachkriegsperiode in der Bundesrepublik Deutschland
Münster 1974, XIX und 358 Seiten, DM 28,-

Band 15 (SW) — Rainer Thoss, Marita Strumann, Horst Bölting
Zur Eignung des Einkommensniveaus als Zielindikator der regionalen Wirtschaftspolitik
Münster 1974, 134 Seiten, DM 14,-

Band 16 (ZI) — Horst Röder
Ursachen, Erscheinungsformen und Folgen regionaler Mobilität – Ansätze zu ihrer theoretischen Erfassung
Münster 1974, IV und 314 Seiten   v e r g r i f f e n

Band 17 (ZI) — Dietrich Storbeck
Zur Theorie der regionalen Bevölkerungsstruktur – Über den Zusammenhang zwischen Bevölkerungsdichte und Erwerbsstruktur der Regionen
Münster 1975, VII und 235 Seiten, DM 21,-

Band 18 (ZI) — Wolfgang Suderow
Rechtsprobleme des Bundesraumordnungsprogramms
Münster 1975, VII und 157 Seiten, DM 23,-

Band 19 (ZI) — Wilfried Erbguth
Probleme des geltenden Landesplanungsrechts – Ein Rechtsvergleich
Münster 1975, XXIII und 224 Seiten, DM 32,-

Band 20 (ZI) — Dieter Porada
Der Beitrag der Wissenschaft zur Bestimmung gesellschaftspolitischer Ziele unter besonderer Berücksichtigung der Regionalpolitik
Münster 1976, V und 117 Seiten, DM 15,-

Band 21 (ZI) — Reinhard Landwehr
Die methodischen Grundlagen der Regionalanalyse
Münster 1975, VII und 261 Seiten, DM 24,-

Band 22 (ZI) — Reinhard Landwehr
Gliederung des Raumes: Typisierung, Regionsabgrenzung und Regionierung
Münster 1975, VI und 212 Seiten, DM 21,-

Band 23 (ZI)	Stefan Hartke Methoden zur Erfassung der physischen Umwelt und ihrer anthropogenen Belastung Münster 1975, VII und 210 Seiten, DM 21,-
Band 24 (ZI)	Reinhard Landwehr Die Bedeutung deskriptiver Informationen in regionalpolitischen Planungsprozessen Münster 1976, IV und 253 Seiten, DM 25,-
Band 25 (SW)	Ulrich Blumenroth Deutsche Wohnungspolitik seit der Reichsgründung - Darstellung und kritische Würdigung Münster 1975, 410 Seiten, DM 28,-
Band 26 (ZI)	Gerhard S. Kurze Das gesetzliche Vorkaufsrecht der öffentlichen Hand in seiner Funktion als Bodenbeschaffungsinstrument Münster 1975, XV und 139 Seiten, DM 39,50
Band 27 (SW)	Rainer Thoss, Horst M. Bölting, Hans Joachim Schalk, Marita Strumann Möglichkeiten der Beeinflussung des regionalen Einkommensniveaus durch regionalpolitische Instrumente Münster 1975, III und 80 Seiten, DM 12,-
Band 28 (SW)	Hansjörg Bucher Regionalisierte Wohnungsbedarfsprognose für die Bundesrepublik Deutschland bis 1985 Münster 1976, XVI und 126 Seiten und 376 Seiten Tabellenteil, DM 28,-
Band 29 (SW)	Hans P. Döllekes Planung der Energie- und Umweltpolitik Münster 1976, XIV und 295 Seiten, DM 25,-
Band 30 (ZI)	Carl-Heinz David Ausländische Raumordnungsprobleme in rechtsvergleichender Sicht - Rechts- und Verwaltungsprobleme der Raumordnung in Frankreich, England und den Niederlanden Münster 1976, VI und 152 Seiten, DM 18,-
Band 31 (ZI)	Reinhard Fingerhut Zur Kontrolldichte richterlicher Entscheidungen bei planungsrechtlichen Gemeindenachbarklagen Münster 1976, V und 122 Seiten, DM 21,-

Band 32 (SW) Hans Joachim Schalk
Die Bestimmung regionaler und sektoraler Produktivitätsunterschiede durch die Schätzung von Produktionsfunktionen
Münster 1976, VI und 187 Seiten, DM 20,-

Band 33 (SW) Hansjörg Bucher
Wohnungsbdarfsprognose für die 14 Entwicklungsräume Niedersachsens zwischen 1974 und 1985
Münster 1976, IX und 66 Seiten und 117 Seiten Tabellenteil, DM 20,-

Band 34 (SW) Hermann Lossau
Modell zur Erklärung der Preisstruktur am Bodenmarkt - Dargestellt am Beispiel der Stadtregion Münster/Westf.
Münster 1976, XIV und 146 Seiten und 7 Seiten Anhang, DM 18,-

Band 35 (SW) Horst Max Bölting
Wirkungsanalyse der Instrumente der regionalen Wirtschaftspolitik
Münster 1976, XVI und 192 Seiten, DM 24,-

Band 36 (ZI) Wolfgang Suderow
Der Verhältnis der Fachplanungen zur Raumordnung und Landesplanung
Münster 1976, VIII und 118 Seiten, DM 15,-

Band 37 (ZI) Hans Günther Schöler
Die Stellung des für die Raumordnung zuständigen Bundesministers im Rahmen der verfassungsmäßigen Verteilung der Verantwortung gemäß Art. 65 GG - Möglichkeiten und Grenzen einer Reform
Münster 1976, XIX und 163 Seiten, DM 23,-

Band 38 (ZI) Burghard Kreft / Jens-Michael Priester
Die Begründung von Zielen der Raumordnung und Landesplanung in Raumordnungsplänen - Rechtsdogmatische und rechtstheoretische Anmerkungen
Münster 1977, XVI und 137 Seiten, DM 18,-

Band 39 (ZI) Gerd Kuhl
Umweltschutz im materiellen Raumordnungsrecht
Münster 1977, XX und 167 Seiten, DM 20,-

Band 40 (ZI) Joachim Henneke
Raumplanerische Verfahren und Umweltschutz - unter besonderer Berücksichtigung der planerischen Umweltverträglichkeitsprüfung
Münster 1977, XXIV und 260 Sciton, DM 30,-

Band 41 Georg Sitterberg
Multivariate Analyse der Struktur und Entwicklung von Städten
Münster 1977, XVIII und 236 Seiten, DM 24,-

Band 42   Heribert Möllers

Infrastrukturausstattung und Entwicklung von Städten - Methoden der multivariaten Analyse

Münster 1977, XX und 260 Seiten, DM 26,-

Band 43   Paul-Helmuth Burberg /Ernst-August Hüttemann
(SW)

Kriterien zur Beurteilung nichtprivilegierter Vorhaben im planungsrechtlichen Außenbereich - Dargestellt am Beispiel des Nutzungs- und Funktionswechsels landwirtschaftlicher Gebäude

Münster 1977, 117 Seiten   v e r g r i f f e n

Band 44   Jürgen Plogmann
(ZI)

Zur Konkretisierung der Raumordnungsziele durch gesellschaftliche Indikatoren. Ein Diskussionsbeitrag zu der Empfehlung des Beirats für Raumordnung vom 16. Juni 1976

Münster 1977, VI und 254 Seiten, DM 26,-

Band 45   Gerhard Zoubek
(ZI)

Das Raumordnungsverfahren. Eine rechtsvergleichende Untersuchung des förmlichen landesplanerischen Abstimmungsinstruments

Münster 1978, XXIV und 232 Seiten, DM 26,-

Band 46   Hans-Bernd Beus
(ZI)

Rechtsprobleme bei der Ausgestaltung der Raumordnung und Landesplanung als Entwicklungsplanung

Münster 1978, XXIII und 201 Seiten, DM 24,-

Band 47   Ingelore Brentano
(ZI)

Verfassungs- und raumordnungsrechtliche Probleme der Regionalplanung

Münster 1978, XXI und 188 Seiten, DM 24,-

Band 48   Ulrike Bucher-Gorys
(SW)

Modernisierung oder Abriß - Alternativen für die zukünftige Wohnungsbestandspolitik. Eine Untersuchung für die Länder der Bundesrepublik Deutschland bis 1985

Münster 1978, X und 225 Seiten und 246 Seiten Tabellenteil, DM 35,-

Band 49   Paul Klemmer, Rainer Thoss, Horst Mentrup, Friedhelm Plogmann
(SW)

Zur Konsistenz von Agrar-, Energie- und Verkehrspolitik mit der regionalen Wirtschaftspolitik
Band I: Problemstellung, Methodik und zusammengefaßte Ergebnisse

Münster 1978, IX und 78 Seiten, DM 14,-

Band 50 (SW)	Paul Klemmer, Gerd Bosch, Burghardt Bremicker, Hans-Friedrich Eckey, Walter Lohmeier, Heinz Schrumpf, Norbert Schwarz

Zur Konsistenz von Agrar-, Energie- und Verkehrspolitik mit der regionalen Wirtschaftspolitik
Band II: Ziele, Zielbeziehungen und Zwischenvariable der Politikbereiche

Münster 1978, XIV und 296 Seiten   v e r g r i f f e n

Band 51
(SW)

Rainer Thoss, Horst Mentrup, Friedhelm Plogmann

Zur Konsistenz von Agrar-, Energie- und Verkehrspolitik mit der regionalen Wirtschaftspolitik
Band III: Ziel-Mittel-Beziehungen und die Konsistenz der Maßnahmen

Münster 1978, XVII und 359 Seiten   v e r g r i f f e n

Band 52
(SW)

Jochen Muddemann

Abwärme und Umweltschutz am Oberrhein. Ein Entscheidungsmodell zur optimalen wirtschaftlichen Nutzung der Kühlkapazität

Münster 1978, XII und 345 Seiten, DM 28,-

Band 53
(ZI)

Helmut Brocke

Rechtsfragen der landesplanerischen Standortvorsorge für umweltbelastende Großanlagen

Münster 1979, XXXI und 192 Seiten, DM 24,-

Band 54
(SW)

Paul Klemmer, Rainer Thoss, Horst M. Bölting, Paul-Helmuth Burberg, Ernst-August Hüttemann

Bewertung von Entleerungs- und Verdichtungsprozessen in unterschiedlich strukturierten Räumen - Pilotstudie

Münster 1979, X und 136 Seiten   v e r g r i f f e n

Band 55
(SW)

Albert Caspers

Rationale Lösung von Zielkonflikten in der Regionalpolitik

Münster 1979, XVIII und 219 Seiten, DM 24,-
ISBN 3-88497-002-X

Band 56
(ZI)

Hans Schlarmann

Das Verhältnis der privilegierten Fachplanungen zur kommunalen Bauleitplanung

Münster 1980, LIII und 385 Seiten, DM 36,-
ISBN 3-88497-003-8

Die Ergebnisse der als Band 57 vorgesehenen Untersuchung (Wilfried Erbguth/Reinhard Timmer, Zur Frage der Bundeskompetenzen in der Raumordnung, unveröffentlichtes Manuskript, Münster 1979) sind eingeflossen in den Kommentar Bielenberg/Erbguth/Söfker, Raumordnungs- und Landesplanungsrecht des Bundes und der Länder, 15. Lfg.

Band 58
(SW)

Teodoro Kausel

Zur Bestimmung von Zielen für die räumliche Bevölkerungsverteilung: ein nichtlineares Programmierungsmodell

Münster 1980, X und 175 Seiten, DM 24,-
ISBN 3-88497-005-4

Band 59
(SW)

Wolfgang Erfeld

Determinanten der regionalen Investitionstätigkeit in der Bundesrepublik Deutschland

Münster 1980, X und 240 Seiten, DM 28,-
ISBN 3-88497-006-2

Band 60
(SW)

Ulrich Weber

Mehrebenenplanung in der regionalen Entwicklungspolitik

Münster 1980, X und 315 Seiten,   v e r g r i f f e n
ISBN 3-88497-007-0

Band 61
(SW)

Wolfgang Burgbacher

Umweltorientierte Flächennutzungsplanung im Großraum Frankfurt/Main. Ein Entscheidungsmodell für Raumordnung und Umweltschutz im Gebiet der Regionalen Planungsgemeinschaft Untermain

Münster 1980, XXI und 281 Seiten, DM 30,-
ISBN 3-88497-011-9

Band 62
(SW)

Horst Mentrup

Grundlagen für die Koordination von Agrar- und Regionalpolitik der Europäischen Gemeinschaft

Münster 1980, XVI und 263 Seiten, DM 28,-
ISBN 3-88497-012-7

Band 63
(SW)

Siegfried Brenke

Entscheidungen bei unsicheren Präferenzen: Nutzwertanalytische Ansätze zur Quantifizierung von Zielfunktionen

Münster 1980, XVII und 229 Seiten, DM 26,-
ISBN 3-88497-013-6

Band 64
(SW)

Friedhelm Plogmann

Die Bedeutung der Verkehrsinfrastruktur für das regionale Entwicklungspotential

Münster 1980, XIII und 205 Seiten, DM 26,-
ISBN 3-88497-014-3

Band 65 (SW)
Georgios Bougioukos

Die Konsequenzen der Veränderung der Produktionstechnik für die Raumordnung - dargestellt am Beispiel des Landes Hessen

Münster 1980, XV und 217 Seiten, DM 28.-
ISBN 3-88497-015-1

Band 66 (SW)
Georg Erdmann

Die Verhinderung großräumiger Abwanderungen aus strukturschwachen Regionen. Raumordnungsziele zur Bevölkerungsverteilung unter veränderten Rahmenbedingungen

Münster 1980, XII und 176 Seiten, DM 24,-
ISBN 3-88497-016-X

Band 67 (ZI)
Ralf Bleicher

Staatsgrenzen überschreitende Raumordnung und Landesplanung. Bestandsaufnahme, rechtliche Würdigung und Möglichkeiten der Fortentwicklung

Münster 1981, XVI und 405 Seiten, DM 38,-
ISBN 3-88497-017-8

Band 68 (SW)
Peter Brasse

Zur Erstellung und Wirkungsweise von Abfallwirtschaftsplänen

Münster 1981, XVII und 251 Seiten und 51 Seiten Anhang, DM 35,-
ISBN 3-88497-018-6

Band 69 (SW)
Armin Hermann

Der Arbeitsmarkt in regionaler, beruflicher und sektoraler Gliederung. Ein Modellansatz für das Land Nordrhein-Westfalen

Münster 1981, VII und 146 Seiten und 85 Seiten Anhang, DM 30,-
ISBN 3-88497-019-4

Band 70 (SW)
Rainer Thoss, Georgios Bougioukos, Georg Erdmann

Das Hessenmodell. Bewertung raumordnungspolitischer Ziele mit Hilfe eines multiregionalen Entscheidungsmodells

Münster 1981, XVIII und 279 Seiten, DM 35,-
ISBN 3-88497-020-8

Band 71 (SW)
Elisio Contini

Regionale Entwicklungspolitik für die Landwirtschaft und die gewerbliche Wirtschaft in Brasilien

Münster 1981, XVI und 181 Seiten, DM 28,-
ISBN 3-88497-021-6

Band 72 (ZI)
Franz Walter Henrich

Kommunale Beteiligung in der Raumordnung und Landesplanung
Band I: Verfassungsrechtliche und rahmenrechtliche Grundlagen

Münster 1981, XXI und 313 Seiten   v e r g r i f f e n
ISBN 3-88497-022-4

Band 73 (ZI)	Franz Walter Henrich Kommunale Beteiligung in der Raumordnung und Landesplanung Band II: Beteiligungsrecht und Beteiligungsverfahren nach dem Landesplanungsrecht der Länder Münster 1981, XXVI und 359 Seiten, DM 38,- ISBN 3-88497-023-2
Band 74 (ZI)	Matthias Oehm Rechtsprobleme Staatsgrenzen überschreitender interkommunaler Zusammenarbeit Münster 1982, IX und 159 Seiten, DM 26,- ISBN 3-88497-024-0
Band 75 (SW)	Bernd Spiekermann Zur Koordination von Finanz- und Raumplanung im Rahmen einer regionalen Entwicklungsplanung Münster 1981, XII und 149 Seiten, DM 24,- ISBN 3-88497-025-9
Band 76 (ZI)	Hans Schlarmann/Wilfried Erbguth Zur Durchsetzung von Umweltbelangen im Bereich der räumlichen Planung. Eine Untersuchung zum rechtlichen und administrativen Instrumentarium Münster 1982, XVI und 412 Seiten v e r g r i f f e n ISBN 3-88497-026-7
Band 77 (ZI)	Wilfried Erbguth Immissionsschutz und Landesplanung. Aktuelle Fragen im Verhältnis beider Rechtsgebiete Münster 1982, 109 Seiten v e r g r i f f e n ISBN 3-88497-027-5
Band 78 (SW)	Horst Füllenkemper Wirkungsanalyse der Wohnungspolitik in der Bundesrepublik Deutschland Münster 1982, XIII und 286 Seiten, DM 35,- ISBN 3-88479-029-1
Band 79 (ZI)	Clemens Weidemann Die Staatsaufsicht im Städtebaurecht als Instrument zur Durchsetzung der Raumordnung und Landesplanung Münster 1982, XII und 327 Seiten, DM 36,- ISBN 3-88497-030-5
Band 80 (ZI)	Arthur Benz Regionalplanung in der Bundesrepublik Deutschland. Eine empirische Untersuchung zur Organisation und Problemlösungsfähigkeit Münster 1982, IX und 411 Seiten, DM 34,- ISBN 3-88497-031-3

Band 81 (SW) Rainer Thoss/Heiner Kleinschneider

Arbeitsmarktanalyse und -prognose für den Kreis Borken/Westfalen

Münster 1982, XVIII und 138 Seiten, DM 20,-
ISBN 3-088497-033-X

Band 82 (SW) Georgios Bougioukos/Georg Erdmann

Zum Abbau regionaler Arbeitslosigkeit. Ein Ansatz zur Auswahl geeigneter Technologien

Münster 1982, XI und 183 Seiten, DM 28,-
ISBN 3-88497-034-8

Band 83 (SW) Joseph Rottmann

Regionalpolitik und kommunaler Finanzausgleich. Dargestellt am Konzept der Vorrangfunktionen für nordrhein-westfälische Gemeinden

Münster 1982, XVI und 257 Seiten, DM 32,-
ISBN 3-88497-035-6

Band 84 (ZI) Hans-Jürgen Papier

Möglichkeiten und Grenzen der rechtsverbindlichen Festlegung und Freihaltung von Leitungstrassen durch die Regionalplanung

Münster 1983, II und 67 Seiten, DM 15,-
ISBN 3-88497-036-4

Band 85 (ZI) Gerhard Zoubek

Sektoralisierte Landesplanung. Rechtsdogmatische und rechtspolitische Aspekte der hochstufigen fachlichen Programme und Pläne

Münster 1983, X und 204 Seiten, DM 29,-
ISBN 3-88497-037-2

Band 86 (SW) Heiner Kleinschneider

Zur Koordination von regionaler Wirtschaftsförderung und Berufsbildungspolitik. Eine theoretische Analyse und empirische Überprüfung am Beispiel des Kreises Borken/Westf.

Münster 1983, IX und 177 Seiten, DM 28,-
ISBN 3-88497-038-0

Band 87 (SW) Rainer Thoss/Peter Fleischer

Beschäftigungsperspektiven in den 80er Jahren - Auswertung und Kommentierung von Gutachten zu den Auswirkungen des technischen Wandels auf Wirtschaft und Arbeitsmarkt

Münster 1983, X und 124 Seiten, DM 20,-
ISBN 3-88497-039-9

Band 88 (ZI) Angelika Benz

Kommunale Finanzwirtschaft und Landesplanung

Münster 1983, VI und 234 Seiten, DM 32,-
ISBN 3-88497-040-2

Band 89
(ZI)

Clemens Weidemann

Gerichtlicher Rechtsschutz der Gemeinden gegen regionale Raumordnungspläne

Münster 1983, VIII und 107 Seiten, DM 22,-
ISBN 3-88497-041-0

Band 90
(SW)

Paul-Helmuth Burberg/Winfried Michels/Peter Sallandt

Zielgruppenorientierte kommunale Wirtschaftsförderung. Gutachten im Auftrag der Stadt Münster

Münster 1983, X und 205 Seiten, DM 28,-
ISBN 3-88497-042-9

Band 91
(ZI)

Ralf Bleicher

Das Verfahren zur Anpassung der Bauleitplanung an die Ziele der Raumordnung und Landesplanung – dargestellt am Beispiel des nordrhein-westfälischen Zielbekanntgabeverfahrens

Münster 1983, X und 199 Seiten, DM 28,-
ISBN 3-88497-043-7

Band 92
(ZI)

Arthur Benz

Parlamentarische Formen in der Regionalplanung. Eine politik- und verwaltungswissenschaftliche Untersuchung der politischen Vertretungsorgane in der Regionalplanung

Münster 1983, III und 121 Seiten, DM 22,-
ISBN 3-88497-044-5

Band 93
(ZI)

Reinhard Timmer

Behördenstandorte und Landesplanung. Eine Analyse der räumlichen Verteilung der Behörden und Bediensteten der öffentlichen Verwaltung in Nordrhein-Westfalen

Münster 1984, VII und 271 Seiten, DM 35,-
ISBN 3-88497-045-3

Band 94
(ZI)

Benno Bunse

Das Planungsinstrumentarium der Stadtstaaten Hamburg und Bremen sowie der kreisfreien Städte Niedersachsens im Bereich der Raumordnung

Münster 1984, XI und 252 Seiten   v e r g r i f f e n
ISBN 3-88497-046-1

Band 95
(ZI)

Wilfried Erbguth unter Mitarbeit von Arthur Benz/Gerald Püchel

Weiterentwicklung raumbezogener Umweltplanungen. Vorschläge aus rechts- und verwaltungswissenschaftlicher Sicht

Münster 1984, XII und 206 Seiten, DM 34,-
ISBN 3-88497-047-X

Band 96
(ZI)

Jörg Schoeneberg

Umweltverträglichkeitsprüfung und Raumordnungsverfahren

Münster 1984, X und 283 Seiten, DM 36,-
ISBN 3-88497-048-8

Band 97 (ZI)	Wilfried Erbguth/Hermann Paßlick/Gerald Püchel Denkmalschutzgesetze der Länder. Rechtsvergleichende Darstellung unter besonderer Berücksichtigung Nordrhein-Westfalens Münster 1984, VI und 94 Seiten, DM 24,- ISBN 3-88497-049-6
Band 98 (SW)	Rainer Thoss/Peter Ritzmann Informationsgrundlagen für die vorausschauende Strukturpolitik Münster 1984, X und 120 Seiten, DM 22,- ISBN 3-88497-050-X
Band 99 (ZI)	Rainard Menke Bauleitplanung in städtebaulichen Gemengelagen. Geltendes Recht und Novellierungsvorschläge Münster 1984, XV und 388 Seiten, DM 46,- ISBN 3-88497-051-8
Band 100 (SW)	Rainer Thoss/Hans Schlarmann/Achim Tillessen/Kjell Wiik Regionale Differenzierung von Instrumenten im Abwassersektor Münster 1985, XVI und 191 Seiten, DM 28,- ISBN 3-88497-052-6
Band 101 (ZI)	Johannes Grooterhorst Die Wirkung der Ziele der Raumordnung und Landesplanung gegenüber Bauvorhaben nach § 34 BBauG. Zugleich zum bebauungsrechtlichen Planungserfordernis als Instrument der Zielverwirklichung nach §§ 34 und 35 BBauG Münster 1985, XVII und 267 Seiten, DM 39,- ISBN 3-88497-054-2
Band 102 (ZI)	Wilfried Erbguth Raumbedeutsames Umweltrecht. Systematisierung, Harmonisierung und sonstige Weiterentwicklung Münster 1986, XXI und 480 Seiten, v e r g r i f f e n ISBN 3-88497-055-0
Band 103 (ZI)	Wolfgang Bülow Rechtsfragen flächen- und bodenbezogenen Denkmalschutzes Münster 1986, XXXIX und 439 Seiten, DM 48,- ISBN 3-88497-056-9
Band 104 (SW)	Spiridon Zikos Ein Entscheidungsmodell zur Bestimmung der strukturellen Entwicklung in der Volkswirtschaft Griechenlands Münster 1986, 152 Seiten, DM 25,- ISBN 3-88497-057-7
Band 105 (ZI)	Hermann Paßlick Die Ziele der Raumordnung und Landesplanung. Rechtsfragen von Begriff, Wirksamkeit insbesondere im Außenbereich gem. § 35 Abs. 1 BBauG und Darstellungsprivileg Münster 1986, XI und 318 Seiten, DM 42,- ISBN 3-88497-058-5

Band 106 (ZI) Wolfgang Wesener

Energieversorgung und Energieversorgungskonzepte. Zu den rechtlichen und faktischen Möglichkeiten der Umsetzung von Versorgungskonzepten

Münster 1986, XXVII und 456 Seiten, DM 56,-
ISBN 3-88497-059-3

Band 107 (ZI) Gerhard Zoubek

Sicherungsinstrumente in der Landesplanung. Rechtssystematik und praxisorientierte Ausgestaltung in den Ländern

Münster 1986, X und 198 Seiten, DM 38,-
ISBN 3-88497-061-5

Band 108 (ZI) Peter Thurn

Schutz natürlicher Gewässerfunktionen durch räumliche Planung. Möglichkeiten im Bereich des Wasserhaushalts-, Naturschutz- und Raumordnungsrechts

Münster 1986, XVI und 406 Seiten, DM 46,-
ISBN 3-88497-062-3

Band 109 (ZI) Angelika Book

Bodenschutz durch räumliche Planung. Möglichkeiten im Bereich des Gesamt- und Fachplanungsrechts

Münster 1986, XV und ca. 205 Seiten, DM 36,-
ISBN 3-88497-063-1

Band 110 (ZI) Christian Dickschen

Das Raumordnungsverfahren im Verhältnis zu den fachlichen Genehmigungs- und Planfeststellungsverfahren

Münster 1987, XVII und 351 Seiten, DM 42,-
ISBN 3-88497-064-X

Band 111 (ZI) Michael Börger

Genehmigungs- und Planungsentscheidungen unter dem Gesichtspunkt des Gesetzesvorbehalts. Die Grundtypen exekutivischer Handlungsformen im Hinblick auf mögliche Entscheidungsfreiräume der Verwaltung

Münster 1987, IV und 201 Seiten, DM 38,-
ISBN 3-88497-065-8

Band 112 (SW) Achim Tillessen

Kosten der Gewässergüteziele
Ein Vergleich von Strategien zur Vermeidung der Gewässerbelastungen

Münster 1987, XVI und 177 Seiten, DM 25,--
ISBN 3-88497-067-4

Band 113 Hans Friedrich Funke
(ZI)
Bund-Länder-Abstimmung am Beispiel der Raumordnung und Landesplanung

Münster 1987, in Vorbereitung

Band 114 Martin Beckmann
(ZI)
Verwaltungsgerichtlicher Rechtsschutz im raumbedeutsamen Umweltrecht. Eine Untersuchung zum Umfang der richterlichen Kontrolle im Abfall-, Immissionsschutz-, Wasserhaushalts- und Naturschutzrecht

Münster 1987, XIV und 321 Seiten, DM 36,--
ISBN 3-88497-068-2

MATERIALIEN
ZUM SIEDLUNGS- UND WOHNUNGSWESEN UND ZUR RAUMPLANUNG

Band 1 (SW)
Wettbewerb in der Wohnungswirtschaft

Mit Beiträgen von Hans Hämmerlein, Helmut W. Jenkis, Walter Krahé, Lothar Lenz und Heinz Simon

Münster 1972, 178 Seiten

v e r g r i f f e n

Band 2 (SW)
Planung für den Schutz der Umwelt

Mit Beiträgen von Peter Menke-Glückert, Antoni R. Kuklinski, Jean Philippe Barde, Cliffort S. Russel, Finn R. Försund/ Steiner Ström und Rainer Thoss

Münster 1973, 159 Seiten, DM 16,-

Band 3 (SW)
Funktion und Nutzung des Freiraums

Mit Beiträgen von Hans-Gerhart Niemeier, Wilhelm Schopen, Heinz-Georg Priefer, Heinrich Lowinski, Hartwig Spitzer und Paul-Helmuth Burberg

Münster 1973, 144 Seiten, DM 15,-

Band 4 (SW)
Private Vermögensbildung im Wohnungsbau

Mit Beiträgen von Louis Storck, Harro Iden, Wolfgang Burda und Lothar Neumann

Münster 1973, 123 Seiten, DM 14,-

Band 5 (SW/ZI)
Raumordnung und Verwaltungsreform

Mit Beiträgen von Werner Ernst, Manfred Streit, Bruno Dietrichs, Hans-Gerhart Niemeier, Günter Brenken und Werner Hoppe

Münster 1973, 152 Seiten, DM 15,-

Band 6 (ZI)
Probleme der Raumplanung

Mit Beiträgen von Wilfried Erbguth, Carl-Heinz David, Paul Günter Jansen, Klaus Töpfer, Siegfried Lange, Helga Lange-Garritsen und einem Vorwort von Werner Ernst

Münster 1974, V und 170 Seiten, DM 18,-

Band 7 (SW)
Wohnungsbau in der Krise?

Mit Beiträgen von Rainer Thoss, Josef Brüggemann, Werner Streit, Helmut Schlich, Friedrich Riegels, Wolfgang Barke und Hans Steinberg

Münster 1974, 72 Seiten, DM 8,-

Band 8 (SW)	Landschaftspflege und Landschaftsentwicklung
	Mit Beiträgen von Karl Friedrich Wentzel, Albert Schmidt, Hans Moser, Erwin Zillenbiller und Rainer Thoss
	Münster 1974, 135 Seiten, DM 12,-
Band 9 (SW)	Wohnungsbestandspolitik
	Mit Beiträgen von Ulrich Pfeiffer, Friedrich Kinnigkeit, Helmut Tepper und Hans Kampffmeyer
	Münster 1974, 90 Seiten, DM 10,-
Band 10 (SW)	Gesellschaftliche Indikatoren als Orientierungshilfe für die Regionalpolitik
	Mit Beiträgen von Rainer Thoss, Heinz Weyl, Hans-Jürgen Ewers und Bruno Dietrichs
	Münster 1974, 86 Seiten, DM 10,-
Band 11 (SW)	Prognosen für die Wohnungswirtschaft
	Mit Beiträgen von Rainer Thoss, Jörg Hübschle, Wolfram Hasselmann/Ingrid Schubert, Heinz Diedrich/Peter Kramer und Ulrich Pfeiffer
	Münster 1974, 104 Seiten, DM 12,-
Band 12 (SW)	Indikatoren zur Präzisierung von Zielen für Raumordnung und Landesplanung
	Mit Beiträgen von Peter Lampe, Christof Helberger, Friedhelm Gehrmann, Willy Heidtmann, Gerhard Stepper, Friedrich Schneppe, Victor Frhr. von Malchus und Friedrich Hoffmann
	Münster 1976, 200 Seiten, DM 16,-
Band 13 (SW)	Wohnungswirtschaft an der Wende - Gibt es einen Neubeginn?
	Mit Beiträgen von Karl Ravens, Norbert Fischer, Rainer Thoss, Josef Brüggemann, Helmut Schlich, August Hackert, Wolfgang A. Burda, Friedrich Kinnigkeit und Jürgen H.B. Heuer
	Münster 1976, 65 Seiten v e r g r i f f e n
Band 14 (SW)	Beiträge zur Weiterentwicklung der Agrarpolitik
	Mit Beiträgen von Günther Thiede, Hans Eberhard Buchholz, Rolf Lösch, Günther Müller, Rainer Thoss und Paul-Helmuth Burberg
	Münster 1977, 154 Seiten, DM 14,-
Band 15 (SW/ZI)	Beiträge zum Konzept der ausgeglichenen Funktionsräume
	Mit Beiträgen von Werner Ernst, Gerhard Stepper, Detlef Marx, Karl-Hermann Hübler, Ulrich Brösse und Gerhard Isenberg
	Münster 1977, 153 Seiten, DM 16,-

Band 16 (SW) — Griechenland vor dem Beitritt zur EG - Wirtschaftsstruktur, Landwirtschaft, Raumordnung, Städtebau, Wohnungswesen, Umweltschutz

Mit Beiträgen von Georgios Bougioukos, Paul-Helmuth Burberg, Teodoro Kausel, Johannes M. Michael, Siegfried Brenke, Hansjörg Bucher, Wolfgang Burgbacher und Peter Brasse

Münster 1977, 238 Seiten   v e r g r i f f e n

Band 17 (SW) — Aufgaben und Möglichkeiten der unternehmerischen Wohnungswirtschaft

Mit Beiträgen von Josef Brüggemann, Jürgen H.B. Heuer, Ludwig Schork, Wolfgang A. Burda, Wolfgang Vollmer, Helge Hans Burghardt, Karl Ravens und Hansjörg Bucher

Münster 1977, 162 Seiten, DM 16,-

Band 18 (SW) — Beiträge zur Strukturpolitik

Mit Beiträgen von Rainer Thoss, Richard Stone, Otto Vogel, Rudolf Henschel, Horst Mentrup und Friedhelm Plogmann

Münster 1977, 110 Seiten, DM 15,-

Band 19 (SW) — Landesplanung und kommunale Selbstverwaltung

Mit Beiträgen von Hans-Gerhart Niemeier, Hermann Lossau, Josef Bleiker, Paul Holzmann und Werner Hoppe

Münster 1978, 131 Seiten, DM 16,-

Band 20 (SW) — Zielkonflikte in der Regionalplanung - Das Beispiel Haard

Mit Beiträgen von Peter Lampe, Friedrich-Wilhelm Steimann, Wilhelm Rütz, Henning Schulzke und Gerhart Grosser

Münster 1978, 102 Seiten, DM 12,-

Band 21 (SW) — Perspektiven der Finanzierung von Wohnungsbau und Modernisierung

Mit Beiträgen von Norbert Fischer, Hellmut Kirchhoff, Hans Pohl und Josef Brüggemann

Münster 1979, 55 Seiten
ISBN 3-88497-000-3   v e r g r i f f e n

Band 22 (SW) — Strategien der Beschäftigungspolitik

Mit Beiträgen von Armin Hermann, Friedhelm Plogmann, Hans-Joachim Schalk, Rainer Thoss, Horst Füllenkemper, Wolfgang Franz, Horst M. Bölting, Jürgen Husmann und Wilfried Höhnen

Münster 1979, 168 Seiten
ISBN 3-88497-001-1   v e r g r i f f e n

Band 23 (SW)	Planung im Rheinischen Braunkohlengebiet
	Mit Beiträgen von Dieter Schmitt, Herbert Reiners, Heinz Stockmanns und einem Exkursionsführer von Herbert Reiners und Hans-Friedrich Wittmann
	Münster 1980, 137 Seiten, DM 18,- ISBN 3-88497-008-9
Band 24 (SW)	Wohnungsmarkt und regionale Entwicklung
	Mit Beiträgen von Dietrich Sperling, Wolfgang Vollmer, Friedrich-Adolf Jahn und einem Diskussionsbericht
	Münster 1980, X und 77 Seiten, DM 10,- ISBN 3-88497-009-7
Band 25 (SW/ZI)	Gleichwertigkeit der Lebensverhältnisse - auch bei abnehmender Bevölkerungszahl?
	Mit Beiträgen von Werner Ernst, Werner Cholewa, Hans-Jürgen von der Heide, Rainer Thoss, Paul-Helmuth Burberg, Richard Eisenried, Hermann Lossau, Georgios Bougioukos/Georg Erdmann und einem Abdruck der Gesellschaftlichen Indikatoren für die Raumordnung
	Münster 1981, 161 Seiten und Anhang ISBN 3-88497-010-0 v e r g r i f f e n
Band 26 (SW/ZI)	Aspekte zur Raumplanung in Österreich - Ein Bericht
	Mit Beiträgen von Hans Schlarmann/Rosemarie Lackner, Reinhard Timmer, Paul-Helmuth Burberg, Ralf Bleicher/Annelie Gröniger, Arthur Benz, Gerhard Zoubek, Wolfgang Erfeld/Friedhelm Plogmann/Uwe Trespenberg, Gerhard Erdmann
	Münster 1982, 279 Seiten, DM 32,- ISBN 3-88497-028-3
Band 27 (SW)	Förderungsstrategien in der Wohnungswirtschaft
	Mit Beiträgen von Martin Oschmann, Manfred Gann, Hans Scheurer, Hans Wielens und Horst Füllenkemper
	Münster 1982, 74 Seiten, DM 10,- ISBN 3-88497-032-1
Band 28 (SW)	Rückzug des Staates aus der Wohnungspolitik?
	Mit Beiträgen von Johann Eekhoff, Theodor Paul, Egon K.-H. Preißler und Peter Sallandt
	Münster 1985, VII und 73 Seiten, DM 12,- ISBN 3-88497-053-4
Band 29 (SW)	Wohnungsleerstände - Was tun?
	Mit Beiträgen von Rainer Thoss, Hans Pohl, Rolf Kornemann und Jürgen H.B. Heuer
	Münster 1986, 85 Seiten, DM 16,- ISBN 3-88497-060-7